河南大学以色列研究中心文丛·第一辑

总主编／张倩红

ESSAYS IN MEMORY OF
DR. JEROLD GOTEL

杰瑞德博士
纪念文集

主　编／张礼刚

副主编／卢镇　胡浩

社会科学文献出版社
SOCIAL SCIENCES ACADEMIC PRESS (CHINA)

2006 年 7 月，杰瑞在开封玉祥大酒店接待处准备"大屠杀教育与犹太文化研讨会"的发言稿
Jerry was preparing a speech for the Seminar of Holocaust education and Jewish culture at the reception of Yuxiang Hotel, Kaifeng, Jul.2006

2016 年 4 月，杰瑞在入住的开封开元酒店备课
Jerry was preparing lesson in the Kaiyuan Hotel, Kaifeng, Apr.2016

2015年10月，杰瑞带参加以色列大屠杀纪念馆举办的研讨会的河南大学学生参观耶路撒冷西墙
Jerry showed the students of Henan University around the West Wall during they attending the Seminar held by Yad Vashem in Jerusalem, Oct. 2015

2015年1月，杰瑞向以色列研究中心主任张倩红教授赠送耶路撒冷模型
Jerry gave Model of Jerusalem as a present to Prof.Zhang Qianhong, Director of the Center for Israel Studies, Jan.2015

2016 年 4 月，杰瑞最后一次在河南大学授课后与以色列研究中心教师合影

Jerry together with Teachers of Center for Israel Studies after his last lessons in Henan University, Apr.2016

2016 年 4 月，杰瑞最后一次在河南大学授课后与以色列研究中心师生合影

Jerry together with Teachers and Students of Center for Israel Studies after his last lessons in Henan University, Apr.2016

总　序

　　杰瑞德（Jerold Gotel）先生，昵称杰瑞（Jerry），1946 年 1 月出生于纽约一个正统派犹太人家庭，双亲都是虔诚的犹太教徒，并期待儿子长大后做拉比。在父母的安排下，杰瑞早年就读于犹太宗教学校，接受了系统的犹太传统教育。他成年后叛逆父母，也不愿拘束于充满清规戒律的犹太宗教生活，只身来到欧洲，辗转于伦敦、巴黎，曾经端过盘子、当过服务生、做过调酒师，也留宿过车站、码头，一边打工、一边求学，终于从牛津大学彭布罗克学院（Pembroke College，Oxford）获得了历史学博士学位。杰瑞在伦敦成功地经营了几家美国餐馆，以此为生计，育有一双儿女。杰瑞长期研读犹太历史与文化，事业有成之后又回归学术，成为素养颇深的教育者、犹太历史学家。20 世纪 80 年代以来，他积极投身于大屠杀教育与犹太历史教学工作。曾担任伦敦犹太文化中心纳粹大屠杀与反种族主义教育署海外部主任，"欧盟大屠杀教育、纪念与研究国际合作行动委员会"（Task Force）下属教育委员会的英国代表。新世纪以来，杰瑞德呕心沥血致力于在中国推广犹太学研究及大屠杀教育，并与中国犹太学界结下了深厚的情缘。2017 年 10 月 3 日下午，杰瑞先生因心脏病突发病逝于伦敦，享年 71 岁。

　　杰瑞不是大学教授，也没有留下值得炫耀的论著，他一生都游离于学术体系之外，但在学生们的心目中，他是最执着的学者、最出色的教育家、最值得敬重的师长！也正因为如此，在他突然离世之后，大家不约而同地想到要为他出一本书，以表达内心最真挚的怀念之情。

　　然而，为《杰瑞德博士纪念文集》作序对我来说不是一件轻松的事情，几次铺开思绪，都心乱如麻，满脑子尽是他的音容笑貌，但不知道该捕捉什么样的场景来刻画这样一个鲜活的人物形象，其结果不仅没写出文字，还往往夜不能寐。杰瑞离开我们已有数月，都说时光老人是最好的安慰师，我也以为半年的时光足以让自己接受他已永远离去的现实，能够理性地、平静地去梳理与他相关的点点滴滴，可事实并非完全如此。从杰瑞的人生履历来看，他是一位普普通通的人，可在他有限的生命中却以自己的远见卓识、身体力行及人格力量给与他相识的人留下了不同寻常的记忆。

一 使者杰瑞

20 世纪 80 年代，伴随着改革开放的大潮，中国犹太学研究迎来了春天，一批具有良好学术素养的学者从史学、文学、哲学等不同领域不约而同地聚焦到了犹太人的精神世界，潘光、徐新、傅有德等先生成为中国犹太学的引领者。这一时期，中国的犹太研究全面兴起，且成果斐然，但直到 20 世纪末，大部分学者与国际学术界的交流还相当有限，正是在这样的背景下，杰瑞出现了。自 2002 年以来，他每年都来中国讲学、交流，把在中国推进犹太研究作为自己最重要的事业。他先后 10 次在南京、开封、上海、西安、昆明、成都、济南等地举办大屠杀教育与犹太历史文化国际研讨班或暑期班，参与师生累计达上千人。在杰瑞及伦敦犹太文化中心的多方努力下，一些国际著名学者如耶胡达·鲍尔（Yehuda Bauer）、罗伯特·维斯蒂里希（Robert Wistrich）、迈克尔·布朗（Michael Brown）、大卫·N. 梅耶斯（David N. Myers）等来到了中国，进入中国学者的视野之中。与此同时，杰瑞千方百计把中国学者推向国外，参加学术会议或各类形式的学术交流，建立与国际犹太学界的联系；寻找各种资助，帮助中国学生国外求学。杰瑞还与以色列大屠杀纪念馆（Yad Vashem）合作，每年从国内高校选拔 30 名左右的青年教师与学生，去耶路撒冷参加国际大屠杀教育研讨班。他认真阅读每一位申请者的申请材料，考察其外语水平，每一次研讨班开学，杰瑞都要亲自去特拉维夫机场迎接学生，学习期间除了亲自授课，还抓紧一切机会带领年轻人感受耶路撒冷，给他们讲述耶路撒冷的历史变迁。杰瑞之所以能够实现自己的愿景，除了自身的执着、坚守及影响力之外，还因为他遇到了一些志同道合的支持者，如大屠杀幸存者乔安娜·米兰（Joanna Millan）女士、伦敦犹太文化中心执行主任特鲁迪·戈尔德（Trudy

Gold）女士以及澳门大学教授葛兰·蒂默曼斯（Glenn Timmermans）先生等，他们和杰瑞一起多次来到中国，推广大屠杀教育及犹太学研究。

　　在我和很多学生的心目中，杰瑞是来自犹太世界的使者，总是给我们以启迪、鼓励与支持，使我们更加深切地体会到犹太历史与文化的魅力，感受到犹太人的热情与真诚，并在与他的交往过程中不断丰富着对犹太人的印象与记忆。记得有一次在大屠杀教育国际研讨班的闭幕式上，杰瑞以他那充满磁性的洪亮的声音深情地讲道：“大屠杀是纳粹对犹太人所犯下的罪行，但为全人类留下了沉痛的教训。大屠杀教育就要告诉世人，反对种族灭绝是人类共同的责任，旁观者、沉默者都有可能成为施暴者的帮凶。”那次会后，杰瑞的声音多次回响于我的耳边，正是在他的影响下，我和我的学生们曾经致力于德国如何反思大屠杀的研究，以期对中国的国民教育有所启迪。我在担任全国政协委员与人大代表期间，曾七次递交提案、建议，呼吁设立国难日纪念南京大屠杀，强化中国公民的灾难教育。2014 年 2 月 26 日当看到我和艾仁贵联合署名的学术文章《德国对纳粹大屠杀历史的反思与悔悟》与“第十二届全国人大常委会第七次会议决定为南京大屠杀死难者设立国家公祭日”的决定出现在同一天的《光明日报》上时禁不住感慨万千、热泪盈眶。

　　古老的中华文明经历了五千年的兴衰浮沉，沉淀了无数炎黄子孙的精神创造，而在这历史的长河中，总有一些来自异域的贤哲跋山涉水，勇敢地涉足于这片神秘的东方热土，用他们的真诚与努力，为我们带来灵光与智慧，而他们所呈现的“他山之石”也同样会沉淀于中华民族的文化传统中，杰瑞就是这些使者中的一员。对于许多同学来说，杰瑞是他们认识的第一个犹太人，甚至是第一个外国人，正是这位洋老师给他们打开了一扇通往外部世界的窗户，带领他们迈向更高的人生境界。

二　师者杰瑞

　　杰瑞和加拿大的丘才廉先生是河南大学以色列研究中心（前身为犹太研究所）的奠基人。研究所的学生从一人、两人，发展到今天的几十人（河南大学和郑州大学都拥有犹太史硕士与博士学位授予权），杰瑞始终把培养学生与学生们的成长看得比什么都重要。杰瑞学识渊博，精通多种语言，而且勤思考、善言辩。十多年来，他一旦有假期就要抽出一定的时间从伦敦飞到开封给学生们集中上课。据统计，杰瑞至少 35 次来开封，带领学生学习原始文献，一丝不苟地研读了《现代世界的犹太人：文献中的历史》《金色的传统：东欧犹太人的生活和思想》《犹太教学习文献集》等著作，他先后讲授了"为什么学习犹太历史与文化""圣经时代的犹太历史""东欧犹太思想""犹太神秘主义""犹太复国主义""德国社会与大屠杀"等专题。同学们从杰瑞的课堂上不仅学得了知识，更体会了他那敏捷的思维与独特的问题意识。2004 年为了完成《以色列史》的写作，我下决心再去以色列学习，希望从希伯来大学进站，但所联系的导师因身体原因要长期休假。杰瑞得知这一情况，非常热心地给予帮助。为了不耽误行程，他多次打电话、发邮件，使我在短期内得到了罗伯特·维斯蒂里希教授的邀请信，为我和这位大学者牵上了师生缘。① 我出国期间，河南大学的学生无人上课（当时只有我一个老师），杰瑞自告奋勇地承担起培养学生的任务，那一年他来了三次，给学生密集授课，指导他们的论文。2008 年 11 月，因为工作关系我要调到郑州大学工作，当我把这一消息告诉杰瑞的时候，他深有所思地说："你去当副校长，对你自己来说是件好事，但

---

① 在杰瑞及特鲁迪的联络下，罗伯特·维斯蒂里希教授成了我的博士后联系导师。从 2004 年 8 月到 2005 年 8 月在希伯来大学学习期间，维斯蒂里希教授在多方面影响了我，我们一起讨论问题、一起听报告、一起聊天、一起喝咖啡，他总是充满耐心地询问中国的情况，给我解释关于以色列的事与物，不厌其烦地纠正我的英语发言，尤其是他典型的学者思维、问题意识以及严谨的治学态度给我留下了极为深刻的印象。在杰瑞的推动下，维斯蒂里希教授于 2005 年 8 月来到中国，从上海到开封、西安，维斯蒂里希教授都处在一种极为兴奋的状态中，因为眼前的中国跟他脑海中的"中国想象"相去甚远，我们在开封一碰面，他就激动地说，是杰瑞和我造就了他的"中国年"（意为中国进入了他的视线），这是维斯蒂里希教授唯一的一次中国行。他是一位充满情怀的学者，世界上哪里有反犹主义，哪里就会有他的声音，他曾在很多国家的议会、联合国讲坛为保护犹太人的利益而呼吁。近年来欧洲多次发生针对犹太人的恐怖袭击事件，他多次到欧洲国家巡回演讲，2016 年 5 月他在罗马的议会演讲中突发心脏病去世。维斯蒂里希教授去世的噩耗也是杰瑞告知我的，5 月 21 日早上 7 点 47 分（星期四），杰瑞在邮件中写道：Dear Qian-hong, I am very sad to inform you that Prof. Robert Wistrich passed away on Tuesday（heart attack）whilst in Rome. His body was flown back to Israel on Wednesday for burial. May his soul be bound up in the eternal bounds of life. He was a loyal son of his people and a great historian. May we only hear good news in the future.

对同学们来说可能会有损失。看来我们要拿着鞭子抽打（像犹太经学院的老师对待学生那样），让礼刚、百陆他们尽快成长。"杰瑞曾经提起过自己之所以不适合在学术界工作，一是不愿意受约束，二是看不惯那些自私自利、只为自己捞功名而忽视学生的教授。他曾经调侃说：在见上帝之前我要尽可能把脑子里的学识教给学生，等见了上帝之后我才可以安心地睡大觉。杰瑞对学生的关心与爱护确实给我们树立了极好的榜样。

为了建设河南大学的"夏隆外文图书室"（2013 年，该图书室搬往新址，改称"夏隆图书馆"），捐赠图书成了杰瑞十几年来连续不断的一项工作。除了邮寄之外，每次杰瑞来都带着巨大的行李箱，多种大部头的《犹太百科全书》《利奥·拜克年鉴》等都是杰瑞像蚂蚁搬家一样一本一本从伦敦扛过来的。这么多年来，我看到过杰瑞两次大发脾气，一次是他带来的图书一时找不到了，一次是在研讨会上学生陪着外国学者上街购物，他觉得无论什么理由学生都不该错过听讲的机会。

对于中国的学者们和同学们来说，杰瑞都是全天候的好师长，无论他再忙、再累，学术上的任何需求他从不拒绝。他每次来都会反复询问大家目前的选题，并千方百计帮助大家查阅资料。很多同学的学位论文选题是杰瑞反复斟酌、确定的。杰瑞有阅读的好习惯，每次都会把他感兴趣的文章与图书信息通过邮件发给我们。去年（2017）9 月前后，受一个杂志社的约稿，我在考虑写一篇关于《贝尔福宣言》的文章，杰瑞与我的最后十几次邮件往来，都是在传递资料、谈论他自己的观点。有一次我因为出差没能及时回复邮件，性急的他又通过丹静询问所发来的资料是否收到、能否下载，还有什么需求，等等。10 月 3 日是杰瑞辞世的日子，可就在这一天的中国时间凌晨 2 点 34 分，我收到了他的最后一封邮件，说他因身体原因不能去以色列了，他不得不接受治疗，但计划在 12 月或元月再次来开封授课。也就是说在他生命的最后一刻，杰瑞依然牵挂着这些远在中国的学生。这封邮件可能是杰瑞留下的最后的文字，也残酷地定格了我们关于杰瑞的记忆，邮件的具体内容如下：

Dear Qianhong

I am writing to tell that unfortunately I will not be able to travel to Israel this year. I had last week a cardiac incident and I was admitted to hospital where a stent was put into my artery in the heart. I have to go into hospital again tomorrow for another stent to be put into my artery. I should be home by Thursday. The doctors will not allow me to fly for about one month and I have to take some strong medication. With the Almighty's help I will be back to my old self and strength in a month's time. I still plan to come to China sometime in December or January. I will bring the book on the Jews of Kaifeng with me.

mazal and bracha

JERRY

三　仁者杰瑞

杰瑞身材魁梧，性格直率，心胸开阔，快言快语，有时候也显得急躁。在几次研讨班的开幕会上他都说到要感谢他的同事们、朋友们包容他自己的"坏脾气"，其实杰瑞的内心深处非常柔软、善良。这么多年，杰瑞从没有得到我们一分钱的讲课报酬，相反，他来往的机票、居住的宾馆都是自己付费，给学生复印资料、买书也常常是他埋单，临走前还总是要找个机会请老师们、同学们美餐一顿。一听说哪位同学有困难，马上就从兜里掏钱，河南大学去以色列学习的老师们、同学们大多得到过杰瑞的资助。他还在河南大学设立了奖学金，每年都有不少同学得到资助。杰瑞离开后的日子里我感觉最不能原谅自己的就是总习惯于他的支持、他的帮助，而却很少给他以回报，根本就没有想到过充满能量的杰瑞会突然间倒下……

杰瑞是一位好父亲，每次来中国都会跟大家谈起他的孩子，尤其是他的女儿娜塔莉（Natalie），她的每一个心愿他都格外在意，每一点进步他都十分高兴。最后一次来开封，还在宾馆里忙于修改娜塔莉的论文。杰瑞是个乐天派，在我们的心目中没有他解决不了的困难、没有他对付不了的事情。他常说"办法总比困难多，只要思想不懒惰"。外表嘻嘻哈哈的杰瑞却有非常细腻的内心世界。在我们的学生群体里大部分同学来自农村，也有不少家境非常贫寒的同学，杰瑞很想帮助这些孩子，但又担心文化及思维方式的差异会损伤他们的自尊心，他对于每一个学生的帮助都要格外用心地去捉摸时机与方式，有时候他干脆通过我来告诉学生，自己宁愿躲在幕后。

　　杰瑞的离开使我们失去了一位好师长、一位好朋友，但我相信杰瑞所传授的知识、他的精神品质、他的人格魅力会永远铭记在大家的心里。犹太史学家阿瑟·赫茨伯格曾经说过：没有犹太人的内容，伦敦的历史可以照写，但没有犹太人这一笔，纽约的历史就无法还原。我想套用这句话：没有杰瑞，伦敦、纽约的历史可以照写，但没有杰瑞，河南大学以色列研究中心的历史就无法还原。杰瑞的名字会永远镌刻在我们的记忆中，留存在中国犹太学研究的历史丰碑上。如今杰瑞所种下的"坚守学术、追求卓越"的种子已经扎根于土、育木成林，中国的犹太学研究也有了越来越广阔的前景。我们尊敬的师长杰瑞先生可以放心了，安息吧！

张倩红

2018 年 5 月 16 日于开封

目　录

第一编　记忆中的杰瑞

第二编　中国的纳粹大屠杀研究

第三编　犹太历史与文化

第四编　以色列研究

Contents

Chapter One: Jerry in Our Memories

Chapter Two: Holocaust Study in China

Chapter Three: Jewish History and Culture

Chapter Four: Israel Studies

第一编　记忆中的杰瑞

About Jerry

Jerold (Jerry) Gotel, who died in London in October, was a pioneering Jewish educator and historian, who, among other things, help to return Jewish learning and Jewish culture to the place of its destruction in eastern Europe, and almost single – handedly created Jewish studies in China.

He was born in 1946 to Holocaust survivors in New York City. He received a Yeshiva education before studying at Brooklyn College, and later at Pembroke College, Oxford, and the Sorbonne in Paris. It was an unusual path to take for a man raised in the Orthodox world of Yiddishkeit, but Jerold was unusual, and he took New York City with him to Europe; in the 1980's he established an American restaurant on what was then the wasteland of London's south bank. Visitors to this gloomy area were surprised to see, twinkling from the window of a converted Victorian house, a neon sign: American Bar and Grill. This was Studio Six, the first of his successful restaurants, although East of the Sun, West of the Moon, whose menu was based on a fusion of Asian and eastern European cuisine, inspired by an historical Jewish community living in China – which only he had heard of – was not the success he hoped. But if Jerold dreamt and lost, he laughed; he knew too much history to be hurt by small things.

If restaurants were his business, scholarship was where his heart lay. In the early 1980s, his passion for Jewish history led to his becoming involved with the nascent Spiro Institute, later the London Jewish Cultural Centre [LJCC]. His encyclopediac knowledge of traditional Judaism and Jewish history, and his electric personality, made him a superb teacher. As the Spiro Institute developed a Modern Jewish History programme at schools such as Eton, Harrow and St Paul's

Boys School, Jerold became integral to its teaching. He taught adults and students all over the country. Besides teaching British children and adults, Jerold and his colleagues were asked by Sir Martin Gilbert, whose visa had been revoked, if a dozen teachers, each going once a year, could go to Russia and to teach refuseniks Jewish history. Jerry's allocated subject was Zionism. He gave lectures in Moscow and St Petersburg in private homes. But he was betrayed and hauled into KGB headquarters where, after an uncomfortable interview, he was told to be a tourist. Jerold's charisma was often effective in thwarting the bureaucrats of the former Soviet Union. He was proud that his exploits were written up in a Russian newspaper, where he was accused of propagating nationalism amongst the minorities. He also took children from deprived backgrounds to the former death camps, to teach them about prejudice.

As the LJCC developed an overseas programme, Jerry was perfectly positioned to become its director. He began to mastermind teacher training about the Shoah in Poland. When the International Task Force for Holocaust Education was created (now known as I. H. R. A.), the Foreign Office asked Jerry to be part of the British delegation. He pioneered the first ever Task Force seminar. The object was to train teachers in those countries where the Shoah had occurred, but had little education around the subject. This was phenomenally successful; and it took a man of great resilience and optimism to do it. Some of today's members of the Polish delegation were originally trained by Jerold.

The success of Jerold's work led to further seminars in the Ukraine and Belarus. The LJCC would bring in experts from the Holocaust Museum in Washington, Yad Vashem, the Wansee House in Berlin, and the Anne Frank House in Holland. Jerry also helped to pioneer the very successful Tours Programme, taking adult students of Jewish History to sites throughout Europe.

There was nobody quite like him, and he was a man to whom strange things happened. In Bialystock, just after the fall of Communism, Jerry was approached by an old man. He had seen that the men of the group were wearing kippot, and began speaking to Jerold in Yiddish. The man told Jerold that he was a Cohen, that he had married the Catholic woman who hid him during the war, and insisted that all thirty of the group visit his apartment. In his tiny, modest home, this Jewish man, who had not spoken to another Jew since the war, pronounced the priestly blessing, beneath a portrait of the Pope.

Fifteen years ago, the Hong Kong expatriate Jewish community decided to commemorate Yom HaShoah. They had borrowed exhibits from the Sydney Holocaust Museum, but had no educator. Jerry stepped up, and was surprised to discover that a thousand Chinese people a day were coming to see the exhibition. It was at that time that he met Xu Xin, Professor of Jewish Studies at the University of Nanjing. This marked the beginning of Jerry's last great work.

In the past 17 years, he pioneered Jewish education in China. His legacy at Henan University, where he was an associate professor, includes more than thirty students with PhD in Jewish history; twelve with jobs in Chinese universities; the Shalom Library, the biggest collection of books in China on Jewish history; study of anti – Semitism and the Holocaust; and the institution's Centre for Jewish and Israel Studies, which has become the research base for Israel Studies designated by the Chinese Ministry of Education. Jerold was very proud of his Chinese students, and very fond of them.

Jerold adored his children Jared and Natalie, and was very close to them. Jared describes his father as "larger than life". He left a powerful impression on everyone who met him. His passion for knowledge and living made him outspoken, energetic, magnanimous, bold, defiant, inspiring, argumentative and, of course, he was always right. He was never a spectator, always impatient and could not help being the life and soul of many occasions".

His background had made him a wanderer, but he loved London, where he died, in October.

我所认识的杰瑞

——缅怀犹太教育家 Jerold Gotel 先生

徐 新

（南京大学）

2017 年 10 月，当从友人处获悉 Jerold（Jerry）Gotel 先生不幸因心脏病突发在伦敦家中猝死的噩耗时，真是不敢相信。在我的脑海中杰瑞（Jerry，多年来大家一直用这一昵称称呼他）的形象一直是一个激情四射、精力十足的人。当天晚上，我被这一噩耗困扰得迟迟无法入睡，除了立马将噩耗用电子邮件形式转发给他在中国的所有同仁、朋友、学生，脑子里浮现的是一幕幕与他结识交往的情景。

一位孜孜不倦的纳粹屠犹教育家

在我的眼中，杰瑞首先是一位孜孜不倦的纳粹屠犹教育家，全身心投入纳粹屠犹历史教育工作长达 20 余年。我和他的初次结识是在 17 年前的 2002 年。当时我应香港犹太人社区邀请，第二次赴港参加香港大屠杀纪念委员会举办的亚太地区纳粹屠犹研讨会，同时为反映纳粹大屠杀的展览揭幕。由于香港与英国的传统联系、香港犹太人社区与英国犹太人的传统联系，杰瑞是作为英国犹太人社区的特邀代表出席会议的。他的另一身份是伦敦犹太文化中心海外部主任。他身材魁梧、皮肤白里透红，一副绅士风度。他的发言以及在会议期间的一系列活动给人留下了深刻印象。他显然是一位对纳粹屠犹事件有深入了解的人士，对在民众中开展大屠杀教育更是有独到的见解和丰富的经验。根据他后来所说，我在会上关于大屠杀研究在中国开展的发言也引起了他的特别注意。于是乎，我们在大会期间主动接触对方，通过交谈，发现了我们之间在进一步推动纳粹屠犹的研究和教育方面有相当多的共同点，尤其是在推动举办大屠杀培训班方面一拍即合。说来也怪，我和杰瑞似乎是一见如故，每次交谈都十分投机。鉴于本人当时已经在国内先后举办过三次"犹太文化历史培训班"，正在想为培训班活动换一个主题，并寻找新的合作伙伴。在了解到杰瑞是"欧盟大屠杀教育、纪念与研究国际合作行动委员会"英国代表，并已经多年受该行动委员会派遣赴东欧，特别是到俄国、波兰、匈牙利等国，开展纳粹大屠杀教育后，我主动提议希望能够与他合作，在中国举办"大屠杀教育暑期培训班"。他不仅当即表示赞同，而且在回国后不久拿出了具体方案。这样，一年后的 2003 年，"大屠杀教育暑期培训班"就在南京成功举办。那是国内第一次邀请到世界顶级大屠杀研究机构派出的专业人士来中国授课，深入具体地讲述纳粹屠犹历史、过程、影响。来华授课人士包括来自以色列大屠杀纪念馆、美国大屠杀纪念馆、英国战争纪念馆、法国大屠杀基金会、德国大屠杀研究会、荷兰安妮·弗兰克纪念馆的馆员。参加培训班的学员普遍感到大有收获。俗话说"良好的开端是成功的一半"。这次成功的合作给了我们信心，加上杰瑞的孜孜不倦和献身精神，在中国举办暑期培训班便成为日后 10 多年的一种常态，受益的中国同学超过千人。我们之间的友谊亦因此得到发展和加强。

需要指出的是，培训班的成功不仅仅是它所提供的优质师资，还在于讲学的方式和目标。杰瑞认为在中国举办这样的培训班不应该局限在向中国大学生和研究生讲述纳粹屠犹的历史，而更多的是展示应该如何，或者该用什么方式来呈现这段悲惨不幸的历史，使历史成为照亮人类前进道路的明灯，防止悲剧的历史重演。由他请来在培训班上讲授的人士除了国际大屠杀研究或者纪念馆的专家外，还包括大屠杀的幸存者，以便能够让参与者聆听幸存者的亲身讲述，并与之进行对话。这样的培训班给学员留下的印象是不一样的，效果特别好。

由于最初的几次培训班是在南京举办，侵华日军制造的骇人听闻的南京大屠杀成为培训班的一个关注点和参照。在培训班期间，组织参观南京侵华日军大屠杀纪念馆成为固定的内容。对于来自各地的学员而言，基本上是在第一次深入了解纳粹屠犹历史的同时，头一次直接了解南京大屠杀的历史。不仅如此，我和杰瑞还在一起探讨如何将纳粹屠犹研究与南京大屠杀的研究更好地结合起来的方法，并于 2005 年在南京联合举办了"纳粹屠犹和南京大屠杀国际研讨会"。在他的努力下，世界上研究纳粹屠犹历史的顶级学者，包括耶胡达·鲍尔（Yehuda Bauer）、罗伯特·维斯蒂里希（Robert Wistrich）、迈克尔·布朗（Michael Brown）等来到南京出席会议；而在本人的努力下，国内研究南京大屠杀的顶级学者，包括步平、张宪文、陈昭其、张连红等聚集南京与犹太学者共同与会，从学术的角度对发生在二战期间的两起大屠杀事件进行了深入探讨和交流。这应该是第一次，而且很可能是迄今为止的唯一一次，由中国学者和犹太学者在一起共同研讨发生在二战期间欧洲和亚洲战场的两场大屠杀事件。本次会议对中国学者进一步了解纳粹屠犹事件和国际上在这一问题上的研究方法和成果，对犹太学者第一次了解南京大屠杀事件，以及中国学者在这一研究方面的进展和成果起到了积极的促进作用。而应该说杰瑞对于会议的成功举办是功不可没的。

一位知识渊博和无私奉献的犹太史专家

我眼中的杰瑞是一位知识渊博的犹太史专家。事实上，我与他的交往和合作从一开始就不局限在举办纳粹屠犹教育培训班上。如何切实推进中国犹太学教学和研究的开展一直是我们合作的最基本出发点和目标。自我们结识以来，杰瑞作为一名犹太史专家，来华授课，特别是在南京大学和河南大学系统讲述犹太史成为他工作的一部分。令人称道的是，他不仅知识渊博、教学方法得当，而且激情四射，感染力特强。听他讲课完全是一种享受，但凡听过他讲课的同学无不高度称赞之。此外，他还热心协助我们的研究生培养工作，指导在读研究生的选题，并代他们查找外文资料。本人的博士生多次收到他寄来的相关书籍、材料，对他们更好完成论文提供了很大的帮助。

为了促进中国犹太学更好地开展，他在英国犹太人中发起捐赠图书的活动，曾经一次性向河南大学犹太－以色列研究所捐赠英文图书

500 余册。为了增进英国犹太人对中国的了解，特别是在动员英国犹太社团支持中国的犹太文化研究方面，杰瑞亲自提议伦敦犹太文化中心组织访华团。2004 年到访的"英伦犹太名流访华团"不仅与中国不同高校的师生进行了积极的交流，还在访华团中开展了募捐活动，将访华团离境前筹集到的数万英镑善款全部捐赠给南京大学，南京大学犹太文化研究所则设立了由"伦敦犹太文化中心"冠名的"所长室"，以示感激。

当然，杰瑞在筹集经费上的贡献是多方面和无私的。在过去的 15 年中我们合作举办的"大屠杀教育暑期培训班"的所有费用基本上全部由他一人筹集获得。他每次来华授课，不仅自掏路费，而且自带伙食费，从不在费用上增加中国同仁的负担。

一位热情友好和有现代经济头脑的国际友人

在我的眼中，杰瑞同时是一位为人热情友好、有现代经济头脑的国际友人。有若干次我们一起陪同英国访华团在中国的各个城市游览，对他的热情友好深有感触。最令人难以忘怀的应该是 2006 年我和他在伦敦一道度过的欢快时光。他不仅安排了我在伦敦的访问日程，包括在伦敦犹太文化中心的讲座，会见一些英国犹太名流，而且亲自任导游，陪我游览伦敦，使得我有机会进一步了解犹太人在英国的历史，特别是犹太人在伦敦的历史。每当我们来到与犹太人有关的建筑和区域时，他总是停下脚步详细为我讲述故事。当我感激他时，他却说那是对我在中国陪他游览的回报。一句话便把我们的友谊拉得更近。

他还数次热情地安排我在他拥有的餐馆用餐。他的经济头脑、对现代经济的看法和做法使我收获良多。我第一次了解英国经济早已转型为主要是满足人民日常消费需要的"服务型"（service economy）就是从他那儿获得的。他还向我解释了何为"服务型经济"，并称事实上犹太人自 19 世纪以来主要从事的就是"服务型"行业，使得他们能够在现代社会"独占鳌头"。他进而认为中国的经济应该朝着这一方向发展。联想到我国在过去五年开始的经济结构转型，可以进一步感受到他这位犹太教育家具有的现代经济学思想。据本人的观察，他的现代经济学思想还反映在他的实际生活上。他出生在纽约，在犹太经学院接受了系统的犹太传统教育。其父希望他成为一名拉比，然而在 20 世纪 60 年代美国的年轻人都有一种"反骨"，不愿意按照父辈的规划和想法生活，因此他来到异国他乡的伦敦，成为一名从纽约到伦敦的犹太"漂泊者"。为了在伦敦"谋生"自立，他在 80 年代就把美国人的经营理念运用在伦敦，在伦敦南岸郊外开办了一家美式餐馆。当时美式快餐刚刚开始进入英国市场。他开设的餐馆租用的是一处阴暗、破旧的维多利亚式老房子。但经其改造，游客惊讶地发现，这一维多利亚时代房子的窗户外闪耀着一个霓虹灯招牌，表明它是一家美国式酒吧加烧烤的快餐店。餐馆很快成为吸引游客的地方，生意开始红火。接下来，他又在伦敦其他地区开办了另外两家。应该说这是他有经济头脑的反映。他曾这样告诉我，他本人其实并没有真正"经营"餐馆，而是雇用"经理"经营。为了更好地调动经理的积极性，并使其真正负责起来，从一开始，他就敲定经理的收入报酬不取决于每周的固定工资，在最低保障工资之外，经理的经济利益直接与餐馆效益的好坏挂钩。这样经理就会将餐馆视为自己的企业，做到投资人与经营者双赢。他本人则因此不需要将自己的精力投入到经营上，只要在"宏观"上监督即可。餐馆经营的成功彻底使他再也不用为"稻粱谋"，全身心投入他所钟爱的"犹太学"传播事业上去。他在中国的不少花费事实上来源于他在伦敦的餐馆的盈利。

一位热爱中国文化、热爱青年学生的真正教育家

杰瑞为人师表、惠泽后学，在我的眼中，更是一位热爱中国文化、热爱青年学生的教育家。

在与杰瑞的交往过程中，可以很容易地感受到他对中国文化的热爱和对青年学生的热爱，而这种热爱是十分真诚和发自内心的。这一点很好地反映在他学习中文的过程中。他曾对我说过，在我们相识之前，他没有任何与中国人直接交往的经历，压根没有想到自己会学中文。然而，自第一次来华举办培训班之后，他便开始认真学习中文，认为学习中文可以帮助

他更好地了解中国文化，更好地与中国同事打成一片。不要忘了，他开始学习时已近60岁！为了提高自己的中文水平，还在伦敦专门花钱聘请辅导老师。在日后举办的培训班开学典礼上，他每次都坚持要用中文致辞。由于他认识的汉字有限，发言稿是用汉语拼音准备的。这对他来说，用时至少双倍。然而，他不仅认真准备中文发言稿，而且事先练习发音。他这样做不仅仅是出于对中国文化的兴趣和热爱，更重要的是为了给前来培训班学习的中国学生树立一个榜样，激发学生对学习内容的兴趣。他曾经这样对我说，如果他能够向学生证明像他这样的"老人"都能够学好一种新的语言，作为年轻人，他们一定能够学好培训班的课程。事实表明所有参加学习的同学都对他的中文致辞非常感兴趣，并从中得到激励，在有限的学习时间里努力获得最大的收获。这与教育家杰瑞树立起的榜样密不可分。

我与杰瑞因相互倾慕对方文化而发展起来的友谊十分真诚。他曾经不止一次地在培训班开学典礼上以半开玩笑的方式把他的中国情结公开"归罪"于我，声称在香港的第一次谋面后，我就想方设法使他对中国"上瘾"，通过邀请他来中国访问和接触中国学生，使他对中国文化，对中国学生"上瘾"，不得不一次次到中国来。当然，我也常常反唇相讥，称是犹太人首先让我对犹太人的一切"上瘾"，放弃了当年自己在中国的显学——英语教学和美国文学的研究，而转向"犹太文化"研究和教学，并"走火入魔"地全身心投入这一领域数十年。能够让一位犹太人对中国"上瘾"，说明上苍给了我一次"报复"的机会，很爽。

坦率地讲，在转入犹太文化研究领域的30年中，我所结交的犹太学者超过百人，尽管所有人都对中国的犹太学研究提供过不同程度的帮助和关心，然而，像杰瑞这样长时间关心中国的犹太文化研究，对中国的纳粹屠犹教育倾注心血，对中国青年学者和研究人员的成长提供多方面、全方位帮助，并对中国文化和人民"走火入魔"的几乎没有。

他的不幸去世使我们失去了一位真挚、亲密的国际友人，中国犹太学领域失去了一位导师级教育家，中国的纳粹屠犹教育活动失去了一台不停运转的"发动机"。

　　不过，可以告慰杰瑞的是，他播下的种子早已发芽，培育的树苗已经成林，纳粹屠犹教育和犹太史教育已经成为中国高校中通识课程的一部分。他的中国同事在继续着他未竟的事业。

　　对于我本人而言，杰瑞的音容笑貌将永存。我相信他不仅将永远活在我的心中，而且会永远活在所有认识他的中国同仁和学生的心中。

深切缅怀杰瑞先生

傅有德

（山东大学犹太教与跨宗教研究中心）

10月4日晚上获悉杰瑞逝世的消息，当时的反应可谓"震惊"，因为太突然了。接着，便陷入了止不住的忧伤与悲痛之中。

6月中旬，杰瑞先生到访山东大学。13日中午，我陪他一起在学人大厦一层午餐。我们边吃边聊，把2018年大屠杀暑期班的各项安排都谈妥了。下午2点，他到知新楼17层的小报告厅为研究生做报告。我陪同前往，介绍他，并听完他的讲座。无论如何没有料到，那次和他的见面竟是永诀。真是生命无常啊！

第一次见到杰瑞，是在2005年的夏天。那年的7月，杰瑞所在的英国机构与上海大学合作举办大屠杀教育与犹太历史文化暑期班。山东大学的多位研究生参加了那次活动，我也应邀去讲课。一和杰瑞接触，便立马感受到他的热情和坦诚。他那洪亮磁性的嗓音，纯正清晰的英国语音，也给人以深刻的印象。记得我讲课的时候，杰瑞坐在教室的后排，身旁有一个学生小声为他翻译。他频频点头，看样子是明白我讲的内容，并表示赞同。

后来好几次见到杰瑞，都是在河南大学。有时是在会议上，有时是在大屠杀教育与犹太历史文化暑期班。杰瑞每年都到河南大学犹太研究所讲学，举办一些学术活动，我和我的学生也受邀参加，因此和他算是老朋友了。和杰瑞相识这么多年，他那一贯的热情友好态度，认真踏实的工作作风，永不懈怠的事业心，对犹太民族的热爱和命运关切，一直印在我的脑海里，我想以后也不会逝去。

二战期间的"纳粹大屠杀"，是现代历史上的重大事件。它激发犹太人思考犹太教，考问"上帝选民"的真实性；探求一个散居族群何以生存；让所有的人省察人性本身，质疑启蒙运动以来的现代性是否天然合理，思考如何防止人性中的恶，阻止国家和民族的仇恨，如何建立公正、仁爱、和平的理想社会等大问题。在这个意义上，纳粹大屠杀不仅是犹太人的大悲剧，而且是人类的大悲剧；不仅和希特勒及其纳粹德国、犹太人有关系，而且与全世界所有的个人和群体有关系。它不仅是过去发生的一个事件，而且关系到现在的人类应当如何共存，关系到将来的人类命运和前途。在过去的十多年里，杰瑞孜孜不倦地在中国的高校组织纳粹大屠杀教育与犹太历史文化暑期班，组织中国学生到以色列参观大屠杀纪念馆，听取有关大屠杀教育和犹太文化的课程，使许许多多的中国学生和青年教师受到了深刻的教育。原来，在很多人看来，纳粹大屠杀发生在犹太人身上，和中国人没有关系。可以说，杰瑞教授组织的宣讲在一定程度上改变了中国学界的看法，使之成为中国学人关切的普遍的人类本性和命运的大问题。就此而论，杰瑞所做工作的意义，就不仅是讲解"纳粹大屠杀"事件，痛斥纳粹的罪恶和昭告犹太人的悲剧，而且是对中国学生和教师的启蒙式教育和引导，有益于他们人性的改善和良知的唤醒。引申之，这也是对中国教育的一个重要贡献。

深切缅怀杰瑞先生！山东大学的许多学生和教师会把他记在心里。

2017 年 12 月 31 日

杰瑞，你怎么可能走远？

张倩红

（郑州大学）

四天前那个中秋节的傍晚，
来自 Glenn 先生的邮件传来了天大的噩耗：
说你 71 岁的生命已永远定格在 2017 年 10 月 3 日，
顿时我们一片哑然，
犹如五雷轰顶、坠入了万丈深渊，
伤痛的心却在一遍一遍默念：
这是病毒泛滥、是魔鬼的谣言……
不会，杰瑞不可能走远！

杰瑞，你怎么可能走远？
就在这同一天还我收到了你的邮件，
《贝尔福宣言》的资料还等待着续篇，
同学们的论文选题等着你来拍板，
明年暑期班的计划还没有完善，
去 Yad Vashem 的孩子们还期待着你的陪伴……
不会，杰瑞不可能走远！

杰瑞，你怎么可能走远？
今年的课程还没有兑现，
同学们的英语发言还需要你来纠偏，
腾欢已准备好再次为你送站，
晔梦正憧憬着浦东机场的又一次相见……

不会，杰瑞不可能走远！

杰瑞，你怎么可能走远？
新版《以色列地图》你还没带来，
为我们网购的新书还放在你的案边，
收集到的图书还没有到达"夏隆图书馆"，
你还要跟我们一起筹划建所 20 年的庆典……
不会，杰瑞不可能走远！

杰瑞，你怎么可能走远？
Natalie 的作业还没有改完，
你还没有看到她笑容满面走进婚姻的圣殿，
你说过七年之后要陪我把伦敦的大街小巷游遍，
你的心里不可能放下习惯于聆听你教诲的"Hillel""Jewish mother"，
还有你的"Chinese daughter"……
不会，杰瑞不可能走远！

杰瑞，你怎么可能走远？
我的新邮箱里还存放着你 904 封邮件，
微信群里同学们用心写下的文字你还没有仔细浏览，
"西墙前美神调侃少年狂"的故事还远远没有讲完，
那么多人期待着您爽朗的笑声与精彩的讲演……
不会，杰瑞不可能走远！

杰瑞，你怎么可能走远？
我们虽然不确定天国里是否有"清蒸鲈鱼""水煮菠菜"，
但我们知道您这个"Old Fish"睿智无限、能量无边，
您一定会穿越伦敦到开封的空间悄然来到我们身边，
感受这深海般的情感……
不会，杰瑞不可能走远！

我一直认为不会写诗的人一定不要无病呻吟，

可在你走后的这几天里，

我多么期待能用诗一样的语言来描述你圣洁的灵魂，

我把自己半百人生中第一首蹩脚的诗篇送给你，

我知道你不在乎措辞与韵味是否完美，

一定能透过字里行间感受到至真至诚的怀念……

还有太多的话语要跟您这位心中装着远方的智者诉说，

我永远坚信：

我们无所畏惧的杰瑞，不可能走远！

写于 2017 年 10 月 8 日凌晨 6 点

怀念杰瑞德

傅晓微

（四川外国语大学中犹文化研究所）

2017 年 10 月 4 日从 Glenn Timmermanns 教授的邮件中得知 Jerry（杰瑞德，Jerold Gotel）不幸逝世的噩耗，到今天已经近四个月了。在这让人伤感的 100 多天里，眼前时时浮现 Jerry 和蔼的面容，耳畔时时响起 Jerry 爽朗的笑声。我的一些学生也在悲痛中和我一道忆起老人的往事。

在川外学生的眼中，Jerry 是位慈祥、和蔼，热情幽默的老爷爷。他爽朗健谈，激情洋溢，仿佛永远不知道疲倦。同学们告诉我，在以色列大屠杀纪念馆参加研讨会期间，Jerry 带他们去旁观以色列年轻人相亲，非常有趣；在前往课堂的大巴上，教他们唱希伯来语歌。很多时候，大家都忘了 Jerry 已经是个六七十岁的老人。更多的时候"感觉他已经很疲惫了，但是还尽心尽力地把所有人照顾好"。

Jerry 是个商人，他在伦敦拥有自己的旅馆和房产，对于一个 70 来岁的老人来说，独自打理自己的产业，可能已经力不从心了。但 Jerry 的精力，更多是花在为中犹民族的友谊搭建桥梁方面了。他每年在英国—以色列—中国奔波，参加相关会议，做演讲……在中国筹办大屠杀教育与犹太历史文化研讨会或暑期班，在中国各高校挑选赴以色列参加大屠杀研讨会的学员，还往往全程陪伴，悉心照料那些和自己孙子、孙女差不多年纪的大学生。不夸张地说，这是一个以民族未来为己任，具有强烈责任心的老人。他是一个为了中犹民族的相互理解与认识，为了世界和平，为了中犹民族的美好前景，数十年如一日，不知疲倦地奔波、奉献的犹太老人。

我和 Jerry 初次见面，是在 2012 年 5 月参加河南大学犹太研究所成立十周年学术研讨会期间。同年 10 月，我第二次赴以色列，参加国际大屠杀教育研讨会，再次见到老先生。他很忙，要照顾所有的人，我实在不忍心打扰他。所以，并没有深入交谈。真正和 Jerry 零距离接触，深入交谈的契机，是 2016 年 3 月，Jerry 和澳门大学 Glenn Timmermans 教授来我校考察举办大屠杀教育暑期研讨会的那几天。

Jerry 和 Glenn 在重庆的日程排得很满。他俩要亲自考察办学场地，授课教室，学员、教授住所，商定授课内容、确定讲课人员，与川外领导见面商谈，还要面试学生。此外，Jerry 还准备了三场讲座。他每天从早上 6 点多起床，到夜里 10 点以后才回宾馆，而这个老顽童般的 Jerry，还不知疲倦，继续为追到宾馆向他提问的孩子们答疑解惑。在他的住处，从头到尾笑声朗朗，玩笑不断……

Jerry 豪放，充满激情，也没有宗教偏见。2016 年 3 月他和 Glenn 来访时，正值基督教复活节期间。Jerry 一见面就从包里取出一袋"复活节"彩蛋形状的巧克力，交给我，对我说了句："复活节快乐！"然后狡黠地冲着我坏笑。我捧着巧克力，一时间神经短路：不是说犹太人对基督教的节日讳莫如深么？这还是十多年来致力于宣传犹太历史文化的犹太老人么？这是那个在耶路撒冷的宾馆里，教我们唱安息日歌的 Jerry 吗？

Jerry 和 Glenn 是周五下午到达宾馆的，但他们坚持要自己去逛街，吃饭，还坚决不让人陪。总是以开玩笑的口气问："你还担心我会迷路？"其实，我还真担心他找不到吃的，毕竟重庆的素食餐馆很少，周五下午是犹太教徒开始安息日准备晚餐的时间，以前接待的犹太人大多是正统派犹太教徒，很在乎守安息日仪式。我说："今天不是周五吗，你不守安息日？"Jerry 一挥手，满不在乎地说："我才不管那些。"我脑子里闪出了那个豪放不羁的济公和尚来，"酒肉穿肠过，佛祖在心中"。这也是一个表面上不恪守仪式、规矩，却有着深入骨髓的民族情怀的济公似的人物。

老先生在川外给学生们做了几场讲座后我才发现，Jerry 不仅是成功的商人，成熟的社会活动家，更是一位激情洋溢的演说家，一位循循善诱的教师。他的讲座诙谐幽默，语言清浅直白，思路清晰。他不用 PPT，只是在黑板上写下几个关键词，就能勾勒出一段历史，让对犹太历史一无所知的人也能恍然大悟。

Jerry 讲犹太历史，从《圣经》故事开始。他强调：我们要关注的是，这本《圣经》如何在漫长的历史长河中影响了犹太民族，塑造了这个民族，形成了这个民族的文化传统。无论考古学家、实证研究家们的科学研究结论如何，不管《圣经》故事是否真实，但谁也不能否认：正是这本《托拉》所说的犹太人与上帝的"约"，在犹太民族几千年流离失所的苦难历史中，将流浪在世界各个角落、说不同语言、穿不同服饰的犹太人紧紧地凝聚在一起。

在20世纪，经历了现代理性与世俗思想洗礼的犹太人，尽管说着不同语言，穿着不同服饰，甚至还有不少像杰瑞德这样连仪式都不怎么遵守的犹太人，也因为这一文化的影响，因为这一文化中"全体以色列互相负责"的融入血脉的训诫，联系在了一起。Jerry说道："正因为如此，有人质疑《圣经》故事的真实性，质疑历史上是否真的有摩西这个人存在，但这些都不是问题的实质。就算《圣经》里的这些故事没有真的存在过，就算摩西这个人不曾出现过，就算摩西撰写'摩西五书'的说法也是子虚乌有，谁又能否认《圣经》对犹太民族、犹太文化的巨大影响呢？"

Jerry一生致力于向东方的非犹太人介绍犹太历史文化，促进犹太人与非犹太人的相互了解与友谊，也是为了避免下一个纳粹大屠杀的发生，这是他身为一个犹太人，主动承担的一份责任和义务。他不去刻意遵循人为的教规仪式，但他坚守了"天下犹太人是一家"的古训，为自己民族的未来倾尽了全力。他对民族的守望与担当，他对促进中犹两个民族的友谊所做的努力，不会因为他的生命终止而中止，而且将继续发光发热，照亮更多继续前行的后人。

我的外国老师杰瑞德博士

张礼刚

（河南大学以色列研究中心）

杰瑞德博士是美国人，长期旅居英国，主要从事犹太历史与文化研究，多次来中国的部分高校和科研机构开展学术交流。由于共同的学术话题，杰瑞德博士与河南大学以色列研究中心（前身为河南大学犹太研究所）的师生结下了不解之缘。

2017 年 10 月 3 日注定是一个悲痛的日子。这天上午 10 点左右，接到伯父因病去世的消息后，我抓紧回老家奔丧。在回去的火车上，我再次得到噩耗，我尊敬的老师——杰瑞德博士不幸步入另一个世界。这一天我失去了两位可亲可敬的亲人，我的胸口隐隐作痛，差点喘不过气来。杰瑞德博士离开我们已经 7 个月了，无论时间怎么流逝，但我与杰瑞德博士交往的情景常浮现在我眼前。

2002 年，张倩红老师在河南大学历史文化学院的支持下，成立了犹太研究所，我有幸成为张老师和研究所的第一届学生。研究所成立之初，条件非常艰苦，仅有一位教师、两个学生，一间房子和一张办公桌。也是在这一年，杰瑞德博士因为参加学术会议的原因，第一次来到研究所。杰瑞德博士在与张倩红老师交流的过程中发现研究所师资不足、资料短缺、国际合作能力弱等问题。但是，他被张倩红老师对犹太历史文化研究的执着和学生对知识的渴望所感染，决心帮助建设河南大学犹太研究所。因此，杰瑞德博士成为研究所第一个外国兼职教师。

杰瑞德博士非常喜欢中国历史与文化。初来河南，他是没有中文名字的。一次在乘坐出租车的途中，他让我们给他起个中文名字，要求一定要有中国味道。张倩红老师和学生们根据他的英文名 Jerold Gotel 的发音，称呼他为杰瑞德。当我们向他解释，"杰""瑞""德"三个字在中国包含着不平凡、美好、德行等意思后，他非常高兴，欣然同意使用这个名字。为了便于教授学生，与中国的学界打交道，他在繁忙的工作之余，开始学习中文。每次来中国，口袋里一定会装着英汉字典和中国小学生用的生字本。无论是吃饭，还是坐车，他都会不停地练习中文发音和拼音的拼写，像一个可爱的小学生。经过一年多的学习，他能够用简单的汉语与人交流，有时在学术会议的开幕式上，还坚持用汉语发言。尽管他会把"火炉"读成"火驴"，引起会场上善意的大笑，但是他对中国语言和中国文化的热情始终不减。在学习中国语言的同时，他还阅读了大量的英文版的中国历史与文化的书籍，并谦虚地向身边的人请教学习。随着来中国次数的增加和对中国历史文化的长期学习，他对中国的历史和文化越来越熟悉，对中国历史上发生的重大事件烂熟于心，经常参照中国历史，来讲授犹太历史，用中华文明来阐释犹太文明。在他的课堂上经常可以听到"秦始皇""孔子""道教""毛泽东"等我们熟悉的字眼，让学生听起来倍感亲切。

杰瑞德博士是一位会教书的老师。他个人的教育经历，类似于近代早期欧洲的犹太知识分子如摩西·门德尔松、拿弗他利·威斯利等犹太启蒙思想家。他首先接受传统的宗教教育，后来在牛津大学接受现代教育，并取得了历史学博士学位。他在河南大学以色列研究中心讲授圣经时代的犹太教、近现代犹太史、犹太文化、犹太经典选读、大屠杀教育等课程。他因材施教，非常重视文献的阅读与阐释，培养学生的阅读和利用外文文献的能力。第一次来河大授课，他主要讲授犹太文化，并不偏重文献。在讲授的过程中，他发现学生的英语水平不高，词汇量非常有限，这些严重阻碍了学生对授课内容的理解。因此，他不断摸索适合河南大学学生的授课内容和授课方式，逐渐形成了通过阅读犹太文献提高语言水平和积累犹太历史知识的方式，在此基础上，再加深学习内容。为了保证授课质量，他把即将讲授的内容提前告诉学生，相关的材料发给学生，让学生做好课前预习。在课堂上，他更是一丝不苟，认真讲解文本中的重点信息，纠正同学的每一个英文发音。他还经常用"读一百零一遍总要比读一百遍好""不是现在，而是何时？"等犹太格言，鼓励同学们练习英语发音，抓住当下，认真学习。一般来说，他每年来中心授课 2~3 次，每次课 7~9 天，每天授课 6~8 个小时。以此计算，每届学生从研究中心毕业基本上会接受杰瑞德博士 240 小时左右的全英课程。在杰瑞德博士的影响下，研究中心的英语学习氛围非常好。因此，研究中心学生的英语水平和外文文献利用能力明显高于世界史专业其他研究方向。这为学生进一步深造和就业打下了良好的基础。

杰瑞德博士非常关心学生。我们中心招收的学生基本上都来自农村，很多学生的家庭并不富裕。他了解这种情况后，私下里向我和中心的其他老师、同学了解每位同学的生活和学习情况。对于贫困和品学兼优的学生，他经常慷慨解囊，无私地帮助。在他去世之前，几乎每位同学都得到过他设立的奖学金。即使毕业的学生，一旦遇到困难被他知道，他也会千方百计地帮助。更难能可贵的是，他外表高大魁梧，似乎是一个不拘小节的人，但他在关心学生方面是一个非常细心的人，极其注意学生的感受。就像我们很难记住外国人名字一样，对于他来说，记住每一个学生的名字是比较困难的。为了避免叫错学生名字的尴尬，他每次见学生之前，都会认真地记忆学生的名字，一见面就能叫出学生的名字，这让学生感觉很亲切。他在指导学生学习和毕业论文写作上耗费了大量的心血。每一次来开封，他都会安排时间和学生讨论毕业论文写作问题，从研究方向的选择、题目的拟定和资料的收集等方面给予悉心的指导。为了让学生有充足的资料进行研究和学习，他不辞劳苦，以蚂蚁搬家的方式，从国外带来《犹太百科全书》《利奥·拜克年鉴》等犹太–以色列研究方面的资料数千册。有一次，我到火车站去接他，他带来三大箱子的书，其中一箱非常重，三十出头的我都很难搬动。难以想象，一位年近七十的老人漂洋过海，一次竟能够带来这么多的书。

从读研究生到在研究中心工作，我是与他联系最为密切的人之一。他用乐观豁达克服困难，用认真执着完成工作，用睿智幽默打开局面，用热情真诚赢得尊重，这是他留给我们的宝贵财富。

在杰瑞德博士纪念文集即将出版之际，我以此文缅怀我尊敬的外国老师——Jerold Gotel 博士，祝愿他在弥赛亚世界生活快乐！

怀念杰瑞

刘百陆

（河南大学以色列研究中心）

　　杰瑞（Jerold Gotel）离开我们已经半年多了。我还清晰地记得听到他去世的消息时的震惊、意外、错愕。当时我们正陪女儿在西餐店吃晚餐，礼刚在去南京的路上打电话告诉我杰瑞去世了！我感觉不可思议，但听他很低沉地给我大致说了杰瑞在巴黎街头晕倒、在伦敦等待第二次手术期间去世的情形，我意识到这是真的了！强作镇静后，我沉思着与礼刚交流着能否集合研究所全体教师和毕业的、在校的学生一道为杰瑞开一场追思会，为我们远在伦敦、无从见面的恩师杰瑞做些力所能及的事情。挂了电话，我的思绪飘散了，夜里又失眠了。杰瑞与我们交往的一幕幕在眼前浮现、在脑海翻腾，我的内心起了波澜，辗转反侧中熬过了一夜。

　　第二天又见到微信群里各位老师和同学回忆杰瑞的文字。我尝试着把感受最深的场景形成文字传递了出去。在大家的缅怀文字中，杰瑞的音容笑貌在微信群中鲜活地展现着。其间，张倩红老师与我数次通话、几度哽咽。我知道杰瑞的离去，张老师是我们师生中最难过、最难以接受的。张老师在河南大学耕耘多年建设了一个规模不大、影响不小的研究机构。这个研究机构从建立发展到今天每一步都蕴含着各方面的帮助，尤其饱含了杰瑞、丘才廉先生及其夫人和他们的同事朋友的心血！可以说，河南大学的以色列研究中心是张倩红老师和杰瑞、丘先生的共同事业，他们在为这一共同事业奋斗的过程中结下了深厚情谊，张老师常说结识丘先生和杰瑞是上苍的眷顾！我们作为初创时期的几个学生也参与到了这个挫折迭起而又顽强前行的事业中，其中的甘苦体味甚深！

　　在研究所的学生中，我与杰瑞接触较多，受其熏陶的机会也较多。我从 2003 年 11 月与杰瑞见面，至今已经 15 年了。那时我是一个初见世面、懵懂无知的青年，杰瑞 50 多岁，精力旺盛、激情四射、睿智幽默。我当时还不知道我们有多幸运遇到这么一位博学热心的好老师，因为这需要在以后的岁月中体现、提炼和沉淀。在这个过程中，我步履蹒跚甚至跌跌撞撞地走过了十多年，杰瑞的离世使我有当头棒喝的感觉：人生是流线性的，无论经历了多少曲折，无论多么强壮，人终将逝去。我们能做的是，在人生的每个节点都珍惜和朋友的每次相见，否则就可能留下无法弥补的遗憾。我的遗憾就在于此。我研究生毕业后做了行政教辅工作。2009 年年初做了办公室主任后，工作头绪多了，精力也随之受限。之后杰瑞每次来校讲学，我都难得有机会去聆听，也没有精力再像以前那样尽量周全地照顾他了。这是我当时微感遗憾的。2014 年我女儿出生后，更没有精力与杰瑞交流。2017 年秋，杰瑞最后一次来学校讲学时，我在学校机关工作，我第二个孩子即将出生，更没能听他的授课。但他的老病发作，依然让学生打电话问我以前给他买的那种药。我内疚地去药店买了药，在午饭前去给他送药。由于要回家照顾孩子，我无法与他共进午餐。他洒脱地跟我说："照顾好女儿，她喜欢什么告诉我，我下次给她带来。"没想到这竟是我最后一次和他见面。几个月后的那个晚上，我和女儿没有等来他的礼物，却得到了他去世的消息。而他去世前正在与张倩红老师沟通来开封讲课的相关事宜！原本强壮的杰瑞以这样的方式告别了他的中国朋友、他在河南大学的学生和他在中国的以色列研究事业！我们失去了一位好老师，中国以色列研究失去了一个好推手！遗憾的还不止这些……

坦诚的杰瑞

我经常与老师和同学总结自己的成长历史，感慨有两个迥异性格的人对我有着重要的影响。一个是杰瑞，一个是丘才廉先生。两位先生以自己的行动和真诚浸染着我，让我从一个沉默的理性人转变成为一个有爱心并不吝表达爱心的理性人！在我成长的关键时刻，两位先生以自己的"言行一致"震撼了我。记得 2005 年春，我与丘先生一起去洛阳，在半路上等红灯时，听到有人敲车窗，我抬头看时，见一个残疾人伸手乞讨。我手伸进兜里准备拿 1 元钱，但再抬头时乞丐不见了，往后看：丘先生手里擎着 10 元钱正在给他。之后路上我们开始讨论这个问题。我问："如果一个乞丐年富力强明显是在行骗，你也会予以帮助吗？"丘先生不假思索地告诉我："会！"他接着的话触动了我："我不看接受帮助的人是否真诚，我在意的是我的帮助能否完成，我的人格能否完善。帮助人不仅是受帮助者的需要，也是帮助者的需要，我要感谢受帮助的人接受我的帮助，使我的帮助能够达成，因为帮助人是快乐的。"我当时很震撼：这是我从来没有听过的观点，也是我从来没有见过的行为。在我们目前的社会发展阶段，我看到的是对乞丐的鄙视和冷漠：年富力强的乞丐，为什么不自食其力？年老的乞丐，儿女为什么不赡养？年幼的乞丐，家长是否好吃懒做？总而言之，对于乞丐的研究透彻至极，结论只有一个：不能施舍。后来我在与杰瑞交流的过程中，提起了丘先生的这件事和这段话。杰瑞沉思了很久，低沉地告诉我："我不如他，他是个圣人（Sage）。"接着他谈了自己的观点："我帮助别人是要看对象的，要看是否有价值的，如果我认为有欺骗，是不会给以任何帮助的。"杰瑞的认真和坦诚同样触动了我。我仔细品味两位老师的观点，或许背后有文化的差异：作为天主教徒的丘才廉先生信仰上帝而坚持因信称义，所以只问内心是否完善；作为犹太人的杰瑞，坚持因行称义，注重的是如何在实践中完善自己和周围的环境。在品味中，我的心性变得敏感了，对社会各阶层多了理解和同情。我能够感受到自己的这种变化，也能感受到促成这种变化的原因：不只是读书、写文章，更多的是善良人的善举和善言。

杰瑞与我们生活中的接触，不总是触及灵魂的深入交流，大多时间还是闲聊，在闲聊中告诉我们人生的智慧和日常生活中要注意的细节。杰瑞经常提起他少不更事的青年时期，对爱情、对事业、对前途一片模糊又心向往之，也会讲他在做生意时遇到的各种奇葩事情和他的奇葩应对，经常听得我们开怀大笑。他饶有兴致地讲了他年轻时自己追求女孩子遭拒绝的尴尬境况；他还告诉我们在伦敦经营餐馆时遇到人吃霸王餐时自己的机智应对；他以自己年轻时做调酒师的经历告诉我们他对酒有着非常深的造诣，时常指导我们如何品尝红酒，并经常说那时自己比较浑，喝酒太多；等等。因此有着丰富阅历和渊博学识的杰瑞对于我们的年少无知不是恨铁不成钢地训诫，而是充满了欣赏和建设性建议，因势利导地帮我们改进，对于实在需要改正的行为也是幽默地提醒。我们中的一个学生读书较多、口语较好，比我们表达的要流畅得多。但这个学生有个毛病：口比心快。于是迫不得已的杰瑞告诉他和我们："嘴不要长在脑子前面"。有着多年咽炎的我有一次当着杰瑞的面随地吐痰。当身边没有第三者时，他轻声告诉我："随地吐痰不好"。之后我便注意在口袋里装点儿纸巾备用了。杰瑞与我们的交流在不知不觉中发挥着作用，帮助我们认识杰瑞——一个有深厚美国文化背景而坚守民族文化的犹太老人。这个外国老人在幽默风趣中把我们带到学术的殿堂，在闲谈中帮我们修正人生的坐标。

严谨的杰瑞

杰瑞最初到河南大学的几年，每次都要在全校范围内做学术报告。我印象非常深的是第一次听他的学术报告。礼刚和我并排坐在第一排，仰着头睁着大而无神的眼睛，看着激情四射、妙语连珠的杰瑞优美地打着手势。我们努力捕捉杰瑞口中发出的每一个单词！但是可惜的是：我一个词也没听懂！结束时，我很难过地小声对礼刚嘀咕：我一个词儿也没听懂！礼刚也很懊恼：我也是！我们从初中开始学习英语，大学期间也上过听力课，研究生入学考试也有听力试题，在此之前我自信还是能听懂一些内容的。但是杰瑞纯正而清晰的美国音（杰瑞生在美国，成年后在伦敦发展）愣是没有一个单词经我的耳朵入脑入心。因此我的心情比较低落。后来在与他学术报告的翻译交流时，他告诉我们：杰瑞的报告确实不好翻译，词汇量大、高难度词多，翻译得很吃力。我们内心稍安。

在随后的数年间，杰瑞每年都要来河南大学 2 ~ 3 次，每次讲课 1 周时间，每次授课前都安排我们把指定书籍复印人手一份。他讲授的内容主要是犹太历史的基础文献，讲课非常投入、非常认真。杰瑞结合基础文献训练我们的朗读、口语和听力，让每位同学依次朗读基础文献，并不时提醒、纠正、解释生僻和拗口的单词、非英语词汇等。杰瑞每次到开封都是下午或晚上，第二天 9 点就准时授课，从未因倒时差而延误上课，每次授课中午休息 1 个小时，简单午餐后继续上课。这种近乎魔鬼式的学术训练让我们疲于应付又受益良多。在和张倩红老师交流时，我谈了自己的感受：每次杰瑞来上课，感觉自己都要脱一层皮，但英语好像在自己的生活和学习中变得鲜活和流畅起来，只是可惜的是，在随后的几个月里，这种感觉又慢慢消弭殆尽了。

在所有同学中，我可能是在杰瑞课堂上收益较少的一个。即使如此，我还是感到杰瑞为我打开了另外一扇窗子。在跟随他艰难地阅读并理解艰涩难懂的基础文献的过程中，我对犹太文化和历史有了更深入的理解，对犹太文化的形成、犹太历史事件发生的细节有了直观的感受。他带领我们一起寻觅犹太文化背后的元素，又跳出来让我们从散居史的宏观角度审视各地犹太文化。这些对我的学习和研究起到了非常重要的奠基和启迪作用。当时我在做的是古代开封犹太社团方面的研究。受杰瑞课堂上的启发，我尝试从犹太文化角度审视开封犹太文化，发现了从前研究中的诸多盲点和误区。在和张倩红老师交流后，她建议我以古代开封犹太人碑文为题目写学位论文。有了杰瑞对我们学术训练的基础，随着对碑文理解的深入，古代开封犹太社团的历史脉络和基本面向在我的脑海中越来越清晰、越来越活跃，我的信心也越来越足了（尽管现在看有些小子无知的无畏）。我的硕士学位论文《开封犹太碑文研究》就是在这样的背景下确定和完成的。

杰瑞一直不满意我的英语水平。我们私下的交流基本围绕日常生活，没有过学术方面的探讨。他对我的学术能力也就不能深入了解。虽然张倩红老师多次提及我在研究方面有潜质，但杰瑞从不表态。2009 年在南京举办的一个学术会上，我做了 20 分钟的主题发言，发言效果较好。我发言期间，杰瑞坐在最后一排努力地看着我、努力地听着，但我可以肯定：像我 2003 年听他第一场学术报告一样，他一个字也听不懂！结束后，他从听众的反映中感觉到我的发言比较好，他又就我的发言反复咨询了国内其他专家，得到肯定答复后，向我表示了祝贺。后来他推荐我去以色列参加了 Yad Vashem 组织的学术活动，这与我在南京学术会议上的主题发言应该有直接的因果关系。从这里可以看出平时大大咧咧的杰瑞内心对于每件事情都有严格的标准，不会因其他因素干扰而有些许松动。

杰瑞的严谨还体现在授课过程中，他会不厌其烦地为我们讲解每一个难点、生僻字，会为一个问题匆匆赶到图书室翻寻他从伦敦带过来的书，以便能更好地向我们展示和解释。看他认真的样子，我们想偷懒都不好意思，只好硬着头皮继续挨下去。就这样，一天、两天、一周……在不断的坚持中，我们的英语水平在提高，学识在增长，我们的学生也有了好的前程与归宿：升学、就业、教书育人，开枝散叶到全国各地，目前看，各自发展得还不错。我作为留守河南大学的学生目睹着杰瑞一年又一年的认真和严谨，从精力旺盛的年轻"老头儿"成为被病痛折磨而一直勉力向前的老人。总结杰瑞对我学习方面的帮助，可以归结在我们两个互相听不懂的学术报告里：2003 年，我听不懂他高深莫测的学术报告；2009 年，他听不懂我快语速的主题发言。但我们两个都是真诚的：都在努力听，在极力捕捉对方传播出来的信息，只是都没有成功。我逐渐听懂了杰瑞的报告和授课，杰瑞却一直没能听懂我的学术发言，这是我的遗憾！愧对恩师！

文化搬运工杰瑞

2004 年，我第一次到新郑机场接杰瑞，飞机降落后他很久才出来，右手拖着一个硕大的行李箱，行李箱上面放着一个较小的行李箱，左手拉着一个相对小一些的绿行李箱，肩膀上挎着一个袋子。我们吃力地将所有行李搬上车后，他就和我尽量慢语速地交流，问一些事情，讲一些事情。我很吃力地应对着，生硬地、简略地做一些回应。到了开封打开箱子我们发现他带的箱子里都是书！之后的数年间，这套行李成了他的标配。我也有了新的工作：帮他修理行李箱！每次都会有拉杆、拉锁等零件方面的破损，我就要到处找师傅帮忙修理。我多次建议他更换行李箱，他总是笑着说：这个行李箱很好，能装很多书！这类"美差"后来被尚万里、张腾欢他们先后接续下来了。随着杰瑞和他的大小行李箱一次次的来临，我们研究所图书室的藏书越来越丰富。现在研究所"夏隆图书馆"有三大间藏书室，两间收藏外文图书。从杰瑞行李箱里拿出来的书应该占满了一间，其中有《利奥·拜克年鉴》《犹太百科全书》等大型套书。这些套书是他逐年多次从伦敦用大小行李箱拖过来的。2008 年冬，杰瑞的大行李箱换成了一个新的更大的行李箱。问及原因，他说原来的大行李箱坏掉不能用了。

他对这个更大的行李箱很满意，因为能装更多书了。只是我们能明显看出来他提行李箱已经比较吃力了，再也没有像最初那样向我们炫耀式的提拉行李箱展示力量了。为了节省时间，杰瑞每次都是从课堂离开直接去机场，同学们会走出历史文化学院的七号楼，到楼下集体送别杰瑞。在去年的一次送别之后，有同学还说，杰瑞的行李箱以及他那件浅灰色的马夹以后应该由我们研究所收藏。当时我没有在场，张老师给我转述的时候还充满感情地叙说同学们对杰瑞的感情。

2010 年 10 月，杰瑞带着不满 18 岁的小女儿娜塔莉从伦敦到河南大学授课。在一次晚上聚餐时，尚万里同学对着全体师生用流利的英语讲述了他有一次到上海接杰瑞的感受：一个老人拖着硕大的行李箱，大行李箱上照例放着小行李箱，蹒跚着从机场走出来。尚万里接到行李箱后立即就感受到了它的分量！万里的讲述使我们在场的每一个人都更加深沉地认识到了杰瑞的爱与不易，受到触动的小女儿娜塔莉哭得稀里哗啦。看着哭泣的娜塔莉和略带感触微笑着的杰瑞，我陷入了沉思……

杰瑞一次次拖着笨重的行李箱将一部部书从伦敦背到开封，目的是比较单纯的，就是为了给地处中原腹地、对外交流相对匮乏的河南大学师生带来犹太文化最基础、最核心的犹太经典；他的行为和讲课方式给我们展现了平时很难见到的西方人思考、分析问题的角度、方式和方法。他和他的行李箱搭建的是中国和犹太两种文化传递的桥梁，承载着两种文化当下和未来交流的重担。搬运工杰瑞搬运的不仅是书籍，更为我们搬运来了知识和精神。他就是中犹文化交流的使者一个花甲老人十几年坚持不懈地往返于伦敦和开封之间，用自己宽厚的肩膀扛着一部部文化典籍，无偿将自己的学识传授给中国学生，这不仅是毅力和精神，更是传递知识、助推中国以色列研究事业的使命。

激情四射的杰瑞在岁月的碾压下逐渐衰老了。在一次次长途劳顿和时差错位来开封授课的过程中，他的身体也出现了各种不适。杰瑞喜欢运动，爱跑步、游泳、做力量锻炼。最初他每天早起到酒店外跑步，有时绕龙亭湖走一周，用过早餐后就精神饱满地到学校授课。但从 2005 年起，他的身体开始出现问题，膝盖、腰、口腔、内分泌等方面的病痛陆续缠上了他。但他还是一如既往地坚守自己的文化搬运工作。为了帮助他摆脱病痛，张倩红老师、张礼刚老师、所有同学和我一起不断地寻医问诊，寻找对路的治疗方案。在这个过程中，我与杰瑞接触相对较多，尽力照顾好他的生活。我也因此成了杰瑞口中的"Jewish Mother"。在照顾他生活的过程中，我了解了这位阳光男孩似的老人背后的落寞。他对我提及由于时差问题，他在凌晨 2~3 点是清醒的，无法入睡，陪他熬过漫长失眠之夜的是他手中的书：看书看累了，就可以继续睡觉了。至今我无法忘记这个画面：一天的授课结束后，在酒店昏暗的灯光下，一个老人微睁着双眼靠在床头，读着手中的书，一脸的疲惫、一身的孤独。我劝他好好休息，睡个好觉！他强打精神哈哈着："等我死了，有很长时间睡觉！"以后我每次劝他休息，他给我的回答都是这句话。

　　一直没有时间很好休息的杰瑞透支着自己的生命，把自己的光和热释放出来，照亮我们这群蹒跚前行的中国学生，帮助我们从懵懂走向智识，从无知小子成为有能力教书育人的教师。杰瑞在巴黎因心脏病晕倒在街头，回到伦敦后去医院接受了第一次手术治疗，医生告诫他静养，等周四接受第二次手术。可就在这个时候，他仍然在安排自己的中国行程和如何为我们即将去以色列游学的学生提供帮助。但他没有能够接受第二次手术治疗就去世了！文化搬运工杰瑞坚实而匆忙地走完了 71 年的人生历程，我能在他最后的 14 年光辉岁月中沐浴他的光辉，坚实而曲折地成长，这对于杰瑞来说只是他生命岁月中一个平常的"遇见"，而对我来说，则是人生中的一大幸事、一种恩典。他的文化搬运精神将一直激励我前行，鞭策我努力做好一个大写的人！

2018 年 6 月 6 日

在中国传播犹太文化的使者

——纪念杰瑞德先生

胡　浩

（河南大学以色列研究中心）

　　杰瑞德在中国活动的时间大致与我读书和工作的时间重合，这段时间也正是我开始接触犹太文化，学习犹太文化，对犹太文化逐渐产生兴趣，并最终使之成为自己职业的时期。可以说，杰瑞德以及他在中国所从事的学术活动和教育事业影响着我对犹太人、犹太教、犹太历史文化的同情与理解，也一直在影响着我的犹太研究之路。我与杰瑞德的相识是在南京大学读书期间，那时杰瑞德与徐新教授和南京大学犹太研究所有比较密切的接触，杰瑞德作为伦敦犹太文化中心中国项目的主要代表为南京大学犹太研究所的建立和发展做出了重要贡献，并捐献了部分图书和资金。在南京大学读硕士和博士的六年时间里，我多次见到杰瑞德，也几次参加了他组织的针对中国学者和学生开办的大屠杀教育与犹太历史文化暑期班，2006年我还到开封参加了杰瑞德在河南大学讲授的犹太史文献课程，那时已经领略了他无限的热情和激情四溢的演讲。2009年我来河南大学工作，之后与杰瑞德的接触也就越来越多，也开始目睹杰瑞德对河南大学犹太研究所发展所提供的巨大支持和帮助。可以说，他对河南大学犹太研究所有着最深厚的情感，甚至将其当成自己最重要的事业。他在尽自己最大的能力和最大的努力，想尽一切办法促进研究所的发展壮大，不遗余力地帮助研究所解决问题和困难。他每年坚持来研究所授课，在研究所设立奖学金，资助学生尤其是经济上有困难的学生完成学业，不远万里地把图书资料一本一本地背到研究所，不断丰富研究所的藏书。更重要的是，他对研究所的每一个学生都表现出浓厚的兴趣，他甚至能记住研究所每一个学生的姓名和特征，并在学习和生活上给予一对一的指导。每次他来授课，都会专门与所里的研究生座谈，具体了解他们语言学习、文献阅读的情况，还针对每位研究生的研究方向和学位论文选题，提供非常细致而有价值的建议，甚至直接帮他们查找资料。十几年来，他排除各种困难和阻力，一直坚持在中国，尤其是河南大学从事犹太历史文化教育和大屠杀教育，并培养研究生，这一点非常罕见，甚至可以说是独一无二，因此也显得弥足珍贵。

我也在思考是什么给了杰瑞德如此大的动力，让他对在中国普及犹太文化和大屠杀教育乐此不疲呢？在我看来，最重要的一点是杰瑞德有着很强的为犹太人事业而奋斗的使命感。

在与杰瑞德交往的过程中，我能很深切地感受到，他对自己的民族、自己的文化有着非常深沉而炽热的爱。尽管杰瑞德是一个世俗犹太人，生活富足而优越，行为方式上显得比较世俗化，也并不笃信犹太教，但是杰瑞德精通犹太教和犹太文化，在他讲课的过程中，我们发现他对于犹太经典和犹太教文献非常熟悉，可以说是信手拈来，从来都不需要讲稿；他对犹太文化精神和内涵的把握非常精到而透彻，每每讲起都会神采飞扬，自豪之情溢于言表。作为一个非常出色的讲演者和教育者，它在课堂上以巨大的热情、睿智的思想，生动地将犹太历史和文化活灵活现地展现在中国学生面前，感染着、吸引着大家去深入地了解和研究犹太历史和犹太文化。

杰瑞德对犹太人命运抱有深切的同情和密切的关注，这使得他感到有必要在中国和全世界范围内加强大屠杀教育和反对反犹主义。尽管他不是虔诚的犹太教信徒，但他绝对忠诚于犹太人的事业和关心犹太人的命运，他在以自己的行动捍卫着犹太人的尊严和犹太人的生存。记得有一次在南京讲课时，有个学生提了一个非常具有挑战性的问题："犹太人一直以来比较特立独行，显得同主流社会格格不入，因而遭到主流社会的憎恨，那么，犹太人自身是否对大屠杀负有责任呢？"面对这样的问题，当时杰瑞德明显有些愤怒，脸涨得通红，不过，在思考了片刻后，他镇定地回答道："请问对于南京大屠杀，南京人自身有责任吗？"他的回答顿时让那位同学无言以对。可以说，在关乎善与恶和大是大非的绝对伦理问题时，杰瑞德态度非常明确和坚决，他反对任何试图转移和推卸行凶者责任的行为，这一点让我感到非常敬佩，也让我进一步理解了大屠杀教育的主旨和目的，以及大屠杀教育的必要性和紧迫性。

在我看来，杰瑞德在中国普及犹太文化和大屠杀教育的行动是一种充满理想和情怀的行为，它启示我们大家，在这个竞相为小我而争名逐利的时代，仍需心怀民族大义和崇高目标；要树立民族自信心和自豪感，增强民族的凝聚力；要怀有民族使命感和民族忧患意识，自觉地同那些诋毁国家和民族形象、破坏民族团结和统一、危害民族生存的言行做斗争；要在生活和学习中培养对民族文化的认同和热爱；要有大爱意识和家国情怀，用自己的实际行动为国家和民族振兴做出自己的贡献。

To My Beloved Teacher Jerry

Ma Danjing

Today I want to tell you the story of my most respected teacher Jerold Go-tel. Jerry is an American Jew living in the UK and working in the London Jewish Cultural Center. He is the teacher who leads me into the field of Jewish Studies and helps me whenever I am in need of help. I still remember the first time I met him in the exhibition hall of the School of History and Culture, where he was giving a lecture to the graduate students of the institute of Jewish Studies at Henan University. As an undergraduate student of the department of World History, I was also allowed to attend the lecture. I still remember the topic of that lecture. It is on Kosher food. It talks about the animals Jews can eat and the animals they are forbidden to eat. For an undergraduate student with no Jewish knowledge back-ground, this is a rather difficult topic. But the scene of a foreigner with a pipe in his mouth, giving a lecture on what can be eaten and what can not, impressed me a lot.

Jerry is the first foreigner I have ever met in my whole life. In our first en-counters, I was afraid to talk with him, but he had the skill to encourage people and stimulate them to give full play to their potential. In 2006, I was enrolled in-to the institute of Jewish Studies at Henan University to conduct my M. A. stud-y. Since then, I have become Jerry's real student and he has become my lifelong teacher. In the past years, Jerry has kept coming to our institute three times a year, leading us to read the original texts on Jewish history, giving lectures on specific topics or playing movies on Jewish themes. I made huge progress in my three years' M. A. study, both in English and in academic research. It is largely owing to Jerry's guidance and encouragement. Every time he came, he liked to praise me on my progress. As a humble Chinese girl, I was a little shy to these praises. But due to the effect of vanity, I became more confident in myself in the wake of these compliments and felt more motivated to study Jewish history. He helped me build my confidence and succeeded in convincing me that I could do very well in Jewish studies. Three years ago I got my doctor's degree at Chinese Academy of Social Sciences and became a lecturer in the Center for Jewish and Israel Studies at Henan university. Currently, I am doing my post – doctoral research at Ben – Gurion University of the Negev. Without Jerry's help and encouragement in the past years, I can never be what I am now. Without him, I might still be the little girl who was too timid to talk with foreigners. It is him who puts the Jewish dream inside me and made it bloom.

杰瑞德先生对中国犹太学发展的贡献

——谨以此文纪念我们永远敬爱的好老师杰瑞德先生

张腾欢

（山东大学历史系博士生）

杰瑞德（Jerold Gotel）先生 1946 年 1 月出生于美国纽约，早年就读于牛津大学，取得历史学博士学位，后积极投身犹太研究和纳粹大屠杀教育工作，担任伦敦犹太文化中心纳粹大屠杀与反种族主义教育署海外部主任，欧盟大屠杀教育、纪念与研究国际合作行动委员会下属教育委员会的英国代表，河南大学以色列研究中心荣誉教授等职。杰瑞德先生因心脏病于当地时间 2017 年 10 月 3 日下午病逝于伦敦，享年 71 岁。

杰瑞德先生是 21 世纪以来中国犹太学研究和发展的见证者和参与者。从 2002 年一直到去世，杰瑞德先生始终密切关注并大力支持中国的犹太学研究，这一时期也正是中国犹太学研究取得重要进展的黄金时期，在推动大屠杀教育和研究、推动犹太历史研究，以及中国犹太学的资料建设、人才培养和对外交流等方面，杰瑞德先生做出了重要贡献，留下了丰厚的精神遗产。

一　大屠杀教育的推动者

二战期间，由纳粹德国主导的种族大屠杀，共造成约 600 万犹太人死亡，酿成人类历史上的空前惨剧。战后，作为重大历史事件的大屠杀逐渐成为国际学术界重要的研究对象，同时，为了铭记历史教训、避免重蹈历史覆辙，许多国家还发起了不同形式的纪念活动，面向全社会尤其是年轻一代的大屠杀教育逐渐开展起来。大屠杀教育的宗旨在于通过对大屠杀发生原因、过程的学习，使学习者理解种族歧视以及其他社会政治的不宽容将导致何种灾难性后果，教育学习者与一切歧视和不公做斗争，培养公民意识和责任意识，共同推动并致力于人类社会进步事业的发展。大屠杀教育在国外起步较早，并已形成较为合理完善的教育模式。在中国，大屠杀教育开展较晚，但近年来取得了较大发展，这离不开一些国际友人和有识之士的努力，杰瑞德先生就是其中杰出的一位。

杰瑞德先生常年参与伦敦犹太文化中心的纳粹大屠杀教育项目，对大屠杀历史有深入研究。他还是杰出的组织者，曾多次组织筹备在中国举办研讨会。2001 年，杰瑞德先生在香港举办了大屠杀教育会议，第二年，曾参加此次会议的南京大学徐新教授邀请杰瑞德先生到南京参加其举办的犹太学研讨会，杰瑞德先生欣然前往。随着杰瑞德先生与中国学者接触的增多，他也逐渐喜欢上中国，开始学习中国历史，并到伦敦大学亚非学院学习汉语普通话，以便更好地组织开展在中国的大屠杀教育活动。2005 年 8 月，由杰瑞德先生发起在南京大学召开了"纳粹屠犹和南京大屠杀国际研讨会"，会议邀请多名国际大屠杀研究学者和国内的南京大屠杀研究学者进行对话，通过对这两大历史事件的比较和分析，加深对人类种族灭绝暴行的认识，并探讨如何推动纳粹屠犹和南京大屠杀教育。此次会议取得了圆满成功，多家国内外媒体进行了报道。与会学者的文章后来被收入《纳粹屠犹：历史与记忆》一书，杰瑞德先生对该书的编辑工作提供了建议和帮助。2006 年 7 月，杰瑞德先生又联络伦敦犹太文化中心与河南大学犹太研究所，在开封召开了"第二届大屠杀教育国际学术研讨会"。此次研讨会与上届的不同在于，研讨主题仍以大屠杀历史和教育为主，但增加了反犹主义、犹太历史与以色列国家的内容，使同学们对纳粹种族意识形态的根源以及大屠杀发生的历史原因有了更多了解。

在南京大学和河南大学先后举办的大屠杀教育与犹太历史文化国际学术研讨会取得圆满成功后，杰瑞德先生后来又在中国组织举办了八届研讨会或暑期班，分别是 2007 年在上海大学、2008 年在云南大学、2009 年在南京大学、2011 年在西北大学，以及河南大学承办的四届（分别在 2010 年、2012 年、2013 年和 2014 年）。

这 10 次大屠杀教育与犹太历史文化国际学术研讨会或暑期班参与师生

累计多达上千人，来自全国各个高校和科研院所。杰瑞德先生是历次研讨会的主要演讲者，他的演讲主题广泛，包括大屠杀教育的意义、犹太历史文化总论、圣经时代和拉比犹太教的兴起、反犹主义、犹太复国主义、大屠杀历史等。通过杰瑞德先生的努力，研讨会邀请到国际国内著名的反犹主义和大屠杀研究专家开设讲座，包括伦敦犹太文化中心特鲁迪·戈尔德（Trudy Gold）研究员、希伯来大学罗伯特·维斯蒂里希（Robert Wistrich）教授、澳门大学葛兰·蒂默曼斯（Glenn Timmermans）教授等。研讨会也邀请到大屠杀幸存者乔安娜·米兰（Joanna Millan）向学员们讲述自己在大屠杀期间的经历。研讨会还举行互动讨论，由演讲者带领各学习小组进行讨论学习；研讨会还组织观看纳粹大屠杀纪录片。杰瑞德先生是历届研讨会和暑期班的外方组织者和参与者，既为研讨会的举办多方奔走、筹措资金，也要联络和召集讲座人，并一直在总结研讨会和暑期班的举办经验，以探索制定更加完善的会议举办机制。在他的努力和精神感召下，历届研讨会也取得了良好的效果，搭建了中外学界交流的平台，密切了中外学界的联系，使许多教师和学生受益匪浅。

从 2010 年开始，以色列大屠杀纪念馆开办了面向中国学员的大屠杀教育学习班。与国内的大屠杀教育学习班不同的是，以色列为中国学员开办的学习班的授课人全部为以色列学者，讲授内容更为精细。每届学习班招收大约 30 名中国学员，学期半个月，学员分布广泛，来自中国内地和港澳的许多高等院校和科研院所。学员遴选工作主要由杰瑞德先生实施。杰瑞德先生极为严格，他认真考察每位申请者的专业知识、外语能力和学习意愿，以确保符合条件的申请者入选。在以色列学习期间，杰瑞德先生很多时候都会全程参与学习和外出活动，带领中国学员参观耶路撒冷的以色列大屠杀纪念馆以及其他历史和文化机构，耐心回答他们提出的各种问题。对很多中国学者来说，一年一度的以色列大屠杀纪念馆学习班是一次难得的到境外进行犹太学研修的机会，杰瑞德先生在其中发挥了重要的桥梁作用。

二　文化交流的使者

中国的犹太以色列研究开始于 19 世纪末 20 世纪初，但在很长的时间里发展缓慢，真正出现大发展是在改革开放后，尤其是 21 世纪以来。虽然国内犹太研究取得了长足发展，但由于种种原因，国内对犹太历史文化的认识仍流于肤浅，甚至是误读。杰瑞德先生觉察到了这一点，为促进中国国内对犹太历史文化和犹太人的理性认识，他做了很多工作。

杰瑞德先生一生著述不多，但他是卓越的学术共同体组织者，善于将各个领域的犹太研究学者组织起来，共同为推动犹太研究在中国的发展而努力。杰瑞德先生曾写过一篇《为什么学习犹太历史与文化》的文章，在文中，他指出，犹太人取得了举世瞩目的成就，其原因并非犹太人天生与众不同，事实上，犹太人也是普通人，只不过他们过着一种独特的生活。犹太教是犹太人独特生活的指南，它推崇自由意志，注重个人创造力的发挥，拒绝接受现状，主张通过个人的改变来改变世界。在每次讲座上，杰瑞德先生都尽力传递一种理性的认识，启发人们从多角度了解犹太历史文化，而不是人云亦云，盲从一些刻板甚至充满偏见的观点。杰瑞德先生还曾努力学习中国历史、文化和语言，在课堂上，他会拿犹太文化和中国文化进行对比，以引发学生兴趣。

为了使中国人民更多地了解犹太历史文化，在大屠杀教育研讨会之外，杰瑞德先生经常到中国进行授课，讲学足迹遍布开封、南京、济南、上海、西安、昆明、重庆等许多城市的高校，是与中国学界保持密切联系的国外犹太学者之一。他奔波穿梭于中国几乎每一个有犹太学研究的机构，为那里的研究者带去他们需要的知识。今天中国的犹太学研究队伍已非十几年前可比，每年出版的犹太学专业著作数量更是大幅增长，越来越多的人开始对犹太学产生兴趣，越来越多的犹太学和以色列研究机构开始设立。这些成绩的取得既是国内学人努力的结果，也离不开以杰瑞德先生为代表的国际犹太学界的支持。

杰瑞德先生酷爱中国文化，热心地在犹太人社会介绍中国，正是在他的推动下，许多犹太学者把视线转向中国，开始体验中国、了解中国，并开始了与中国学术界的合作。在杰瑞德先生的介绍下，中国学者也开始把目光投向国际犹太学界，并注意密切跟踪国际犹太学界的研究前沿。中外学术界的交往越来越频繁，从学术研究和知识传播的角度而言，这对中国人了解犹太文化以及犹太人了解中国文化都起到了促进作用。

三　潜心学术的好师长

2002 年 3 月，河南大学以色列研究中心的前身河南大学犹太研究所成立。两个月后，犹太研究所筹办召开了一次国际学术会议，邀请了多位国外学者前来河南大学。当时身在南京的杰瑞德先生也来参加了这次会议，这次河大之行不仅是他第一次来到这所百年名校，也是他结缘河南大学犹太研究所的开始。从那时起，杰瑞德先生一直心系研究所的成长，在图书室建设、培养学生等很多方面付出了巨大辛劳。

其一，建设图书室

图书资料对于人文社会科学研究来说，其意义相当于各种仪器设备对于自然科学研究的意义，藏书丰富的图书室是一个文科研究机构的重要组成部分，是研究人员特别仰赖的知识和思想宝库。河南大学犹太研究所刚成立时，图书资料较为缺乏，专业书刊数量很少。十余年来，杰瑞德先生不断将书籍从伦敦带到开封，他是图书室重要的建设者。

杰瑞德先生带来的书籍多为犹太学研究经典，涵盖各个领域，其中就有多种大部头的《犹太百科全书》《利奥·拜克年鉴》，以及多卷本犹太通史和当代以色列研究著作。很多书都是国际学界引用率很高、在本学科占有重要地位的著作，有些书在国外早已绝版，书市极少见到，非常珍贵。为了将书从伦敦带到开封，杰瑞德先生付出了常人难以想象的辛劳。他将书装在行李箱中，随行的还有装有个人其他用品的数个箱包，常常是一个人带着一大堆东西从伦敦机场出发，先抵达上海，再从上海来到开封。这一路杰瑞德先生很少让人帮忙，只是在他一个人实在无力成行时，才会嘱托研究所派人来接。就这样，他扛着重重的行李箱，将一本本书带到河南大学，汇集成了今天颇具规模的专业图书室。现在，图书室已经是国内少有的犹太学专业藏书机构，拥有上万册各种书籍，可以说，无论是研究哪个方面的问题，都可以从杰瑞德先生的赠书中获取有价值的材料。

杰瑞德先生很重视图书的有效利用，重要的经典名著，他会有意多放几本，以方便更多的人借阅。为了尽量充实图书室藏书，杰瑞德先生很慷慨，有些珍稀的书，他自己保留的只是复印本，而将原书留在了图书室。

他常叮嘱学生要好好利用这些书，在获悉同学们的毕业论文选题或对哪方面感兴趣后，他会俯下身来亲自在图书室找他们应该看的书，还告诉他们如何查找对自己有用的书。

其二，坚持来河南大学授课，培养学生

杰瑞德先生青年时期就读于牛津大学，受过良好的历史学专业训练，他精通多种语言，学识渊博。在授课时，他注重从阅读原始文献出发，来讲解文献背后的历史。他最常使用的原始文献集是《现代世界的犹太人：文献中的历史》《金色的传统：东欧犹太人的生活和思想》《犹太教学习文献集》，它们也是国外出版的犹太历史经典文献汇编，是学习犹太通史的重要材料。每次授课，杰瑞德先生会从一篇文献的作者、年代、诞生背景讲起，然后分析文献本身。所以，在杰瑞德先生的文献阅读课上，既能学习到专业历史知识，也能掌握一定的历史研究方法，得到思维能力的锻炼。考虑到每次听课的学生年级不同，原来所学的专业各异，有时他会重复讲授同样的内容，这样低年级的同学会学习到新鲜的知识，而对高年级的同学来说，即使讲授的内容是他们已经听过的，但由于杰瑞德先生会不断启发新的思考，所以每次授课对不同年级的同学来说都会有收获。

杰瑞德先生擅长讲课艺术，注重启发学生的思考。他的课深入浅出，能将复杂难懂的历史和宗教问题用很平实的语言进行讲解。他说一口纯正的美式英语，且语速适中，吐字清晰，声音洪亮，激情澎湃。他会先让学生朗读文献，然后在阅读的过程中耐心纠正其发音，所以每次的专业历史课也是一次提高英语能力的课。他认为在学习的过程中应扩大词汇量，注意选用合适的词汇来提高表达的准确性。在讲解时，杰瑞德先生会解读文献理解中的疑难点，还会不时发问，鼓励学生回答，对回答正确的，他会给予由衷的称赞，而对回答不尽如人意的，他也很少批评，可以说是循循善诱，努力使学生产生兴趣，保持他们的积极性。他尤其提倡学生提问题，并经常引用犹太经典《塔木德》的格言"害羞的人不会学到东西"鼓励同学们不要羞于提问。就这样，经过他的再三鼓励，越来越多的学生开始鼓起勇气，主动用英语提问和表达见解，自信心也得到了提高。

为了帮助在读学生完成学业，杰瑞德先生出资设立了助学金。多年来，虽然并无精确统计，但历届学生大多得到过他的资助。一些从研究所毕业后到其他高校或科研院所深造的学生也会得到杰瑞德先生的资助。杰瑞德先生的慷慨善举也感染了一届又一届学生，他们中有的在走上工作岗位后，不忘曾经受到的帮助，自发捐资设置了助学金，旨在传承杰瑞德先生的爱心。这正是杰瑞德先生崇高人格在潜移默化中对同学们精神品行的影响。

曾有学生问杰瑞德先生写过哪些著作，他回答说他的学生就是自己的著作。在杰瑞德先生眼中，学生是最重要的，学生是未来。在培养学生方面，他从未有任何犹豫，总是稍有空闲，便抽出时间来到河南大学为学生上课。杰瑞德先生常年居住在伦敦，与河南大学相隔万里。虽然如今交通条件大为改善，但由于签证的烦琐、河南大学所在的城市开封地处内陆等因素，加上杰瑞德先生自身事务繁忙，抽身从伦敦来到开封并非易事。而从 2002 年到去世，杰瑞德先生几乎每年都要到河南大学为学生授课，频繁时一年竟达数次！更令人动容的是，杰瑞德先生每次来授课非但不计酬劳，还坚持自己负担来往交通以及食宿费用。杰瑞德先生每次来授课为期一周，他在这段时间里争分夺秒，充分利用每一天，常常是时差还没倒过来就立即组织学生上课，常常是在课程结束时就匆匆从历史文化学院的教学楼前直接坐车去机场。

十余年来，杰瑞德先生心系犹太研究所发展，努力为河南大学以色列研究中心师生创造一流的学习条件。得益于杰瑞德先生的无私帮助，以色列研究中心逐渐发展壮大。中心已由成立之初的一名教师、数名学生的普通机构，发展为拥有七名专职教师的教育部国别和区域研究基地，是国内首屈一指的犹太和以色列研究机构，在国际学界也有一定影响力。河南大学以色列研究中心先后培养硕士、博士生近百人，他们中有许多人走上了教学和科研道路，正在为中国的犹太研究和以色列研究继续添砖加瓦。

所有这些成绩的取得离不开杰瑞德先生。他十几年如一日地支持中国的大屠杀教育和犹太学研究，直至生命的最后一刻。杰瑞德先生在去世当天还心系他挚爱的事业，他当时通过邮件告知张老师自己因心脏病须接受手术而不能到以色列参加当年针对中国学生的大屠杀教育学习班，还告知自己为河南大学以色列研究中心所购书籍将于年底他来授课时带来。

杰瑞德先生体格魁梧，性情乐观豁达，风趣幽默。他处事果断，不怕任何困难，总是以积极的心态感染着身边与他接触过的人。他很有正义感，极有原则性，对于不合理的事情总会提出批评。他就是以这样的人格精神孜孜不倦地与他的中国合作伙伴一道去做他认准的事情。在生命中的最后十余年，杰瑞德先生把自己与中国的大屠杀教育和犹太学研究紧紧联系在了一起，在他身后，是中国大屠杀教育和犹太学研究的继续前行。

怀念杰瑞

宋瑞娟

（河南大学以色列研究中心博士研究生）

在我这几年研究生学习期间，杰瑞是一个很重要的部分。对杰瑞的回忆有很多，时间回溯到 2013 年的那个暑假，"第九届大屠杀教育与犹太历史文化国际学术研讨会"在开封举行，作为新考入河南大学的研究生，我有幸参与了研讨会，这也是我第一次见到杰瑞先生。犹记得我报到当天，来到犹太研究所的报到室，杰瑞当时正在和几个师姐交谈，我登记完之后，师姐让我先在屋里等一会儿，等一下有人来带我去住宿的地方。这时杰瑞非常友好地主动与我交谈，我很清楚地记得这样一个画面，杰瑞突然起身，面带笑容，充满期待朝我走来，他问我是哪个学校的，现在读几年级，这我是第一次和外国人交谈，当时非常紧张，不知该如何回答，还好当时师姐及时过来说我是一名新生，杰瑞也就没再继续问下去，现在想想当时的尴尬场景竟是我和杰瑞缘分的开端。说实在的，当时我的英语听力和口语比较差，杰瑞讲的内容大部分是听不懂的。尽管不知道杰瑞讲的具体内容是什么，但是杰瑞却给我留下了深刻的印象。他声音洪亮，精神抖擞，激情澎湃，乐观开朗，每每想起杰瑞充满激情的声音都会让人感到振奋，杰瑞传递出的这种精神对我以后的学习生活都有很大的影响。正式接触杰瑞是在 2013 年的 12 月，作为研究所的新同学，第一次正式听杰瑞的课。这次杰瑞来，我和建成同学去机场接机，在出站口，我远远地望见杰瑞站在一根大柱子前，手里拿着一个小瓶在闻，背不停地在撞柱子，后来得知杰瑞经常背疼，这只小瓶也是杰瑞不离身的药物。我是比较感性的人，这样一个场景一直印在我的脑海里，忽然感觉，杰瑞不是在我们面前声音洪亮、精神矍铄、充满激情的那个杰瑞，更像是一个老者，在忍受着身体不适的情况下，仍然为其热爱的事业，为远在中国的一群学生，不辞辛劳地奋力前行。我常常在想，杰瑞带给我最重要的影响是什么？不是他给我讲述的犹太知识，不是提升我英语的机会，最重要的是他传递给我的一种力量、一种精神，这是我从杰瑞身上得到最宝贵的财富，这也是我为什么对待杰瑞感情不一样的一个重要原因。

记得杰瑞来学校的一个月之前，已提前把要上课用的书和要讲的内容给我们规定了范围，老师和师兄、师姐告诫我们一定要好好准备，提前预习，要把不会的单词和难发音的单词标识出来，在这之后的一个多月内，我每天都在预习杰瑞上课要讲的内容，到杰瑞上课时我已经把大部分的内容看了一遍，但是杰瑞上课时态度非常严谨，让我们读文献、纠正我们的英语发音，一遍又一遍，不厌其烦。杰瑞的课堂既严谨又幽默，记得当时杰瑞让我读一个非常长且难发音的单词时开玩笑说，如果我能够正确读出来就给我去以色列的单程机票，还让我尝试去读出来，尽管最后我也没能正确读出来，但杰瑞上课时的幽默，对我们每一位同学无私的帮助与期待，给我留下了深深的印象。初始和杰瑞接触，总是又紧张又害羞，杰瑞总是鼓励我们，"Don't be shy"，要敢于尝试，说错了不要紧，只有敢说才会有进步。有时候跟我开玩笑说，我应该找一个外国男朋友去练习英语，这样会有更快的进步。杰瑞每次临走时都会嘱咐我们每天都听一个小时的听力，长期坚持练习，就会有很大的提升。

2014 年第十届大屠杀教育国际学术研讨会在开封举行，经过一轮轮的面试，最后杰瑞给了我去以色列参加 Yad Vashem 举办的大屠杀教育国际会议的机会。这次以色列之行，杰瑞全程陪同我们，但是明显感到杰瑞的身体没有之前好了，腿脚不是很灵便，一直在咳嗽，但是他仍然每天陪着我们上课，教我们唱希伯来语歌曲，给我们讲以色列史和犹太史。记得他在带领我们游耶路撒冷路过橄榄山时，还风趣地和他长眠于此的父亲打招呼，问他父亲在天堂还好不。但是现在他却永远地离开了我们。在以色列，杰瑞对我们非常照顾。记得我刚下飞机的时候，由于严重的晕机，脸色煞黄，杰瑞非常关心我，把他的水给了我。那一瞬间我感觉他像自己的爷爷一样。有杰瑞在，即使身在非常陌生的异国他乡，依然感到温暖、安心。

2014 年 11 月杰瑞来给我们上课，在课余时间聊天的时候，杰瑞问我最近在做什么，我说最近在准备写一篇关于犹太女性的小文章，因为当时人很多，就这个话题并没有深入地聊下去，我也并没在意，但是杰瑞回伦敦不久便给我发了一些关于犹太女性的网址和材料让我看看有没有用，这让我很吃惊。但是更让我感动的是 2015 年 3 月，杰瑞再次来开封给我们上课，临出发前杰瑞给我发了两封邮件问我有没有邮件上他说的关于犹太女性的两本书。由于时差的原因，我并没有及时看到邮件，等到我回复邮件时杰瑞已经前往机场赶飞机了，我也并没想到杰瑞会在我没及时回复的情况下把书带到中国。等到杰瑞到开封时说他给我带了两本关于犹太女性的书，我当时听到这个消息感到又惊喜又感动。杰瑞时刻关注我们的学习，尽他所能为我们提供帮助。

每次杰瑞来上课，我都很重视，提前会把上课的材料预习，认真地准备杰瑞来需要的物品，尽自己所能为他提供最好的服务。老先生每次来都是自费为我们授课，提升我们的英语水平，为杰瑞服务是发自内心对杰瑞无私奉献的最基本的回应。每次杰瑞来给我们上课，我都会被他的精神感染、被他的无私感动。尽管每次杰瑞走之后，我都会感到很累，但仍然期待着每年他的一到两次的到来。记得第一次上完杰瑞的课，由于从杰瑞确定来到讲课结束这段时间一直都处于高度紧张的状态，我的上颚和下颚的咬合处的肌肉在之后的几个月一直很疼，这大概是紧张的后遗症吧。但是随着和杰瑞交流的增多，逐渐把老先生当成可敬的师长，可爱的朋友、亲人，以后每次杰瑞来上课，我不再紧张，相反很享受他的课堂、享受他给予我们的爱和期望。杰瑞课余时间和大家交流，喜欢讲一些他在中国的故事，说得最多的就是"老人和老鱼"的故事。杰瑞说很多年前，他在东北游泳，在游泳池碰到一对母子，这个小男孩看到杰瑞很是兴奋，对他妈妈说："妈妈你看那有一个老人在游泳。"杰瑞幽默地对小男孩说："我不是老人，我是老鱼。"弄得小男孩一头雾水。每次提起这个故事，杰瑞都笑得不能自已。

2017 年 6 月，杰瑞来开封给我们上课是最近的一次，也是最后一次，这次明显感到杰瑞的身体大不如前，刚来的前几天几乎没有吃啥东西，我和丹静姐说要给杰瑞煮点小米粥养胃，后来因为时间和条件不允许没有实现，但是担心老先生，我能做的只有每天给杰瑞泡两杯红枣枸杞茶在暖胃的同时也能补气。记得他离开开封的最后一天上午，让我们每个人都读文献，轮到我时，杰瑞打趣地说我可以多读两段，因为我每天为他服务他很感激，还调侃地说我是"有关系的人"，引得大家哈哈大笑。当时的我心里也是暖暖的。老先生这次来时间紧，虽没有时间进行过多的交流，但是他却在心里时刻关心着我的学习情况。此次杰瑞从济南借道去上海，在济南的时候，还问腾欢师兄我博士学位论文做什么题目，说要回去给我找材料。当时杰瑞让师兄给我打电话问情况，我心里一股暖流，很是感动。最近几年，每次杰瑞来给大家上课，我都负责给杰瑞泡茶、沏咖啡，负责打印材料等，杰瑞把这些都看在眼中，记在心里，有好几次都夸我做得好，并表达了感谢。对于我来说能为杰瑞服务，也是我的荣幸。最后一次杰瑞来上课临走的时候，我给杰瑞挑选了一个具有美好寓意的礼物，杰瑞很是喜欢，临走前专门跑到我跟前小声地说他很喜欢，并冲我眨一眨眼，这一幕永远地印在我的心中，这竟是我和杰瑞最后的交流。没能在杰瑞走之前多和他交流交流，也是让我感到很遗憾。

尽管最近几年接触的外国人很多，但是唯独对杰瑞的感觉像是亲人、朋友。当接到消息说杰瑞离开了我们，一时间竟如遭遇晴天霹雳，我们可爱、可敬的杰瑞离我们而去，看到这个消息的第一反应是这应该不是真的，几个月前来开封给我们上课还好好的人，难道真的离我们而去？我难以接受这个现实，瞬间泪如泉涌，哽咽地难以言语，但也不得不接受这个现实，杰瑞真的离我们而去了，也许离开是另一种永恒的存在。现在在研究所，一转头看到杰瑞给我们放的光盘、杰瑞给我们带的图书资料、给杰瑞泡茶的杯子……一帧帧、一幕幕，一切都如昨日一样，杰瑞的音容笑貌、第一次和杰瑞交流的场景、第一次去机场接杰瑞的场景、杰瑞给我们上课的场景、平常和他交流的场景、陪伴我们在以色列的场景……都历历在目。对杰瑞的回忆和情感并不是语言所能完全表达出来的，我能做的就是不辜负他的期待，在未来的学习和生活上带着他传递给我的爱和力量，奋力前行。亲爱的杰瑞，愿您在天堂安好！

2017 年 10 月初于东五斋

第二编　中国的纳粹大屠杀研究

Rethinking the Nanjing Massacre and Its Connection with Holocaust

Zhang Qianhong, *Jerold Gotel*

The "Holocaust" is the term that is usually used to describe the persecution and annihilation of European Jewry by Nazi Germany and its collaborators between 1939 and 1945. In fact, the very dating of the Holocaust is open to debate. Were one to agree with those Functionalist historians who argue that the decision to kill the Jews of Europe was reached in stages and was not intended from the beginning, then one could make out a good case for the Holocaust beginning in 1941. On the other hand, if one accepts the argument of the Intentionalists, that Hitler planned from the very beginning of his reign the destruction of Europe's Jews and that he just waited for favorable circumstances in which to implement his intention of finally solving the problem of Europe's Jewish population, then one could date the Holocaust from 1933, if not earlier. Although there was no Japanese equivalent to the "final solution" for the Chinese people, Japanese policies of persecution were the result of planned and systematic decisions taken over a period of time. The Japanese government intended to wipe out everyone in certain regions of China. One example of this was the "three – all" policy (loot all, kill all, burn all) practiced in Northern China, where Communist Chinese guerrillas had fought the Japanese furiously and effectively. Japan had entered China as a result of the September 18 Incident in 1931, and did not stop its incursion until the US dropped the atomic bombs on Japanese soil in August 1945. About 30 million Chinese people died as a direct result of Japanese action during the Japanese occupation. The Nanjing Massacre is the most noted historic example of Japanese crimes against humanity.

Chinese students are in increasing numbers beginning to study the Holocaust and make comparisons between it and the events in China between 1937 and 1945. In conferences on the Holocaust that are increasingly beginning to take place in China, the remark is often heard from Chinese that China also experienced the Holocaust. What we would like to do in this chapter is set out ways in which we can best compare and contrast these two historical events. Holocaust studies is a relatively new area of interest in China and it would be helpful to point out certain guidelines that might help in avoiding the pitfalls into which many students of the period fall.

At the root of the Nazi persecution of the Jews was a vicious unrelenting racial doctrine, which portrayed the Jews not only as sub – humans, but also as a direct threat to the physical and moral existence of the German people. Did such a racial doctrine lie behind Japanese policies in China? Is it legitimate to see the Nanjing Massacre as a holocaust perpetrated by the Japanese on an inferior Chinese people?

In the 1920s, Nanjing had a population of only 250, 000. The Chinese Nationalist Government moved the capital of China from Peking to Nanjing in 1928. By the 1930s, the city was populated with over 1 million resi – dents. This was a result of Japanese occupation and the countless refugees fleeing to southern cities from Manchuria and other areas. In December 1937, the Japanese army stormed Nanjing. The city fell on 13 December of that year. Over the following six weeks, the Japanese military forces committed mass executions, wanton killings, and looting. More than 300, 000 people were killed – their only crime was that they were Chinese.

This forgotten Holocaust is often referred to as "The Rape of Nanjing", because approximately 20, 000 women ranging in age from 9 to 70 were brutally raped. The Nanjing Massacre or the Rape of Nanjing became the most important symbol of Japanese militarism during the Second World War in East Asia. But is it legitimate to use the word "holocaust" in this context? The word comes from the

Greek translation of the Hebrew Bible and specifically refers to a particular sacrifice, which was to be completely consumed by fire on the altar. People did not at first refer to the destruction of the Jews of Europe as a holocaust. It was only in the 1950s and 1960s that the word was increasingly used by the public and professional historians. Indeed, many people objected to the term, arguing that it was offensive to suggest that Jews needed to be sacrificed or that there was anything holy about such slaughter. There were other words in use as well. Shoah, used often by Israelis, is the Hebrew word used by the Prophet Isaiah to denote total destruction. Orthodox Jews tended to use the word Churban, which is the traditional word used by rabbis to refer to the destruction of both Temples, and which has become the paradigmatic term to describe great catastrophe in rabbinical writings and discourse.

As can be noted from the above definitions, it would be inappropriate to refer to the Nanjing Massacre as a holocaust. The total physical annihilation of the Nanjing population as a prelude to the total destruction of the Chinese people was never envisaged by the Japanese political leadership. To be sure, the Japanese military (supported by Tokyo) were not averse to using brutal and inhumane methods to terrorize and beat into submission a Chinese population that vastly outnumbered them. But to infer from this that the Japanese intended the total physical elimination of the Chinese population is both absurd and inaccurate. That the Japanese would reduce the Chinese people to a slave people to be exploited and humiliated in the same way as the Germans were doing to the Slavs cannot be disputed. However, this is not, and was not intended by the Japanese to be, a total physical destruction of the Chinese people because they posed some existential threat to a superior Japanese race. In addition, the religious implications latent in the word holocaust are entirely missing in the Chinese context, and specifically in the Nanjing Massacre.

Memory is another useful area that Chinese students need to bear in mind when studying this period. The genocide committed against both Chinese and Jewish peoples during the Second World War, and it must be noted the war began for the Chinese in 1937 and it can be argued for the Jews in 1933, has raised thorny issues of memory. In the first 16 years that followed the Second World War, until the Eichmann trial in Israel in 1961, which proved to be a historic watershed, the Holocaust was not at the forefront of Jewish life. To be sure, there was a steady stream of books coming out by survivors and historians and, from time to time, court proceedings in various countries would hit the headlines, but this, if anything, proved that the Jewish world was getting on with the business of adapting to a world where East European Jewry no longer existed and where the greatly diminished Western Jewish population centers were painstakingly reestablishing their communities. This was mainly because the survivors (and the families of the victims) needed distance before they were able to remember such painful events. However, there is a second reason for their silence. After the war, the European public was not very eager to hear of past Jewish sufferings. Europeans had their own losses and painful war memories, particularly at the higher levels of society. This is not only true for Germany but also for all other occupied countries as well. The public wanted to get the unpleasant period behind them and it was not socially acceptable for surviving Jews to talk about the Holocaust. This was also the height of the Cold War when the West felt threatened by the Soviet Union and believed it needed a rearmed Germany as the first defense line against a feared Soviet invasion. To be constantly reminded of their shameful past by parading their leadership in front of the courts was not deemed to be the best way to gain the allegiance and devotion of the German people to the Western cause.

Beginning in the 1960s, the number of books on the Holocaust began to appear in astonishing numbers throughout the US, Israel, and Europe. This renewed interest led to the establishment in the 1970s of Holocaust Studies in academia, with the result that the Holocaust has become one of the most researched and studied periods in history. More and more people have realized the international influences and implications of the Holocaust. As Professor Yehuda Bauer said:

The Holocaust has become a world issue. It has had an enduring impact on contemporary civilizations and continues to shape, at least indirectly, the fate of nations. In order for its impact to affect mutual understanding, world-wide peace and related activities, and full – scale opposition to genocidal e-vents, we all have to rethink exactly what happened then. [1]

The Nanjing Massacre was followed by a much longer silence than that of the Holocaust. Most foreigners, including highly educated adults, have never been told about the events that happened in Nanjing. One of the authors of this chapter, Zhang Qianhong, conducted an informal inquiry among the 22 members who atten-ded the International Winter Seminar for Holocaust Educators, organized by Yad Vashem, in Jerusalem in January 2005. Fourteen of them knew nothing about the Nanjing Massacre. Five persons got the information from Iris Chang's book entitled The Rape of Nanking (1997), and three persons heard about the Nanjing Massa-cre on the internet, the BBC, or VOA news. What is even more shocking is that many Chinese people are very limited in their knowledge of the Massacre in Nan-jing. Zhang asked university students who study natural science in Kaifeng: "Do you know of the Nanjing Massacre?" They answered: "surely, yes, of course." They were then asked further: "When did the Nanjing Massacre take place, what was the reason for it and what were the consequences?" The answers from most of the students were: "I don't know exactly." It transpires that students studying the social sciences usually know a bit more than the students of the natural sci-ences, but their knowledge is still very superficial. If you ask those with little edu-cational background, most of them will say: "I do not know of the Nanjing Mas-sacre at all." If we argue that peasants cannot be considered the social main-stream in some Western countries, then the situation is definitely different in China, where the peasants account for nearly 80 percent of the national popula-tion. Because of the above mentioned situation, this chapter focuses on the fol-lowing questions: why has the Nanjing Massacre been all but forgotten? What are

[1]　Yehuda Bauer, *Rethinking the Holocaust*, New Haven: Yale University, 2001, p. 26.

the reasons this atrocity has not had the attention it deserves both at home and a-broad?

The Influences of Traditional Chinese Values of Ethnics

There are many ways to explain the long silence of the Chinese people concerning the Nanjing Massacre, but we think the first factor to be considered should be the deep cultural sense of a loss of face. Avoiding loss of face is a tradition rooted in more than 2,000 years of Chinese history. According to Chinese values, "face" incorporates "dignity", "personality", and the notion of a very high moral standard. Losing face then brings enormous shame. In ancient Chinese history, many people chose death over losing face. The most obvious manifestation of this culture in daily life is embedded in a common proverb: "the skeleton in the closet does not spread." Applied to the whole country, this means that the humiliation should not be expanded widely, but rather will remain as private as possible. Even in modern China, the sense of "face" is still ingrained.

Throughout Chinese history wars occurred frequently, but the Nanjing Massacre stands apart from all other events. It was the most enormous spiritual insult to the Chinese people. This kind of affront is difficult to describe in any language. In Chinese culture, if a husband, or a father, is unable to protect his own wife or daughters in order to avoid such a ferocious insult, this would be considered his biggest shame. In Nanjing, the Japanese violated Chinese motherland and tens of thousands of women were mass-raped on the avenue, in full view of the public. The Japanese soldiers would rape pregnant women and cut open their bellies, take out the fetus and play with it as if it were a football. They even forced fathers to rape daughters, and sons to rape mothers. People who objected were killed instantly. They gang-raped women up to 20 times a day. When these women returned, they either fell into a state of depression or committed suicide out of shame. [1]

Another cause that made the Chinese people feel deeply about losing face was the mood of superiority of the Japanese race. Two main excuses were used by the Nazis to launch the "final solution". One was the theory of racial superiority; the other was the need to capture more living space. These two excuses were also used by the Japanese in their invasion of China. China and Japan are close neighbors, separated only by a strip of water. The two countries had maintained cordial ties for over 1,000 years. That such a small country with a population less than a quarter that of the Chinese could, in the timespan of eight decades, transform its society totally, enter the modern industrial world, and defeat a major European power in a war was cause enough for reflection on the part of China's political and intellectual elite. That this power now threatened the very political and physical existence of the Chinese state gave rise to the deepest sense of shame and humiliation.

But how valid is such a comparison? The argument for lebensraum, or in the German case the Drang Nach Osten, does not quite fit the circum – stances in which the Japanese found themselves. Germany had abundant natural resources and a sophisticated chemical industry to bolster its claim as a major power in European affairs. Japan had no such natural resources and if it was to play a dominant role in Asian affairs, so the argument goes, it needed in the first instance the rich natural resources of Man – churia. This argument was then extended to include China, which was rife with internal dissent and incapable of defending itself against a determined adversary.

There are also difficulties in the racial argument. Can one equate Nazi racial attitudes towards the Jews with those of the Japanese towards the Chinese? Here we can also touch on the experience of the Jews, who lived in Europe for more than 2,000 years, as "close neighbors" of Europeans, but have only rarely been considered as "good friends" because Christian teaching saw the Jews as killers

---

① Laura Rivera, "The Forgotten Holocaust," see < www. remember. org/imagine/china. html >.

of Jesus. Even in periods where Jews had a good life, they were always the "other" and their situation was often tenuous. Christians had accepted the Jewish Bible as their own holy book but they did not admire the Jews for this, on the contrary they said that the Jews did not understand their own holy book and even had falsified it! Hitler was the most extreme, but logical, result of this hostility. He wanted to exterminate not only all Jews, but also all remnants of Jewish culture and civilization. Here is a difference between the Nazis and the Japanese. When the Nazis came to power, one of their first acts was the public ceremony of burning all Jewish books in Berlin in 1933. Such a thing was unthinkable in Japan — what would they have burned? Confucius, who was always venerated in Japan as well? Sutra of the Heart had been brought to Japan by Buddhist monks who spent years in Chinese Buddhist monasteries during the Tang Dynasty. It is indeed difficult to understand Japanese inhumanity towards the Chinese because Japan never abandoned that much of its culture, its religions, its writing, its architecture, even the layout of its imperial cities came from China. The friendly familiarity between China and Japan during the great Tang and Heian dynasties, the admiration for, and precise knowledge of, Chinese culture in the Japanese upper classes during this period has no parallel in Jewish – Christian history. A member of the Japanese court, ladies included, had to be able to recite the great Chinese poetry of the Tang by heart, and in faultless Chinese language! In turn, Chinese emperors of the Tang kept sending precious presents to the Imperial court of Nara where they are still kept as Japan's greatest national treasures to this very day! What is unbelievable is that the same Japanese committed these horrific crimes against Chinese people.

After the Meiji Restoration, Japan embarked on a path of militarism and invaded China many times. In 1874, Japanese forces invaded Taiwan. This was followed by the Sino – Japanese War (1894 – 1895), the Jinan Incident (1928), and the September 18 Incident (1931). Finally, on 7 July 1937, Japan started its large – scale invasion in order to seize more territory and expand the Japanese emperor's domain. Access to Chinese goods allowed them to supplement both the Japanese resources and their markets, which were seriously insufficient. Japanese militarism was unique in its unceasing outward expansion. Their expansion was fueled by their theory of racial superiority. The Japanese educated their soldiers to believe that Japan was the best race in the world and that they, therefore, had the absolute responsibility to rule Asia. The Japanese war criminal, Yamaoka Shigeru described his military education stating:

> At that time, we harbored an ingrained sense of superiority of the Japanese race, and we adopted a condescending attitude towards the races. We also had a kind of cruel Bushido spirit, which considered killing a heroic act. Furthermore, from the extremism of worshipping the emperor came an inhumane ideology, which was to submit to the strong and powerful, and force into submission anyone weak or not powerful? It was precisely because we had this ideology that we viewed a war of invasion as a war of righteousness, committing cruel and inhumane acts as if they were nothing at all. [①]

Nevertheless, this sense of Japanese racial superiority cannot be compared with that of the Germans for the reasons given above.

As we know, the Chinese people have a strong cultural pride that is rooted in the notion that a few centuries earlier China was the largest, strongest, and wealthiest country in the world. Because of this, China cultivated the most cultured people in the world. They believed the ancient Chinese taught the Japanese how to read and write, and that Chinese culture nourished the Japanese civilization. But the Japanese used derogatory terms to describe the Chinese and in turn repaid China with some of the ugliest behavior. Consequently, Japanese racial discrimination has seriously harmed Chinese selfrespect and thought. There is a tendency in Chinese culture to move past events too difficult to remember. One Chinese proverb says: "Do not uncover people' s scabs!" Perry Link, a sinol-

---

① Yamaoka Shigeru, "My Experience: Accusing War of Invasion," see Feifei, Sabella and Liu (ed), *Nanjing 1937*, Armonk: M. E Sharpe, Inc, 2002, p. 40.

ogist at Princeton University stated:

> In 1937 something so grossly ugly and humiliating as the Nanjing Massacre seemed to Chinese sensibility so profoundly wrong – especially when suffered at the hands of the lesser cultivated Japanese – that we believe, in a sense it deserved only to be ignored. [1]

For a long time, many people raised the question: why did the Chinese gov – ernment not claim any compensation from the Japanese government? Many explanations were proposed. The Chinese government was considered too weak. China was in a civil war situation and was planning a post – war maintenance of Japanese trade. The cold war atmosphere was also raised. At that time, the US feared Communist China and believed it needed Japan as a military ally. The US, therefore, lent support to Japan over China. We believe that, in addition to all these factors, China failed to demand any compensation in order to uphold national and cultural dignity in order to save face.

Superficial Education and National Humiliation

Before getting involved in the question of Holocaust education, what we want to discuss here is a point of difference of historical consciousness between the traditional Chinese and that of the Jews. This will help us to understand the two peoples' different attitudes towards education intended to counter national humiliation. During their feudal society, the Chinese had formed one kind of historical idea. They regarded only emperors, ministers, and military leaders as the main functionaries of national history. Official history books and documents from different dynasties contain complete accounts of powerful personages and magnificent history, but neglect the history of the ordinary populace. They recorded only the great people's kind behavior and their good qualities, but sadly neglected to

---

[1] Ibid, chapter 14.

note their bad behavior and shocking actions. The Chinese could not divest themselves of this kind of latent idea: that all good people should always be good, and all unprincipled people should always be bad. This is very obvious in official historiography and there is nothing comparable with the systematic and severe moral critique of corrupt and criminal leaders than can be found in the historic books of the Jewish Bible.

Perry Link also touched upon this issue when he said, "There is a tendency in Chinese culture – observable contexts – to blur the line between what is and what ought to be, by obliterating things that ought not to have happened. "[1] Chinese people can truly learn from the Jews. The Jewish people think that good and evil can coexist. People must be able to separate the good from the evil. Historical heroes, on the one hand, have great merits and admirable moral excellence, but, on the other hand, they also seem to be unable to avoid the average person's demerits and natural weaknesses.

Those who compiled biblical stories and wrote the "Holy Bible" highly valued Samson's bravery and courage but, at the same time, also pointed out his violations of the Commandments. They proudly praised King Solomon's wisdom and spirit of heroism, but did not deny his envy of others and his framing of faithful and upright persons. According to the Hebrew Bible, King David was a great and outstanding figure. He was recorded in Jewish history as the real founder of the Israeli kingdom, but, nevertheless, he also displayed many human weaknesses of nature. He violated not only his own promise, but also committed adultery and intentionally harmed innocent persons. [2]In the ancient documents and materials left by the Israelis, there is a lot of information exposing the ruler's cor – ruption and degeneration; this does not mean that ancient Israeli kings were worse than the rulers of other nations, but rather that the Jews emphasized great people's strengths and weakness simultaneously. This may be regarded as hu-

---

[1]　Ibid.
[2]　*Book of Samuel*, II, Chapter 11.

mane and profound Jewish wisdom.

In the Jewish tradition, great value is placed on historical memory and collective suffering. With the end of the Holocaust and the establishment of the State of Israel in 1948, an argument can be made that Holocaust survivors failed to receive sufficient recognition and empathy from both the government and society. What Israel needed most was determination for fighting against those who did not support them as a new nation, as well as deep and untiring commitment in building the infrastructure of a state capable of absorbing the psychologically and physically scarred victims of both the Holocaust and the refugees from the Arab countries. The self-image that Israel sought to portray to the world was that of a hardy cactus living in the desert: the Jews were a nation of fighters, not sheep that were to willingly be slaughtered by hostile neighbors. But even during the years when this thinking predominated amongst Israel's political and military elite, Holocaust education in Israel was not neglected or disparaged.

On the 27th of Nisan 1953, the Israeli Knesset passed a law that provided for the commemoration of the Holocaust. It was honored at Yad Vashem by a solemn state ceremony at the Warsaw Ghetto Square, and was attended by many dignitaries. The President and the Prime Minister of the State of Israel always participated in the ceremony. Since its inception, Yad Vashem has been entrusted with documenting the history of the Jewish people during the Holocaust period, preserving memories and stories of the 6 million victims, imparting the legacy of the Holocaust for generations to come through its archives, libraries, schools, and museums, and to the recognition of the Righteous among the Nations. Yad Vashem also became a very successful international center for education, research, and Holocaust-related publications. The Central Database of the Shoah Victims' Names contains 3 million names of Holocaust victims. It went online in November 2004. One of the aims is to provide a national focus for educating subsequent generations about the Holocaust and the continued relevance of the lessons that may be learned from it.

Another example was the Eichmann trial. Karl Adolf Eichmann was head of the so – called Department for Jewish Affairs in the Gestapo from 1941 to 1945 and was chief of operations in the deportation of millions of Jews to the various extermination camps. After the war, he fled to Argentina and lived under the assumed name of Ricardo Klement for ten years. He was found by Israeli Mossad agents in 1960. They subsequently took him to Jerusalem to stand trial. The Eichmann trial lasted from 2 April to 14 August 1961. Eichmann was sentenced to death and was executed in Ramleh Prison on 31 May 1962. The Eichmann trial became a significant worldwide event, not only because a criminal was brought to justice, but also because it served as the beginning of Holocaust education for the world. It unified Israel as a nation. [1]

In China, education of national humiliation began to grow in the 1980s. The Nanjing Massacre Memorial Hall was built in 1985 and enlarged to its present size of 28,000 square meters in 1995. Recently, Nanjing's local government has decided to expand the scale of the existing Nanjing Memorial Hall and build a World Peace Square and a park nearby. The move is designed to mark the sixtieth anniversary of the victory of the World War against fascism. Every year, on the anniversary of the victory of the war against Japan, the Chinese media organizes a number of relevant news reports and articles. Textbooks also contain special content for the education of students.

However, it is not sufficient to affirm Chinese nationalism and the war of resistance against Japanese aggression through educational means alone. We also need a National Day of Remembering. According to a survey by the Nanjing Normal University's institute on the Nanjing Massacre, and based on replies to 973 questionnaires, 54.1 percent of the college students in Nanjing City had never been to the Nanjing Massacre Memorial Hall. [2] Many young Chinese avidly celebrate Christmas Day, All Saints' Day, and Valentine's Day, but do not know which day we should set aside for the remembrance of our own people and our

---

[1] See Ahron Bregman, *A History of Israel*, New York: Macmillan, 2003, pp. 98 – 99.
[2] *China Youth Daily*, December 13, 2004.

own country. One incredible example of such historic insensitivity is the use or non – use made of the "July 7 Incident of 1937", the day that the Japanese invaded China. Over the years, this day has become the official examination day for higher education. Hundreds and thousands of young people are busy sitting examinations that decide their destinies, and, unfortunately, they have no time to consider the day's historical significance. Since 2004, the Chinese Government advanced the date of the college entrance examination to June, but this change was based on weather conditions. Admittedly, it is very hot in July, but this decision to change the date of the examinations was not a recognition or commemoration of the day's historical significance.

Until now, China has failed to designate a National Humiliation Day. Recently, many Chinese intellectuals have voiced their opinion to choose a date that can more effectively remind its citizens of the humiliation. Some lawmakers proposed 7 July or 18 September as appropriate dates. It should not be forgotten that Japan's invasion caused the most devastating trauma to the Chinese people, a fact that the Chinese people can hardly forget. We are optimistic that this new legislation will be issued soon. Some overseas sinologists also have expressed some penetrating observations concerning China's national humiliation education. Commenting about the Chinese reticence, in comparison with the Jewish memorialization of the Holocaust and the Japanese commemoration of the destruction of Hiroshima and Nagasaki, Lestz wrote:

It is as though Chinese memories of the war have been rocketed into a barely accessible psychic outer space where they occasionally can be referred to, generally in a highly polemical or emotionally exaggerated way, but usually ignored. China's collective war memories are a bit like a photo album: they are stored away in the attic. On occasion the pictures happen to be looked at and, of course, they evoke pain, rage and tears. But the fact is they are rarely taken out and examined such that over time these reactions become irrelevant or stereotyped emotional frisson. ①

The Denial of the Nanjing Massacre from the Japanese Right – Wing

The denial of the Nanjing Massacre began in the early 1970s, even though the facts surrounding the Massacre were barely acknowledged by Japanese society. In 1972, the right-wing political forces in Japan began to grow in strength. Japanese denials of the Nanjing Massacre and their other brutalities in Asia have lasted until the present day. In 1990, Ishihara Shintaro, a leading member of Japan's Conservative Liberal Democratic Party and the author of best – selling books such as The Japan That Can Say No, told a Playboy magazine interviewer, "People say that the Japanese made a Holocaust there [in Nanjing], but that is not true. It is a story made up by the Chinese. It tarnishes the image of Japan, but it is a lie. "② Naturally, this statement enraged scholars and journalists around the world. Kajiyama Seiroko, the Japanese chief cabinet secretary, outraged several Asian countries when he stated that the sex slaves and rape victims of the Japanese imperial army were not slaves at all but willingly engaged in prostitution. In January 1997, he proclaimed that the "comfort women" of the Japanese army were in it for the money and were no different from the Japanese prostitutes who worked legally in Japan at that time. [11]

Nevertheless, many Japanese today, the younger generation in particular, have come to acknowledge the tragedy of the Nanjing Massacre. Some Japanese citizens truly try their best to refute the recent denial of the Nanjing Massacre by Japanese right-wing groups. The revisionists cannot change history, but they con-

---

① Michael Leszt, "War and Memory: The Chinese Holocaust," in Vera Schwarcz, The "Black Milk" of Historical Consciousness: Thinking about the Nanjing Massacre in Light of Jewish Memory; also Feifei, Sabella and Liu, op. cit., p. 191.

② Iris Chang, The Rape of Nanking, New York: Basicbooks, 1997, p. 201; 11 Chang, op cit., p. 204.

tinue to confuse many people who are ignorant of the facts. What Michael Berenbaum, the director of the US Holocaust Research Center said of Holocaust denial is also true of the Nanjing Massacre: "The denial of the Holocaust is nonsense; pernicious, foolish, an insult to memory, and an insult to history."

Ironically, one of the main deep-seated reasons for Japanese denial is identical to the Chinese reason for not wanting to remember: the fear of losing face. This fear is as deeply ingrained in Japanese as it is in Chinese culture, and it may belong at least partly to the great cultural heritage that China has given to Japan during the centuries. For a typical Japanese, admitting such a crime would mean intolerable shame, losing face and losing all pride in the alleged superiority of Japan. Psychologically, it is easier to deny the facts than to face the truth.

China's Research on the Nanjing Massacre Remains Largely Unknown in the West

For more than 30 years after the Second World War, China was still a country excluded from the international arena. China did not understand the World and the World did not understand China. At this time, Chinese scholars had already started academic research on the Nanjing Massacre. The earliest achievement was in 1960, when the History Department of Nanjing University organized students to carry out an investigation of the facts of the massacre and subsequently wrote a book entitled The Japanese Militarism in the Nanking Massacre. Since the 1980s, the scholars in Nanjing continue the collection of comprehensive material and carry out related research work. They have published some documents, materials, and research books. Since the end of the 1980s, along with recent historical discoveries, the study of the Nanjing Massacre has entered a more thorough and deeper stage. However, many academic papers appeared in Chinese, preventing them from reaching an international audience. Furthermore, most Chinese scholars were unable to talk with foreign academics due to language and other problems. This resulted in the inability of international academic circles to know of the findings of Chinese research. This accounts in large part for the poor lack of knowledge of the Nanjing Massacre on the part of foreign scholars and the general public.

Finally, Iris Chang, a Chinese American author, wrote an eloquent and powerful book The Rape of Nanking, which gave the first major full – length English – language account of the atrocity, and aroused international concern a- bout the Nanjing Massacre for the very first time. It is to be hoped that Chang's research will stimulate further interest and research on the part of both Chinese and foreign scholars.

In conclusion, we feel that Chinese students can only gain in historical knowledge by making more comparisons and contrasts between the Chinese expe- rience and the Jewish experience during the Second World War. There can be no question that the Japanese behavior in China was genocidal in nature. That it can- not be compared with the Holocaust is also beyond the dispute. The Holocaust was without precedent in human history. The destruction of an entire people by virtue of being born Jewish, its very specificity is a category beyond that which the Jap- anese planned for its occupation of China. By comparing how the two peoples commemorate and memorialize their tragedies, Chinese students will better un- derstand the role of the individual in society and the responsibility that individuals must assume for their actions if China is to construct a healthier and more just so- ciety. Stalin once said that the "death of one man is a tragedy but the death of millions is only statistics". The danger of subsuming the individual in the mass, in the crowd, be it in military or political life, is perhaps the foremost lesson our students will absorb by studying these two human tragedies.

More than 60 years has gone by since the end of the Second World War, and the Cold War has now come to an end. Peace and development are the com- mon wishes shared by most nations and peoples, despite the fact that various wars continue to rage in many parts of the world. The question of genocide, and the Holocaust is arguably the quintessential genocide, is very much on the cur- rent international agenda: to wit the vote by a US congressional committee to

classify the Armenian slaughter by the Turks in the First World War as a geno-
cide, Darfur, and the conference on genocide that was held in October in Mont-
real and attended by representatives of many countries and the United Nations. It
is, therefore, both fitting and proper for China to make its contribution to this a-
genda by drawing upon the appropriate lessons from its own history.

This article was completed with the help of Dr. Salomon Wald from The Jew-
ish People Policy Planning Institute, Jerusalem.

中国的大屠杀教育和研究

葛兰·蒂默曼斯 著 （澳门大学英语系）
邓　伟 译 （河南大学以色列研究中心）

大屠杀研究在中国方兴未艾，自犹太学研究之始，就已影响中国学术。现在这个学术领域虽日益完善，但仍需要进一步界定。该研究在中国比其他亚洲国家更显突出主要有两方面的因素：中国在二战期间遭受日军暴行的经历和当时中国政府在为德国和奥地利犹太人提供庇护方面发挥的作用。与世界上大多数国家不同，当国际社会对犹太人的遭遇视而不见之时，中国将上海辟为犹太人的避难地和救护地。与此同时，中国正在日本的占领之下，遭受苦难，尤其是 1937 年 12 月的"南京大屠杀"和日本731 部队在中国东北从事的活体实验使得中国人对犹太人在欧洲遭受的迫害感同身受，更加同情他们。

日本和德国都是轴心国成员，且都犯有战争罪和反人类罪，人们对日本和德国这种相似性的再三评论，更凸显了这对相似的苦难。纽伦堡国际军事法庭和东京国际军事法庭（即远东国际军事法庭）在国际法、界定战争罪和反人类罪方面的共同遗产，突出了两个罪犯国战时所犯罪行的联系，他们的很多罪行都超出了军事目的。

至今，中国仍没有特别针对大屠杀教育的项目，在北美、英国、其他以英语为母语的国家和许多欧洲国家的大学中这种项目却不断增多；不过，在中国的大学中，几乎所有的犹太研究项目中都至少包含一部分大屠杀研究。在中国犹太学研究中有四个广受认可的机构——南京大学、上海社会科学院、河南大学、山东大学。上述机构中的犹太学研究要么在历史系中，要么处于哲学和宗教研究所之下。此外，还有一些新成立的研究机构，特别是四川外国语大学、四川大学、西北大学、厦门大学、郑州大学、中山大学和上海外国语大学。这些研究机构的数量还在进一步增长中。

在过去数十年间，中国的犹太学研究迅猛增长。然而时至今日，这一领域仍未清晰界定，犹太教、犹太史、犹太哲学在某种情况下视作犹太文学课程的一部分，所有这些都被统称为犹太研究。近些年来，此领域不但未有划定，更是随着以色列研究的引入范围有所扩展。上述这些大学和研究项目都讲授大屠杀教育，通常将其作为犹太现代史、哲学或宗教研究课程抑或区域及地域研究的一部分。

一般来说，通常有内外两个互补的因素推动大屠杀研究在中国的发展。毫无疑问，在中国大学人文社会科学研究的各个领域，犹太学研究比其他许多学科更易受到外部或国外的影响，但相对于一些国家和国际的历史研究，犹太研究中危险的意识形态对学术的入侵的担忧却很少，因为，马克思主义方法在那里虽然不再是强制性的，但仍然是最重要的。由于中国没有任何大规模的犹太社团，因而难免要到国外培训和查询一手和二手研究资料。这与佛教、基督教或者伊斯兰教的研究有所不同，这些都是被中国政府认可的宗教，而且都带有本土宗教信仰的学术传统。

犹太教在中国是作为一种文化而非宗教，受到认可的。1949 年，它随着大批英美国家有犹太背景而且同情和支持共产主义事业的人来到中国。①近几年来，犹太学研究的开放使这一领域占主导地位的中国学者能够到国外，尤其是到美国和以色列从事研究。这些项目的共同之处在于访问学者来自不同的国家。早年间，当地缺少犹太社团意味着大多数的希伯来语教师，无论是作为主要项目的一部分，还是作为补充学习项目，都不可避免地来自以色列，但在今天有许多中国人教希伯来语，他们甚至也在把希伯来文翻译成中文。

虽然很难确定中国大屠杀研究的确切开始时间，但它是早期犹太学研究的一部分，特别是在南京大学徐新教授、上海社会科学院潘光教授的指导下进行的。潘光教授对上海的犹太难民进行了广泛的研究，与这座城市

---

① 参见 M. Avrum Ehrlich《当代中国犹太人概述》，载《犹中关系》，英国阿宾顿，2008，第 3 ~ 15 页。另见 M. Avrum Ehrlich《当代中国犹太人和犹太教》，载《劳特利奇犹太研究》，英国阿宾顿，2010，第 112 ~ 116 页。

的这种特殊联系使他在大屠杀研究的历史上占有一席之地。这两位学者无疑被视为中国犹太学研究的奠基人，这一群体还包括山东大学傅有德教授，以及最早在河南大学，如今在郑州大学执教的张倩红教授。任何关于犹太学和此后大屠杀研究的讨论都必须包括上述四位关键人物及其著作以及他们已经或正在培养的学者。

这些机构的存在及其大屠杀研究成果使我们有必要在此提出一个简单而重要的问题，为何要在中国开展大屠杀教育？在此，内外因素、中外影响都应该考虑在内，虽然这两种影响都不能或不应被视为决定性或直接的因素，但它们都是由不同的、互补的动机所激发的。

在中国，直到最近，南京大屠杀和其他日本暴行的题目才成为历史教学中讨论的一个主要话题并引起普遍关注。在此问题上的长久沉默可能不像美以在1961年艾希曼审判和1967年"六日战争"之后表现出来的明显地故作冷漠。倘若这种沉默部分地是被冷战时期自身的利益所驱动，那么中国无论以何种方式沉默都是出于政治需求，当时的中国迫切需要同已经成为全球经济体的日本展开经济合作。中国对二战历史的复杂记载，以及与日本侵略者的斗争，也是在此问题上沉默的原因之一。随着中国成为重要的全球经济体，中日关系愈发紧张，尤其在领海问题上。中国以日本的二战历史作为武器反对日本现行的外交政策。当然日本对于战争事实、性奴或所谓"慰安妇"等存在着道德上的暧昧之处，持续参拜供奉日本战犯的靖国神社，都无助于已经紧张的气氛的缓解。而德国对二战的谢罪态度和在学校课程中进行大屠杀教育与日本形成了鲜明的对比。从中国人的角度来看，这也是值得注意的。

南京大屠杀纪念馆建于1985年，也就是事发38年之后，最近它被扩建并整修成一个主要供学习和纪念的场所，并明显受到了（2005）改建之后耶路撒冷的以色列大屠杀纪念馆的影响。

更为普遍和复杂的问题是中国学者用南京大屠杀和日本侵略以及中日关系作为具体的论文题目。有足够的理由认为，这些暴行与欧洲犹太大屠杀期间的事件有一些相似之处，因此，中国研究了欧洲人如何研究大屠杀，特别是以色列、美国以及欧洲的犹太社团如何讲述其中的教训并铭记大屠杀。1997年，张纯如所著《南京暴行：被遗忘的大屠杀》的出版是一座重要的里程碑。在书中，她多次提到大屠杀记忆，尽管只是只言片语，但是以此来反对大屠杀罪行在中国的明显遗忘。

同时，有一个话题在书中被广泛讨论，中国与以色列有着复杂而正面的关系，更重要的是与比较广泛的犹太人社团建立了积极的联系。这正是因为中国人对犹太人固有的印象，认为后者是一个值得尊敬的民族，他们经历了两千多年的持续的迫害和巨大的苦难，仍然保持着强烈的自我认同感。对此，中国的确希望对这个小而引人注目的国家有更多的了解。

犹太人在各领域的才能，尤其是诺贝尔奖得主名单中所具有的代表性，得到广泛讨论，犹太历史、宗教、迫害及其反应之间的任何联系也被仔细研究。犹太人成功使大屠杀引起国际关注，并要求全世界纪念这一事件，这引起了中国的注意和钦佩。同时，中国又将自己视为受害者，19世纪被英法欺辱，20世纪被日本蹂躏。毫无疑问，大屠杀至少从一开始就使以色列得到了国际社会某种程度的同情。

大屠杀和日本战争罪行之间的联系最近也通过一个大型展览而得到加强，纳粹德国奥斯维辛集中营和位于北京的中国人民抗日战争纪念馆于2013年7~9月举办了上海犹太难民故事大型展览。当然，这次活动本身就很重要，也是中国官方机构与奥斯维辛－贝克瑙国家博物馆的第一次合作。但是事发地点（卢沟桥）和"卢沟桥事变"（又称马可波罗桥事件）周年纪念日（7月7日）正式开幕强调了日本帝国主义的暴行。"卢沟桥事变"被广泛视作日本侵华战争的导火索，因为它是日军入侵中国的借口。

从外部视角尤其是在以色列和广泛的犹太社团看来，他们感受到了中国人的积极态度，赞赏中国不存在反犹主义。以色列能够处理好与中国的关系，虽然这种关系也有意外，但欧洲和伊斯兰类型的反犹主义则并不注重这种关系。

同时，以色列认识到中国在经济上和政治上影响力日益重要，虽然它可能仍然可以依靠美国在联合国安理会投否决权，而法国和英国至少会投弃权票，与中国建立更牢固的关系，使中方理解以色列的脆弱性必定是符合以方的最高利益。正是因为反犹主义没有腐蚀中国，所以中国才能真正理解犹太和以色列的脆弱性，并认识到尽管中国幅员辽阔，在过去的两个世纪里却饱受剥削和欺凌。在现阶段，中国依赖阿拉伯世界的能源供给仍然决定了其现实主义政策，但让中国更多地意识到大屠杀教育以及为什么以色列是一个重要的避难所，并为世界上任何地方的犹太人提供唯一安全的家园是没有坏处的。

随着中国高等教育体系的持续发展，一些大学得到越来越多的国际认可，人们也意识到，在了解西方世界及其在过去几个世纪中取得的成功时，必须全面了解历史。毋庸置疑，尽管西方的成就至少始于启蒙运动，但大屠杀是不可否认的事实。这一不可磨灭的污点伤及西方文明的核心。如果认识不到这个可怕的事件，西方世界不可能也不应该被研究，它极大地破坏了以前那种自满的成就感。西方文明从雅典到纽约，经过奥斯维辛，人们不能仅仅庆祝取得的成就而忽视了这种罪行。当代的中心问题是对文化和文明脆弱的警醒，它必须得到所有人的承认。

2012 年 4 月 27 日，时任中国总理温家宝访问奥斯维辛，他说"奥斯维辛的悲剧是全人类的悲剧"，旨在从中国的视角强调大屠杀悲剧的普遍性。

当然，大屠杀的犹太维度在中国很少强调，如果有的话，也很少关注其他受害者群体，诸如罗姆人和辛提人、同性恋者、耶和华见证会成员、精神缺陷或身体残疾者；在此方面，以色列和其他西方国家的大屠杀教育没有太大的不同。不过，在 20 世纪 90 年代中国正式建立大屠杀研究之前，对这一主题的任何提及都将其指涉为法西斯主义的受害者，只有在 1992 年中以关系正常化以及越来越愿意将犹太研究作为一门学科的情况下，对犹太人的单一迫害才得到充分承认。

中国有很多中学生知道大屠杀的某些事情，尽管所知甚少且细节模糊，但他们都认为这是弥天大罪。中国中学九年级学生使用的 2008 年版的《世界历史》教材中，有一章是讲述大屠杀的。它记述了德国经济崩溃之后希特勒的崛起，犹太人成了德国所有问题的替罪羊；德国社会开始逐步驱逐犹太人，"水晶之夜"的发生，像爱因斯坦一样的名人开始移居国外（早期来华的最著名的犹太人），后来是几百万犹太人被屠杀。而对于杀戮的真实过程几乎没有强调，也没有讨论押运过程和死亡集中营的情况。中学毕业之后，若学生进入大学学习历史，他们将会了解更多，在第二次世界大战的背景下也会学到更多。在中国大学中，使用范围最广的历史教科书是吴于廑和齐世荣编著的 2006 年版《世界历史》①，以下是描述大屠杀的段落：

> 德国法西斯对占领的欧洲各国实行最残暴和最黑暗的统治，约有 2000 万人（半数是苏联平民和战俘）被大规模屠杀，其中 1100 万人是在奥斯维辛集中营、布痕瓦尔德集中营、达豪和索比堡等上万个集中营内被惨绝人寰地杀害和折磨致死。

> 希特勒对犹太人实行灭绝种族政策。当时在德国控制和占领区的犹太人约有 1000 万，惨遭杀害的就有约 600 万人（其中儿童 1/6）。此外还有约 800 万（其中妇女 1/4）平民和战俘被押到德国做苦工。

显然，任何对于大屠杀真实细节的讨论都将主要依赖于教师的兴趣，以及他们从学生那里得到的对真相的好奇心。第一段确实使人联想到苏联式的大屠杀教育，即更强调法西斯凶手和普通受害者。而只有在第二段中，提起大屠杀的犹太特征并做了简短评论，但被德国占领区劳工营的细节描述所冲淡。只有专门致力于犹太学研究的学生才能对大屠杀本身有更多的了解。

在中国，并非所有的大屠杀教育都有正式的基础。上海犹太难民纪念馆的出现，促使游客询问是什么把这些犹太人带到了中国。而且，直到最近，许多大学年龄的学生还会看到 1993 年上映的史蒂文·斯皮尔伯格执导的《辛德勒名单》和 2002 年上映的罗曼·波兰斯基导演的《钢琴师》故介绍而且通常只是介绍这个主题。但这些简短的介绍有时足以激励学生了解更多，因此，在一定程度上，从犹太研究/大屠杀研究的角度来看，增加了历史课程的招生人数。这些电影激发的兴趣正在减弱，因为这些电影太老了，十几岁到二十出头的学生已经不那么熟悉了，我们希望将来的电影或电视连续剧，具有类似的可信度和影响力，这也许会对学生重新产生重要的影响，只是目前还未充分研究。

迄今为止，中国拍摄的唯一关于大屠杀的电影是 2010 年王根发执导的

---

① 我对郑州大学张倩红教授提供此信息深表感谢。

《犹太女孩在上海》。这是一部动画片，讲述了一个年轻女孩和她的哥哥在上海外滩避难的故事，他们和一个中国年轻男孩的友谊，以及日本占领军的暴行。可惜的是，这部电影的一部分是以欧洲为背景的，充满历史错误，两个犹太兄妹及其父母，长着奇怪的雅利安人相貌。尽管如此，一些极具讽刺意味的很好的动画来自日本，这证明日本动画在年轻学生当中流行，并会对他们理解历史产生影响。日本动画可能更多的是关于日本的占领，而不是德国对犹太人的迫害。

在特别针对中学生的大屠杀教育方面，美国非政府组织——直面历史和自身——近年来变得越来越活跃，与北京和上海的学校合作，将这一主题引入中学历史课程。这些学校的教师被鼓励参加美国或英国的教师培训课程，而历史的教育工作者也会访问这些学校。在这个阶段，参与的学校数量仍然很少。然而在所有情况下，学校都被认为是精英团体教育党员和其他优秀公民的一部分。如果没有政府的批准，在这样的学校里经营是不可能的。"直面历史和自身"也积极地将"南京大屠杀"教育推向美国高中。

南加州大学基金会日益向中国的中学和大学提供大量的大屠杀证言，同时在收藏中增加南京幸存者的证词。

徐新和潘光为"大屠杀及联合国推广项目"提供过文章，此项目致力于用联合国五种官方语言（含中文）提供大屠杀教育材料，它和美国大屠杀纪念馆一起，定期发布教学单元和其他有关大屠杀教育资源的中文翻译。① 这些材料在提高中国观众对这些资源的认识方面产生多大的影响很难评估，至今没有相应的评估体系。

以色列大屠杀纪念馆也对中国在长期大屠杀教育方面所做的贡献深表感激，部分网页开始提供中文。其中大部分工作是由南京大学宋立宏教授完成的，他为大屠杀证词配上了中文字幕。② 目前这项工作尚处于起步阶段，但是主要的国际大屠杀研究机构正在为中国的教育工作者和学生提供

---

① 参见徐新《大屠杀研究在中国》，《大屠杀和联合国扩展项目》讨论文件刊物第一卷，第9～17页。潘光《上海——大屠杀受害者的避难所》，《大屠杀和联合国扩展项目》讨论文件刊物第二卷，第63～75页。两篇文章参见 http：//www. un. org/en/holocaustremembrance/ docs/cocs. shtml。

② 宋立宏教授译文参见 http：//www. yadvashem. org/yv/en/edcation/languages/chinese/encyclopedia/index. asp。

资源，其将在未来几年内扩大。

2013 年，中国的大屠杀教育奖学金资格得到认可。一个由美国支持的国际组织，大屠杀组织协会（AHO），召集了一批研究大屠杀的学者，在中国东北的哈尔滨举行两年一次的会议。① 二战之前的哈尔滨拥有大量的俄国犹太人，同时也是日本"731 部队"进行人体实验、发动生化战的地方。在会上，很多研究中国大屠杀的权威学者就此事发言。

直到最近，有巴黎背景的"Yahad‐in‐Unum"已经开始在中国行动。它是一个致力于改善基督教和犹太教关系，并标记苏联时期被纳粹党卫队特别行动队谋杀的犹太人墓地的组织。这个组织的领导者是精力充沛的天主教神父帕德里克·德布瓦（Patrick Desbois），在他的领导之下，此组织已经成为国际大屠杀教育的重要参与者，几乎可以肯定的是，在其可能在中国从事的任何工作中，它都希望加强这项工作。

尽管越来越多的国际组织正在积极帮助中国发展大屠杀教育和研究，通过彼此合作增加其影响力，但是，中国大陆和香港特别行政区的合作水平却相当低。

在中国大屠杀研究发展的早期，伦敦犹太文化中心（LJCC）承担了一个重要的外部角色，在杰瑞（Jerold Gotel）的积极倡导下，每年一度的大屠杀教育与犹太历史文化暑期班成为学术惯例。这个总部设在英国的机构，主要为伦敦的犹太人提供教育和文化课程，他们认为需要在中国开设大屠杀教育高级课并接受这个挑战。在苏联解体之后的几年间，伦敦犹太文化中心通过为乌克兰和波兰提供大屠杀教育方面的教师培训建立了声誉。它把中国视为一个潜在的发展区域，并开始和之前提到的学者，即徐新、潘光、傅有德、张倩红展开亲密的合作。伦敦犹太文化中心每年都会在其中一个犹太研究机构组织为期一周的研讨会，不过近年来，研讨会固定在了位于开封的河南大学，部分原因是开封的中心位置以及在此举办的整体成本效益。

每年夏天，从事犹太研究、历史、文学和其他人文和社会学科的硕士

---

① 世界犹太研究和大屠杀教育 2013 年研讨会由大屠杀组织协会和哈尔滨师范大学社会学和历史学学院承办，10 月 9～15 日在哈尔滨马迭尔宾馆举行。

生和博士生都会齐聚一堂，参加一系列的讲座和研讨班。初步探讨犹太人的起源、早期历史、宗教文化、散居犹太人以及反犹主义的问题，以准备聚焦大屠杀研究这个主题，但亦不仅仅强调此项研究。

这些研讨会的关键参与者之一是乔安娜·米兰（Joanna Millan）。她是特莱西恩施塔特集中营儿童幸存者成员，还是伦敦犹太文化中心董事会成员，英国活跃的大屠杀教育家。乔安娜·米兰关于其家庭在大屠杀中的悲惨遭遇的讲座以及她本人的幸存经历，可能是第一个，经常也只有这将众多参与者和她这名幸存者联系起来，因此将历史化为参与者能亲身体验到的现实。

伦敦犹太文化中心研讨会早期由国际大屠杀教育工作组（ITF）（现更名为国际大屠杀纪念联盟）、索赔会议（针对德国的犹太物质索赔会议）和大屠杀记忆基金会（Fondation pour la Mémoire de la sboab）部分赞助，近年来经费主要由伦敦文化研究中心在索赔会议的支持下承担。这项财政支持使组织者邀请大量知名的大屠杀研究学者和教育工作者在研讨会上发言，其中包括以色列大屠杀纪念馆、美国大屠杀纪念博物馆、万湖会议旧址、安尼·弗兰克博物馆、大屠杀记忆基金会以及犹太领导中心和来自英美的大屠杀研究代表。

每年都有一周时间，汇聚了从事大屠杀研究的学生和学者。他们与国际学者、中国学术界的大佬们一起工作。近年来，该项目的一个流行特点是，专门给中国年轻学者安排一天时间，让其有机会和研究生新生一起分享研究成果。这些学者中有许多是最近刚在中国大学中开始职业生涯的博士毕业生。

平均而言，每年约有 70 名研究生和年轻学者参与研讨会或暑期班，他们的旅费、食宿都由伦敦犹太文化中心承担。显然，这个每年一度的研讨会，在中国大屠杀研究发展方面发挥了重要的孵化器作用。它给中国年轻学者提供了会面的机会，并使他们同国外学者建立了联系，这往往促成他们访问以色列和美国的大学。①

---

① 伦敦犹太文化中心在 2015 年中期终止了现有的模式，并入新成立的位于伦敦的一个犹太社团中心 JW3。对于这些中国研讨会的未来资助计划尚未宣布。

　　同样重要的是，这项始于 2010 年、专为中国教育工作者举办且每年一次的大屠杀研讨会最近发展迅速。这项倡议的发起人是本文作者和伦敦犹太文化中心的杰瑞，以及以色列大屠杀纪念馆国际教育部主任以法莲·凯（Ephraim Kaye），目的是从中国大陆、香港、澳门挑选 30 位教育工作者前往以色列，接受为期两周、密集的国际大屠杀教育培训。此处的教育工作者是广义上的，研讨会组织者寻求招募不同背景的人，其中有硕士生和博士生、从事犹太教育和大屠杀教育方面的新老学者、高中老师、博物馆馆长、记者、期刊编辑以及其他在中国起传播知识和大屠杀意识（awareness of the Shoah）作用的人。

　　阿德尔森家族基金会通过以色列大屠杀纪念馆，主办了此次年度研讨会，与会者承担所有的费用，其中包括航班，每日食宿以及研讨会费用。近年来，谢尔登·阿德尔森（Sheldon Adelson）一直是澳门的主要开发商，他经营的金沙威尼斯人是当今世界上最大的赌场。谢尔登和米尔·阿德尔森（Miri Adelson）一直是以色列大屠杀纪念馆和其他大屠杀教育项目的主要资助人。此次年度研讨会，是他们努力提升大屠杀意识的一部分，尤其是在中国的影响力。

　　对于每届研讨会的 30 名参与者来说，这是一个向知名学者求教的机会。其中包括耶胡达·鲍尔（Yehuda Bauer）、罗伯特·维斯蒂里奇（Robert Wistrich）、艾兰·罗森（Alan Rosen）和杰里米·罗森（Jeremy Rosen）这样的学界领军人物。（参与者）还可以发现中国大屠杀研究的空白点，诸如大屠杀音乐、艺术和文学。参与者参观主要的大屠杀博物馆，并暴露在几乎肯定是世界上最彻底和详细的大屠杀展品面前。尤其重要的是，下午和大屠杀幸存者一起，聆听他们的经历，并有时间直接与他们进行个人层面的私密交谈。对于很多人来说，这将是他们同奥斯维辛集中营、迈丹尼克集中营、其他屠杀地、死亡行军的幸存者交谈的唯一机会。每届研讨会都要在 Lochamei HaGhetaot 待上一天一夜，因为这里有好的展品和儿童大屠杀纪念馆。还有机会见到为数不多的华沙和其他犹太隔都（ghettos）的幸存者。

　　创立于 2010 年，并在科菲·安南（Kofi Annan）的赞助下，每两年举办一次的萨尔茨堡大屠杀教育和防止种族灭绝问题全球研讨会（萨尔茨堡全球研讨会）也更加重视中国的大屠杀教育，该研讨会的目的是在非国际大屠杀纪念联盟成员国，即很少或根本没有大屠杀直接经验的国家或地区，特别是南美洲、非洲、中东和亚洲，在这些大屠杀教育缺乏或仍在发展之中的地区提高对大屠杀的认识。这个研讨会是由萨尔兹堡国际学术研讨会和美国大屠杀纪念博物馆联合举办的。它是在爱德华·莫蒂默（Edward Mortimer）、玛丽－路易斯·莱贝克（Marie－Louise Ryback）、克劳斯·缪勒（Klaus Mueller）的指导之下进行的。报告会除了观察这些不同地区正在发生的情况外，亦有源自鼓励区域间网络合作的动力。一个囊括了日本、韩国、中国也可能包括柬埔寨的学者和教育家的东亚网络的合作项目在不久的将来可能得到发展。2012 年的研讨会，小组成员来自中国、韩国、柬埔寨；2014 年的研讨会，中国、日本、韩国、柬埔寨组成小组参与。因此，未来合作的基础正在奠定，中国已经与国际大屠杀纪念联盟取得联系，为此项事业提供支持。此次关于大屠杀研究和教育的讨论一直强调中国。随着中国内地和香港、澳门之间的学生交流日益增多，也应该给予这两个特别行政区以关注。

尽管香港有着亚洲最多的犹太人口，其总数在 3500～5000 人。香港作为一个聚集了美、澳、英、法、以、南非，以及为数不多的来自欧洲和南美国家的犹太人的世界性城市，迄今为止，在其七所大学中的任何一所居然没有设立犹太人研究中心或授予讲席教授职位。

圣经希伯来语在中国大学中，专门从事基督给宗教研究的人教授，而现代希伯来语只在犹太小学和高中教授。香港犹太教莉亚堂基金会获取的捐赠是惊人的。犹太人期待香港能够成为亚洲犹太和以色列研究方面的引领者，而不是落后于中国那些根本没有犹太社团的小城市，仅依靠大学提供犹太和以色列课程方面的研究。这一直也是大屠杀研究和教育的长期事实，直到最近才随着 2011 年香港大屠杀和宽容中心（HKHTC）的成立而有所改变。

尽管香港此后没能充分利用这一重要举措，但是它在中国建立大屠杀研究方面却发挥了关键的作用。2000 年 5 月，犹太教莉亚堂主席斯科特·桑德斯（Scott Sauders）组织了香港第一届"大屠杀：历史上最大的悲剧"展览会。其中展出了悉尼犹太博物馆收藏的，部分有关大屠杀的重要藏品，还有一个展板是关于以色列大屠杀纪念馆儿童艺术的。此次展览吸引了超过 2000 名香港中学生和市民观看。

主办方除了邀请来自澳大利亚的大屠杀幸存者海伦·斯托布（Helen Staub）外，还邀请了 3 人发言，分别是曾担任以色列大屠杀纪念馆委员会主席、议长、海法大学犹太学教授以及后来担任以色列驻波兰大使的大屠杀幸存者斯瓦克·韦斯（Szewach Weiss），南京大学的徐新教授和伦敦犹太文化中心的杰瑞。徐新和杰瑞正是在此次会议上相遇的。杰瑞首次受邀参加于 2002 年 5 月在南京大学举办的"中国散居犹太人的历史"学术研讨会。在会上，杰瑞结识了张倩红，直接促成了他受邀担任河南大学犹太研究所兼职顾问，并拟定了伦敦犹太文化中心夏季研讨会计划，2005 年第一届研讨会在南京举办。

2007 年，香港犹太社团举办了一个关于安妮·弗兰克（Anne Frank）的展览，展览再次面向中学生。不过，直到 2011 年香港大屠杀和宽容中心建立，大屠杀教育才成为一个持续的项目在香港的中学和市民中得以更广泛地推进。香港大屠杀和宽容中心与教育局合作，寻求如何将大屠杀纳入学校课程，并筹备举办教师培训以。香港大屠杀和宽容中心也监督和组织大屠杀纪念活动，这是一项更面向犹太社团的活动，同是在每年 1 月 27 日的联合国大屠杀纪念日，其中包括在营地举办音乐会、特莱西恩斯塔特和贝尔根–贝尔森集中营幸存儿童艺术展、电影首映式以及其他外联活动。尽管大屠杀纪念日被联合国官方日历明确标注，但是在中国的任何地方都没有被纪念。

最近，香港的大学开设了一些关于大屠杀的课程。在香港大学的欧洲研究课程中，罗兰·沃特（Roland Vogt）博士在香港浸会大学讲授一门关于大屠杀教育的课程。钟子祺（Martin Chung）博士（参加过以色列大屠杀纪念馆研讨会）也在欧洲研究领域教授一门通识教育课，研究大屠杀和战后和解问题。最近，香港理工大学为 3000 名在校本科生举办了一个阅读项目，人手一本约翰·伯恩（John Boyne）的《穿条纹睡衣的男孩》(2006)。尽管以此文本为教育资源存在很大问题，但这却是一个接触相当一部分学生的机会。这是香港社会对此学科日益产生浓厚兴趣的开始，希望这些兴趣在未来数年间能有所提高。同样，在香港大学的欧洲研究项目中，已经举办了大量的研讨会，其中至少有一部分是关于大屠杀的，因此，学生们接受大屠杀教育的程度会越来越高，尽管目前比较有限。

在珠江三角洲对面的澳门亦无正式的犹太或大屠杀研究项目。2008 年以来，笔者在澳门大学英语系开设一门名为"大屠杀记忆和表现：在文学作品、回忆录和电影中"的硕士生文学课。上这门课的绝大多数学生来自中国内地，其中大部分学生已经开始撰写关于大屠杀的硕士学位论文。鉴于大部分学生毕业之后将在中国的中学或者大学教书，这也可以视作长期大屠杀教育的一部分。

同时，在香港和澳门的大学中开设通识教育课，也能向更多的学生讲授大屠杀。在澳门，每学期都要上"大屠杀，种族灭绝和人权"这门课，同样，每学期至少有一半的课程，每年有两百多名学生来自内地，另一半来自港澳。对于很多学生来说，这是他们第一次接触这个题目，兴趣浓厚。香港大学哲学系教授亚历山德拉·库克（Alexandra Cook）正致力于讲述一门"大屠杀和种族灭绝"课程，作为她所在研究机构普通或核心教育的一部分。

作为香港犹太电影节的补充，每年都会在香港高中和澳门大学校园中放映一些与大屠杀相关的电影，学生受邀观看。凡有可能，参与制作电影的人，无论导演抑或幸存者，在很多场合要参与其后的问答环节。

中国的犹太研究，尤其是大屠杀研究现象仍令不少西方人感到吃惊，他们总是认为当地的犹太人群体是提高人们对这一主题的认识或引起人们兴趣的必要条件。正如上文所讨论的那样，克服这种富有想象力的模仿的愿望激发了萨尔茨堡全球研讨会的大部分工作，最近发表的两篇关于中国大屠杀教育的文章也证明了这一点。

2014 年 1 月 26 日是联合国大屠杀纪念日，《纽约时报》刊登了一篇名为"提升大屠杀在亚洲的觉醒"的文章，其中特别提到了香港大屠杀和宽容中心的工作。早在五个月之前，《经济学人》就以大屠杀教育的全球视角发表了一篇带有副标题的文章：《大屠杀研究正在世界范围内扩大——出于多种原因》，着眼于中国的情况，提到了日本的暴行，然后扩展到更广泛的亚洲局势。

　　大屠杀研究中心早期使用的方法，已经发展成为亚洲悲剧纪念的指导。柬埔寨金边监狱博物馆，中国 1937 年南京大屠杀纪念馆都借鉴了犹太大屠杀纪念馆。四川外国语大学中犹文化研究所的傅晓微教授说："以色列人在历史教育方面非常出色。"她还尝试用论文竞赛，以现金奖励的方式，来提升参与者对于大屠杀研究的兴趣。①

　　虽然大屠杀研究在中国仍在发展，我们还是有必要知道未来它将如何深入加强。中国任何学科发展都会面临被辽阔的疆域所阻隔的问题。国土辽阔和人口众多意味着学者必须要克服很多挑战。就大屠杀研究而言，积极的参与者不多。研究者彼此相距遥远，大学隶属于不同的行政单位之下，有些很大程度在省内运行。这就意味着大学在研究和其他学术活动方面如何互补往往显得毫无意义。2012 年 5 月，河南大学犹太研究中心在开封举办了为期两周的学术会议，来自全国各地的学者对此问题各抒己见。正是因为大屠杀研究仍归于犹太学研究之中，当前需要建立一个单独的大屠杀研究和教育组织。这个机构可能囊括中国所有从事大屠杀研究的大学和研究中心。并且通过每年召开学术研讨会来加强合作，减少资源的重复浪费。在这个泛中国犹太研究机构中，师生可能利用互联网和其他网络资源，并广泛分享本地开发，或外文翻译而来的教学资源。其中的一个主要的犹太研究中心可能会被鼓励创办一个专门讨论大屠杀和其他种族灭绝方面研究的地方学术期刊。在省级层面，可以鼓励教育部在高中历史课中加入更多大屠杀教育的内容，也可以纳入以英语作为第二语言的教学中。这方面的可能性很大，若能如此，则需要多所大学实行战略合作。

　　对于这个机构来说，其中一项最紧要的工作就是，将已翻译成中文的一手和二手材料书目和中文著作编纂成册，把大屠杀研究的各个领域已经完成的所有硕士和博士论文的数据做成数据库，制作关于出国留学机会和其他资助可能性的资源索引，以便继续推进此领域的发展。

　　中国有许多大学和出版机构，出版了大量的原著和译著，以及一手材料。其中就包括大屠杀记忆、小说、重要的历史文本、教科书、书目和其

_____

① 《铭记大屠杀：更多创伤见证》，《经济学人》2013 年 8 月 24 日，第 47 ~ 48 页。

他资料。但是没有简单的方法来评估这一领域的现状，因而从真正意义上来讲，重要的文本并没有被翻译出来，哪些文本应该被优先翻译的问题也没有解决。

事实上，大屠杀研究领域本身就需要翻译者通力合作。中国未来的大屠杀研究和教育都应该将此视为当务之急加以解决。这个项目的核心就是编纂广泛认可的大屠杀通用术语词汇表，以便所有在此领域工作的人都能就某些术语的准确翻译方式达成共识。诸如，特别是外语中的专有名词，可采取音译的方式。南京大学宋立宏教授和以色列巴伊兰大学诺姆·马尔巴赫（Noam Urbach）已经完成了其中一些工作。

同时，希望学者可以在"大屠杀"（Holocaust）这一独特的中文词汇的使用上达成共识。目前，它被译成犹太大屠杀。这种译法模棱两可，是犹太人在屠杀别人还是犹太人正被屠杀？而且是对描述的历史现象空前地刻意淡化。"屠杀"（Massacres）虽然令人感到遗憾，但并非史无前例，它在历史上司空见惯。而纳粹大屠杀的过程是一个犹太人被长期歧视、非人道对待、灭绝、扭曲法律、大规模枪杀、剥夺（生命）并最终通过在蓄意建造的集中营中，以工业化手段被杀戮的过程。

在西方学术界，"Shoah"一词正越来越多地被用于"大屠杀"（Holocaust），以概括一系列的暴行，范围包括从哥本哈根到科孚岛的地理空间内的剥夺生命和谋杀。其历史进程是如此艰巨复杂，以至于不能仅仅用"屠杀"（Massacre）一词概述，它仅仅暗示杀人，而且是一个独特的现象。学者们尚未就"浩劫"（Shoah）一词在中国的使用达成共识，但值得努力去实现。众所周知，中国汉字体系存在语音语义方面的限制使新词往往很难出现，不过中国人当然有能力创造和使用新词汇。应该寻找和创造像"浩劫"这种表述中文特殊事件的词汇。

大屠杀研究和教育在中国已经建立在坚实的基础之上；奠基者早期的工作正在第二代学者手中发扬光大，同时，他们也在培养第三代学者和教师。相对缺乏反犹主义的中国更容易以一种开放的心态接近大屠杀研究。这里没有犹太人阴谋歪曲的理论，这在很大程度上是从学术上研究关于人类历史上最严重的罪行是如何在 20 世纪中叶发生在欧洲心脏地区的。

纳粹大屠杀对犹太民族和文明的影响

潘　光

（上海犹太研究中心主任）

本文所说的纳粹大屠杀（Holocaust）主要指希特勒法西斯对犹太人的杀戮。由于宗教、政治、经济、文化、社会等各方面的种种复杂原因及其互相交错，反犹思潮和行动早在公元前就已产生，在中世纪的欧洲更形成了系统的理论和有组织的行动。到了近代，一波接一波的反犹恶浪又在俄国和东欧肆虐，使犹太人"不仅遭到一个无权的民族所遭受的一般的经济和政治压迫，而且还遭到剥夺他们起码的公民权的压迫"[①]。然而，与纳粹大屠杀相比，所有此前的反犹活动都显得相形见绌。

这场惨绝人寰的大屠杀虽已过去了70多年，但仍然是令人难以忘却的：对受害者及其亲属是这样，对那些还活着的加害者也是如此；对为了处理遗留问题而争执不休的政治家和官员们是这样，对试图搞清一些历史之谜的学者们更是如此。本文从历史角度对这场大悲剧对犹太民族和犹太文明的深远影响做一探析。

犹太文明的主要舞台转移

纳粹的暴行究竟使多少犹太人丧生？对这个问题至今仍有不同看法，但大多数历史学家认为约有600万犹太人死于纳粹的魔掌中。20世纪30年代中期全世界约有1800万犹太人，其中1200万生活在欧洲。这就是说，希特勒"消灭"了全部犹太人的1/3，欧洲犹太人的50%！这不仅是犹太

---

①　列宁：《告犹太工人书》，《列宁全集》第8卷，人民出版社，1963，第463页。

民族遭遇的灭顶之灾，而且也是人类历史上罕见的大悲剧。正是这样一场大屠杀，实际上摧毁了欧洲犹太社区，结束了犹太史上的"欧洲中心"时期，使犹太文明的主要舞台转移到美国和巴勒斯坦。

在这一劫难中，欧洲大陆几乎所有国家的犹太社团都在大屠杀中遭受灭顶之灾，有些国家的犹太人几乎被斩尽杀绝。如波兰的 300 万犹太人到 1945 年战争结束时已不复存在，德国境内那时也很难再看到犹太人。早在纳粹开始反犹行动之时，成千上万的犹太人便开始逃离欧洲。即使在战时，这股"逃离欧洲"的潮流也没有停止。到了战后，为数不多的犹太幸存者自然也不愿再生活在这块令他们遭受无尽苦难的土地上，纷纷移居欧洲以外的地方，特别是北美和巴勒斯坦。战前欧洲犹太人占全球犹太人口总数的 2/3，但到战后初期，如不把地跨欧亚两洲的苏联算在内，欧洲犹太人数量已不及全球犹太人总数的 10%。因此可以说，由于纳粹大屠杀所引起的犹太人数量剧减和犹太人口大迁移，长达 1000 多年的犹太民族主体生活在欧洲的时期已经结束，欧洲作为犹太精神文明中心的地位也已不复存在。

当时，北美和巴勒斯坦的犹太人数量已占全球犹太人口总数的一半左右，而到 20 世纪末，这个比例已上升到 70% 左右。[①] 显然，犹太民族的主要聚居地和犹太文明的主要舞台已逐渐转移到北美和巴勒斯坦（以色列）。这一转移意味着：就整体而言，犹太民族的发展，犹太文明的复兴，犹太国家的重建和振兴，将越来越取决于北美和巴勒斯坦的事态发展和历史演进。1948 年以色列国的建立及此后这个全球唯一犹太人占主体的国家再度崛起，战后美国犹太人在美国国内及世界犹太事务中发挥越来越重要的作用，都证明了这一点。

犹太民族认同感的增强和锡安主义运动新高潮的出现

纳粹大屠杀使犹太人为生存而互相支持、团结拼搏，大大增强了他们

---

① Stephen W. Massil, *The Jewish Year Book*, 1996, 5756 – 5757, Martin Secker & Warburg Limited Random House, 1996, pp. 182 – 183.

的民族认同感，促使锡安主义（即犹太复国主义）再掀高潮，从而为犹太民族国家重建和犹太文明复兴进程注入了强有力的催化剂。

当希特勒在欧洲掀起反犹狂潮之时，犹太世界的第一个反应就是全力救助欧洲受难同胞，世界锡安主义组织和美国犹太社团在其中发挥了突出作用。早在1933年，一些锡安主义领导人就与纳粹德国经济部达成了秘密协议，商定让德国犹太人移居巴勒斯坦，这些人可将资产存入德国的一个特别账号，用来为巴勒斯坦购买德国商品，购进这些商品的巴勒斯坦商人再掏钱补偿德国犹太移民的损失。① 就锡安主义运动而言，营救欧洲犹太人的重要目的在于组织他们移居巴勒斯坦。第五次阿利亚②期间涌入巴勒斯坦的德国犹太人激增，这正是在纳粹反犹恶浪中锡安主义运动积极组织救助行动的结果。不过，巴勒斯坦接纳外来移民的容量毕竟有限，特别是在阿犹冲突日趋激化和英国当局不断加强限制的情况下，欧洲犹太人移民巴勒斯坦也就变得越来越困难。到了1939年"5·17"白皮书③发表后，世界锡安主义组织和犹太代办处不得不转而采取"非法"手段将欧洲犹太难民偷运入巴勒斯坦。

与世界锡安主义组织和犹太代办处不同，世界各地犹太社团和犹太组织展开营救行动的目的从一开始就是帮助犹太人离开纳粹欧洲去任何愿接纳他们的地方，而并不是一定要去巴勒斯坦。他们在欧洲和世界许多地方建立临时办事处，以提供资助的方式帮助犹太难民获得离境许可证，再获得某国的入境或过境签证。到战争爆发后，他们又建立了许多地下通道，将一批批犹太难民转移出纳粹占领区。对于在一些国家滞留或已发现暂时栖身处的犹太难民，他们也千方百计给予帮助，使之能度过战时的最困难时期。如1939年，德国侵占波兰后，一大批波兰犹太人逃到了立陶宛。1940年，他们的想法获得了去日本的中转签证，但每人必须付出约200美元才能通过苏联去日本。美国犹太人联合分配委员会（JDC）等组织立即

---

① E. Kedourie and S. Hain, *Zionism and Arabism in Palestine and Israel*, Frank Cass Publishers, 1982, p. 89.

② "阿利亚"指犹太人回归巴勒斯坦故地的运动。

③ 1939年5月17日，英国政府发表巴勒斯坦政策白皮书，其中对犹太人移居巴勒斯坦实施严格限制。

全力以赴，募集了一笔钱支持他们，使他们得以在德国入侵苏联前陆续离开。美国犹太人联合分配委员会在里斯本的办事处成了战时救助欧洲犹太人的一个重要中转站。美国犹太人联合分配委员会甚至在遥远的上海也设立了办事处，以救助在那里避难的近 3 万名犹太难民。

　　遭受劫难的欧洲犹太人也并非只是坐等外援或束手待毙，他们从一开始就采取各种方式抵制纳粹的暴行。不过，在最初的几年里，突如其来的反犹狂潮使他们不知所措，最普遍的反抗方式只有两种：逃离和自杀。到"碎玻璃之夜"后反犹狂潮席卷纳粹统治区，犹太人已忍无可忍，开始拿起武器进行抵抗。世界大战爆发后，大批犹太人参加盟军和游击队，走上了反法西斯战争的第一线。据统计，有 168.5 万犹太人参加了美、苏、英、波、法等国军队及各地的游击队，如按希特勒的犹太人定义（三代中有一个犹太人的均为犹太人），这个数字可能会高达 300 万。[①] 同时，还有许多犹太人积极参加了地下斗争，奋战在秘密战场上，为盟军搜集情报，建立秘密交通线，破坏德军设施等。最值得一提的是，处在隔离区和集中营内的犹太人虽然缺吃少穿，身体虚弱，手无寸铁，却依然宁死不屈，组织起来发动起义和暴动，打击了纳粹及其帮凶的气焰，在人类反法西斯斗争的历史上写下了可歌可泣的一页。仅在东欧，就有 20 个隔离区和 5 个集中营爆发了中等以上规模的起义和暴动。[②] 其中最著名的当然是华沙犹太隔离区的大起义。华沙这几万犹太平民居然能抵抗武器精良的德国正规军这么长时间，并且使之遭受了上千人的伤亡，实在是又一个马萨达式的奇迹。

　　纳粹大屠杀从肉体上消灭了成千上万的犹太人，但从精神上促成了犹太民族空前的大团结。当所有的犹太人都为着民族的生存而殊死拼搏之时，阿什肯那兹犹太人与塞法迪犹太人之间的差异，正统派、保守派与改革派之间的隔阂，锡安主义运动内部各派别之间的歧见，俄国犹太人与德国犹太人之间的矛盾等等都显得无关紧要了。希特勒的反犹政策使欧洲犹太人不再是德国人、波兰人、匈牙利人、罗马尼亚人、法国人、苏联人等，而仅仅是犹太人，从而使许多犹太人的民族意识大大增强。这里可以

---

①　Issac Kowalski, *Anthology on Jewish Armed Resistance 1939 – 1945*, Jewish Combatants Publishers House, 1984, p. 15.

②　Martin Gilbert, *Atlas of Jewish History*, William Morrow & Co, 1993, p. 102.

举几个例子。德国犹太裔化学家弗里茨·哈伯是诺贝尔奖获得者，早在 24 岁时就改宗基督教。由于在"一战"期间为德国研制出了化学武器，他被任命为重要科研机构的负责人，但纳粹上台后照样受到迫害而被迫辞职。他在给爱因斯坦的信中写道："在我一生中从来没有像现在这样感到自己是一个犹太人。"① 德国著名犹太裔画家马克斯·利伯曼一直反对锡安主义，认为自己首先是一个德国人，为此他曾与希伯来语大师毕阿利克争论过。纳粹上台后他也遭受迫害，思想开始转变。他在给毕阿利克的信中写道："在这个艰难的时代，由于德国犹太人被剥夺了生存权利，因此我和我的犹太教友团结一致的感情无疑是令人欣慰的。…你也许还记得我们就这个问题进行的对话。当时我力图解释我为什么要与锡安主义保持距离。今天我的想法不同了。我好不容易从一生的梦幻中清醒过来了。"②

阿巴·埃班的一段话最能反映经历纳粹大屠杀劫难的欧洲犹太人的心情："希特勒把他们变成了民族主义者。他们对自己说，只是因为他们没有自己的国家，他们的 600 万同胞才被残酷地杀害了。虽然他们也知道有些国家中的犹太人已经过着幸福的生活，可是他们经受的痛苦太多，再也不愿冒风险了。巴勒斯坦是他们的目的地。他们太疲劳了，不能在有一天也许又有人会喊'犹太人滚出去'的地方开始新生活。至于巴勒斯坦的生活是否有保障，这对他们来说是无关紧要的。"③ 这不仅是欧洲犹太人的想法，而且已为全球犹太人所认同。到 1945 年，几乎所有犹太人都聚集到了犹太民族主义和锡安主义的大旗下。巴勒斯坦犹太民族家园的迅速发展和壮大，在某种程度上也得益于纳粹大屠杀造成的这一后果。

为以色列建国创造了有利的外部环境

纳粹大屠杀震撼了全人类，使全球范围同情犹太人，支持锡安主义的潮流急剧高涨，从而为以色列建国及犹太民族和文明的复兴创造了极为有利的外部环境和历史机遇。

① 迈克尔·A. 迈耶：《反犹主义和犹太认同意识》，《民族译丛》。
② 迈克尔·A. 迈耶：《反犹主义和犹太认同意识》。
③ 阿巴·埃班：《犹太史》，中国社会科学出版社，1986，第 414～415 页。

面对纳粹对犹太人的疯狂迫害和屠杀，各国政府起初只是在口头上加以谴责，并不愿采取什么实际行动去救助犹太人。1938 年 7 月，在法国埃维昂举行了专门讨论德国犹太难民问题的国际会议，有 32 国政府派代表参加。会上每个发言人都对犹太难民的处境表示同情，但除多米尼加外没有一个国家明确表示愿意接收犹太难民。1939 年英国发表的"5·17"白皮书实际上对犹太难民关闭了巴勒斯坦的大门。拥有庞大犹太社团的美国也对犹太难民入境加以种种限制：1939 年 5 月，美国政府将载有 900 名欧洲犹太难民的"圣刘易斯"号轮船拒之门外；1940 年，美国国会否决了向难民开放阿拉斯加的议案；1941 年，美国国会又拒绝了接纳 2 万名德国犹太儿童的建议。[①]

为什么各国政府对处于困境中的犹太人如此冷漠？究其原因，主要有以下几点：其一，全球性经济危机使许多国家仍处于大萧条之中，失业率居高不下，因而都严格限制移民入境，一些国家内部的反犹势力更是特别反对犹太难民入境；其二，面临咄咄逼人的法西斯战争机器，西方大国奉行一种绥靖政策，因而也不希望在犹太难民问题上与德国搞僵关系；其三，在迫在眉睫的战争威胁下，一些未被德国侵占的小国（战争爆发后成为中立国）如瑞士、瑞典等也不想在犹太人问题上招惹是非，以免得罪德国，瑞士虽因大批犹太人将钱存入其银行而获利，却不愿接收犹太难民；其四，一些亚、非、拉美国家由于自身经济困难而无力安置犹太难民，如多米尼加虽表示愿接收犹太难民，但无经济援助却难以安置他们。

尽管各国政府的态度令人失望，但各国广大民众、社团组织、慈善机构乃至不少中下级官员都对犹太难民的处境表现出深切的同情，并想方设法救助他们。国际红十字会及各国的红十字会一直竭尽全力营救犹太难民，特别在战争状态下，由于红十字会的工作人员仍能进入交战双方控制的地区，因而他们在营救挣扎在死亡线上的犹太难民方面往往能发挥不可替代的特殊作用。基督教会历来对犹太人抱有宗教偏见，但当纳粹反犹暴行愈演愈烈之时，许多主教和教士公开站出来声援犹太人。在法国、荷

---

①　A. Grobman & D. Landes, *Genocide*, *Critical Issues of the Holocaust*, Rossel Books, 1983, pp. 298 – 299.

兰、比利时教堂往往是隐藏和保护犹太人的有利场所。战争爆发后，活跃在各地的游击队也都积极参与了营救犹太人的行动。值得一提的是，一些国家的外交官也想方设法救助犹太人。中国驻维也纳总领事何凤山是最早通过发放签证的方式救助犹太难民的外交官之一，使用他颁发的签证逃离纳粹占领地区的犹太难民有数千人。[①] 日本驻立陶宛考那斯的领事杉原千亩（Chinue Sugihara），在紧要关头给近 2000 名波兰和立陶宛的犹太难民签发了去日本的中转签证，使他们得以逃脱纳粹的捕杀。瑞典外交官瓦伦堡（Raoul Wallenberg）以中立国代表的身份来到匈牙利，以颁发外交护照等方式救出了上万名匈牙利犹太人。一些德国人也暗中支持和帮助犹太人，描写德国实业家奥斯卡·辛德勒保护犹太人的电影《辛德勒的名单》就是根据真人真事创作的，现在已是家喻户晓。

不仅在欧洲，在北美、东亚、大洋洲、拉丁美洲，甚至南非等地，正义之士也都纷纷挺身而出，声援和救助犹太人。如在中国，以宋庆龄为首的中国民权保障同盟早在 1933 年就向德国驻沪领事馆递交了抗议书，强烈谴责希特勒的反犹暴行。上海，这座同样也遭到战火摧毁的东方大都市，从 1933 年到 1941 年 12 月太平洋战争爆发共接纳了欧洲犹太难民近 3 万人，除去部分人后又离开上海去第三国，仍有 2.5 万人一直留在上海直至战争结束。[②] 专门研究纳粹大屠杀的"西蒙·维森塔尔中心"（Simon Wiesenthal Center）指出，当时上海一市接收的犹太难民比加拿大、澳大利亚、新西兰、南非和印度五国所接收难民数的总和还多。[③] 拉丁美洲小国萨尔瓦多、多米尼加等也都接纳了相当数量的犹太难民。

战后，以色列议会曾通过一条法令，规定以色列政府应代表犹太人民感谢所有在纳粹大屠杀期间救助过犹太人的非犹太人或非犹太家庭，并授予他们勋章和奖金。截至 1990 年 5 月 1 日，总共有 8611 人因此项法令而接受了以色列政府授予的勋章和奖金。[④] 虽然他们可能只是当年救助过犹太人的成千上万非犹太人中的一小部分，但已足以显示当时非犹太世界对

---

① 蒋作斌主编《国际义人何凤山》，岳麓书社，2007。
② 潘光主编《永恒的记忆——犹太人在上海》，上海世纪出版股份有限公司，2015。
③ A. Grobman & D. Landes, *Genocide, Critical Issues of the Holocaust*, pp. 298 – 299.
④ Martin Gilbert, *Atlas of Jewish History*, p. 104.

纳粹暴行的反抗和对犹太民族的支援。

随着广大民众声援犹太人的运动一浪高过一浪，特别是当纳粹"最后解决"的真相于1942年通过瑞士传送到西方之时，各大国政府的态度开始发生变化。一些领导人在更加强烈地谴责纳粹暴行的同时，也感觉到应该采取一些实际的行动。然而，一些早几年可以采取的行动在战争状态下已难以做到。1943年年初，各国在百慕大再次召开讨论犹太难民问题的会议，但会上提出的许多措施均无法落实。1944年，纳粹党卫军头子希姆莱提出可以停止将犹太人送往死亡营，交换条件是要给德国1万辆卡车。锡安主义领导人试图促成这一交换计划，然而盟国领导人认为在战时给敌方这么多卡车是不可能的。此后，犹太领导人又提出轰炸奥斯维辛的建议，但也被盟军当局以"技术原因"所拒绝。到战争的最后阶段，除了加速进军外已没有什么别的办法可以拯救死亡营中的犹太人。1945年春，随着盟军解放一个又一个集中营，纳粹大屠杀触目惊心的后果终于暴露在全世界面前，使亿万人为之震惊，全球范围同情犹太人进而支持锡安主义的潮流迅速高涨，形成难以阻挡之势。

在此前后，在这样一种同情犹太人的大气候中，各大国政府对犹太人问题的政策均发生了质的变化，即从一般同情犹太民族转变为支持在巴勒斯坦重建犹太国家。美国总统罗斯福于1944年10月公开宣称："我知道犹太人曾经在多么长的时间内多么热切地争取并祈求建立一个自由民主的犹太共和国。我相信美国人民支持这个目的，如果我再次当选，我将帮助实现这一目的。"① 同时，共和党的竞选政纲也明确提出："为了给数以百万计的被暴政逐出家门受苦受难的犹太男人、妇女和儿童一个避难之处，我们要求巴勒斯坦向他们开放，实行不受限制的移民和拥有土地，以便……把巴勒斯坦建成一个自由和民主的共和国。"② 值得注意的是，以前一直谴责锡安主义为资产阶级民族主义，从1928年起在国内禁止锡安主义的苏联的态度也发生了变化。苏联副外交人民委员迈斯基于1943年访问巴勒斯坦，与犹太代办处和锡安主义领导人进行了会谈。战争后期苏联宣传机器

① 《纽约时报》1944年10月13日。

② George Kirk, *The Middle East in the War*, Oxford University Press, 1954, p.318.

猛烈抨击纳粹的屠犹暴行，而对锡安主义的批评已不多见。1947 年 5 月 14 日，苏联外长葛罗米柯在联合国讨论巴勒斯坦问题的特别会议上发言。他用了大量时间来追述犹太人民遭受的"非常的不幸和苦难"，并且正式表态支持"把巴勒斯坦分成两个独立的自治国家，一个是犹太国，一个是阿拉伯国"①。这是苏联第一次明确支持犹太人在巴勒斯坦重建国家。苏联态度的转变有着深刻的政治经济根源，而纳粹大屠杀造成的感情因素也在其中发挥了重要作用。这突出表现在两点上：其一，成千上万的苏联人在二战中死于纳粹屠刀之下，因而苏联人民对同样遭受屠杀的犹太人普遍表示同情；其二，苏联犹太人经过纳粹大屠杀劫难后民族认同意识大大加强，普遍支持锡安主义。显然，苏联领导人在决定调整政策时是考虑到这些因素的。

一句话，当第二次世界大战的硝烟逐渐消散之时，世界各国都难以否定这样一个要求：为纳粹大屠杀的幸存者找到一块安身之地，为饱受苦难的犹太人建立一个他们能在其中安全生存的家园。如果没有一个国家能为他们提供这样一个地方，那么支持他们在巴勒斯坦重建国家也许就是唯一可以一劳永逸解决问题的办法了。纳粹本想要将犹太人逐出世界民族之林，但结果却使人类社会认识到：必须尽快使犹太民族在国际大家庭中获得一席之地。

为犹太民族的自我教育留下了永存的反面教材

特别值得一提的是，纳粹大屠杀在犹太民族的心灵深处留下了难以抹去的创伤和烙印，对犹太人的思想意识和文学艺术产生了极其深刻的影响，为犹太民族不断进行自我教育和增强民族凝聚力留下了永存的反面教材。

1945 年 5 月，当欧战结束的消息传到巴勒斯坦、美国及世界各地的犹太社区时，人们在欢庆胜利的同时升起了镶有黑边的旗帜，以悼念在纳粹大屠杀中死去的同胞。随着有关纳粹大屠杀的细节和内幕越来越多地被披

---

① 国际关系研究所：《巴勒斯坦问题参考资料》，世界知识出版社，1960，第 53~60 页。

露，每个犹太家庭都发现有亲人或朋友在这场大劫难中丧生。这成千上万的人仅仅因为是犹太人而被杀害，可以想象在他们同胞的心灵深处留下了多么刻骨铭心的创伤。以色列政府于 1951 年通过法令确定犹太历尼散月（大约在公历 4 月）27 日为纳粹大屠杀纪念日。现在每到这一天，以色列和世界各地的犹太人都要点燃蜡烛，以纪念 1933~1945 年惨遭纳粹杀害的600 万兄弟姐妹。纳粹大屠杀期间许多其他悲剧性事件发生的日子，现在也成了缅怀死难者的纪念日。每年 11 月 9 日，人们都要纪念 1938 年那个"碎玻璃之夜"的受害者，许多人那天会到德国犹太人的墓前献上一束花。到了 4 月 19 日及其后几天，世界各地的人们都会举行仪式纪念 1943 年华沙犹太区起义的勇士们。1970 年，当时的德国总理勃兰特曾在华沙犹太区起义死难者纪念碑前下跪，代表德意志民族和国家表示忏悔。1993 年纪念起义 50 周年之时，在华沙举行了隆重的纪念活动，同时美国总统克林顿在华盛顿主持了"美国大屠杀纪念博物馆"（HMM）的开馆仪式，这个可能是世界上最大的纳粹大屠杀纪念馆是根据美国国会通过的法案建立的。为了不忘纳粹大屠杀悲剧，德国政府决定将 1 月 27 日定为"纳粹统治受害者悼念日"。正是在 1945 年 1 月 27 日，苏联红军解放了奥斯维辛集中营。2005 年 11 月 1 日，联合国大会通过第 60/7 号决议，决定 1 月 27 日为一年一度的"缅怀纳粹大屠杀遇难者国际纪念日"（International Day of Commemoration in Memory of Holocaust Victims）。

在纪念受害者的同时，有正义感的人们从没有忘记向加害者讨还血债。70 多年来，许多犹太志愿者，特别是那些纳粹大屠杀的幸存者，以及支持他们的各国友人为收集纳粹罪证，追捕纳粹战犯而不遗余力，取得了巨大成绩。仅西蒙·维森塔尔中心就采访整理出几万名纳粹大屠杀幸存者和目睹者提供的证词，并追寻到了数千名纳粹战犯的踪迹。1960 年，以色列派出特遣队到阿根廷抓获臭名昭著的屠犹凶手阿道夫·艾希曼，将其押回以色列公审后判处死刑。时至今日，仍有许多人在继续这一报仇雪恨的事业。对他们来说，纳粹大屠杀是永远不能忘记的，只要一息尚存，就要为九泉之下的死难者讨回公道。

纳粹大屠杀这场浩劫也在犹太文化思想的发展史上刻下了不可磨灭的烙印。70 多年来，出现了许许多多反映纳粹大屠杀的小说、电影、戏剧，其中大多数虽由犹太作家艺术家所创作，却不但在犹太人中受到欢迎，也在全世界各国人民中间产生了巨大影响，对中国人民来说也不陌生。如《华沙一条街》《马门医生》《苦海余生》《纳粹大屠杀》《战争风云》《战争与回忆》《辛德勒名单》《美丽人生》《钢琴师》《黑皮书》《朗读者》等作品都震撼了具有良知的人们的心灵，说明这个悲惨事件已成为犹太文学艺术乃至世界文学艺术中一个经久不衰的主题。

还有人认为，纳粹大屠杀也对犹太人的思想方式产生了负面影响，使其在长期以来反犹氛围中形成的"被包围感"和"受迫害感"大大加强，对自身安全形成了一种超乎寻常的敏感意识，常会不由自主地采取主动出击行动去消除对自身的威胁。许多以"保卫犹太人"为宗旨的极端民族主义组织的出现及其过激的行动，一些犹太激进分子有时采取恐怖手段打击对手，以至今日以色列国家安全政策中的"安全区"概念和国防战略中的"先发制人"原则，都反映了这种思想倾向。当然，也有人不同意这种看法，认为遭受纳粹大屠杀摧残的犹太人做出一些"矫枉过正"的反应是可以理解的。

纳粹大屠杀产生的最能体现"坏事变好事"的后果就是为犹太民族不断进行自我教育和增强民族凝聚力提供了永存的反面教材。在今日的以色列，已经形成了以色列大屠杀纪念馆（Yad Vashem，希伯来语，意为"纪念与记忆"）为核心的全国纳粹大屠杀教育网络；在美国、加拿大、澳大利亚乃至全世界所有的犹太社团，也形成了同样的网络。在较大的犹太社区，特别是在大中城市的犹太社区，人们都可以找到纳粹大屠杀纪念馆或教育中心；即使在最小的犹太社区，你也可在犹太会堂或社区中心发现一个纳粹大屠杀教育室。每个犹太孩子一懂事就会被带到这里接受教育。每年的纳粹大屠杀纪念日，人们都要汇聚在这里举行纪念活动。这里还经常举行学术讨论会和报告会，人们在这些活动中探讨纳粹大屠杀产生的原因，如何从这一大悲剧中吸取历史教训，以及防止悲剧重演的途径。实际上，纳粹大屠杀教育已成为现代犹太教育的重要组成部分。只要犹太民族存在，纳粹大屠杀就不会被忘记，纳粹大屠杀教育就要世世代代进行下去。目的不仅仅在于纳粹大屠杀本身，而在于增强犹太民族的凝聚力。

纳粹大屠杀悲剧过后两年半，联合国于 1947 年 11 月 29 日通过了关于"巴勒斯坦将来治理（分治计划）问题的决议"，承认犹太人有权在巴勒斯坦重建民族国家。又过了半年，本 – 古里安于 1948 年 5 月 14 日下午 4 时大声宣布："特此宣告在以色列地建立一个犹太国家——以色列国。"

想要"消灭"犹太民族的希特勒恐怕做梦也不会想到，他的倒行逆施反倒大大加快了犹太国家重建、犹太文明复兴的进程。民族的大劫难中往往孕育着民族的大复兴，这大概是人类历史发展进程中的一个普遍规律。

结　论

与纳粹大屠杀相比，所有此前的反犹活动都显得相形见绌。这场惨绝人寰的大屠杀对犹太民族和犹太文明产生了十分深远的影响。首先，纳粹大屠杀摧毁了欧洲犹太社区，结束了犹太史上的"欧洲中心"时期。其次，纳粹大屠杀大大增强了犹太人的民族认同感，促使锡安主义再掀高潮，从而为犹太民族国家重建奠定了坚实的基础。再次，纳粹大屠杀震撼了全人类，使全球范围同情犹太人，支持锡安主义的潮流急剧高涨，从而为以色列建国创造了极为有利的外部环境和历史机遇。最后，纳粹大屠杀对犹太人的思想意识和文学艺术产生了极其深刻的影响，为犹太民族不断进行自我教育和增强民族凝聚力留下了永存的反面教材。

原文发表于潘光等主编《来华犹太难民资料档案精编第四卷：专家视点》，上海交通大学出版社，2017。

大屠杀记忆与以色列的意识形态[*]

钟志清

（中国社会科学院）

摘　要：第二次世界大战结束后的70年间，大屠杀记忆一直在以色列国家的意识形态构建中占据着中心位置。以色列在建国之初，延续的是犹太复国主义意识形态中的"反大流散"理念，试图割断新建以色列国家与欧洲犹太人的关联。国家记忆有意强调欧洲犹太人在大屠杀中的少量反抗，将其视为一种英雄主义，因而忽略了普通犹太人争取生存的抗争。1961年的"艾希曼审判"把大屠杀的恐怖昭示于以色列国人，使其开始把大屠杀视为以色列历史不可分割的组成部分，甚至把所有形式的反抗均异化为"英雄主义"。20世纪80年代以来，以色列大屠杀记忆的多元化特征逐渐明显：该国政府基于国家利益因素，一方面，在国家意识形态体系中采取了更为有效的大屠杀教育方式，进一步把大屠杀记忆制度化、仪式化；另一方面，以色列国内出现大屠杀记忆被泛化和滥用现象，大屠杀的记忆方式逐渐从民族化向个体化转换，进而凸显出后犹太复国主义思想家对犹太复国主义理念的反驳，其本质是国家政治工具的体现。

关键词：大屠杀记忆　以色列意识形态　国家记忆　艾希曼审判　个体记忆

　　第二次世界大战结束后的70年间，大屠杀记忆一直在以色列国家的意识形态与公共话语中占据着中心位置。其原因来自许多方面。首先，作为世界上唯一的犹太国家，以色列接纳了大约2/3的大屠杀幸存者，以色列

---

　　* 本文系国家社科基金项目"希伯来叙事与民族认同研究"（BWW024）阶段性研究成果。

国家与大屠杀有着无法分割的社会联系。其次，对于1948年才建立的一个新生国家来说，大屠杀灾难既有助于强化以色列国家的合法性，又有助于教育国民尤其是教育年青一代铭记历史、面对未来，甚至可以为国家的利益献身。早在以色列建国之初，以第一任总理本-古里安为代表的犹太复国主义领袖就十分重视重塑以大屠杀幸存者为代表的新移民的社会意识形态，使之适应国家建设的需要。以色列议会也出台了诸多政策，确立了一些仪式化的大屠杀记忆方式，奠定了大屠杀记忆国家化与政治化的传统。再次，大屠杀镌刻在以色列人的民族记忆与个体记忆深处。但值得注意的是，每到面临战争或国家间冲突之时，在国内舆情的影响下，一些以色列人会产生与大屠杀相关的感受，将时下生存状况与大屠杀建立关联，似乎是大屠杀情境的延续。有鉴于此，本文拟以以色列建国以来历史发展为主线，阐述大屠杀记忆与以色列基于其民族文化特质、价值取向与政治需要而构建的意识形态之内在逻辑关系，由此透视大屠杀记忆在当下的内在本质。

20 世纪 50 年代：大屠杀记忆的政治化与仪式化

早在1948年以色列建国之前，一些犹太难民就以非法移民身份抵达英国托管的巴勒斯坦，其中包括灭绝营和劳动营中的幸存者、地下抵抗人员和隔都（指犹太人在欧洲时居住的隔离区）战士。以色列建国之初颁布的《回归法》规定：所有犹太人都可以移民到以色列，大屠杀幸存者移居以色列的人数因此骤增。据统计，以色列建国后的第一个十年便接受了50多万大屠杀幸存者，这些人成为新建以色列国家人口中的重要组成部分。当时的以色列人口主要由拓荒者、欧洲犹太难民以及来自北非与西亚国家的塞法尔迪犹太人和东方犹太人构成，大屠杀幸存者大约占据了当时移民人数的一半。[①] 大屠杀这一事件不断成为普通民众乃至议会内部展开论辩的诱因，[②] 且它在国家意识形态中的地位极其重要。若探讨以色列建国初期

---

① Erik H. Cohen, *Identity and Pedagogy*: *Shoah Education in Israeli State Schools*, Academic Studies Press, 2013, p. 38.

② Hanna Yablonka, "The Commander of the 'Yizkor' Order: Herut, Holocaust, and Survivous," in S. llan Teoen and Noah Lucas eds, *Israel*: *The First Decade of Independence*, State University of New York Press, 1995, p, 215.

大屠杀与国家意识形态构建的关联，首先我们应该厘清犹太复国主义先驱者或者说以色列国家领袖对大屠杀幸存者的态度。

犹太复国主义者从犹太人与古代土地关联的视角出发，把以色列建国之前的犹太历史划分为古代与大流散两个时期：古代时期始于圣经时期亚伯拉罕及其后裔的部落形成，结于公元 135 年巴尔·科赫巴领导的反抗罗马人统治的起义失败；大流散则指巴尔·科赫巴起义失败后犹太人开始散居世界各地到 1948 年以色列建国这一时期，大约持续了 1800 年之久。① 根据犹太复国主义理念，古代代表着犹太历史的辉煌时期，而大流散则代表着犹太历史的黯淡时期，充满苦难、迫害与黑暗。以色列第一任总理本 – 古里安认为，大流散包含了犹太人遭受迫害、合法歧视、审讯、集体杀戮、自我牺牲与殉难的历史。以色列第二任总统本 – 茨维也指出：在犹太人大流散时期所居住的隔都，英雄主义与勇气已经荡然无存。大屠杀无疑代表着最具有负面意义的流亡结果。② 早年就移居巴勒斯坦并经历过 1948 年"独立战争"洗礼的犹太先驱者，无法理解 600 万欧洲犹太人如同"待宰羔羊"走向屠场的软弱举动，将其视为新建国家的耻辱。而刚刚抵达以色列的大屠杀幸存者，由于经历了战争时期的摧残，往往在肉体和精神上都显得孱弱无力，与英勇无畏的犹太先驱者形成强烈反差。犹太先驱者甚至对幸存者怎样活下来的经历表示怀疑。加之，刚刚建立的以色列面临着阿拉伯世界的重重围困和国际社会的道义考问，急于构建合法性，塑造出外表强壮、富有集体主义精神的犹太新人。这些原因造成犹太先驱者对大屠杀幸存者持蔑视态度，希望幸存者能够忘记过去，加入到创造新型民族形象的进程中来。就像 1949 年的一份马帕伊党报纸所说的："我要把这些人类尘埃转变成新型的犹太共同体，这是一项巨大的工程。"③

在这种意识形态的影响下，当时的以色列民众对战争期间像"待宰羔

---

① Yael Zerubavel, *Recovered Roots：Collective Memory and the Making of Israeli National Tradition*, The Nuiversity of Chicago Press, 1995, pp. 16 – 22.

② Hanna Yablonka, *Survivors of the Holocaust：Israel after the War*, Macmillan Press, 1999, p. 55.

③ Erik H. Cohen, *Identity and Pedagogy：Shoah Education in Israeli State Schools*, p. 40.

羊"一样死去的数百万犹太人的纪念不免会成为创建立国精神的不利因素。多数幸存者希望在新的土地上获得新生，他们不仅不为过去的苦难经历感到骄傲，而且对回忆过去梦魇般的岁月具有本能的心理抗拒。许多幸存者为了新的生存需要，不得不把梦魇般的记忆尘封在心灵的坟墓里，小心翼翼地不去触及战争时期所遭受的苦难。2002 年 4 月，笔者曾跟随以色列教育部组织的"生存者之旅"代表团前往波兰，在奥斯维辛集中营采访了出生在匈牙利、当时住在特拉维夫的大屠杀幸存者爱莉谢娃。据她证实：在以色列建国之初，大屠杀幸存者不可能向别人讲述自己在集中营所遭受的苦难。她如果这样做，别人会将她视作疯子，她最好的做法就是保持沉默。①

如何让历史的悲剧不再重演？如何把历史创伤转换成进行爱国主义思想教育的政治话语？上述问题引起了当时以色列政府的重视。以色列总理本－古里安曾有一句名言："灾难就是力量。"这句话意味着政府努力将历史上犹太人遭受的恐怖和灾难转变为力量，以保证新犹太国家今后能在阿拉伯世界的重重围困中得以生存。② 为此，以色列政府制定了一系列相关政策，教育国民了解大屠杀历史，建构大屠杀记忆。

首先，以色列政府决定设立具有仪式化色彩的民族纪念日。1951 年，以色列议会宣布将希伯来历法中尼散月的第 27 日定为"大屠杀与隔都起义日"。这个日期不是宗教节日，而是 1943 年 4 月到 5 月间"华沙隔都起义"的爆发日。"华沙隔都起义"指 1943 年 4 月逾越节前夜，当德国士兵和警察准备把居住在隔都的犹太人运往特里布林卡灭绝营③时，700 多名犹太战士奋起反抗。起义持续了近一个月，最后被德国人镇压，5 万多犹太人被俘，数千人被杀，余者被送往灭绝营或劳动营。这次起义被视为大屠杀期间犹太人进行武装反抗的象征性标志。把大屠杀纪念日与"华沙隔都起义"联系在一起的意义在于认同公开倡导的武装反抗的英雄主义这一记

---

① 需要指出的是，近年的研究成果表明，尽管多数大屠杀幸存者处于沉默状态，但他们仍然保存对亲人的回忆与祭奠。Anita Shapira, *Israel: A history*, Brandeis University Press, 2012, p. 262.

② Shabtai Teveth, *Ben - Gurion and the Holocaust*, Harourt School Publishers, 1996, p. xli.

③ 二战期间波兰东北部的一座灭绝营，约有 87 万犹太人在那里遇害。

忆标准。① 1959 年，政府又将纪念日名称改为"大屠杀与英雄主义日"
（Yom Hashoah Ve – Hagerurah），强调肉体与精神相悖，由此奠定了以色列
大屠杀记忆的主体基调。进一步说，对于那些出生在 1948 年以色列建国之
前的巴勒斯坦地区或自幼移民到那里并在其教育体制下成长起来的犹太先
驱者来说，大屠杀英雄主义指的是大屠杀期间欧洲犹太人所进行的反对纳
粹的武装反抗，这种记忆方式忽略了欧洲犹太人在手无寸铁的情况下面对
强权所遭受的苦难。尽管一些大屠杀幸存者把在苦难与屈辱中争取生存当
成英雄主义行动，视作另一种形式的反抗②，但这一主张在整个国家的意
识形态体系中仍居于十分边缘的位势。

　　其次，以色列政府决定建立一些重要的纪念馆，来强化大屠杀记忆。
1953 年，以色列政府决定建立大屠杀纪念馆——亚德·瓦谢姆（Yad
Vashem），并将其定位为纪念大屠杀的国家机构。大屠杀纪念馆最初只是
档案馆，20 世纪 70 年代才被改为博物馆。它既突出教育内容，又重视发
挥研究服务功能，目的在于让人们了解大屠杀历史。纪念馆负责接待以色
列人和世界各地的人前来参观，为教育者和研究者组织培训和学术会议，
出版学习指南和书刊志。无论从其名称确立还是从地点选择上看，大屠杀
纪念馆均反映出 20 世纪 50 年代以色列国家对大屠杀问题的价值取向。纪
念馆名称"亚德·瓦谢姆"出自《圣经·以赛亚书》："我必使他们在我
殿中、在我墙内有纪念、有名号……不能剪除"，在希伯来文中"亚德·
瓦谢姆"具有"纪念"与"名号"之义。提议把"亚德·瓦谢姆"作为
大屠杀纪念馆名称的莫代海·申哈维曾经指出：只有建立"亚德·瓦谢
姆"这样一座纪念馆，才不至于让同胞们在大屠杀期间的英雄主义举动止
于口头流传，才会凸显犹太民族遭受磨难、争取生存的愿望和敢于斗争的
精神。以色列第一任总统魏兹曼认为，这一名称将会回响在海内外犹太人
的心田，使已经逝去的 600 万犹太人与如今活着的犹太人同在。③ 从地理

---

① Daniel Gutwein, "The Privatization of the Holocaust: Memory, Historiography, and Politics,"
　Israel Studies, Vol. 15, No. 1, Spring 2009, pp. 36 – 64.

② Hana Yablonka, *Survivors of the Holocaust: Israel after the War*, Macmillan Press, 1999, p. 55.

③ Bella Gutterman & Avner Shalev, eds., *To Bear Witness: Holocaust Remembrance at Yad
　Vashem*, Yad Vashem Publications, 2005, pp. 12 – 14.

位置上看，大屠杀纪念馆坐落在赫茨尔山国家公墓旁，公墓里埋葬着犹太复国主义先驱者和为国捐躯的以色列士兵，它无形中在大屠杀与武装反抗的英雄主义之间建立了联系。与此同时，以色列还建立了一些其他的纪念馆，比如位于加利利、由"华沙隔都起义"战士和大屠杀幸存者创立的"华沙战士之家"纪念馆。这些机构不仅纪念遇难同胞，而且从事最初的历史文献整理与研究。

再次，20世纪50年代以色列发生的一些重要事件对整个社会认知大屠杀产生了极大影响，其中包括德国赔偿和卡斯纳审判。1952年，西德政府同意付给以色列3亿马克，作为大屠杀期间对迫害与奴役犹太人并侵吞其财产的补偿与赔款，以色列议会为此展开了有史以来最为激烈的辩论。统一工人党与自由党强烈反对，认为与德国谈判接受赔款乃是饶恕纳粹罪行，是对受难者的背叛。马帕伊党与宗教党表示支持，认为虽然纳粹的罪行不可饶恕，但以色列急需外援，可以通过索赔来养活数十万幸存者。这两种意见基本上代表着以色列国人的两种态度。[1]尽管辩论激烈，但索赔提议最终得以通过。以色列与德国于同年9月签订了《德国赔款协定》，接受德国赔款，用于以色列的基础设施建设，甚至军队装备。

卡斯纳审判把大屠杀期间欧洲犹太领袖与纳粹合作的复杂性问题置于公众关注的焦点。卡斯纳是匈牙利犹太复国主义救助会领袖，曾帮助许多犹太难民同巴勒斯坦犹太代办处取得联系，协助他们移民巴勒斯坦。因此，他曾与纳粹军官包括艾希曼谈判，并对其行贿。德军占领匈牙利后，卡斯纳试图通过贿赂纳粹来保全匈牙利犹太人，结果纳粹背信弃义，只有1600名左右的犹太人被安排去了瑞典，其中包括卡斯纳的家人、一些具有影响力的人、可以支付贿赂金的犹太富人，以及一些普通或孤儿寡母的犹太人。而卡斯纳本人并没有乘坐这辆著名的"卡斯纳列车"逃亡。与此同时，多数匈牙利犹太人被送往劳动营和灭绝营。

战后，卡斯纳在欧洲和难民一起工作，并出席了纽伦堡审判，后来抵

---

[1] 张倩红：《以色列史》，人民出版社，2008，第266～267页。Enik H Cohen, *Identity and Pedagogy: Shoah Education in Israeli State Schools*, p. 46。

达以色列，成为本－古里安政治营垒中的一员。1953 年，出版商格伦瓦尔德指控卡斯纳与纳粹合作，在营救犹太人时凭借个人好恶，并采取行贿手段。卡斯纳和以色列政府则控告前者诽谤。尽管卡斯纳是控方，但他很快便因在战争期间的行为遭到指控。法官指控卡斯纳把灵魂出卖给了魔鬼，尤其谴责卡斯纳没有告知匈牙利犹太人所面临的险境。许多以色列人同意这种评判，并就是否应该对曾与纳粹谈判过的犹太人予以理解与同情、与纳粹谈判营救一批犹太人是否导致了另一批犹太人的死亡、武装反抗的英雄主义是否为唯一的英雄主义模式等问题展开辩论。这些辩论往往大于审判本身，也导致了党派之争，使本－古里安一派蒙受耻辱。虽然卡斯纳进行了上诉，但在结果悬而未决之际，他就被原抵抗战士枪杀，这一事件使整个国家为之震惊。1958 年 1 月，高级法院撤销了地方法院的决定，认为卡斯纳与纳粹谈判营救犹太人并不等同于与纳粹串通一气。随着时间的流逝，卡斯纳审判得以重新审视与认知，历史学家和知识界对战争时期间营救遇难同胞的复杂性表示理解。

20 世纪 60 年代：“艾希曼审判” 与民族记忆的转折

1961 年的“艾希曼审判”对以色列人认知犹太民族在二战时期的遭际、确立民族记忆方式产生了巨大影响，改变了 20 世纪 50 年代以色列建国之初形成的国家记忆方式。艾希曼在二战期间是负责组织把犹太人送进集中营的中心人物之一，他虽然级别不高，但熟悉犹太历史，阅读过犹太复国主义书籍，甚至懂一些犹太语言。1942 年 1 月，艾希曼在柏林郊外参加了讨论最终解决犹太人问题的万湖会议。他本人虽然没有参与制定政策，但却忠实地执行政策。他负责组织把犹太人运往灭绝营，与柏林、维也纳、布拉格的犹太社区领袖以及犹太复国主义领袖有直接接触，且是在与这些人士接触的纳粹军官中级别最高的。因此，在 1945 年和 1946 年的纽伦堡审判中，每当涉及害犹太人的话题时，艾希曼的名字便屡屡被提起。[1] 二战

① Tom Segev, *The Seventh Million*: *The Israelis and the Holocaust*, Henry Holt and Company, 1991, p. 324.

结束时，艾希曼被关进一座美国军人监狱，在身份暴露之前逃走，最后逃到阿根廷。他改名换姓，在布宜诺斯艾利斯郊外靠做工为生。1960年5月，以色列摩萨德特工人员直接受命于本－古里安，在布宜诺斯艾利斯将艾希曼秘密逮捕（亦称"绑架"），并悄悄押解到以色列。很快，本－古里安向以色列议会发表宣言。该宣言包括两个中心内容：一是以色列安全部门刚刚逮捕了艾希曼，他与其他纳粹头目对600万欧洲犹太人之死负有责任；二是艾希曼已经被关押在以色列，将要在以色列对其进行审判。从1961年2月开始，以色列法院对艾希曼进行了为期数月的公开审判，同年12月判处艾希曼死刑。1962年5月31日，艾希曼被执行绞刑。

首先，就意识形态而言，本－古里安政府在以色列宣布逮捕艾希曼并对其进行公开审判具有重要的政治目的。本－古里安试图通过审判艾希曼使整个世界感到有责任支持地球上唯一犹太国的建立，确立以色列作为主权国家的合法性。早在审判开始之前，本－古里安就曾经多次解释以色列政府抓捕艾希曼的原因。他对艾希曼本人没有兴趣，他感兴趣的是审判本身的历史意义。当时的以色列国家面临着巨大挑战：一是当时世界上多数犹太人并没有移居以色列，以色列尚未成为犹太民族的中心；二是20世纪50年代，由于大屠杀记忆被建构为一种英雄主义记忆，以色列年青一代实际上并不认为犹太人在二战期间犹如"待宰羔羊"被送向屠场，而是像在"独立战争"期间那样有能力捍卫自身；三是以色列国家身处阿拉伯世界的包围之中，本身就缺乏安全感，年青一代又已经失去了犹太先驱者的高昂斗志，开始贪图安逸。本－古里安试图说明，只有在一个主权国家内，犹太人才有能力逮捕艾希曼，把他从地球一端带到另一端，根据法律程序把他置于以色列的审判台上，并在执行了所有的法定程序后将其处死。同时，本－古里安也希望通过这次公开审判教育年青一代，意在让他们了解历史真相，并认识到犹太人只有在自己的主权国家内，才有可能拥有真正的安全。① 此外，按照新历史学家汤姆·萨吉夫的观点，审判会保证马帕伊党重新控制大屠杀文化遗产。审判还表明：即使本－古里安政府主张接

① 钟志清：《"艾林曼审判"与以色列人的大屠杀记忆》，《中国图书评论》2006年第4期。

受德国赔款，即使支持了卡斯纳，也并非对大屠杀事件无动于衷。① 在审判中，多数证人并不是隔都战士或游击队员，而是在日复一日承受恐惧和屈辱中幸存下来的普通犹太人，这些人通过讲述自己和亲人的惨痛经历，向以色列人揭示了集体屠杀的全部恐怖。作家"卡－蔡特尼克135633"便是证人之一。卡－蔡特尼克是奥斯维辛集中营幸存者，原名叶海兹凯尔·迪努。其父母、弟弟、妹妹全部死于集中营。卡－蔡特尼克乃德文"集中营"一词的缩写，"135633"是集中营编号。当在法庭上被问及为何写书不署真名，而用"卡－蔡特尼克135633"时，再度唤起了作家的丧亲之痛，他昏倒在地。这一事件成为以色列集体记忆史上一个引人注目的转折点，使以色列年青一代认识到，犹太人在大屠杀中并没有像在以色列"独立战争"中那样取得以少胜多的胜利，而是像"待宰羔羊"那样被一步步送进焚尸炉。许多以色列人甚至产生深深的负疚感：为什么对二战中遭屠杀的同胞无动于衷？为什么对回到以色列的幸存者如何活下来的经历表示怀疑？

其次，艾希曼审判使得尚处于孩童时代的大屠杀幸存者的子女开始认识到父母在战争年代经历了难以言说的创伤。当时在学校里就读的许多孩子是大屠杀幸存者的后裔，他们未能从父母那里了解大屠杀事件，父母依然保持沉默。据幸存者后裔、女作家塞梅尔回忆，她只记得20世纪60年代的一个黄昏，以色列总理本－古里安在议会宣布纳粹头目之一的艾希曼被逮捕。从收音机里听到这一消息的母亲站在那里，身体不住地抖动。年仅7岁的塞梅尔扯着母亲的衣服问艾希曼究竟是谁，那是她有生以来第一次知道同大屠杀有关的事。② 许多幸存者的子女开始努力揭开父母的身世之谜，为填充民族记忆提供了一个新的维度。

此外，艾希曼被审判之后，以色列政府开始正式把大屠杀记忆引入以色列的学校教育。1963年，以色列教育部建立公共委员会，帮助筹划在学

---

① Tom Segev, *The Seventh Million: The Israelis and the Holocaust*, p. 328. 关于"新历史主义"，参见王健《艾兰·佩普与以色列"新历史学家"学派》（译者序），载艾兰·佩普《现代巴勒斯坦史》，王健、秦颖、罗锐译，上海人民出版社，2010，第iii～viii页。

② Ronit Lentin, *Israel and the Daughters of the Shoa: Reoccupying the Territories of Silence*, Berghahn Books, 2000, p. 33.

校展开大屠杀教育等事宜，编写大屠杀教科书。一方面，政府希望强化对大屠杀期间犹太人抵抗含义的理解；另一方面，希望纠正对"待宰羔羊"这一形象的歪曲。然而，在相当长的一段时间里，以色列的学校教育依然强调大屠杀中的武装反抗与英雄主义。[①]

历史不容忘记，但现实并非总是历史的延续。1967年的"六日战争"与1973年的"赎罪日战争"系属阿拉伯与犹太两大民族之间的冲突，但一些以色列人的内心却出现二战大屠杀期间幸存者遭际的心理活动现象。"六日战争"是以色列建国后历史的分水岭。以色列虽然最终以迅疾的方式攫取了耶路撒冷老城和希伯伦等圣地，但在战争爆发之前的等待阶段，以色列人自认为受到战争的威胁，惧怕以色列国家招致毁灭，这使以色列人的优越感大打折扣。1973年的"赎罪日战争"完全粉碎了以色列人对犹太主权国家的信任，也打碎了以色列不可战胜的神话，使之更加缺乏安全感，尤其是战争最初阶段遭受的重挫，使得以色列人极其恐惧与焦虑，甚至开始认同欧洲犹太人在大屠杀期间无力抵抗的境遇。在以色列政府的强化宣传之下，这场战争使得一些以色列人出现大屠杀记忆的错觉，他们由此认为建国以来一味强调武装反抗的英雄主义存在局限。[②]

也正是在这两次战争之后，以色列官方对大屠杀英雄主义的解释发生了本质性变化，以色列教育官员、大屠杀纪念馆负责人伊扎克·阿拉德认为：英雄主义不仅指在隔都和灭绝营里的反抗，以及东欧和巴尔干山脉的犹太游击队员和整个欧洲犹太地下战士的反抗，而且也包括普通犹太人在隔都和灭绝营的艰苦环境中保持自己做人的形象，日复一日地争取生存，为整个犹太民族的生存而斗争。[③]

20 世纪 80 年代之后：大屠杀记忆的多元化

20 世纪 80 年代以来，以色列大屠杀记忆类型呈现出多元倾向：既有

---

① Erik H. Coben, *Identity and Pedagogy: Shoah Education in Israeli State Schools*, p. 49.

② Tom Segev, *The Seventh Million: The Israelis and the Holocaust*, p. 395.

③ Yizhak Arad, "Dedication of the Pillar of Heroism on Harzikaron," *Yad Vashem News*, No. 5 , 1974, p. 19.

通过全民教育形成的以制度化、仪式化为基础的民族记忆，又有个体记忆。艾希曼审判增强了以色列人对大屠杀历史的认知，而"六日战争""赎罪日战争"更强化了以色列与大流散之间的情感纽带。这是因为，在以色列的公共话语体系中，总是将二战时犹太人遭受的种族灭绝式的屠杀与阿以冲突相提并论，避而不谈二者截然不同的性质，强化所谓的以色列生存危机意识，混淆不同性质的恐惧与焦虑现象。出于国家政治利益需要，以色列国内一些教育工作者和历史学家提出要弥补国人对大屠杀知识的缺失。[①] 为此，自1985年开始，大屠杀成为以色列高中教育的一个强制性主题，在塑造民族记忆过程中起到代言人的作用。政府相关部门选定的教材，如以色列·古特曼著的《大屠杀与记忆》和尼莉·凯伦著的《大屠杀：记忆之旅》，在讲述大屠杀历史知识之时，重视介绍不同的论辩观点，思考大屠杀在以色列人自我认知的过程中所充当的角色，甚至把大屠杀放到整个犹太历史语境和现代化进程中加以考察。[②] 一些以色列人由此支持政府把大屠杀记忆制度化、仪式化。

1991年海湾战争期间，伊拉克向以色列发射导弹，以色列迫于美国压力只进行防御，没有参战。以色列人戴着防毒面具躲避在掩体中，这种被动的防御方式令许多人想起欧洲犹太人在二战期间的无助。同时，化学武器或毒气威胁唤起了以色列人脑海里的大屠杀想象。因此，保存大屠杀记忆对各个层面的以色列人显得至关重要。大屠杀成了与马萨达、特鲁姆佩尔道·特里海同样重要的三大新型内部宗教之一。[③] 大屠杀教育在公共教育体系内部得以扩展，甚至连小学和幼儿园的老师都开始向学生讲述同大屠杀相关的事情。一系列富有影响力的戏剧、电影、小说、学术著作致力于探讨大屠杀及其对以色列人身份的冲击。[④] 在以色列，直观教育现象相

---

① Dalia Ofer, "We Israelis Remember, But How? The Memory of the Holocaust and the Israeli Experience," *Israeli Studies*, Vol. 18, No. 2, 2013, p. 80.

② Yizhak Arad, "Dedication of the Pillar of Heroism on Harzikaron."

③ 最早提出大屠杀乃以色列内部宗教之说的是犹太历史学家利伯曼。内部宗教，按照利伯曼的说法，与传统宗教一样包括信仰与实践，但其中心价值是相信以色列是一个犹太国家，更加清晰地植根于人类历史。Charles S. Liebman and Eliezer Don - Yehiya, *Civil Religion in Israel*, University of California Press, 1983, p. 7; Erik H. Cohen, op. cit, p. 52.

④ Erik H. Cohen, *Identity and Pedagogy: Shoah Education in Israeli State Schools*, p. 53.

当普遍，如大屠杀幸存者应邀讲述历史灾难，这使得大屠杀教育本身更加鲜活，更富有人性。以色列的大屠杀教育注重把正式教学（主要是历史课教学）与非正式教学（仪式、田野调查等）结合起来。其中，"生存者之旅"堪称最有价值、最行之有效的教育项目。

"生存者之旅"是以色列教育部组织的一个大屠杀年度教育项目，始于1988年，目的在于组织以色列学生代表团前往波兰，探寻大屠杀遗迹，了解同大屠杀和犹太民族相关的历史与知识，强化犹太民族与以色列国家的联系，以及在大屠杀语境下对人性的认知等诸多问题，带有某种内部宗教朝觐的特色。活动一般安排在每年三四月间犹太人的逾越节之后，为期两周。学生们首先前往华沙，参观华沙的犹太人生存遗迹、隔都残垣、华沙起义广场、名人故居和犹太公墓，随后相继参观马伊丹内克、克拉科夫、特里布林卡、奥斯维辛等集中营和灭绝营旧址。在大屠杀纪念日那天，该项活动达到高潮，成千上万的"生存者之旅"成员举着以色列国旗，从奥斯维辛走向波克瑙——二战期间建造的最大集中营。生存者的徒步行进与战时受难者在这条路上历经的"死亡之旅"形成强烈对照，以此纪念二战期间的所有遇难者。以色列和欧洲的政府首脑、犹太宗教领袖前来参加祭奠仪式并发表演讲，号召大家铭记历史，面对未来。①

在以色列政府看来，对于没有亲历大屠杀的以色列青年学生来说，"生存者之旅"是对他们很好的历史教育与爱国主义教育方式。他们在十来天的旅途中，不但对惨痛的民族历史遭际有了更为直观的了解，而且纷纷表示要在哭泣与沉痛之外，奋发自强，让历史的悲剧不再重演。但是，由波兰之行引发的争论同样带有以犹太复国主义理念为核心的意识形态特征。这是因为，波兰经历表明，没有家园，犹太人就无法生存。更进一步说，波兰之行强化了以色列主权国家的重要性，再次否定了大流散价值。这种观点在今天的以色列教育体制和社会语境中仍然赢得支持。以色列前教育部长利夫纳特曾在2001年的大屠杀纪念日演讲中谈到以色列人和大流散犹太人的本质区别。在她看来，以色列人拥有国家、国旗和军队，而困

---

① 钟志清：《生存者之旅》，《人民日报》2015年5月10日；钟志清：《以色列的大屠杀教育》，《光明日报》2014年1月6日。

在悲剧中的大流散犹太人缺乏这三样东西。

然而，这种把大屠杀制度化甚至将其等同于本土宗教意识形态的做法确实存在问题。犹太世界的一些知识分子甚至撰文指出，重温犹太人在大屠杀时期的苦难对犹太民族来说非常危险，因为二战期间纳粹不仅屠杀犹太民族，而且屠杀其他民族。① 而过于强调在大屠杀中受难者经历的一些以色列人士，经常把大屠杀用作安全武器反对阿拉伯人，把针对阿拉伯人的军事行动正义化。②

值得注意的是，早在以色列建国之前，当欧洲犹太人遭受大屠杀的消息传到巴勒斯坦时，生活在那里的犹太人便把阿拉伯人视为现代反犹主义者③，由此，因犹太复国主义运动和以色列建国而失去土地与家园的阿拉伯人无形中成为反犹主义的牺牲品。正是在这种理念支配之下，在1982年6的黎巴嫩战争中，以色列总理贝京错误地把战争冲突的另一方——巴勒斯坦解放组织视作二战期间犹太人的死敌。贝京作为拥有大屠杀幸存者身份的以色列总理，在他执政期间，大屠杀记忆成为国家基本信条和政府政策的基石。贝京在欧洲经历了二战的大部分岁月，1942年移居到巴勒斯坦。贝京的许多亲人在大屠杀中丧生，他本人也具有幸存者的"综合症状"：因抛弃亲人而独自生存下来感到耻辱。④

贝京下令轰炸贝鲁特之举在以色列国内引起轩然大波，导致以色列国家内部发生了一场政治争论。以色列一些左翼人士在道义与良知的拷问中纷纷批判当政者用大屠杀事件与阿以冲突加以类比。以色列作家阿摩司·奥兹等左翼人士抨击贝京说：大屠杀毁灭了1/3的犹太人，其中有你的父母和亲属，也有我的家人，而希特勒早在37年前便已经死去，他没有藏在贝鲁特，数以万计的阿拉伯死难者不会治愈这一创伤。奥兹认为贝京的想法和做法十分危险。⑤ 就连大屠杀幸存者也通过在大屠杀纪念馆前示威来

---

① Boaz Evron, "The Holocaust: A Danger to the Nation," *Iton* 7721, May – June 1980.

② Robert S. Wistrich, "*Israel and the Holocaust Trauma,*" *Jewish History*, Volume, 11, No. 2, Fall 1997, p. 14.

③ Oz Almog, *The Sabra: The Creation of the New Jew*, Berkeley, Los Angels, University of California Press, 2000, p. 183.

④ Tom Segev, *The Seventh Million: The Israelis and the Holocaust*. p. 396.

⑤ Amos Oz, "Hitler Is Already Dead, Mr. Prime Minister," *Yediot Aharonot*, 21 June, 1982.

抗议政府滥用大屠杀。此外，一些以色列士兵从政治与道德立场出发，拒绝参战。

从整个以色列大屠杀的记忆历史上看，尽管从艾希曼审判开始，以色列政府就鼓励幸存者讲述个人的痛苦经历，但幸存者在20世纪60年代并没有尝试打破整个国家记忆的神话，而只是把个人经历当成民族经历的一部分。直到20世纪80年代，在以色列右翼集团的政治压力之下，政府引导民众误读黎巴嫩战争与第一次巴勒斯坦人起义，将大屠杀记忆泛化，促使大屠杀记忆从国家记忆还原为个体记忆。个体记忆指在纪念大屠杀过程中重视讲述个人经历，与个体犹太人，比如受难者、难民、生还者和大屠杀幸存者"第二代"的个人命运密切相关。[1] 至此，20世纪50年代的英雄主义、20世纪60年代的认同幸存者遭遇等集体记忆被个体记忆所替代。与"一片和音"的国家记忆相比，个体记忆则显得非常低调，相关的书籍与讨论多集中在普通人的生存境况和以前羞于表达的个人痛苦经历上。

这种以书写个人经历为主的记忆方式成为后犹太复国主义意识形态的基石之一。后犹太复国主义，中文亦称之为后锡安主义，是一个交织着不同认知和立场的政治文化术语，成形于20世纪八九十年代。那些认知和立场的共同点在于对犹太复国主义核心理念加以批判，尤其是质疑阿拉伯方面是否应单独承担巴以冲突的责任。[2] 在大屠杀问题上，后犹太复国主义抨击犹太复国主义者把大屠杀作为工具来建立国家合法性的意识形态，认为以色列舆论滥用了大屠杀民族记忆，以证明对于"他者"（others），包括正统派犹太教徒、东方犹太人和以色列阿拉伯人的否定与压制是合法的。[3] 但颇为遗憾的是，这种理性认知的声音在以色列政界影响力甚微。以色列建国后，为争取国家地位而无视幸存者的苦难、抹去幸存者文化身份的做法，凸显了犹太复国主义与以色列意识形态的压制性。从某种程度上看，后犹太复国主义者所力主的大屠杀记忆个体化，是在剔除大屠杀记

---

① Daniel Gutwein, "The Privatization of the Holocaust: Memory, Historiography, Politics," *Israel Studies*, Vol. 15, No. 1, Spring 2009, p. 36.

② 王健：《艾兰·佩普与以色列"新历史学家"学派》，第 iv 页。

③ Daniel Gutwein, "The Privatization of the Holocaust: Memory, Historiography, and Politics," *Israel Studies*, Vol. 15, No. 1, Spring 2009, pp. 38, 56.

忆中的犹太复国主义化，从而证实犹太复国主义理念的不合法。

结　语

尽管以色列建立于大屠杀废墟之上之说在公共话语中非常流行，但在历史研究领域毕竟缺乏精确性，因为早在大屠杀发生之前，犹太复国主义运动便已经兴起。然而，二战难民安置等诸多问题在相当程度上加速了以色列的建国进程，并使以色列建国进程合法化。以色列尽管未曾经历过大屠杀，但因我们在文章开头所述及的诸多缘由而负载着无法摆脱的大屠杀创伤。在过去的70年间，以色列政府出于政治需要，推动大屠杀记忆成为以色列国家意识形态构建中的重要环节，甚至成为历史学家眼中有别于传统犹太教的新的内部宗教，或者说是以色列社会的重要政治神话。在很大程度上，大屠杀塑造了以色列人的民族意识，及其认知自我与所生存世界的方式。①

总体看来，以色列建国之初，延续的是犹太复国主义意识形态中的"反大流散理念"，试图割断新建以色列国家与欧洲犹太人的关联。国家记忆有意强调欧洲犹太人在大屠杀中的少量反抗，将其视为一种英雄主义，因而忽略了普通犹太人争取生存的抗争。1961"艾希曼审判"把大屠杀历史事件生动地展示在以色列国人面前，使其开始把大屠杀以及大屠杀所代表的流散历史视为以色列历史不可分割的一部分。后来，以色列人历经"六日战争"和"赎罪日战争"，在国家"面临生死存亡危机"语境的误导下，他们产生了在大屠杀中的"境遇"。20世纪80年代以来，以色列大屠杀记忆的多元化特征愈加明显：一方面，政府在国家意识形态体系中采用大屠杀教育方式，进一步把大屠杀记忆制度化、仪式化；另一方面，政界有识之士从人性、道义、良知、政治等层面，针对大屠杀与阿以冲突之间的关系等敏感问题展开热议，质疑政府将二者混为一谈的不当做法。虽然在某一个特定历史时期，以色列政府都会采取某种主要方式把大屠杀融入国家记忆之中，但是以色列国民，尤其是历史学家和知识界人士对大屠

---

① Charles S. Liebman and Eliezer Don - Yehiya, *Civil Religion in Israel*, p. 137.

杀的态度始终伴随着争议与悖论，特别是当把大屠杀与巴以问题相关联时，这种争论愈加激烈。在笔者看来，二战时德国纳粹分子对于犹太人实施的迫害与大屠杀，是一种种族灭绝的反人类行为；而以色列建国之后发生的几次中东战争属阿拉伯与犹太两大民族之间的冲突，二者性质截然不同。但以色列政府出于国家政治需要，巧妙地利用了中东地区形势和以色列国民的大屠杀心理，操纵了普通民众的情感。因此，当下以色列大屠杀意识形态的构建与当政者驾驭国内民众二战时期遭际的心理创伤密切相关，它本质上依旧属于国家利益和战略的产物。

虽然大屠杀是犹太人在二战期间经历的一场灾难，但是它不仅仅是犹太人的问题，就像齐格蒙·鲍曼所说，它具有回复性和普遍性。[①] 在人类历史的发展进程中，许多民族均经历过迫害与屠杀，如 1914 年到 1918 年的亚美尼亚大屠杀和 1937 年的南京大屠杀，这些大屠杀的特质虽然不尽相同，但均给受难者造成了难以治愈的肉体与精神创伤。如何塑造历史创伤记忆也成为这些国家和地区的民族无法回避的问题，铭记过去的方式在很大程度上反映出民族本身的文化特质、价值取向与政治需要。我们应该承认，与其他民族相比，犹太人在把大屠杀历史记忆融入时下公共话语，并将历史创伤融入民族身份塑造的做法显得十分突出。其目的不仅在于探讨大屠杀发生的原因及其特点，让世人了解大屠杀乃是现代化发展进程中的一个毒瘤，更重要的是服务于国内政治发展的需要。尽管任何重塑历史的方式均是有限的，甚至充满悖论的，但是在追求和平与发展的今天，如何正视历史、解读历史，而不是误读历史、滥用历史，应当引起我们的反思。

原文发表于《西亚非洲》2015 年第 6 期。

附记：

初识杰瑞，是在 2005 年夏天，当时我刚从以色列本－古里安大学完成

[①]　齐格蒙·鲍曼：《现代性与大屠杀》，杨渝东、史建华译，彭刚校，译林出版社，2011，第 2 页。

希伯来文学与中国文学反映二战灾难比较研究的博士论文归国，应徐新、宋立宏教授之邀到南京参加以南京大屠杀与纳粹屠犹研究为主题的学术会议。后来，又蒙杰瑞推荐参加了河南大学、云南大学等高校主办的大屠杀研究论坛，发表自己的研究成果，逐渐融入国内犹太研究群体。2008 年去英国访学时，杰瑞还帮我引荐了伦敦经济学院的 Maisie J. Meyer 女士，到她伦敦家中拜访。最后一次见到杰瑞，是在 2010 年在以色列大屠杀纪念馆参加大屠杀教育研讨班时。之后，我到美国哈佛燕京学社做访问学者，又逐渐步入希伯来圣经学术史研究这一新的研究领域，数年未参加国内与大屠杀研究相关的学术活动，也再也没有机会见到杰瑞。从倩红教授的一封短信中惊闻杰瑞突然离世，一位如此强健与不知疲倦之人刹那间竟与你阴阳两隔，令人不免感叹生命之脆弱，人生之无常！立宏与徐新教授相继告知我河南大学筹划编辑杰瑞纪念文集，嘱我撰文，我确实责无旁贷。尤其是 2018 年 6 月我在南京大学与 Maisie 老人重逢，杰瑞的音容笑貌瞬间跃然在我的脑际。感谢礼刚教授在我近期再度出访哈佛大学时正式发出稿约，我们一起选定我在《西亚非洲》发表的《大屠杀与以色列的意识形态》一文，权作薄奠，纪念杰瑞这位精力旺盛、为人爽朗、乐于奖掖后进的长者！

犹太社会与"大屠杀"的国际认知[*]

张倩红　刘丽娟

（郑州大学历史学院）

摘　要：二战结束后的 70 年间，犹太社会与以色列国家坚持赔款原则，要求德国分期分批兑现赔款；大力抢救大屠杀证物、完善大屠杀档案；在全球范围内推广大屠杀教育，以设立纪念日等方式保存历史记忆，使之成为一种培养文化认知与教育认知的国际性话语，也对德国的反省与悔悟形成了极大的外部推力。

关键词：大屠杀　犹太人　德国赔款　大屠杀教育

1933～1945 年，纳粹德国屠杀了 600 万犹太人，掠夺了总价值为 140 亿美元的犹太人的财产①，这场被称作"大屠杀"（Holocaust）的空前浩劫从此载入了人类史册。战后初期"大屠杀的内疚"蔓延于整个世界，无论是施暴者、旁观者还是幸存者都乐意选择沉默，但道义与良知的力量很快战胜了怯懦与悲戚，"无言沉默"终于被打破，经过一系列的分歧与争执，大多数德国人逐渐认识到奥斯维辛同样是德国的遗产，只有直面战争罪责、建构健康的历史意识，才能推动"正常化""民主化"诉求在德国的回归。如今大屠杀已经成为一种跨越民族、宗教，超越时间与空间的全球性话语，成为当代世界"揭示社会弊端、监督人权状况、检测文化宽容的

---

* 本文为"河南省高校人文社会科学重点研究基地：犹太‐以色列研究中心"和"河南省高等学校哲学社会科学创新团队支持计划"（批准号：2013‐CXTD‐01）的阶段性成果。

① 根据"犹太民族史中央档案馆"（Central Archives for the History of the Jewish People, CAHJP）的数据，按战前价格计算，犹太人在 1933～1945 年被掠夺的财产价值约为 140 亿美元。Ronald W. Zweig, *German Reparations and the Jewish World: A History of the Claims Conference*, Westview Press, 1987, p. 7.

一块试金石，也是文化认知和教育认知的核心因素"①。回顾过往 70 年的历史，不难看出，犹太社会在追究战争罪责、搜集大屠杀证物、开展大屠杀教育、推进大屠杀记忆等方面做了卓有成效的工作，直接推动了大屠杀的国际认知，不仅强化了犹太民族的灾难意识与集体认同，而且对德国的战争反省形成了极大的外部推力，也对当今世界建构民族记忆、强化灾难教育具有一定的借鉴意义。

一　坚持赔偿原则

第二次世界大战尚未结束之时，一些犹太领袖就已经意识到犹太人应该向德国提出索赔要求。1941 年的巴尔的摩会议、1943 年的伦敦会议，犹太组织都积极与盟国政府讨论德国赔偿的必要性。② 随着战局的不断扭转，盟军的胜利已指日可待，这时犹太领袖开始构思对德索赔的具体方案。1943 年，慕尼黑犹太办公室（The Agency Office in Munich）主任乔治·兰道尔（George Landauer）提出犹太办事处的政治目标应该聚焦于代表犹太民族来向德国索取集体赔偿，此后兰道尔终其一生都在为犹太人的索赔事业而奋斗。与乔治的观点遥相呼应，西格弗里德·摩西（Siegfried Moses）于 1944 年提出以"道义标尺"为基础来向德国提出集体赔偿，这一概念对犹太人对德索赔具有革命性意义，因为"战争赔偿"（Reparations）通常是战胜国要求战败国支付具有惩罚性、强制性的赔款，而当时犹太人并无国家，这种由犹太民族向德国索取集体赔偿既不适用于国际法，同时也无先例可循，但摩西提出的"道义标尺"却为犹太民族对德索赔奠定了现实基础。摩西还提议"为了更好地应对战后对德索赔，巴勒斯坦犹太代办处应该首倡联合，将主要的世界犹太组织和从德国及其他国家移民到巴勒斯坦地区的犹太人组建为能够代表犹太民族采取索赔行动的机构"③。与此同时，弗里茨·吉利斯（Fritz Gillis）和诺普夫（H. Knopf）提议对于那些

① Erik H. Cohen, *Identity and Pedagogy: Shoah Education in Israeli State Schools*, Academic Studies Press, 2013, Preface, p. 22.

② Nicholas Balabkins, *West German Reparations to Israel*, Rutgers University Press, 1971, p. 81.

③ Siegfried Moses, *The Jewish Post-war Claims*, Irgun Olej Merkaz Europa, 1944, p. 46.

无法确定所有权的犹太资产，绝不应该由德国人继承"享用"，而应集体交予世界犹太人组织，用以资助巴勒斯坦的犹太人。同年，世界犹太人大会犹太事务研究所所长（Head of the Institute of Jewish Affairs of the World Jewish Congress）尼希米·罗宾逊（Nehemiah Robinson）倡导创建一个能被赋予特殊权力、获得国际承认的"犹太复兴机构"（Jewish Agency for Reconstruction）来代表犹太民族进行索赔，并呼吁纳粹不仅要向犹太个人归还其掠夺走的资产并进行补偿，还正式提出纳粹要向犹太民族进行集体赔偿。[①] 在此背景下，世界犹太人大会（The World Jewish Congress）于1944 年 11 月在美国大西洋城召开了一次"战时紧急会议"，散居世界的主要犹太组织都参加了此次会议，会议宗旨即为要求德国归还犹太资产、向犹太幸存者支付强制性赔偿金、对犹太民族进行集体赔偿，[②] 该会议成为犹太历史上第一次世界性的商讨集体对德索赔的会议。

1945 年 9 月 20 日，著名的犹太复国主义领袖哈伊姆·魏兹曼（Chaim Weizmann）代表犹太办事处向苏、美、英、法四国发表了第一份正式索赔声明，要求德国向犹太人归还财产、支付赔偿，并坚持要求先前被掠夺走的犹太资产必须全数归还给犹太所有者或其继承人，此外，德国须额外支付一笔赔偿金，用于在巴勒斯坦地区安顿大屠杀幸存者；对于那些"无主财产"则只能属于犹太民族所有，"因为犹太民族才是这些无主财产的真正继承者，这些财产需要转交给犹太民族的代表，用于复兴犹太物质、精神和文化生活"[③]。除了犹太办事处积极参与对德索赔外，许多散居世界的犹太组织也在与盟国政府打交道时将此问题提上日程：美国犹太人会议（American Jewish Conference）、美国犹太人委员会（American Jewish Committee）、世界犹太人大会、美犹联合分配委员会（American Jewish Joint Distribution Committee）等都对盟国施压，认为"大屠杀幸存者有权要求德国归还其财产，有权对其丧失的自由、健康、经济机会以及被摧毁的日常生活

---

① Nicholas Balabkins, *West German Reparations to Israel*, pp. 82 – 83.

② Ronald W. Zweig, *German Reparations and the Jewish World*, p. 2.

③ Menachem Z. Rosensaft, Joana D. Rosensaft, "The Early History of German – Jewish Reparations," *Fordham International Law Journal*, Vol. 25, Issue. 6, 2001.

等无法量化的损失获得赔偿"①。

1948 年,以色列建国后很快陷入一种两难境地——"索赔,或不索赔,这都是个问题"。一方面,许多犹太人都将德国视为"邪恶"的化身、"不共戴天的仇敌"和"双手沾满犹太人鲜血的刽子手",这种激昂的民族情绪使以色列担忧若直接与联邦德国谈判,会使刚从战争中走出来的以色列国再次陷入四分五裂的状态;另一方面,以色列贸易逆差严重,更缺乏原材料和生活必需品,电力短缺导致工厂长期停工,失业率持续走高,通货膨胀、外汇短缺,国内经济状况已经支离破碎。因而,尽管遭到了许多犹太人的激烈抵制,但是在现实与感情之间,以色列最终选择了前者。1950 年年末,时任以色列财政部长的大卫·霍洛维茨(David Horowitz)劝服了以色列总理大卫·本 - 古里安(David Ben Gurion)和外交部部长摩西·夏里特(Moshe Sharett)正式向德国进行物质索赔,但以色列提出与德国直接谈判的一个前提是,联邦德国必须向国际社会公开发表"有罪声明"。其实早在 1949 年 11 月,仅出任联邦德国总理两个月的阿登纳,便明确表示联邦德国政府将对犹太人的赔偿视为国家义不容辞的责任,德国这一正视历史、勇于承担民族责任的举动为犹太人的索赔之路减小了障碍。1951 年 9 月 27 日,阿登纳在联邦德国下院发表声明,承认"纳粹以德国人民的名义犯下了难以启齿的罪行,因此德国人民要将道德和物质赔偿视为自己应尽的义务。联邦政府将务必抓紧通过赔偿法案,并使其得以公正实施"②。阿登纳的这一声明成为联邦德国、以色列和世界犹太组织公开接触的转折点。③

为了汇聚索赔力量,1951 年 10 月 26 日,来自 23 个国家和地区、代表不同理念的世界犹太人组织在纽约聚会,成立了"犹太人对德物质索赔联合会"(Conference on Jewish Material Claims against Germany)(以下简称"索赔联合会")。这一组织从成立之初就将其宗旨确定为"向遭受纳粹迫

---

① Ronald W. Zweig, *German Reparations and the Jewish World*, p. 6.

② Kurt R. Grossmann, Earl G. Harrison, *Germany's Moral Debt: The German - Israel Agreement*, Public Affairs, 1954, pp. 59 – 60.

③ 有关德国对纳粹大屠杀的反思情况,参看张倩红《战后德国史学界对纳粹大屠杀罪行的反思》,《世界历史》2014 年第 4 期。

害的犹太受害者争取救济、赔偿和安置资金，帮助重建曾遭纳粹摧毁的犹太社区及机构；为纳粹受害者遭受的人身伤害及被纳粹没收的财产争取赔偿金"①。此后，以色列和索赔联合会便分别代表"以色列犹太人"和"非以色列犹太人"开启了意志坚定的对德索赔之路。

1952 年 3 月，联邦德国、以色列国和索赔联合会——这三个原本在二战前均不存在的实体，在二战结束后的第七年开启了一场打破国际惯例的三边谈判。9 月 10 日，联邦德国总理阿登纳、以色列外交部部长夏里特和索赔联合会主席戈德曼共同签署了《卢森堡条约》（*Luxembourg Agreements*），该条约规定联邦德国政府以分期付款的方式向以色列支付 30 亿帝国马克的赔款；根据《第一议定书》（*Protocol I*）的规定，联邦德国政府要通过立法来向由于丧失生命、自由、健康、财产或就业机会的个人受害者提供直接赔偿；《第二议定书》（*Protocol II*）规定联邦德国要在 12 年内向索赔联合会支付 4.5 亿帝国马克用于照料犹太受害者。② 该条约签订的翌日，夏里特发表声明称："以色列国和联邦德国签订的《卢森堡条约》在国际关系史上具有独一性。该条约兼具物质和道德意义，但是迄今为止，其政治价值和道德价值远超具体的经济意义。……我们通过成功迫使德国承认其所应当承担的大屠杀责任，并为以色列国和财产遭受掠夺与毁坏的犹太民族支付赔偿，从而不仅为本民族更为全人类争取到了一项尤为珍贵的政治成就。"③ 以色列总理大卫·本 - 古里安在给戈德曼的信中也兴奋地表示："数百年来，犹太民族——这个饱受压迫与掠夺的民族——第一次从压迫者和掠夺者手中夺回了一些被掳走的财产，第一次因为自己遭受的物质损失获得了集体赔偿。"④ 戈德曼在回忆签约情景时也难掩心中

---

① The Conference on Jewish Material Claims Against Germany, *Sixty Years of the Claims Conference* (*1952 – 2012*), p. 3.

② 由于战后德国缺乏硬通货（hard currency）来支付赔款，故以商品和服务形式向以色列支付 34.5 亿帝国马克，以色列再将这些商品、服务转换为货币后，转交索赔联合会 4.5 亿帝国马克。The Conference on Jewish Material Claims Against Germany, *Sixty Years of the Claims Conference* (*1952 – 2012*), pp. 7 – 8.

③ Yaakov Sharett, *The Reparations Controversy: The Jewish State and German Money in the Shadow of the Holocaust, 1951 – 1952*, Walter De Gruyter GmbH & Co. KG, 2011, p. 374.

④ The Conference on Jewish Material Claims Against Germany, *Sixty Years of the Claims Conference* (*1952 – 2012*), p. 3.

的激动之情："《卢森堡条约》的签订堪称我的政治生涯中最激动人心、最为成功的篇章。要求一个国家对另一个缺乏独立主权地位、无组织的民族承担道德责任，并做出大规模赔偿，这一事件前所未有，我们开创了一桩国际法的先例。"①

犹太社会在集体索赔目标达成后，便开启了延续至今的索赔历程。1953 年 1 月，索赔联合会又成立"犹太人对奥（奥地利）索赔委员会"（Committee for Jewish Claims on Austria），要求奥地利政府向大屠杀受害者个人提供赔偿；同年 6 月，索赔联合会支持奥斯维辛劳工上诉德国法本公司（I. G. Farben），要求其对奴隶劳工进行赔偿并最终获胜，该裁决为其他德国公司的赔偿铺平了道路。此后，索赔联合会先后与克虏伯公司（The Friedrich Krupp Company）、德律风根电力公司（AEG - Telefunken）、西门子公司（Siemens）、诺贝尔火药公司（Dynamit Nobel）、莱茵金属公司（The Rheinmetall Company）、奔驰汽车公司（Daimler - Benz）等六大德国公司签署了赔偿协议，促使其对被奴役的犹太劳工进行赔偿。1990 年两德统一后，索赔联合会与新成立的德国政府谈判，要求其通过立法归还前民主德国收归国有的犹太财产，并使犹太财产所有者及其后裔享有索赔权利，无主财产则由索赔联合会继承，用于资助社会福利机构。1996 年，索赔联合会向三大瑞士银行提出集体诉讼，指控其"在知晓的情况下，封存并隐瞒大屠杀受害者财产，同谋、协助第三帝国非法掠夺奴隶劳工的财产"②。1997 年，索赔联合会向欧洲保险公司提出索赔。1998 年，索赔联合会与德国政府签订协议，要求其对居住在中东欧及苏联领土上的大屠杀受害者每月支付 250 帝国马克的赔偿金。1999 年，索赔联合会等 17 个主要犹太组织与瑞士银行签订和解协议，后者同意支付 12.5 亿美元赔款。2000 年，索赔联合会又促使德国企业及德国政府向被奴役的劳工支付 50 亿美元赔偿金。2001 年，索赔联合会代表曾到瑞士避难的犹太难民进行索赔，"在瑞士边境遭遭返或被拒绝入境的犹太难民每人获得 3625 美元赔

---

① Nahum Goldmann, *The Autobiography of Nahum Goldmann：Sixty Years of Jewish Life*, Holt, Rinehart and Winston, 1969, p. 249.

② The Conference on Jewish Material Claims Against Germany, *Sixty Years of the Claims Conference（1952 - 2012）*, p. 21.

款，允许入境但遭拘禁或受虐待犹太难民每人获得 725 美元赔款"。[1] 2004 年，索赔联合会经过多年努力研究、举证，指出二战期间保加利亚 112 所劳动集中营曾强迫大批犹太男性充当奴隶劳工，并要求德国政府对这些劳工进行赔偿。此外，索赔联合会从未停止要求德国承担照顾年老受害者的责任，"由于遭受各种迫害，他们在青年时丧失了受教育机会，这也间接导致其与许多经济机遇失之交臂；年老时，他们又比同龄人遭遇了更多身体问题"[2]，因而到 2004 年，德国政府同意支付 600 万欧元用于照顾年长受害者。2012 年，索赔联合会又从德国政府获得 1.26 亿欧元的赔款。

截止到 2000 年 12 月 31 日，德国已经向 277804 位大屠杀幸存者合计支付了 1000 亿帝国马克的赔款；此外，两德统一后，根据德国与索赔联合会签订的补充协议，另有 377564 名原先不符合索赔条件的大屠杀幸存者收到了 27 亿帝国马克的赔款。[3]

索赔联合会资助纳粹受害者项目、人数、总额表

项目名称	资助人数	资助总额
困难基金（Hardship Fund）[1,2]	361691	$ 996,493,000
第二条款基金（Article 2 Fund）[1,2]	85994	$ 3,576,292,000
中东欧基金[1,2]	24758	$ 514,031,000
大屠杀幸存者赔偿基金[1,2]	1949	$ 5,579,000
奴隶劳工项目基金	173929	$ 1,601,827,000
医学试验及其他伤害基金	2707	$ 21,711,000
瑞士银行难民基金	3926	$ 10,743,000
布达佩斯基金[1]	6245	$ 17,322,000
索赔联合会资助总额	$ 6,743,998,000	
德国赔款总额	€ 53,000,000,000	

注：1. 原始支付货币为欧元；2. 截止到 2012 年 10 月，一些纳粹受害者接受过两个及以上项目资助；以"千"为单位进行四舍五入。

资料来源：The Conference on Jewish Material Claims Against Germany, *Sixty Years of the Claims Conference*（1952 - 2012），p. 37.

---

[1] The Conference on Jewish Material Claims Against Germany, *Sixty Years of the Claims Conference*（1952 - 2012），p. 26.

[2] The Conference on Jewish Material Claims Against Germany, *Sixty Years of the Claims Conference*（1952 - 2012），p. 3.

[3] The Conference on Jewish Material Claims Against Germany, *History of the Claims Conference*：*A Chronology*, 2001, pp. 16 - 17, 22 - 25.

二　大屠杀证物的搜集与挽救

第一，保存大屠杀档案。

早在大屠杀发生时，犹太人就开始注重搜集并保存大屠杀证据。纳粹占领区的犹太人冒着生命危险记录并保存相关史实，秘密的、有组织的犹太档案馆得以建立，最为著名的是"林格尔布卢姆档案馆"（Ringelblum Archive），它是由著名犹太学者伊曼纽尔·林格尔布卢姆博士（Dr. Emanuel Ringelblum）在华沙隔都中秘密创建的，旨在记录纳粹占领期间华沙隔都及其周围犹太人的真实生活，"这些档案文件不仅有男女老少的证言，也有正统派、自由思考者的记录；既有哲学家的思考，也有普通犹太人的日常琐事，所有这些都反映了华沙隔都中犹太社会的多样性与活力"。[①] 除了关注犹太隔都内的社会生活外，档案馆成员冒险潜入波兰其他地区搜集证据、记录战时波兰状况；当大屠杀的消息传入隔都后，他们转而将工作重心聚焦于搜集驱逐、灭绝犹太人的证据与文件，其目标是："所有发生的事情都必须得以记录，任何一件事实都不能被遗漏。当时机来临——它一定会到来——要让世界看到并知晓谋杀者的所作所为（Let the World Read and Know）。"[②] 1942 年，随着许多隔都犹太人以及一些档案馆成员被投入特雷布林卡（Treblinka）集中营，搜集证据的工作变得举步维艰，许多档案不得不埋藏于地下，待到战争结束后，仅有一部分档案被发掘出来，这些珍贵文献成了记载大屠杀期间波兰犹太人生活的重要档案，具有极高的史料价值。

1943 年成立于法国的"当代犹太人档案中心"（Center for the Documentation of Contemporary Jewry）在搜集与保护大屠杀档案资料上也做出了卓越贡献。该中心由来自法国不同犹太社区的军事领导人组建，他们在搜集大屠杀证据的同时，还积极保护巴黎档案馆等地的重要资料免遭维希政

---

① Havi Ben‑Sasson, "Let the World Read and Know: Witness to the Holocaust‑The Oneg Shabbat Archives," *Oneg Shabbat‑Overview*, http://www. yadvashem. org/yv/en/exhibitions/ringelbum/overview. asp.

② Yad Vashem: Digital Collections, http: //www. yadvashem. org/yv/en/resources/index. asp.

府及纳粹占领军的破坏。在他们的努力下，纳粹德国驻法使馆、德国指挥部、维希政府以及盖世太保实施的许多反犹政策的珍贵文件得以保全。战争结束后，该中心将这些档案分类整理，并创办自己的出版社，不仅出版了一系列大屠杀著作，还创办了全球第一本大屠杀期刊《犹太世界》（*Le Monde Juif*）。①

在波兰，"犹太历史协会"（Jewish Historical Committee）于 1944 年成立，短短一年间已发展为拥有 25 个分会的庞大机构，这些协会高度强调搜集大屠杀证言的重要性，到 1945 年已经搜集大屠杀幸存者证言 6000 多条，并于翌年开始出版相关档案文献。在德国，居住于"难民安置营"中的犹太人也在 1945 年设立"中央历史委员会"（The Central Historical Commission），该委员会凭借强大的群众网络，不仅搜集了大量证言，而且致力于定位并绘制尚未发现的纳粹集中营地图，甚至通过向一些德国市长及地区长官发送调查问卷从而获得一些珍贵档案资料。此外，该委员会还发行了 10 期大屠杀期刊，总发行量为 12000 份，一些大屠杀著作也得以出版。② 在奥地利的林兹和维也纳，"犹太史中心"和"犹太档案中心"接连成立，它们的档案搜集工作对盟军审判纳粹战犯起到了重要作用。在意大利，1955 年"当代犹太人研究中心"（Centro di Dokumentazione Ebraice Contemporanea）成立，目的即为"搜集意大利的反犹主义和犹太抵抗运动的相关档案"。

大屠杀证物搜集活动不仅仅是欧洲大陆上犹太幸存者心中的首要历史任务，同时也是以色列地犹太人关注的焦点。二战刚结束，一些华沙隔都战士就提议"挽救大屠杀期间的证据与档案，并将其送往以色列地，同时开始搜集仍然暂居波兰的大屠杀幸存者证言"③。1949 年这些有志之士在加利利地区建立了"隔都战士基布兹"（Ghetto Fighters' Kibbutz）后，便旋即着手在基布兹内创办大屠杀档案馆和研究中心——"伊扎克·卡森埃

---

① "The History of the Center of Contemporary Jewish Documentation," http：//www. memorialdelashoah. org/index. php/en/archives – and – documentation/the – cdjc – catalogue/the – history – of – the – center – of – contemporary – jewish – documentation – cdjc#topofthepage.

② Zeev W. Mankowitz, *Life between Memory and Hope：The Survivors of the Holocaust in Occupied Germany*, Cambridge University Press, 2002, pp. 192 – 225. 该委员会总共存在三年时间，此后其搜集的大屠杀资料转交于亚德·瓦谢姆大屠杀纪念馆。

③ Boaz Cohen, *Israeli Holocaust Research：Birth and Evolution*, Routledge, 2013, p. 16.

尔森隔都战士家园"（Yitzhak Katzenelson Ghetto Fighters' House），它不仅是以色列建国后最早从事大屠杀证物搜集及纪念活动的中心机构，也是全球首个大屠杀与英雄主义纪念馆。该档案馆注重吸引犹太知识分子参与大屠杀档案挽救活动，并将此事业视为教育未来一代的珍贵课程。如今，该中心馆藏的大屠杀信件、证明、日记、证言、影像资料等已达 250 万件，在网上公开并可直接利用的档案也有 25 万件。① 馆内所有大屠杀档案均对外开放。

1953 年，以色列国会通过纪念法令《亚德·瓦谢姆法》（Law of Remembrance of Shoah and Heroism – Yad Vashem）②，正式宣告建立大屠杀纪念馆。③《亚德·瓦谢姆法》第二条规定："（大屠杀纪念馆致力于）搜集、核对并公布大屠杀证据，向犹太民众呈现大屠杀过程中产生的英雄主义。"④ 因而，该纪念馆自成立之初，便致力于通过搜集及保护数以百万计的大屠杀证物，从而使这场针对犹太民族的暴行得以被准确、详尽地保存及传播。为了使证物搜集与档案管理更具专业性，大屠杀纪念馆特意与"以色列历史协会"（Israeli Historical Society）签订合作协议，为后者提供经费用于"搜集、整理、分类大屠杀档案，并将其影印后交付出版"。⑤ 1955 年 4 月 19 日，大屠杀纪念馆首先开启了搜集亡于纳粹铁蹄下的犹太遇难者姓名的宏大工程——"纪念页"（Memorial Page）工程，该工程旨在为数以百万计的、无葬身之所的犹太殉道者记录其姓名及生平，使这一记忆成为永恒，并授予他们以色列"纪念公民"称号。除了记录遇难者姓名外，一项旨在整理被摧毁犹太社区信息的"社区检索"（Index of Communities）工程也在运行之中，尤为值得一提的是，当时犹太人在如何定义犹太社区上发生争执，一些人建议该工程仅检索人数超过 100 人以上的犹太社

① http：//www.gfh.org.il/Eng/.

② Yad Vashem 是希伯来语"有记念、有名号"（希伯来文为 םשׁודי ）的英文发音，出自于《圣经·以赛亚书》56：5："我必使他们在我殿中、在我墙内、有记念、有名号，比有儿女的更美。我必赐他们永远的名，不能剪除。"

③ 有关以色列亚德·瓦谢姆纪念馆成立的详细情况，参见艾仁贵《亚德·瓦谢姆纪念馆与以色列国家记忆场所的形成》，《史林》2013 年第 3 期。

④ James E. Young, The Texture of Memory：Holocaust Memorials and Meaning，Yale University Press，1993，p. 246.

⑤ Ben – Zion Dinur, "Organizing the Collection of Material about Jewish History in the Recent Period," Remember, p. 78.

区，但这一提议遭到了普遍反对，泽拉克·沃哈弗提（Zerach Warhaftig）义正词严地指出："即使这个地方仅有一名犹太人，该地区也当包含于检索之列。"① 在谈及搜集大屠杀证据这一历史重任时，沃哈弗提指出："建立大屠杀档案馆的设想，是犹太纪念工程的核心要素。……这些档案将为我们及后代在以色列构建大屠杀史夯实基础。"②

此后，大屠杀纪念馆开始招聘越来越多的档案学家、史学家、文献保护专家来参与大屠杀文献保护行动。1979 年，专业性的"保护与修复文献研究室"在纪念馆内建立，该研究室负责监督并指导所有档案保存活动，按照档案文献的破损程度及历史重要性对其进行相应修复后，将其装入合适的保护装置中并集中到温控存储区，以便为后人更完善地保存这些珍贵文献。数字化信息时代的不断发展为永久保存大屠杀档案提供了可能。为了让世界各地的民众更加方便参阅馆藏文献，大屠杀纪念馆信息系统中心已经开始对大屠杀档案进行数字化处理。迄今为止，馆内的所有音频视频幸存者证言、"证言簿"工程的所有纸质版材料、"图片档案馆"的全部资料均已完成数字化存储，并已开始着手影印档案馆内的纸质文献，这一浩大工程也有望在随后几年得以完工。如今的亚德·瓦谢姆大屠杀纪念馆已经成为全世界规模最大、馆藏档案最为丰富的大屠杀纪念馆：超过 1.5 亿页的大屠杀档案保存在这里，其中包括 11 万份幸存者证言、42 万张馆藏照片以及收录的将近 260 万个大屠杀遇难者姓名。③ 在这些令人震惊同时也引发世人感怀的数字背后，凝结的则是无数犹太仁人志士为了让世界铭记这一弱小民族遭遇的滔天浩劫所付出的艰辛与勤勉。

2010 年，来自以色列和欧洲 13 个国家、100 多所大屠杀科研机构、档案馆、图书馆、博物馆的学者通力合作，开始从事浩大的"欧洲大屠杀研究基地"工程（European Holocaust Research Infrastructure，以下简称"EHRI"），又称"世界大屠杀档案馆在线索引"工程，旨在将世界 51 个国家、1800多家大屠杀档案馆、图书馆按国别进行分类汇总，不仅对每个档案馆馆藏

---

① Boaz Cohen, *Israeli Holocaust Research*, p. 5.

② Zerach Warhaftig, "The Central World Archives in Jerusalem for the History of the Holocaust and the Heroism of Our People in Recent Years," *Ha－Olam* 42 (1948), pp. 628－630.

③ http://www.yadvashem.org/yv/en/about/archive/about_archive.asp.

文献特征、范围进行简要介绍，还提供其官网链接，任何人只要通过该项目官网即可在线接触世界范围内的大屠杀档案馆。该工程已于 2015 年 3 月 26 日开通入口，① 其不仅是一个庞大的数字系统，更是一个连接全球大屠杀研究人员的人力网络，通过提供奖学金、暑期学校、讲习班和研讨会等形式，EHRI 正在将全球大屠杀研究者、档案员、信息技术工作者联系起来，这必将为跨学科、跨国界从事大屠杀研究创造新的平台，将在世界范围内构建大屠杀研究社团。

第二，追责施暴者。

在保存大屠杀档案以外，犹太社会还以各种形式追究纳粹分子的战争罪行，将许多漏网的纳粹战犯送上法庭接受应有的审判与惩处。1945 ~ 1946 年的纽伦堡审判可谓国际社会第一次正式地对纳粹大屠杀做出反应。"但不可否认的是，纽伦堡审判远远没有对犹太民族遭遇的浩劫进行充分、独立以及特别的回应。"② 此后，随着冷战拉开帷幕，"去纳粹化"和审判战犯便不再居于盟国的主要考虑之列。对此，犹太社会十分不满，便展开了延续至今的"世纪追捕"。

在众多追捕纳粹战犯的机构与个人中，有着"纳粹猎手"之称的西蒙·维森塔尔（Simon Wiesenthal）以及以其名字命名的西蒙·维森塔尔中心（Simon Wiesenthal Center）最富有传奇色彩。维森塔尔是大屠杀幸存者，战争结束后，当许多幸存者试图竭尽所能忘却这一噩梦时，维森塔尔却开始全身心地投入这场针对"遗忘"的抗争。他耗费巨大精力与时间来搜集、整理、核实他所获得的每一份纳粹战犯信息，并将这一艰辛事业坚持了五十年之久，2001 年当 92 岁高龄的维森塔尔退休时，他已将多达 1100 多名的纳粹战犯绳之以法。③ 正是由于他的精准情报，摩萨德才得以

---

① 官方链接为 https：//portal. ehri – project. eu.
② David S. Wyman, *The World Reacts to the Holocaust*, The Johns Hopkins University Press, 1996, p. xiv.
③ 据报道，维森塔尔的集中营室友后来成为富商，两人再次相聚时，这位富商问他："如果你继续从事建筑行业，那么你现在也和我一样富有了，但你为什么不这么做呢？"维森塔尔义正词严地回答道："终有一天当你我都来到九泉之下时，我们会遇到数百万死于集中营中的同胞，他们会问'你们做了什么？'你会说'我成为一名珠宝商'。但是我会说：'我没有忘记你们。'Simon Wiesenthal Center, "About Simon Wiesenthal," http：//www. wiesen- thal. com/site/pp. asp？c = lsKWLbPJLnF&b = 4441293#. VRIgwXkxhJ8。

将臭名昭著的艾希曼顺利缉拿归案；正是由于他的穷追不舍，曾逮捕安妮·弗兰克的盖世太保头目卡尔·西博尔鲍尔（Karl Silberbauer）才得以被绳之以法，后者的自白给了那些妄图诋毁并质疑《安妮日记》真实性的人们一记响亮的耳光，时至今日，这本畅销全球并在许多国家作为青少年必读书目的《安妮日记》已经成为警示人们勿忘纳粹大屠杀历史的"世界性标签"；正是由于他的聪颖机警，当 16 名原党卫军军官在德国受审时，其中 9 人都是经由维森塔尔找到的；正是由于他的惊人毅力，多个国家终于同意协力调查本国战后接纳的外国人，以便搜捕"死亡医生"约瑟夫·门格勒（Josef Mengele）……在其退休的第二年，西蒙·维森塔尔中心继续致力于他未竟的事业，在俄罗斯、巴尔干地区执行代号为"最后机会"（Operation Last Chance）的追捕纳粹战犯行动，此后数年间，该机构共发现 605 名纳粹战犯嫌疑人，103 名纳粹战犯得以受审；2013 年"最后行动计划 Ⅱ"开始实施，将近 2000 多张海报张贴在德国柏林、汉堡和科隆地区，悬赏通缉仍存于世的纳粹战犯。

与此同时，以色列政府及其情报机构"摩萨德"的一系列追捕行动引起了国际社会的关注，也由此产生了许多争议。1954 年以色列首先颁布了《无限期追诉纳粹战犯法》（Invalids of the War against the Nazis Law）。此后几十年，摩萨德在全球各地对纳粹战犯进行万里缉凶。其中最引人注目的"杰作"便是对前纳粹高官、有着"犹太大屠杀设计师"之称的艾希曼进行的抓捕与审判。艾希曼在二战结束后如狡兔一般成功躲避了一次又一次的抓捕，但犹太人并未停止追踪他的步伐。1960 年，摩萨德收到梦寐以求的艾希曼藏身于阿根廷的密报后，立即策划这场震惊世人的跨境追捕。1961 年长达八个多月的"艾希曼审判"在以色列进行，一百余名大屠杀幸存者出庭作证，这场堪称传奇"教科书"式的追捕与审判被称作为犹太民族的一次精神洗礼。但摩萨德以绑架方式带走艾希曼引起阿根廷方面的不满，而且以汉娜·阿伦特等为代表的一些人士在审判期间对艾希曼是否应该仅由以色列法院来审判表达了异议。

除了惩治纳粹战犯，二战刚结束后不久，一些仍居住在盟军"难民安置营"中的犹太幸存者便开始呼吁对大屠杀中的犹太帮凶进行审判。以色列建国后，成千上万的幸存者开始自下而上地采取行动，对以色列司法机关进行施压，要求对大屠杀中的犹太"囚犯长"（Kapos）以及"犹太委员会"（Judenrat）成员进行追责。以摩迪凯·纽洛克（Mordechai Nurock）为代表的一些以色列国会议员也大力支持这一请愿，并推动了1950年8月1日以色列《纳粹与纳粹合作者惩治法》（The Law for Bringing the Nazis and Their Helpers to Justice）的出台。该法案出台后，整个50年代，共有三十余名犹太人遭到逮捕，其中对以色列社会触动最大、影响也最深远的即为1954～1958年的"卡斯特纳审判"（The Kastner Trial）。卡斯特纳本是大屠杀期间匈牙利犹太复国主义运动营救委员会的副主席，但其被指控为"纳粹同谋罪"，对50多万名匈牙利犹太人在大屠杀中丧生负有直接责任。该审判在犹太社会引发了长期痛苦的思考，那就是如何看待犹太人、犹太复国主义者甚至伊休夫领导层在二战期间对大屠杀做出的反应，在随后十几年间该问题从法律层面的讨论演变为以色列政治与民众的大辩论。①

第三，感恩"义人"。

当大屠杀的真相渐渐明了之时，越来越多的犹太人加入到幸存者行列中提议搜寻"义人"下落，并对其救援行为表示感恩。1942年，亚德·瓦谢姆大屠杀纪念馆的发起人摩迪凯·什哈比（Mordechai Shenhabi）在向伊休夫提议对欧洲犹太人进行纪念时，就表达了要在未来的纪念馆中"对高尚的、曾冒生命危险拯救犹太人的国际非犹太人"进行铭记。1953年的《亚德·瓦谢姆法》正式通过了这一提议，并授权大屠杀纪念馆"授予在世的'国际义人'以色列荣誉公民称号，授予过世的'国际义人'以色列纪念公民称号。"② 1962年，亚德·瓦谢姆纪念馆为了表达纪念，不仅授予"义人"以奖章和荣誉证书，还让每一位"国际义人"栽种一棵象征生命延续意义的树木，并在树木旁边摆放一块雕刻着"义人"姓名及国籍的牌匾，这就是著名的"国际义人大道"。待大屠杀纪念馆新馆正式建好以后，1992年，专门为纪念"义人"的"国际义人花园"也最后竣工，"义

---

① Boaz Cohen, *Israeli Holocaust Research*, p. 14.
② "国际义人"判定标准如下：曾积极参与拯救单个或多名犹太人免遭死亡或运往死亡集中营的行为营救者以生命、自由或地位作为风险；营救者实施营救行动的首要动机是自愿帮助被迫害的犹太人，而不是因为钱财、奖赏或其他目的；有被营救者的证词记录，或者至少有明确文件对营救性质及营救环境予以说明。http：//www. yadvashem. org/yv/en/righteous/faq. asp。

人”的姓名被刻在花园“荣誉墙”上作为永恒的纪念。

除了纪念这些知名“义人”外，由于二战期间许多营救行动都是秘密进行，许多被营救的犹太人并不知晓营救者的真实身份；抑或营救行动失败后，营救者和被营救的犹太人被处死，导致无人能够证明这一义举，因而为了不让这些人的付出与牺牲湮没在历史中，亚德·瓦谢姆大屠杀纪念馆还专门在“义人大道”旁边矗立了一座纪念碑来纪念这些无名英雄。截止到 2015 年，已有 25687 名“国际义人”通过大屠杀纪念馆的认证[①]，其中包括二战期间中国驻维也纳总领事何凤山[②]。如今，这一感恩“义人”的行动仍在继续，亚德·瓦谢姆大屠杀纪念馆专门为他们设立了“国际义人网络数据库”，人们可以通过网络搜索熟知这些“义人”的英勇事迹。

三　推进大屠杀教育

建国初期的以色列教育系统不存在大屠杀的内容，当时的主导话语是：强调犹太英雄主义、反抗意识，将大屠杀视为耻辱。大屠杀幸存者雅科夫·希尔哈弗（Yakov Shilhav）于 1958 年愤怒表示：“在以色列社会，犹太人的最大灾难正在逐步被遗忘。我们感受到了忽视……这种忽视既有蓄意的，也有官方原因——它来自于直接的实际原因，同时也是以色列复兴与建设热情之下产生的无意识的结果。”[③]

1961 年的“艾希曼审判”，第一次将大屠杀话语置于以色列社会的镁光灯下。这场被称为“犹太民族的纽伦堡审判”的轰动事件，对犹太青少年的影响尤为深刻，“打破了（他们）先前对欧洲犹太人和大屠杀幸存者

---

① 数据来源于亚德·瓦谢姆大屠杀纪念馆官网：http://www.yadvashem.org/yv/en/righteous/statistics.asp.

② 1938～1940 年，何凤山出任中国驻维也纳总领事，此时正值纳粹反犹恶浪肆虐欧洲大陆的巅峰时期，富有悲悯之心的何凤山向数千名奥地利犹太人发放了通往上海的“生命签证”，使他们免遭纳粹的杀害，他被称为“中国的辛德勒”。但他的义举在其逝世后才大白于天下，2000 年，以色列授予何凤山先生“国际义人称号”，并于次年在耶路撒冷为其举办了隆重的“国际义人——何凤山先生纪念碑”揭碑仪式。

③ Dan A. Porat, "From the Scandal to the Holocaust in Israeli Education," *Journal of Contemporary History*, Vol 39 (4), p. 621.

的固有偏见及嘲讽看法"①。当大批幸存者作为大屠杀的最后见证人出庭
"艾希曼审判"并向世人道出梦魇般的经历时,以色列人乃至整个犹太社
会终于开始聆听幸存者证言,并产生了休戚与共的同情感,幸存者的角色
与社会地位也开始悄然改变,"我们先前只是将幸存者视为无数次擦肩而
过的陌生人,但现在他们从一群'无名氏'转变为一个坚强的群体,他们
那远非常人能够想象的坚韧性格、形象以及恐怖经历使他们成为我们这一
鲜活民族永不磨灭的一部分"②。1963 年以色列教育部专门设立了公共委
员会作为其制定大屠杀教育内容的咨询机构,"开始在(以色列)中小学
开设'大屠杀教育和犹太抵抗活动'的选修课程,两本新编大屠杀教育课
本也应运而生,另有一项以大屠杀教育为主题的非正式教育项目也在以色
列学校开展起来"③。

1973 年以后,以色列高等学校大屠杀教育课程越来越常态化,并设置
了"大屠杀研究奖学金"。1977 年贝京政府的上台后,推动了大屠杀教育
的深入化,大屠杀教育的课程由选修变为必修。除此之外,以色列教育部
也开始提升"大屠杀"内容在非正规教育中的地位,组织编写《大屠杀中
的犹太活力》(Jewish Vitality in the Shoah)一书作为"大屠杀"非正规教
育的活动手册。④

80 年代以后,保存纳粹大屠杀记忆已经成为以色列社会的共识,大屠
杀教育进一步深入化、系统化,主要体现在以下几个方面。其一,大屠杀
教育课程设置的丰富性。整个 80 年代,以色列共公布了 20 种大屠杀教育
课程,到 90 年代,大屠杀教育课程更增加至 50 种之多。⑤ 以色列教育部
不仅要求小学、初中教育要开设大屠杀教育课程,甚至下达要将该话题引
入学前教育的指令。其二,大屠杀教育方式的多样性。伴随着大屠杀教育

---

① Yechiam Weitz, "The Herut Movement and the Kasztner Trial," *Holocaust Genocide Studies*, Vol. 8, No. 3, 1994, pp. 349 – 371.

② Boaz Cohen, *Israeli Holocaust Research*, p. 191.

③ Erik H. Cohen, *Identity and Pedagogy*, p. 49.

④ Erik H. Cohen, *Identity and Pedagogy*, p. 50.

⑤ Yuval Dror, "Holocaust Curricula in Israeli Secondary Schools 1960s – 1990s: Historical Evaluation from the Moral Education Perspective," *Journal of Holocaust Education*, Vol. 10, No. 2, 2001, pp. 29 – 39.

愈发深入化、系统化，其教育方式也不断推陈出新，教学工具、教学活动与技能更加先进，不仅注重利用传统教学方式讲授大屠杀教育课程，而且开始实施"幸存者进课堂"活动，让学生面对面地聆听幸存者经历，使其能够更加直观地认知纳粹大屠杀，并对幸存者的悲惨遭遇以及战后调适生活的经历产生强烈的心理共鸣。此外，组织学生参观大屠杀纪念馆、大屠杀遗址以及战前欧洲犹太社团旧址等实地考察活动，也成为一种普遍且高效的教育方式。其三，大屠杀讨论的广泛性。自80年代后，一系列颇具影响力的大屠杀戏剧、电影、小说及学术著作相继推出，聚焦于探讨大屠杀及其对以色列国民认同的影响。公共媒体与学术层面的大屠杀讨论也进入蓬勃开展阶段，越来越多的学者开始呼吁组织专家进行团队合作，通过互通档案文献与研究方法来全面系统编著大屠杀教育著作。①

　　进入新世纪后，以色列的大屠杀教育更具多样化，以色列政府及其教育部门倾注大量资金与心血来推广大屠杀教育，大屠杀教育俨然已经成为以色列的"全民宗教"。这首先与以色列高层的大力支持密不可分。正如以色列教育文体委员会主席泽布伦·奥列夫（Zvulun Orlev）于2009年表示的那样，"教育委员会认为大屠杀教育对所有受教育学生而言都具有至关重要性，无论其是犹太人还是阿拉伯人；这种重要性是全方位的，既包括以色列国作为犹太民主国家之存在的国家层面，又包括人文与博爱层面"。②

四　大屠杀记忆的国际化

　　犹太社会对于推进大屠杀国际认知的另一项重要举措就是，开展大屠杀全民记忆并在国际范围内加以拓展。大屠杀记忆在走向国际化的过程中，经历了一个过程，首先是犹太社会内部开展对于大屠杀的全民记忆，设立了大屠杀纪念日、大屠杀纪念馆等；随后经过一些学者（例如埃利·威塞尔）的推动，到20世纪90年代，欧美世界纷纷成立各种大屠杀纪念

---

① Boaz Cohen, *Israeli Holocaust Researc*, p. 82.
② Erik H. Cohen, *Identity and Pedagogy*, pp. 55 – 56.

馆及研究机构；进入21世纪，联合国参与到大屠杀的记忆中，设立国际性的大屠杀纪念日，号召与"否认大屠杀"的行为做斗争以及制定大屠杀与联合国的宣传方案等。在犹太社会的积极推动下，如今大屠杀已成为全人类的记忆遗产。

1944年5月雅各·博姆（Jacob Bohm）倡导"将华沙隔都纪念日设立为犹太民族的神圣节日和死难同胞的周年纪念日"①，并建议为该纪念日制定特殊的哀悼仪式。到1945年9月前，有关纪念欧洲犹太人的提议已有30份之多。②

1949年，以色列首席拉比决定在锡安山上埋葬遭受亵渎的《托拉》经卷以及从欧洲运回的遇难者骨灰，随后，宗教事务部部长卡哈纳拉比（Rabbi Samuel Zanvil Kahana）也在此地举办大屠杀展览、组织纪念活动并成立了"大屠杀纪念堂"（The Holocaust Cellar），并规定希伯来历每年提别月10日（10 Tevet）为大屠杀纪念日。③传统且极具宗教性的纪念仪式在此展开，包括学习《密释纳》《托拉》，以及点亮纪念蜡烛等。1951年经过多番争论，以色列官方也为保存民族记忆迈出了关键的一步——设立大屠杀纪念日。4月12日，以色列国会宣布将每年的尼散月27日定为"纳粹大屠杀与隔都起义纪念日"（*Shoah and Ghetto Uprising Day/Yom Hashoah u – Mered HaGeta' ot*）——为以色列家园而设立的永恒纪念日（an eternal day of remembrance for the House of Israel）。④

20世纪60年代到90年代，是大屠杀话语走向国际化的重要阶段。劳尔·希尔伯格（Raul Hilberg）、汉娜·阿伦特（Hanna Arendt）以及布鲁诺·贝塔汉姆（Bruno Bettelheim）探讨大屠杀的著作甚至在学术界产生了"多米诺骨牌效应"，促使学术界对大屠杀的研究开始愈发细致化；摩西·夏米尔（Moshe Shamir）、本－锡安·托木尔（Ben-Zion Tomer）等人的戏剧增进了人们对大屠杀问题的认知；诺贝尔和平奖获得者、著名大屠杀幸

① Boaz Cohen, *Israeli Holocaust Research：Birth and Evolution*, p. 4.
② Boaz Cohen, *Israeli Holocaust Research：Birth and Evolution*, p. 4.
③ 以色列官方决定设立尼散月"大屠杀纪念日"后，提别月纪念日也作为宗教纪念日一直保存下来，而前者则成为世俗社会的大屠杀纪念日。
④ 有关以色列纳粹大屠杀纪念日的设立情况，参见艾仁贵《纳粹大屠杀纪念日的确立及其英雄主义内涵》，《学海》2014年第3期。

存者埃利·威塞尔（Elie Wiesel）的《夜》（Night），大屠杀纪录片《浩劫》（Shoah）以及斯皮尔伯格执导的《辛德勒的名单》（Schindler's List）等一系列文学、影视作品极大地推动了公众对大屠杀问题的认知。① 与此同时，许多国际性机构如美国的大屠杀纪念馆（United States Holocaust Memorial Museum），欧盟的大屠杀教育、纪念与研究国际合作行动委员会（The Task Force for International Cooperation on Holocaust Education, Remembrance and Research，简称大屠杀国际行动委员会）以及西蒙·维森塔尔中心等在全球范围内推进大屠杀研究与相关教育项目。2000 年 1 月 26～28日瑞典斯德哥尔摩召开了有关大屠杀的国际会议，来自世界45 个国家的领导人或高级官员和一些国际组织的近千名代表出席了这次会议。会议期间于 1 月 27 日通过了《斯德哥尔摩国际大屠杀论坛宣言》（Declaration of the Stockholm International Forum on the Holocaust），指出："纳粹德国对犹太人的屠杀从本质上说是对文明基础的否定。纳粹大屠杀史无前例的特征使之永远具有全球意义……在人类社会仍然面临有计划的屠杀、种族灭绝、种族主义、反犹主义以及排外行径的情况下，国际社会必须承担与这些邪恶行径做斗争的神圣职责……我们对受害者遭受的苦难表示同情，从他们的斗争中得到启示。我们的承诺必须是：不忘所有死去的受害者、尊重所有尚存的幸存者、重申人类对互相理解和公正的共同追求。"②

联合国在抵制各种否认大屠杀的言行、推广大屠杀教育与纪念活动等方面发挥了重要作用。为了培育了以追求和平与正义为宗旨的全球伦理，联合国教科文组织把多种大屠杀文献被列入《世界记忆遗产名录》，它包括四个方面的内容：（1）《大屠杀证词集》（The Pages of Testimony Collection），由以色列亚德·瓦谢姆大屠杀纪念馆 2012 年提交，2013 年被列入

---

① Raul Hilberg, *The Destruction of European Jews*, Yale University Press, 1961; Hanna Arendt, *Eichmann in Jerusalem: A Report on the Banality of Evil*, Penguin Classics, 1963; Bruno Bettelheim, *The Informed Heart: Autonomy in a Mass Age*, Free Press, 1960; Ben - Zion Tomer, *Children of the Shadow*, 1963; Moshe Shamir, *The Heir*, 1963; Aharon Megged, *The Burning Season*, The University of Michigan Press, 1967; Elie Wiesel, *Night*, Hill and Wang, 1960; Claude Lanzmann, *Shoah* (film), 1985; Steven Spielberg, *Schindler's List*, Scripted by Steven Zaillian, 1993.

② 《斯德哥尔摩国际大屠杀论坛宣言》原文内容请参看 https://www. holocaustremembrance. com/about - us/stockholm - declaration。

《世界记忆遗产名录》；（2）国际寻人服务局档案，由国际寻人服务局国际委员会（ITS）2012 年提交，2013 年被列入《世界记忆遗产名录》；（3）《安妮·弗兰克日记》，2008 年由荷兰政府提交，2009 年被列入《世界记忆遗产名录》；（4）华沙犹太隔都档案局（伊曼纽尔·林格尔布卢姆档案馆），由波兰政府 1999 年提交，同年被列入《世界记忆遗产名录》。不仅如此，2005 年 11 月 1 日，联合国大会通过关于纪念大屠杀的第 60/7 号决议，把 1 月 27 日苏联军队解放奥斯威辛 - 比克瑙集中营的日子作为一年一度缅怀大屠杀死难者的国际纪念日，决议指出："重申大屠杀造成三分之一犹太人和难以计数的其他少数民族成员被杀害，将永远警示所有人防范仇恨、歧视、种族主义和偏见的危险。"① 为了贯彻以上决议，联合国还具体制定了"大屠杀与联合国宣传方案"，方案的核心内容包括：每年 1 月举行隆重的大屠杀纪念活动；举办反映大屠杀各方面内容的图片与实物展览；邀请大屠杀研究专家为会员国和有关国际组织提供年度简报；与世界主要的大屠杀教育、纪念与研究机构建立合作关系并与其联合开展工作；与联合国各新闻中心、新闻处和新闻办协作开展活动，通过媒体对大屠杀纪念活动进行宣传；开设或制作有关大屠杀的网站、电影和讨论文件系列；等等。此后每年的 1 月 27 日，联合国都会以一个特定的主题展开纪念，秘书长要就大屠杀问题发表致辞，国际社会也在同时举行一系列的纪念活动，提醒人们："大屠杀这一绝无仅有的悲剧不容改写，只要人类记忆继续存在，就必须牢记这一令人耻辱和可怕的悲剧。"用潘基文秘书长的话来说："所有家庭都应永远不再遭受大屠杀期间发生的这类邪恶行为。只有共同努力，我们才能防止种族灭绝行为并结束有罪不罚现象。通过教育后代，让他们铭记这一段可怕的历史，我们可以帮助维护全世界人民的人类尊严。"②

原文发表于《历史教学》2015 年第 4 期。

① 《联合国大会关于纪念大屠杀的第 6017 号决议（2005 年）》，载《大屠杀与联合国宣传方案：讨论文件杂志（第一卷）》，联合国新闻部外联司，2010，第 92 页。

② 潘基文：《缅怀大屠杀遇难者国际纪念日致辞》，2011 年 1 月 27 日，http://www.un.org/zh/sg/statements/2011/holocaus.shtml。

附记：

　　2006 年，Jerry 来河南大学讲课，我们世界史班的全体同学有幸受邀聆听，那是我与 Jerry 初次见面。难以忘怀，讲课时这位神采奕奕的老者精神矍铄，声音掷地有声、铿锵有力；难以忘记，这位外国老师日后无论从学习上、生活上还是人格魅力上都深深地感染并感动着许多中国学子；更难以置信，正是在这一节课上 Jerry 对纳粹大屠杀问题的讲解，成为日后我将该问题作为自己研究方向的一份动力。当 Jerry 得知我要研究纳粹大屠杀问题时，他非常开心，多次带着我在研究所资料室中寻找相关文献，并耐心地为我答疑解惑，鼓励我认真从事相关研究，努力让我树立信心。如今，Jerry 已离我们远去，但他那幽默风趣、乐观向上、热情奔放、无私奉献的精神却永远激励着我们去迎接学习、生活中所遇到的各种挑战。最后，谨以此文献给伟大的 Jerry 先生，以寄哀思。

论约纳斯在《奥斯威辛之后的上帝观念》中的上帝观

张礼刚

（河南大学以色列研究中心）

摘　要：奥斯威辛之后，传统的上帝观念受到了严峻的挑战，汉斯·约纳斯在《奥斯威辛之后的上帝观念》的报告中系统地阐释了奥斯威辛之后他的上帝观念。面对信仰和苦难的悖论，约纳斯积极回应，从恶的责任者的角度出发，阐明了他的"受难的上帝"、"生成的上帝"、"担忧的上帝"和"不是一个全能的上帝"之原因和价值，部分维护了上帝的属性，呼吁人类对社会的责任。

关键词：汉斯·约纳斯　奥斯威辛之后　上帝观

20 世纪，"文明"的欧洲发生了屠杀世界三分之一犹太人的暴行——纳粹屠犹。在这场灾难中，不仅有 600 万无辜的犹太人遭受到肉体的灭绝，而且对人类特别是余下的 1200 万犹太人造成了巨大的精神磨难。1984 年，汉斯·约纳斯作了《奥斯威辛之后的上帝观念》的报告。虽然副标题是"一个犹太人的声音"，但笔者认为"汉斯·约纳斯声音"震撼着信仰上帝者的心灵，代表着奥斯威辛之后人类反思上帝的一种声音。这个报告系统地论述了奥斯威辛之后他对上帝的理解。重新阐释上帝，成为约纳斯思想不可缺少的一部分。然而国内学术界比较注重他的《责任伦理》一书，对《奥斯威辛之后的上帝观念》这个报告，在约纳斯所有著述中的重要地位和价值没有给予足够的注意。[①] 本文拟从伦理的角度对该报

---

① 孙传钊、林东林：《对上帝的重新阐释》，《二十一世纪》2005 年第 90 期。

告的核心问题——上帝观念作一下粗浅的分析，权作引玉之砖。

一

汉斯·约纳斯的上帝观是对信仰与苦难悖论的一种回应与反思。无论是基督徒还是犹太人，上帝是他们的福祉。然而大屠杀之后，面对苦难，这些上帝的信仰者们不得不重新思考他们的上帝。对犹太人而言，他们是大屠杀的直接受害者，奥斯威辛的后果在他们中间有着明显的显现。其中之一就是：犹太人的信仰出现了分化，不同的犹太群体对上帝产生了不同的理解。有些人尤其是正统派犹太教徒怀着一种极为强烈的信念：犹太民族眼前所遭受的巨大苦难只是救世主弥赛亚降临之前的阵痛，犹太人不能在苦难面前屈服，而要为"圣化上帝之名"（Kiddush Hashem）献身。许多遇难者正是怀着对上帝的虔敬、颂着"什玛"（shema）走进毒气室。这些人为什么面对死亡，毫不畏惧，难道他们没有思考历史的主宰——上帝为什么允许这么不道德的事情发生？不是他们没有思考，而是他们通过思考更加坚信他们的上帝。拉比沙米尔·大卫·乌加尔（Shmuel David Ungar）的话在某种程度上可以折射出这部分犹太人的心情："毫无疑问，我们必须要坚持上帝的独一，我们必须怀着对上帝的爱来接受上帝对我们的惩罚。"[①] 另外一个拉比艾法莲·欧什瑞（Ephraim Oshry）从精神自由的角度来解释犹太人遭受的苦难，他在水泥袋上写下了下面这段文稿：

> 德国宣布要把（科夫诺集中营的）犹太人全部消灭，我们完全失去对命运的把握，大多数人将要被杀死，……我们赞美上帝不是上帝给了我们的肉体自由，而是在于赋予了我们精神上的自由。因此在任何环境下，我们都不能停止对上帝的赞美。相反，尽管我们的肉体受到了禁锢，我们却比任何时候都要更虔诚地赞美上帝，并以此向我们的敌人显示：作为人我们的精神是自由的，是任何暴力

---

① 诺曼·所罗门：《当代学术入门：犹太教》，赵晓燕译，辽宁教育出版社，1998，第31页、第129页。

都不能禁锢的。①

这两个人虽然从不同的角度解释他们遭受的苦难，但他们殊途同归，即坚信信仰，赞美上帝。不过，也有一部分犹太人面对苦难而对上帝失望，并对多年来恪守的信仰产生了怀疑。美国加利福尼亚州立大学心理学教授阿龙·赫斯在其研究报告《在大屠杀阴影之下——第二代》中写道：

> 上帝的观念对我来说不是一种安慰，而是一种讽刺，我曾努力回到崇拜上帝的人群当中，可我从祈祷书中读道：上帝是仁爱和宽恕的，上帝是正义的，上帝是善良的并有怜悯心的，上帝从万民中挑选了我们，他施爱于我们并得到我们的忠爱，上帝保佑那些爱他的人。这些话刺痛了我的喉咙，激发了我的愤怒，我无法再读下去！②

这段话表明阿龙·赫斯在面对大屠杀残酷的事实时，无法保持着对上帝的信仰。不仅如此，阿龙·赫斯还采访了48位幸存者的子女，其中一位说道：

> 现在信仰上帝对我来说没有多大的意义。如果上帝确实存在，如果犹太人确实是上帝的选民，上帝如何会这样对待我们？我们不相信一个真正的犹太人、一个好人就会得到上帝的保护。大屠杀使我怀疑这一切。

还有一个幸存者的子女直接表达了对神性的怀疑：

> 从孩童时代我总是问这样一个问题：如果真正有上帝，他是善良的、可爱的，他怎么让那些无辜的人，甚至儿童遭受到如此多的苦难？我从未找到答案。③

---

① 诺曼·所罗门：《当代学术入门：犹太教》，赵晓燕译，第31页、第129页。
② Aaron Hass, *In the Shadow of the Holocaust: The second Generation*, Cambridge University Press, 1996, p. 46.
③ Aaron Hass, *In the Shadow of the Holocaust: The second Generation*, p. 149.

我们可以看出，在奥斯威辛之后有相当一批人对上帝失去了信心，甚至背离了犹太信仰。我们知道：尽管犹太人在历史上遭受到众多的苦难，甚至屠杀，但很少有犹太人对他们的信仰动摇，他们遭受的苦难反过来又进一步强化了上帝观念。如在中世纪，一部分西班牙犹太人被迫皈依基督教，但他们仍然信守犹太律法，成为秘密的犹太人，而被当时主流社会戏称为"马兰内"，随时有生命危险。如前所述，在大屠杀之后，信仰者面对纳粹暴行和犹太人遭受的苦难，他们的上帝观受到了前所未有的挑战。

对于基督徒而言，有的是大屠杀的旁观者，有的是参与者，有的是熟视无睹者，好像这场人类灾难与他们的上帝毫无关系。其实，在奥斯威辛之后他们也对自己的上帝进行了大量的反思，基督教神学家默茨发出了"奥斯威辛和我们都脱不了关系"[①] 的声音。基督徒的上帝是正义的化身、仁慈的父，爱邻人和正义是每个信徒的伦理准则。在大量的无辜者走进集中营而面对苦难和死亡时，人们不禁要问在奥斯威辛灾难发生时，基督又在何处呢？耶稣基督还是那位全能者吗？可以说大屠杀使基督教的神义论陷入了困境，基督教的上帝也经受着种种诘难。

约纳斯是海德格尔四个具有犹太血统的学生之一，作为一个伟大的哲学家、伦理学家，不可能处在奥斯威辛之后的真空之中，他认识到上帝处在信仰与灾难悖论的尴尬境地。但他既没有全面否定上帝的存在，也没有从罪的角度来解释上帝，却"怀着恐惧与颤抖的心情选择了它……相信那些亡魂是无辜的，他无法拒绝他们，觉得应该为他们做些什么"，"如同回答他们那些业已衰落下去、向无言的上帝呐喊一般"。[②] 约纳斯认为：在大屠杀之后，面对苦难和暴行"犹太人的神学处于一个比基督徒更加困难的境地。因为对于期待着彼岸世界的真实拯救的基督徒而言，这个世界本来在很大程度上就是魔鬼的世界，而且向来都是怀疑的对象，尤其是因原罪而来的人间世界。但是，对于在此岸世界目睹神的创造、正义和拯救的犹太人而言，上帝就是历史的卓越的主宰，在这种情况下，奥斯威辛本身对信徒而言，它使整个传统的上帝观念成了问题"。奥斯威辛这场灾难"在

---

① 莫尔特曼：《俗世中的上帝》，曾念粤译，人民大学出版社，2003，第184页。
② 汉斯·约纳斯：《奥斯威辛之后的上帝观念》，张荣译，华夏出版社，2002，第1页、第7～8页。

犹太人的历史经验中增添了一个从未有过的东西，一个古老神学无法把握的东西"。作为一个具有犹太血统的哲学家，约纳斯没有回避矛盾和困惑，而是怀着"谁要是不愿意简单地从上帝观念中摆脱出来，谁就必须重新仔细考虑这一观念，并且为这个古老的棘手问题找到一个新的答案，以便保留这一观念"的心情去反思上帝。①

二

恶的责任者是约纳斯反思上帝的基点。在纳粹屠犹期间，整个欧洲犹太人毁灭殆尽，无辜者被屠杀。从世俗的角度来看，这说明法西斯疯狂残暴、毫无人性，屠杀者的行为完全违反人道，是反人类的暴行，"奥斯威辛也是近代文明失败的公开证明，是一切致力于完美世界构想彻底失败的标志，奥斯威辛对历史的成就和理想的未来都投下了永不消退的阴影"②。作恶者要对他们的行为负责。二战结束后，战犯公审、艾希曼全球大追捕和审判让人们看到了作恶者的下场，正义得以伸张。这些事情是人类自己的事情，与上帝无关。然而用信仰上帝者的眼光来看，事情远非这么简单，他们经常把灾难和上帝连接起来。德国的基督教神学家莫尔特曼在《俗世中的上帝》中写道：

> 无助的孩童毫无出路和毫无意义的受苦令人向上帝呼喊，也令人对上帝产生怀疑。有人问，如果上帝存在的话，为何会有这种苦难。当他的孩子被丢进坑洞时，以色列人的上帝在哪里？当基督教的人干了这种残忍的事，并且执行敌基督命令时，基督徒的上帝在哪里？在奥斯威辛之后人们还能相信天上有一位既全能又全善的上帝？③

还有人以理论性的方式求问上帝：如果上帝是公义的，他如何让此事发生？从这些话语中我们可以看出：奥斯威辛之后，人们急切地追问上

---

① 汉斯·约纳斯：《奥斯威辛之后的上帝观念》，张荣译，第1页，第7~8页。
② 刘小枫：《这一代人的怕和爱》，三联书店，1996，第108页。
③ 莫尔特曼：《俗世中的上帝》，曾念粤译，第180页。

帝，希望上帝对人类的灾难做出解释，否则将要对此负责。对于犹太教来说，因为犹太人是上帝的选民，曾多次和上帝立约，上帝和犹太人有着一种特殊的关系，上帝曾多次显现神迹，把犹太人带出苦难，理论上讲大屠杀暴行发生时，犹太人的上帝理所应当去解救他们，或者阻止灾难的发生。对于基督教，上帝不应该允许敌基督事情的发生。然而解救神迹并没有出现，屠杀照旧进行。理性告诉我们，上帝不可能开口说话，解释者不是上帝而只能是人。对种族灭绝的大屠杀，神学家做出了种种解释，其中最流行的一种观点就是为上帝辩护，主要有两个理由：一个是上帝不在场，假如上帝那时候在场的话，全能的上帝绝不会允许这样的悲剧发生；一个是上帝对犹太人进行考验，犹太人牺牲是战胜希特勒的必要条件。[①]正是基于这样的原因，上帝才没有阻止灾难的发生，其言外之意是上帝不是这场灾难的责任者。不管怎么解释，奥斯威辛的人间悲剧给信仰上帝者的生活与信仰带来了巨大的冲击，上帝在一部分信仰者面前已经支离破碎了。

和其他为上帝辩护者一样，约纳斯没有把奥斯威辛这种道德上的罪归于上帝，而是以与上述两种不同的原因来替上帝解释人间的罪恶——奥斯威辛的责任者。我们知道，无论基督教还是犹太教都面临着上帝与恶并存的挑战，自由意志是这两个不同宗教解决同一问题的良药。基督教神学家和哲学家对恶的存在进行了大量的阐释，探讨了恶的逻辑问题、实证问题、自由意志之辩和神义论等问题，在很大程度上解决了上帝之善与恶并存的困惑。[②] 注重行为的犹太教虽然没有像基督教那样对这个问题进行大量的理论探讨，但是《塔木德》对该问题也进行了精辟的论述："人的意志不受束缚这一信念是拉比道德的基础，人的生活品质是由他自己的欲望所塑就的。如果他愿意，他可以滥用生活所赋予他的机遇；但是在何种情况下都不能认为人必定会滥用这些机遇。邪恶冲动误事不在于诱惑人；但是，如果人堕落了，责任在他自己，也只能在他自己。"[③]

---

① 孙传钊、林东林：《对上帝的重新阐释》，《二十一世纪》2005 年第 90 期。

② 麦克彼得森、威廉哈斯克：《理性与宗教信念》，孙毅、游斌译，中国人民大学出版社，2005，第 170～196 页。

③ 亚伯拉罕·柯恩：《大众塔木德》，盖逊译，山东大学出版社，1998，第 109 页。

约纳斯出生在犹太人家庭，后来同化于基督教文化和日耳曼文化，他的生活和信仰不仅与犹太人上帝有着割不断的联系，而且也深受基督教上帝的影响。自由意志之辩的思想也流露于约纳斯报告的言语之中，成为他为奥斯威辛的上帝辩护的理论之一。他认为："为了世界存在，并且自为地存在，上帝把自己的存在让渡出去。"① 在大屠杀发生时上帝在场，却没有干涉，"不是因为他不愿意，而是因为他不能"②。"他通过创造本身放弃了一切在一切中存在"，"自我限制为一个世界的存在和自治开辟了空间"③，"他允许别的活动家做些什么，进而使他的担忧取决于这些活动家们。所以他也是一个受到危害的上帝，一个伴随着特有风险的上帝"④。那么，什么样的"活动家"能够危害上帝？他又是怎么危害上帝呢？约纳斯并没有直接给出答案。从逻辑上讲危害上帝，也就是背离了上帝属性：好善、仁慈、公义。纳粹屠犹事件使无辜者受难，是人间的罪恶，以希特勒为首的纳粹是罪魁祸首，显然应包括在约纳斯的"活动家"之列，约纳斯通过自由意志从恶的责任者角度维护了神的部分属性。

三

奥斯威辛之后，"对于与奥斯威辛有关的事件，一切都不再有效"⑤。一切都被打破，上帝也不例外。约纳斯经过对信仰、苦难和责任问题的思考，在其报告中描绘出他心目中的上帝图像。

"受难的上帝"⑥。这个受难的上帝与基督的意义有所区别，"我（约纳斯）的神话谈论的不是——如前者（基督教）所做的那样——那种独一无二的行动，神性借助于这一行动在某个时刻，为拯救人类这一特殊的目的，将他自身的一部分神圣性投入到某种受难状态（道成肉身和十字架之

---

① 汉斯·约纳斯：《奥斯维辛之后的上帝观念》，张荣译，第32页。
② 汉斯·约纳斯：《奥斯维辛之后的上帝观念》，张荣译，第24页。
③ 汉斯·约纳斯：《奥斯维辛之后的上帝观念》，张荣译，第35页。
④ 汉斯·约纳斯：《奥斯维辛之后的上帝观念》，张荣译，第23页。
⑤ 汉斯·约纳斯：《奥斯维辛之后的上帝观念》，张荣译，第32页。
⑥ 汉斯·约纳斯：《奥斯维辛之后的上帝观念》，张荣译，第17页。

死）"①。他认为"上帝与世界的关系从创造的那一刻起，并且一定从创造那刻起，就包含了上帝方面的受难"②。上帝受难这一观念从原初就与上帝是崇高的这一《圣经》观念想连接，上帝始终内住于犹太人中间，分担犹太人的苦难。约纳斯希望用受难上帝消解奥斯威辛之后人与上帝的张力。

"生成的上帝"③。上帝在时间上是有开端的上帝，而不是一个具有完整存在的上帝，因为上帝的状态会随着情况的变化而改变，上帝的一些属性不再永恒，因为永恒本身就将自己时间化了。如果永恒不是时间性的概念，那么从来就不会有同一事物的重复出现。"生成的上帝这一观念的附带后果便是破坏了同一个事物的再现这一观念"④，既然上帝不是以前的上帝，那么上帝也不会允许奥斯威辛之类的人间悲剧重演。

"担忧的上帝"⑤。上帝并不把自己置身于人类事务之外，他从来没有旁观，他一直关注着人类的忧愁。但是担忧的上帝并不是直接实现他所担忧的目标的魔术师，他准许并且乐意看到人类自己做点什么，进而使他的担忧取决于这些人类的"活动家"。这样，上帝也就成了一个容易受到伤害的上帝，有些人类的"活动家"（如希特勒）可能背离上帝的期望，进而使上帝和人类都受到伤害。

"不是一个全能的上帝"⑥。约纳斯认为全能的上帝这个概念在逻辑上和宗教上都是遭受到诘难的，"全能是一个自相矛盾、自我否定、毫无意义的概念"⑦，"我们不能维护具有绝对、无限的神圣权力的传统（中世纪）的教义"⑧。接着，约纳斯在其报告中对为什么不是全能进行了精彩的论述。如果相信绝对的善、绝对的权力、可理解的上帝这三个属性同时存在的话，那么我们如何来理解恶与善的并存这一问题。经过论证，约纳斯主张上帝是善的，上帝是可理解的，而应该放弃上帝是全能的这一传统信

---

① 汉斯·约纳斯：《奥斯维辛之后的上帝观念》，张荣译，第 17 页。
② 汉斯·约纳斯：《奥斯维辛之后的上帝观念》，张荣译，第 17 页。
③ 汉斯·约纳斯：《奥斯维辛之后的上帝观念》，张荣译，第 21 页。
④ 汉斯·约纳斯：《奥斯维辛之后的上帝观念》，张荣译，第 21 页。
⑤ 汉斯·约纳斯：《奥斯维辛之后的上帝观念》，张荣译，第 22 页。
⑥ 汉斯·约纳斯：《奥斯维辛之后的上帝观念》，张荣译，第 24 页。
⑦ 汉斯·约纳斯：《奥斯维辛之后的上帝观念》，张荣译，第 25 页。
⑧ 汉斯·约纳斯：《奥斯维辛之后的上帝观念》，张荣译，第 24 页。

仰，从而协调了善与恶同时存在的问题。

约纳斯在描绘完他的上帝图像后，"倡议这样一个上帝观念，这个上帝为了一个时代——正在前进的世界进程的时代——自愿放弃每一个干预世间事物之自然进程的权力"。他对世间事物不再用强力，"而是用殷切、悄声地宣传他那未实现的目标来回应"。① 约纳斯知道，在奥斯威辛发生时，上帝保持沉默，并没有发生解救的奇迹，所发生的奇迹来自人类自己，来自那些拯救以色列人的义人的行动。奥斯威辛之后，由于上帝的"不能"，我们将靠人类自己，靠我们自己的英勇、智慧和权力意志去建构自己的安全、善的世界，人类对世界应该有更多的责任，灾难不再重演。约纳斯在维护上帝的部分属性外，同时也呼唤着"人义世界"的到来，"在一个受到败坏的时代，一种责任伦理学是必不可少的"。②

原文发表于《宗教学研究》2007 年第 3 期。

---

① 汉斯·约纳斯：《奥斯维辛之后的上帝观念》，张荣译，第 32 页。
② 汉斯·约纳斯：《奥斯维辛之后的上帝观念》，张荣译，序言。

纳粹大屠杀纪念日的确立及其英雄主义内涵

艾仁贵

（河南大学以色列研究中心）

摘　要： 纳粹大屠杀作为犹太历史上空前规模的民族浩劫，以色列建国后对其进行政治化的控制、管理与运用，在时间上的突出表现就是确立纳粹大屠杀纪念日作为国家纪念节日。它的确立是一个漫长的过程，在日期与名称问题上各个阵营有不同提议乃至分歧，中间又几经更迭，直到 1959 年才以国家法律的形式最终将尼散月 27 日确定为纳粹大屠杀与英雄主义纪念日。本文以纳粹大屠杀纪念日的形成为例，剖析以色列建国初期国家建构与社会化进程中，通过对大屠杀创伤记忆赋予英雄主义的价值内涵，以将新到的流散犹太人整合进现代国家的政治认同之中。

关键词： 纳粹大屠杀纪念日　以色列国　国家建构　创伤记忆　英雄主义

为了纪念在纳粹大屠杀中丧生的 600 万犹太同胞，以色列建国后通过对其创伤记忆的控制、管理、运用，特别是建立亚德·瓦谢姆纪念馆为国家纪念记忆场所、确立纳粹大屠杀纪念日为国家法定节日，并凭借国家权力渗透到以色列社会的各个层面，作为以色列人集体认同的核心要素——"奠基神话"，甚至成为一种为人们所崇奉与膜拜的"公民宗教"（civil religion）[①]。在此权力运作过程中，纳粹大屠杀纪念日（יום השואה /

---

① Charles S. Liebman & Eliezer Don‑Yehiya, *Civil Religion in Israel: Traditional Judaism and Political Culture in the Jewish State*, University of California Press, 1983, p. 100.

Yom Ha Shoah）的确立即为一个典型案例。① 通过对围绕该节日的日期与名称问题展开激烈的争夺较量之分析，可以揭示以色列建国初期政治生活中传统与现代、宗教与世俗之间交错复杂的关键面相。

一　有关设立纳粹大屠杀纪念日的最初提议

给纳粹大屠杀死难者设立纪念日的想法在第二次世界大战期间即已被提出，以此作为对纳粹大规模灭绝欧洲犹太人的直接回应。这种活动最初始于对华沙隔都起义的纪念。发生于 1943 年 4 月 19 日至 5 月 16 日的华沙隔都起义，为二战期间最大规模的犹太人武装反抗纳粹暴政事件。起义虽然被残酷镇压，但其所体现的英勇战斗精神之后被无限放大，作为犹太人争取自由、捍卫尊严的英雄主义典型事迹而为锡安主义者不断强调。实际上，华沙隔都起义从一开始就在纳粹大屠杀纪念安排中占据着核心的地位；在有关设立纳粹大屠杀纪念日问题上的许多争论，便是围绕着要不要以华沙隔都起义日（4 月 19 日）作为整个纳粹大屠杀事件的纪念日而展开。这种倾向使华沙隔都起义在整个纳粹大屠杀的创伤记忆中被赋予了极端重要的地位，也是英雄主义价值内涵介入纳粹大屠杀纪念活动之始。

早在 1944 年，发行于巴勒斯坦的《达瓦尔报》（*Davar*）呼吁将 4 月 19 日作为欧洲犹太人毁灭的官方纪念日，但伊休夫（Yishuv，即巴勒斯坦犹太社团）领导机构犹太民族委员会（National Council）没有就此做出任何决定。② 然而，率先对华沙隔都起义开展集体纪念的行为来自 1945 年 4 月的华沙，当时华沙刚刚获得解放。这种活动随即扩展到巴勒斯坦，随后有关的许多纪念典礼与大型集会都放在 4 月 19 日。成立于 1946 年的亚德·瓦谢姆特别委员会（Yad Vashem Special Committee）在开展纳粹大屠杀纪念活动方面发挥着重要作用。1946~1948 年，许多核心政治机构特

---

① 有关纳粹大屠杀纪念日的研究在近年成为国际学术界的前沿热点，重要的有：James E. Young, *The Texture of Memory: Holocaust Memorials and Meaning*, Yale University Press, 1993; Orna Kenan, *Between Memory and History: The Evolution of Israeli Historiography of the Holocaust, 1945 - 1961*, Peter Lang, 2003; Roni Stauber, *The Holocaust in Israeli Public Debate in the 1950s: Ideology and Memory*, trans. Elizabeth Yuval; Vallentine Mitchell, 2007, etc。

② Boaz Cohen, *Israeli Holocaust Research: Birth and Evolution*, Routledge, 2013, pp. 3 - 4.

别是民族委员会，通过亚德·瓦谢姆特别委员会参与到 4 月 19 日的大型集
会与纪念典礼中。① 在当时的纪念论述中，对不久前的民族浩劫进行了选
择性处理，很少提及集中营里的迫害、屠杀与幸存行为，而集中于军事斗
争特别是华沙隔都的武装反抗，这几乎成为时人对大屠杀的主要认知。②

随着纳粹大屠杀纪念规模的不断扩大，有必要专门为之设立一个纪念
日。在当时的巴勒斯坦，4 月 19 日象征着大屠杀期间的英雄主义行为已是
普遍的共识。因而从一开始，以夏拉该（S. Z. Shragai）、伊扎克·祖克尔
曼（Yitzhak Zuckerman）和摩迪凯·舍纳哈比（Mordechai Shenhabi）为代
表的亚德·瓦谢姆特别委员会主要成员提议将 4 月 19 日作为英雄主义纪念
日，在这一天"来自世界各地的人们将到纪念大厅朝圣"，设立这个英雄
主义纪念日用来纪念大屠杀期间所有犹太人的英勇行为，其中华沙隔都起
义占据最耀眼的位置。然而，他们想在体现英勇抵抗和屠杀毁灭的纪念日
之间进行区分，因而提议将针对所有死难者的纪念典礼放在阿布月 9 日举
行，"届时前去我们丧生者的公墓朝圣"。③ 阿布月 9 日在传统中代表着犹
太历史上的重大灾难，例如第一、第二圣殿的毁灭，贝塔尔要塞的陷落以及
犹太人从西班牙的大驱逐，等等。这个日期在当时有着不小的影响，1946 年
的阿布月 9 日，亚德·瓦谢姆特别委员会的一些成员举行了纪念活动。④

除 4 月 19 日与阿布月 9 日外，当时也有将其他日期与纳粹大屠杀纪念
日联系起来的。1947 年 7 月，在由亚德·瓦谢姆委员会主办的第一届纳粹
大屠杀与英雄主义国际研讨会上，巴勒斯坦犹太民间文学协会的负责人约
姆 - 托夫·莱文斯基（Yom - Tov Levinsky）建议将纳粹大屠杀纪念日放在
希完月 20 日，⑤ 认为这一天意味着"为 600 万死难者进行全面哀悼的一

① Roni Stauber, *The Holocaust in Israeli Public Debate in the 1950s: Ideology and Memory*, Vallentine Mitchell , 2007, p. 31.
② Orna Kenan, *Between Memory and History: The Evolution of Israeli Historiography of the Holocaust*, 1945 - 1961, pp. 25 - 26.
③ Roni Stauber, *The Holocaust in Israeli Public Debate in the 1950s: Ideology and Memory*, p. 31.
④ Roni Stauber, *The Holocaust in Israeli Public Debate in the 1950s: Ideology and Memory*, p. 33.
⑤ 希完月 20 日作为哀悼性纪念日直到二战前夕一直在东欧被遵守，始于 1171 年 5 月 26 日
（犹太历为希完月 20 日）31 名犹太人因血祭诽谤而被活活烧死。1648 年的 6 月 10 日
（犹太历为希完月 20 日），成千上万的东欧犹太人被哥萨克骑兵屠戮，使之与犹太历史上
的大灾难再度联系在一起。

天", 而不是像专门纪念隔都起义者英勇反抗行为的 4 月 19 日, 因此有必要从传统的哀悼节日中选择一个用来纪念那些惨遭纳粹屠杀的犹太同胞。①在他看来, 在设立一个突出英勇反抗的纪念日与将希完月 20 日作为全国性哀悼日之间并不冲突, 因为后者在犹太集体记忆中不仅象征着受难与毁灭, 而且代表着犹太人愿意作为殉道者而牺牲, 从而在纳粹大屠杀与犹太英雄主义之间找到了某种对称。

1948 年独立战争的爆发直接推动了隔都起义纪念日地位的提高。这一年的许多纪念典礼由于准备战争而被忽视, 但以色列人习惯将隔都的反抗和当前与阿拉伯人的斗争联系起来。亚德·瓦谢姆特别委员会的成员写道: "隔都起义的日期之一, 将成为我们人民纪念纳粹大屠杀与英雄主义的日期。"② 随后亚德·瓦谢姆的成员以及民族委员会的宣传部门极力将 4 月 19 日作为全国性纪念日, 并在特拉维夫和耶路撒冷组织了大型纪念集会。③ 可以说, 到 1948 年以色列建国前后, 4 月 19 日作为纳粹大屠杀纪念日已基本成为大多数世俗群体的共识。实际上, 要求将华沙隔都起义日定为纳粹大屠杀纪念日的主要动力来自伊休夫的世俗领导层。他们认为, 此次纳粹大屠杀与隔都起义和此前流散犹太人遭受的屠戮、毁灭及其回应有着根本的不同。在这些世俗锡安主义者以及巴勒斯坦公众的意识中, 已将隔都起义视为锡安主义革命的一部分, 即不再是被动地任人屠戮和殉道, 而是主动地自我防卫和反抗, 隔都起义者是 "流散地的锡安主义者"。④

二　宗教与世俗阵营围绕纪念日期的争夺

1948 年 5 月 14 日以色列国的建立, 加快了纳粹大屠杀纪念日的国家化进程。但就纪念日的具体日期问题上, 以色列社会内部出现了较大的分歧, 这种分歧的真正实质在于宗教阵营拒绝承认 4 月 19 日的合法地位。大

---

① Roni Stauber, *The Holocaust in Israeli Public Debate in the 1950s: Ideology and Memory*, p. 33.

② James E. Young, "When a Day Remembers: A Performative History of Yom ha‐Shoah," *History & Memory*, Vol. 2, No. 2 (Winter, 1990), pp. 60–61.

③ Roni Stauber, *The Holocaust in Israeli Public Debate in the 1950s: Ideology and Memory*, p. 35.

④ Roni Stauber, "The Jewish Response during the Holocaust: The Educational Debate in Israel in the 1950s," *Shofar*, Vol. 22, No. 4 (Summer, 2004), p. 59.

拉比署很早即已开始讨论如何纪念欧洲犹太人，1946 年年初成立了纪念流散殉道者委员会（committee of the Memorial to the Diaspora Martyrs），并向巴勒斯坦犹太社团发表声明称"大拉比署决定根据托拉的律法和希伯来传统的精神来纪念殉道者"，而这包括点燃蜡烛、诵读诗篇、学习塔木德经文和吟唱卡迪什祷文，来纪念受害者及其亡灵。[①] 大拉比署并没有对抵抗活动进行区别对待，而是把所有纳粹受害者称为"所有那些为犹太人的上帝而牺牲的殉道者"[②]，显然是以传统的犹太殉道词的形式来加以描述。在日期问题上，战后初年从欧洲来到巴勒斯坦的拉比们以缺乏宗教依据为由拒绝以 4 月 19 日作为纪念日，随后爆发的独立战争使他们未能及时做出统一的决定。

　　1948 年 12 月 17 日，大拉比署联合宗教事务部在耶路撒冷召开特别会议，宣布以犹太历提别月 10 日（10th of Tevet）作为大屠杀死难者的民族性纪念日："有必要决定一年中的某个日期为犹太人哀悼（纳粹大屠杀中的）毁灭，以作为吟诵卡迪什悼词、点燃贾泽特蜡烛和学习塔木德经文的纪念日。因此，大拉比署决定将提别月 10 日作为几百万死亡日期无法知晓的欧洲犹太社团殉道者的永久性纪念日——对于他们的儿女和亲戚来说，它将被视为他们死亡的纪念日。"[③] 提别月 10 日在犹太传统中为纪念死者的特定节日（General Kaddish Day），最初源自对新巴比伦王尼布甲尼撒二世围困耶路撒冷的纪念。当时宗教阵营的报纸《哈特索菲》对选择这个日期如此解释道："这个为第一次毁灭而设立的节日（提别月 10 日）直到最后的毁灭一直被作为一个纪念日。在这一天，巴比伦王逼近耶路撒冷，而成为犹太民族丧失独立、被迫流放的灾难之始。德国刽子手是尼布甲尼撒的直系后代，来自巴比伦、罗马与柏林的猛兽企图摧毁犹太民族。"[④]

---

①　Orna Kenan, *Between Memory and History：The Evolution of Israeli Historiography of the Holocaust, 1945 – 1961*, p. 15.

②　Orna Kenan, *Between Memory and History：The Evolution of Israeli Historiography of the Holocaust, 1945 – 1961*, p. 15.

③　Roni Stauber, *The Holocaust in Israeli Public Debate in the 1950s：Ideology and Memory*, p. 37.

④　Roni Stauber, *The Holocaust in Israeli Public Debate in the 1950s：Ideology and Memory*, pp. 37 – 38.

宗教人士认为，纳粹大屠杀是犹太历史上遭受的屠杀与毁灭链条上的又一环，大屠杀尽管有着空前的规模，但它只是犹太历史上众多痛苦与灾难的延伸，因此应当根据传统来开展纪念活动。他们不仅在时间上确立了与世俗群体不同的纪念日，而且还建造自身独立的纪念场所来开展纪念活动。1949 年，以宗教事务部部长撒母耳·卡哈纳拉比（Samuel Z. Kahana）为首的大拉比署在锡安山上建立起一座规模较小的"纳粹大屠杀纪念室"（*Martef HaShoah*/Shoah Cellar），而成为以色列境内的第一座纳粹大屠杀纪念馆。宗教力量之所以选择锡安山作为其纪念场所是因为它靠近大卫王墓，犹太传统中弥赛亚出自大卫王的后裔，因而这种选址安排象征着他们对弥赛亚救赎应许的期待。[1]

1949～1950 年，纳粹大屠杀的纪念活动主要在提别月 10 日与 4 月 19 日两个日期举行；宗教人士接受大拉比署的决定在前一日期开展纪念活动，而世俗群体的纪念活动通常在后一日期进行，双方对此互不妥协。为了消除这种纪念日期上的分歧，1950 年，议会中来自马帕姆（统一工人党）的议员提议设立一个全国性纪念节日：主张将 4 月 19 日作为全国性纳粹大屠杀纪念日，以确保隔都起义在以色列社会中占有持久的地位。阿哈龙·兹斯林（Aharon Zisling）在解释这个提议时说："我们不想这个节日仅仅属于某一部分人，而应当属于每一个人。"[2] 在马帕姆议员的努力下，为纳粹大屠杀纪念日确定一个具体的日期被正式列入议会的议事日程。1951 年，内务委员会任命了一个次级委员会来确定最终日期，它由来自联合宗教阵线的摩迪凯·努洛克（Mordechai Nurock）领导，其成员包括马帕姆的赫兹勒·伯格（Hertzl Berger）、右翼政党希鲁特的拉兹勒·诺亚（Esther Raziel – Naor）与马帕姆的兹斯林。[3]

1951 年 3 月，该委员会重新召集时，所有成员都准备支持以 4 月 19 日作为纪念日，表明大多数议员认为隔都起义在纳粹大屠杀纪念中占有核

---

[1] Doron Bar, "Holocaust Commemoration in Israel During the 1950s: The Holocaust Cellar on Mount Zion," *Jewish Social Studies*, Vol. 12, No. 1 (Fall, 2005), p. 20.

[2] Roni Stauber, *The Holocaust in Israeli Public Debate in the 1950s: Ideology and Memory*, p. 39.

[3] Roni Stauber, *The Holocaust in Israeli Public Debate in the 1950s: Ideology and Memory*, pp. 39 – 40.

心地位，它要比战争爆发①以及死亡营更具象征意义。努洛克指出："我们需要选择一个日期，以便与绝大多数欧洲犹太人的屠戮和发生在尼散月的隔都起义相一致。"② 但马帕姆成员强调，不应当放在传统的纪念日举行，因为抵抗活动与传统的犹太殉道精神相冲突。由于隔都起义发生在犹太历的逾越节前夕，委员会成员与其他议员建议放在尼散月的其他日期。赫兹勒·伯格提议将纪念日设在独立纪念日之前，以便将纳粹大屠杀与隔都起义和以色列国的独立联系起来。兹斯林则强调隔都起义有着独特的教育意义，认为如果纪念日太靠近独立纪念日将使其重要性难以凸显，因而提议"将之靠近华沙隔都起义日，这将赋予它巨大的教育价值"③。

　　由于 4 月 19 日在犹太历为尼散月 15 日，它与逾越节重合而不为拉比署同意，因而委员会决定将纪念日放在逾越节与独立纪念日之间。但极端正统派代表向议会要求，整个尼散月都不能作为哀悼日；这一要求遭到前隔都战士组织的反对，他们想选择一个尽可能靠近隔都起义的日期以凸显其意义。④ 因此，纳粹大屠杀纪念日只有从尼散月 15 日（隔都起义第一天，也是逾越节前一天）与伊雅尔月 5 日（独立纪念日）之间进行选择。加上禁止在逾越节的那一周确定日期，同时又不能与阵亡将士纪念日、独立纪念日太过靠近而显得密集，留给委员会的只有 12 个日期可供选择。⑤ 在此情况下，尼散月 27 日由于处在适中的位置（位于逾越节结束后五天、阵亡将士纪念日前七天）而最终被选中作为纳粹大屠杀纪念日。

　　在该纪念日的名称问题上，马帕姆的议员想称之为"隔都抵抗日"（Ghetto Rebellion Day），但纳粹大屠杀纪念日委员会在咨询了其他议员后，决定将之命名为"纳粹大屠杀与隔都起义纪念日"（Yom HaShoah u – Mered HaGeta'ot/Shoah and Ghetto Uprising Remembrance Day）。1951 年 4

---

① 拉兹勒·诺亚反对 4 月 19 日的提议，建议设在二战爆发的 9 月 1 日，故而象征着毁灭的开始。

② James E. Young, "When a Day Remembers: A Performative History of Yom Ha – Shoah," *History & Memory*, Vol. 2, No. 2 (Winter, 1990), p. 60.

③ Roni Stauber, *The Holocaust in Israeli Public Debate in the 1950s: Ideology and Memory*, p. 44.

④ James E. Young, "When a Day Remembers: A Performative History of Yom Ha – Shoah," *History & Memory*, Vol. 2, No. 2 (Winter, 1990), pp. 60 – 61.

⑤ James E. Young, *The Texture of Memory: Holocaust Memorials and Meaning*, p. 269.

月 12 日，以色列议会正式做出决议：将每年的尼散月 27 日作为"纳粹大屠杀与隔都起义纪念日——为以色列家园而设立的永恒纪念日"。[①] 这个纪念日的名称充分表明，隔都起义被凸显为整个纪念日名称的一部分，从而使大屠杀期间的抵抗活动获得了积极意义。正如委员会成员兹斯林强调的，这个全国性节日应当凸显起义的价值，"这一天象征着犹太民族在最近这场战争中的积极抵抗。它将象征着那里的锡安主义，那些从事战斗的锡安主义背景，尽管不仅有锡安主义者还有其他犹太人参与了战斗"[②]。

值得注意的是，在确立尼散月 27 日为纳粹大屠杀纪念日的过程中，宗教势力对此提案并没有进行强烈的反对，这很大程度上是由于这个提案并没有规定尼散月 27 日是唯一的全国性纪念日，提别月 10 日仍然作为宗教人士纪念大屠杀的节日。1952 年 12 月，宗教事务部的一份内部备忘录写道："在议会确定尼散月 27 日作为纳粹大屠杀与抵抗的纪念日后，看来没有理由改变大拉比署自 1949 年决定的将提别月 10 日作为大屠杀死难者的哀悼日……因为纳粹大屠杀是人类历史上迄今发生的最为糟糕的事情，设立两个日期来纪念它是完全可取的。"[③]

然而，在宗教势力的阻挠下，新纪念日的推广并不顺利。由于议会选定的纳粹大屠杀纪念日——尼散月 27 日——没有任何传统宗教上的内涵，这在正统派当中引发了不满，并与两年前大拉比署的决定相冲突。大拉比署决定无视议会的决定，其中一个重要理由就是犹太律法禁止在尼散月禁食与哀悼，因为它被视为喜乐之月，代表着逾越节之后的庆祝。[④] 著名的哈雷迪拉比亚伯拉罕·卡勒利兹（Avraham Y. Karelitz）就认为，现在的人们无权为将来的世代设定新的哀悼或纪念日。[⑤] 宗教群体特别是极端正统的哈雷迪派完全无视以色列议会确定的纳粹大屠杀纪念日，在提别月 10 日

① E. Don – Yehiya, "Memory and Political Culture: Israeli Society and the Holocaust," in Ezra Mendelson, ed., *Studies in Contemporary Jewry*, Vol. 9, Oxford University Press, 1993, p. 140.

② Roni Stauber, *The Holocaust in Israeli Public Debate in the 1950s: Ideology and Memory*, p. 40.

③ Roni Stauber, *The Holocaust in Israeli Public Debate in the 1950s: Ideology and Memory*, p. 46.

④ Doron Bar, "Holocaust Commemoration in Israel During the 1950s: The Holocaust Cellar on Mount Zion," *Jewish Social Studies*, Vol. 12, No. 1 (Fall, 2005), p. 24.

⑤ David Golinkin, "Yom HaShoah: A Program of Observance," *Conservative Judaism*, Vol. 37, No. 4 (Summer, 1984), p. 57.

依然正常开展纪念活动。① 以色列社会围绕大屠杀的纪念问题产生了巨大的分歧，从而存在宗教的与世俗的两个正式纪念日：世俗团体选择在尼散月 27 日纪念纳粹大屠杀，而宗教力量则在提别月 10 日进行，这也从另一个侧面反映出以色列建国初期宗教与世俗力量之间的激烈争斗。

三　《亚德·瓦谢姆法》与纪念日的最终确立

为了给予纳粹死难者以统一的纪念，在时任教育部部长迪努尔（Ben-Zion Dinur）的积极推动下，1953 年 8 月 19 日，以色列议会正式通过《亚德·瓦谢姆法》（*Yad Vashem Law/Law of Remembrance of Shoah and Heroism - Yad Vashem 5713/1953*，也称纳粹大屠杀与英雄主义纪念法），声明其目的在于"将所有那些在……战斗与反抗中遇难的犹太人的记忆集中到故土上来……因为他们皆属于犹太民族"。② 这项法律规定成立名为"亚德·瓦谢姆"的纳粹大屠杀殉道者与英雄纪念当局（Yad Vashem/Shoah Martyrs' and Heroes' Remembrance Authority），赋予它建造一座纪念工程，搜集屠杀的相关证据并"向世人提供教训"；同时，由议会设立"纳粹大屠杀与英雄主义纪念日"（Yom HaShoah ve - HaGevurah/Shoah and Heroism Remembrance Day），以便"为其英雄与死难者提供一个整体性记忆"。③ 该法案的出台表明，英雄主义被以国家法律的形式抬高到与大屠杀本身同等的地位。

在纳粹大屠杀纪念日的名称问题上，与此前两年的议会决议相比，该法案更加突出了英雄主义的内涵。作为该法案的主要推动者，迪努尔认为隔都起义固然是大屠杀期间犹太人反抗的象征，但它的内涵太有限，"英雄主义"一词更能体现犹太人在面临纳粹灭绝时的所有积极和消极的反抗

① Ruth Ebenstein, "Remembered Through Rejection: Yom HaShoah in the Ashkenazi Haredi Daily Press, 1950 - 2000," *Israel Studies*, Vol. 8, No. 3 (Fall, 2003), pp. 146 - 147.

② Jackie Feldman, "Between Yad Vashem and Mt. Herzl: Changing Inscriptions of Sacrifice on Jerusalem's 'Mountain of Memory'," *Anthropological Quarterly*, Vol. 80, No. 3 (Fall, 2007), p. 1152.

③ Benzion Dinur, "Problems Confronting Yad Vashem in its Work of Research," *Yad Vashem Studies*, Vol. 1, (1957), pp. 9 - 10.

行为。基于此，他强烈建议将纪念日的名称从原来的"纳粹大屠杀和隔都起义纪念日"改为"纳粹大屠杀与英雄主义纪念日"。[①] 正如迪努尔解释的，它由两部分构成，一部分是讨论灭绝问题，另一部分就是探讨勇敢、英雄主义的价值问题。在他看来，"英雄主义"一词的使用将大屠杀期间的反抗斗争做了最为宽泛的解释，它对争取生存的消极抵抗行为表达了充分的敬意，因而代表着犹太人对于空前民族浩劫的不同回应方式。[②]

实际上，该法案虽然明确了纳粹大屠杀纪念日的日期和名称，但它并未对与纪念日有关的具体细节进行详细的规定，例如没有强调降半旗、限制娱乐活动等，因而在权威效力、实施程度等方面难免大打折扣。努洛克对此抱怨道："（在尼散月27日）娱乐场所普遍对外开放，电台广播播放着婚庆与欢宴、舞蹈与戏剧的音乐……一片欢乐与庆祝而非哀悼与哭泣。"[③] 而且在20世纪50年代初，对纳粹大屠杀的纪念并非以色列政府关注的重点，这可以从亚德·瓦谢姆纪念馆的建造一再被延迟体现出来。加上积极推进大屠杀纪念活动的迪努尔自1955年后不再担任教育部部长，因而有关纪念日的具体仪式等问题被暂时搁置起来。

虽然政府对纳粹大屠杀纪念日没有太多的举动，但亚德·瓦谢姆纪念当局在1953年成立后致力于赋予纪念日更多的民族特征。它在每年的纪念日举行隆重的纳粹大屠杀纪念典礼，一开始在殉道者森林举行，自亚德·瓦谢姆纪念馆于1956年落成后改在纪念之山举行；而且，还通过与地方当局和幸存者组织的合作在全国各地组织纪念活动。[④] 尽管如此，纳粹大屠杀纪念日并未成为全国性纪念日，亚德·瓦谢姆纪念当局也清楚地意识到这一点。他们尤其抱怨宗教事务部与大拉比署，在1951年的议会决议和1953年的《亚德·瓦谢姆法》之后，仍然在提别月10日开展纪念活动。[⑤] 而且，大拉比署一再拒绝前往亚德·瓦谢姆纪念馆参加活动，而坚持在他

---

① Roni Stauber, *The Holocaust in Israeli Public Debate in the 1950s*：*Ideology and Memory*，p. 63.

② Roni Stauber, *The Holocaust in Israeli Public Debate in the 1950s*：*Ideology and Memory*，p. 66.

③ Orna Kenan, *Between Memory and History*：*The Evolution of Israeli Historiography of the Holocaust*，*1945 – 1961*，p. 17.

④ Roni Stauber, *The Holocaust in Israeli Public Debate in the 1950s*：*Ideology and Memory*，p. 98.

⑤ Doron Bar, "Holocaust Commemoration in Israel During the 1950s：The Holocaust Cellar on Mount Zion," *Jewish Social Studies*，Vol. 12，No. 1（Fall，2005），p. 22.

们位于锡安山的"纳粹大屠杀纪念室"开展纪念活动。

更为重要的是，宗教事务部一直试图加强提别月 10 日的重要性。他们质疑尼散月 27 日的理由是，它是与隔都起义联系在一起的，武装斗争不应成为整个纳粹大屠杀纪念的焦点，因为几百万的犹太人并没有参与其中。在 1956 年亚德·瓦谢姆理事会举行的辩论上，宗教事务部副部长瓦尔哈夫提格（Zerah Warhaftig）坚持强调提别月 10 日即是纳粹大屠杀纪念日，甚至还向亚德·瓦谢姆纪念当局提议应当将全国性纪念日变更为提别月 10 日，并认为 1951 年议会通过的决议就是一个错误。① 在整个 50 年代，绝大多数宗教学校无视议会决议，而坚持在提别月 10 日开展纳粹大屠杀纪念活动。

当时有许多尝试来解决亚德·瓦谢姆纪念当局与宗教事务部的矛盾，但这种努力遭到后者的顽强抵抗。1957 年，在安置来自波兰的纳粹受害者骨灰问题上，亚德·瓦谢姆纪念当局与宗教事务部之间的冲突达到顶点。前者要求将这些骨灰安葬在亚德·瓦谢姆纪念大厅，而宗教事务部则主张将他们安置在"纳粹大屠杀纪念室"，以与 1949 年来自奥地利、德国、波兰的骨灰毗邻。他们声称，将这些殉道者的骨灰葬在世俗的机构没有任何价值，并将亵渎他们的神圣性。② 宗教事务部不断抬高提别月 10 日的行为，不仅威胁着尼散月 27 日的地位，而且对亚德·瓦谢姆作为全国性纪念当局的权威造成了损害。对于宗教事务部的做法，亚德·瓦谢姆纪念当局负责人约瑟夫·梅尔卡曼（Yosef Melkman）1958 年在一份纪念仪式的报道中表达了担忧："如果亚德·瓦谢姆是纳粹大屠杀与英雄主义的全国性纪念当局的话，一个政府部门怎么可以在没有获得我们允许和没有向我们咨询的情况下根据自身的意愿组织纪念活动？我们是有政府还是完全无政府？……亚德·瓦谢姆无法忍受宗教事务部破坏前者地位与可信度的行为，将来在纪念纳粹大屠杀问题上耶路撒冷的人口将分裂为两大对立的阵营。"③ 面对这两

---

① Roni Stauber, *The Holocaust in Israeli Public Debate in the 1950s: Ideology and Memory*, p. 101.

② Doron Bar, "Holocaust Commemoration in Israel During the 1950s: The Holocaust Cellar on Mount Zion," *Jewish Social Studies*, Vol. 12, No. 1 (Fall, 2005), pp. 29–30.

③ Roni Stauber, *The Holocaust in Israeli Public Debate in the 1950s: Ideology and Memory*, p. 105.

大政府部门不断升级的冲突，议会和政府其他部门不得不进行调解。

为了消除纪念日分歧而带来的政治分裂危险①，1958 年 6 月，努洛克联合幸存者组织提出将尼散月 27 日作为官方的全国性纪念日的提案。其内容包括，在纪念日这一天，学校学习大屠杀历史，允许工人举行集会，关闭商店与娱乐场所，等等。从 1958 年年底到 1959 年年初，议会委员会围绕这个提案召开了多次会议，绝大多数代表支持颁布一部将纳粹大屠杀纪念日作为全国性纪念日并赋予其官方地位的法律。② 尽管宗教势力不满，以色列政府和议会委员会仍决定坚持以尼散月 27 日作为纪念日。这建立在 1951 年议会决议和 1953 年《亚德·瓦谢姆法》的基础上，更重要的是，如果改变日期势必招致议会绝大多数成员的反对。但它并未要求大拉比署改变他们自 1948 年以来将提别月 10 日作为纪念日的决定。很显然，这种要求必将遭到宗教势力的极力反对。这也反映了以色列建国初期宗教与世俗政治力量之间的某种平衡："我们不能忽视提别月 10 日的事实。这一天是传统上为死者祈祷的日子，在这两个日期之间并不存在冲突。"③

对于"纳粹大屠杀与英雄主义纪念日"的名称，许多隔都战斗者组织并不认同。梅查德基布兹（HaKibutz HaMeuchad）与阿里茨基布兹（HaKibutz Ha'Artzi）的成员极力避免使用这个名称，他们宁愿将之称为"隔都起义日"（Ghetto Uprising Day）、"纳粹大屠杀与起义纪念日"（Shoah and Uprising Remembrance Day）或"纳粹大屠杀死难者与起义英雄的民族纪念日"（the National Remembrance Day for Shoah Victims and Uprising Heroes）等。④ 尽管他们人数不多，但在幸存者组织的特别委员会中占据主导地位。受其影响，努洛克在提出议案时，将之称为"纳粹大屠杀与隔都起义纪念日"，与 1951 年的议会决议相一致，而完全无视 1953 年《亚德·

---

① 甚至在世俗群体内部也存在不同意见，反对派领导人梅纳赫姆·贝京要求将纳粹大屠杀与英雄主义纪念日拆分为两个节日：纳粹大屠杀纪念日放在阿布月 9 日，而英雄主义纪念日放在阵亡将士纪念日。参见 James E. Young, *The Texture of Memory: Holocaust Memorials and Meaning*, p. 271。

② James E. Young, "When a Day Remembers: A Performative History of Yom Ha-Shoah," *History & Memory*, Vol. 2, No. 2 (Winter, 1990), p. 62.

③ Roni Stauber, *The Holocaust in Israeli Public Debate in the 1950s: Ideology and Memory*, p. 111.

④ Roni Stauber, *The Holocaust in Israeli Public Debate in the 1950s: Ideology and Memory*, p. 103.

瓦谢姆法》带来的变化。但他的提议遭到政府与议会的一致反对。一度有人建议将"起义"一词加入名称中，构成"纳粹大屠杀、英雄主义与起义纪念日"（Yom HaShoah，HaGvurah，ve – HaMered/Remembrance Day for Shoah，Heroism，and Uprising），英雄主义代表争取生存的日常斗争、而起义专指反对纳粹的武装斗争。① 这个提议被亚德·瓦谢姆纪念当局否决，它希望在纪念日与纪念当局之间建立明确的联系，为此这两者的名称应当保持一致。与《亚德·瓦谢姆法》相一致，1959 年年初政府决定该纪念日的名称仍为"纳粹大屠杀与英雄主义纪念日"。

1959 年 4 月 7 日，议会通过《纳粹大屠杀与英雄主义纪念日法》（*The Shoah and Heroism Remembrance Day Law*），正式决定以犹太历尼散月 27 日为官方的、法定的纳粹大屠杀纪念日。决议如下：

1. 尼散月 27 日为灾难与英雄主义纪念日，每年用来纪念纳粹及其仆从造成的犹太民族大灾难，以及那一时期的犹太英雄主义与反抗行为。如果尼散月 27 日是在星期五，纪念日就应当定在当年的尼散月 26 日。

2. 纪念日这一天，以色列全国应当默哀两分钟，在此期间路上的所有交通工具应当停下来。纪念仪式与会议应当在军营以及教育机构举行；悬挂在公共建筑上的旗帜应当降半旗；电台节目应当表达这一天的特别性质，娱乐场所的节目应当与这一天的精神相一致。

3. 政府授权的部长通过咨询亚德·瓦谢姆纪念当局，应当按照法律规定为纪念日的遵守起草必要的指导。②

该法案的颁布，正式确立了尼散月 27 日作为全国性纳粹大屠杀纪念日的官方地位，并对相关仪式的遵守进行了详细规定；重要的是，赋予亚德·瓦谢姆纪念当局充分权威以作为纪念日遵守的指导。在这一天，以色列政府通常在亚德·瓦谢姆纪念馆的华沙隔都广场举行重大纪念典礼。1961 年

---

① James E. Young, *The Texture of Memory：Holocaust Memorials and Meaning*, p. 270.

② James E. Young, "When a Day Remembers：A Performative History of *Yom Ha – Shoah*," *History & Memory*, Vol. 2, No. 2（Winter，1990），pp. 63 – 64.

3 月 27 日，议会又对该法案做了进一步修订，要求在大屠杀纪念日前一天所有娱乐场所必须关闭。

四　纪念节日序列的形成与英雄主义价值观的凸显

由前文可知，大屠杀纪念日由"纳粹大屠杀与隔都起义纪念日"发展为"纳粹大屠杀与英雄主义纪念日"、尼散月 27 日从众多纪念日期中脱颖而出，其变化不只是名称和日期的改变，更是内涵和实质的更新。纳粹大屠杀纪念日最终确立的复杂过程，充分反映出以色列建国初期各种政治力量特别是宗教与世俗之间的较量。以色列作为一个再造的国家，其内部面临文化、种族、肤色、语言等方方面面的多样性，用诺亚·卢卡斯的话来说，以色列是"用欧洲的手术在亚洲腹地用剖腹产生的方法诞生"的新国家。① 与"Shoah"的词语推广一样②，在以色列建国前后的重要时期，节日推广与认同建构是一个双向的互动过程：一方面，这些纪念节日序列凭借国家权力强制渗透到以色列社会的各个方面，进而成为以色列人集体认同的主要对象；另一方面，对纪念节日的遵守往往伴随着英雄主义的价值灌输，号召牺牲与奉献，以期将形形色色的犹太人整合到新的国家认同中来。

到 1959 年，纳粹大屠杀与英雄主义纪念日的最终确立，标志着大屠杀纪念活动得到了最高形式的法律肯定，从而将创伤记忆的国家化、政治化推向顶点。加上此前于 1949 年、1950 年先后确立的独立纪念日（Yom HaAtzmaut）与阵亡将士纪念日（Yom HaZikaron），这三大新型政治节日共同构成以色列国的纪念节日序列。这些纪念日不同于传统的宗教节日，是现代民族国家构建新型政治认同的重要手段。作为纳粹大屠杀纪念日的尼散月 27 日在传统的逾越节（因纪念出埃及而代表获得自由）之后五天，在阵亡将士纪念日前一周、独立纪念日前八天③，象征着纳粹大屠杀介于古代民

---

① 诺亚·卢卡斯：《以色列现代史》，杜先菊等译，商务印书馆，1997，第 402 页。
② 有关"Shoah"词语在以色列建国初期的推广，参见艾仁贵《"Shoah"的词源、内涵及其普及化：一项语义社会学的考察》，《社会科学》2013 年第 3 期。
③ 这个纪念节日序列还得到空间上的体现：独立纪念日与阵亡纪念日的纪念场所位于耶路撒冷西郊的赫茨尔山，而亚德·瓦谢姆纪念馆作为大屠杀纪念日的纪念场所毗邻赫茨尔山的纪念之山。

族自由与现代民族独立的中间阶段，从而在两者之间搭建起一座象征之桥。这个纪念节日序列的形成，使得"从浩劫到重生"（Me - Shoah le - Tekumah/from Shoah to Rebirth）在建国前后的主流话语中占据着十分重要的地位①，该序列扎根于"灾难与救赎"的传统主题，从而表达出大灾难后犹太人获得奇迹般拯救的思想。古代的自由是通过神的干预获得的，而现代的独立则是靠民族自身的力量实现的；这种转换借助纳粹大屠杀得以完成，空前的浩劫表明上帝干预的古典模式不再有效，而必须通过武装斗争以实现自我拯救。正如时任以色列总理列维·艾希科尔在1964年的纳粹大屠杀纪念日讲话中强调的："殉道者与英雄纪念日处在古代的自由节（逾越节）和现代的独立日中间，我们民族的编年史围绕这两大事件为中心展开。通过从埃及的奴役中摆脱出来，我们获得了古代的自由；现在，通过追溯至纳粹大屠杀，我们再度存活并作为一个独立的民族。"②

　　实质上，在纳粹大屠杀纪念日—阵亡将士纪念日—独立纪念日庆典这个纪念节日序列背后，英雄主义的价值观一脉相承并将这三者串联起来。通过对英雄主义的强调，隔都起义者作为潜在的以色列人获得了空前的民族价值，而当下为国捐躯的国防军战士则是隔都起义者的英勇延续。③乔治·莫斯对两次世界大战期间的纪念活动进行了研究，认为通过对阵亡士兵的崇拜使民族得以神圣的仪式复兴、后辈得以效仿先烈的光荣："对死者的召唤是为了使民族年轻化，因为'战斗、死亡与复兴'即是民族的本质所在。从他们的死亡中，民族将得到恢复。"④以色列政府通过为阵亡将士建造国家公墓、确立纪念节日，实现了莫斯所说的"死亡国家化"（nationalization of death），死者得以进入国家的纪念序列之中，作为全体公

---

① "从浩劫到重生"的专用术语最初由迪努尔1953年4月向议会提出"亚德·瓦谢姆法"议案时使用，参见 Dalia Ofer, "The Strength of Remembrance: Commemorating the Holocaust During the First Decade of Israel," *Jewish Social Studies*, Vol. 6, No. 2（Winter, 2000）, pp. 38 - 40。

② Don Handelman, *Nationalism and the Israeli State*, Berg, 2004, p. 97.

③ Avner Ben - Amos, Ilana Bet - El & Moshe Tlamim, "Holocaust Day and Memorial Day in Israeli Schools: Ceremonies, Education and History," *Israel Studies*, Vol. 4, No. 1（Spring, 1999）, p. 272.

④ George L. Mosse, *Fallen Soldiers: Reshaping the Memory of the World Wars*, Oxford University Press, 1990, p. 78.

民的道德典范和精神楷模而被想象为一个民族共同体："没有什么比无名战士的纪念碑和墓园更能鲜明地表现现代民族主义的文化了。这些纪念物之所以被赋予公开的、仪式性的敬意，恰好是因为它们本来就是被刻意塑造的，或者是根本没人知道到底是哪些人长眠于其下。……尽管这些墓园之中并没有可以指认的凡人遗骨或者不朽的灵魂，它们却充塞着幽灵般的民族的想象。"①

　　而且，纳粹大屠杀纪念日的确立与华沙隔都起义密切相关，充分反映出建国前后以色列社会对于流散地的排斥。阿肯松认为，纳粹大屠杀纪念日直到1959年才正式确立是因为它"所纪念的行为正是以色列的神话制造者想要消除的对象：在外邦敌人面前顺从地殉道。以色列正要成为纳粹大屠杀的解毒剂"②。长期以来奉行"否定流散地"（Shlilat HaGalut/Nega-tion of the Diaspora）观念的锡安主义者极力推崇反抗异族压迫、从事武装斗争的犹太战士，在此武装反抗的英雄主义主流话语下，土生土长的"萨布拉"对数百万欧洲犹太人"像羔羊一样走进屠场"的软弱举动表示困惑不解，认为他们是犹太人的耻辱；另外，高度赞扬大屠杀期间的武装反抗并将之与流散犹太人区别开来，对以华沙隔都起义为代表的武装反抗的歌颂几乎成为建国初期以色列关于纳粹大屠杀叙述的主导方向。他们将犹太人的反抗区分为要么是消极顺从要么是积极反抗：积极反抗是隔都战士及锡安主义者作为"新型犹太人"的特征，而消极顺从则是与纳粹大屠杀及流散犹太人相连的："游击战士与隔都反抗者因而从'纳粹大屠杀'中脱离开来，以作为在流散地与现代以色列之间搭起的一座象征之桥。与马萨达及特尔哈伊的守卫者一道，他们成为以色列英雄般过去的一部分。与之相反，纳粹大屠杀的其他经历被降格为流散时期并与'他者'相连，被称作屈辱的流散犹太人。"③通过对大屠杀期间英雄主义事迹的不断强调与凸显，积极抵抗几乎成为国家权力主导下的大屠杀纪念的叙述主体，以用来

---

① 本尼迪克特·安德森：《想象的共同体》，吴叡人译，上海人民出版社，2005，第9页。

② D. H. Akenson, *God's Peoples: Covenant and Land in South Africa, Israel, and Ulster*, Cornell University Press, 1992, p. 249.

③ Yael Zerubavel, "The Death of Memory and the Memory of Death: Masada and the Holocaust as Historical Metaphors," *Representations*, No. 45 (Winter, 1994), p. 80.

服务于以色列国家建构的根本目的；必须看到，英雄主义的价值灌输伴随着对绝大多数大屠杀死难者的压制与忽略，致使以争取生存为目标的幸存者个体创伤记忆只能在暗地里默默流传。[①] 这种英雄主义价值观的内在不实性存在着巨大的矛盾，从而也就埋下了日后走向解构的致命隐患。

原文发表于《学海》2014 年第 3 期。

附记：

该文在 2013 年 7 月开封举办的第九届"大屠杀教育与犹太历史文化"研讨班上宣读，谨以此文纪念 Jerry Gotel 先生，向他发起的中国大屠杀教育和研究事业致以崇高的敬意！

[①] 以色列建国初期主流社会以挑剔的态度对待幸存者，谈论纳粹大屠杀成为禁忌。参见 Gulie Arad, "Israel and the Shoah: A Tale of Multifarious Taboos," *New German Critique*, No. 90 (Autumn, 1983), pp. 5 – 26。

从奥斯维辛到南京：中国的纳粹屠犹教育

杨　梦

（柏林自由大学博士研究生）

80 年前的今天，1937 年 12 月 13 日，南京遭遇了惨绝人寰的屠城悲剧，30 万同胞在短短六周内命丧日军屠刀之下，举世震惊。在南京大屠杀的公共讨论中，犹太大屠杀常被作为参照对象，德日两国截然不同的认罪、反省态度更是成了老生常谈。国内关于南京大屠杀的历史教育启动较晚，近年来，我国积极借鉴全球范围尤其以色列的纳粹屠犹教育成果，在南京大屠杀 80 周年纪念日之际，南京离奥斯维辛究竟还有多远？

何谓纳粹屠犹？根据美国大屠杀纪念馆的定义，第二次世界大战期间，德国纳粹及其帮凶共杀害了大约 600 万名犹太人，这种有组织的、官僚的、国家支持的迫害和谋杀活动被称为纳粹屠犹。研究纳粹屠犹的国际权威专家鲍尔教授特别指出，"无论你生活在中非、中国、南太平洋，还是瑞士，你必须意识到种族灭绝屠杀的危险。纳粹屠犹教育的终极目标就是要使人类尽可能远离极端形式的大规模屠杀行动"。在南京大屠杀 80 周年纪念日之际，作为一个远离纳粹屠犹欧洲主场的国家，中国为什么要开展纳粹屠犹教育？中国开展纳粹屠犹教育会对南京大屠杀教育产生怎样的影响？

我们什么时候知道纳粹屠犹？

1933 年希特勒上台不久，我国的知识精英们便嗅到了纳粹德国的反犹浪潮。是年 5 月 13 日，宋庆龄女士带领蔡元培、杨杏佛、鲁迅、林语堂、史沫特莱、伊罗生等中外知名人士奔赴德国驻上海领事馆递交抗议书。这便是我国记录在案的第一份抗议纳粹迫害犹太人的声明。

1938 年 11 月 9 日，纳粹德国全国范围针对犹太各类机构打砸抢烧，迫使境内的犹太人开始大规模流亡。1933 年到 1941 年 12 月太平洋战争爆发，近 25000 名欧洲犹太难民逃亡上海。由于日本于 1937 年发动全面侵华战争，当时的上海还有许多因战乱避难的全国各地难民。中国民众很快注意到，身边出现了一个特殊的白人群体，他们囊中羞涩，生活拮据，与租界里那些外表光鲜、生活奢靡的洋人形成鲜明对比，他们便是犹太难民。当越来越多的犹太难民涌入上海，逐渐逼近这座城市的承受极限，上海陷入心有余而力不足的境地。时任国民政府立法院院长的孙科在 1939 年 2 月 17 日向国防最高委员会提出一项议案，建议在云南建立一个犹太定居点，以安置越来越多的犹太难民。这项举措在当时看来不仅符合孙中山关于联合并援助弱小民族的遗愿，还可以帮助改善与英美两国的关系，赢得全世界犹太人的好感，符合国家的长远利益。国防最高委员会于当年 3 月 7 日通过该提案，并在 4 月 22 日制定了实施计划的纲要，但终因经费等问题，计划最终流产。值得一提的是，在犹太难民避难上海期间，自始至终未发生一起上海民众反犹事件。

从姗姗来迟到风云突变

新中国成立后，很长一段时间内，我国奉行"一边倒"的外交政策，深受苏联意识形态的影响，把杀戮犹太人视为法西斯主义在二战期间杀害欧洲平民的一部分，并把法西斯主义看作资本主义的极端形式。换而言之，资本主义被视为造成大规模屠杀的根源。国人当时对于这段历史的理解与国际学术界的主流观点存在很大偏差，并没有深刻意识到纳粹屠犹实为反人类罪行。彼时的出版物中也鲜有对于纳粹屠犹史实的介绍，甚至"纳粹屠犹"和"犹太大屠杀"这样的名称也没有出现。

然而，到了 20 世纪 60 年代，中苏决裂，风云突变。尤其在 1972 年时任美国总统尼克松访华后，政治气氛的转变让中国意识到了解和研究西方世界的必要性。早在"文革"结束前，《第三帝国的兴亡——纳粹德国史》中译本就已经正式出版，还曾作为内部读物在大陆流通。时至今日，此书仍是广大中文读者理解这段历史的热门读物之一。自政治气氛转变后，纳粹屠犹的相关内容频繁出现在国内各类出版物中。

有趣的是，在学术相对自由的 80 年代初期和中期，尽管许多知识分子在十年"文革"的空窗期后热衷译介、接受西方各种思潮和学术研究，却没有对纳粹屠犹进行专门观照。直到 80 年代末，一些中国学者才开始关注纳粹屠犹。当时，河南大学青年学者张倩红的论文《试论希特勒的反犹政策》成为中国最早发表的研究纳粹屠犹的学术论文之一。上海社会科学院潘光教授于 1992 年发表文章《中国犹太学和以色列研究概述》，该文介绍中以建交以前中国学者发表的关涉犹太问题的论文，涵盖将近百年中国学者在犹太领域的成果，却没有提及关于纳粹屠犹的研究文章。由此可见，当时鲜有中国学者关注纳粹屠犹这一主题。

在这一时期，纳粹屠犹和南京大屠杀的比较尚未正式进入中国知识分子的学术话语，也没有形成对于纳粹屠犹教育的政治需求。许多西方学者的最新洞见还没有被中国学者认识，中国的纳粹屠犹教育处于初步阶段。

转折点：1992 年中以建交

1991 年，中以正式建交的前一年，中央电视台在深夜时段播放了西蒙·维森塔尔中心制作的《种族灭绝》（*Genocide*）电视片，这部反映纳粹屠犹的纪录片一经播放，便在国内引起巨大反响。1991～1993 年，该中心把"勇于记住：1933～1945 年的纳粹屠犹"展览于中国数座城市进行巡回展出，在南京巡展期间，展览被专门安置在南京大屠杀遇难同胞纪念馆。这是亚洲战场和欧洲战场的受难者第一次被放置在同一个空间，也就是说，中国受难者和犹太受难者共同得到纪念，这也是第一次在中国的公共空间尝试将两者进行比较和对话。

利用公共媒体讲述纳粹屠犹事件，一方面有利于中国民众认识这位正式交往的国际新朋友——世界上唯一的以犹太族群为主体的主权国家，另一方面也是在 80 年代末本土政治风波后对于民族苦难的一次试探性触碰。

1992 年中以正式建交后，中国的纳粹屠犹教育开始扬帆远航。

高居庙堂、中外合作

我国的纳粹屠犹教育与大多数西方国家的纳粹屠犹教育非常不同。

此项教育在西方国家通常属于中小学基础人文教育的一部分，许多学校会安排犹太幸存者与中小学生见面座谈，组织学生参观当地犹太纪念馆。与之不同的是，这项教育在我国的执行主体是大学、研究所等高等教育机构。

提起中以建交后的纳粹屠犹教育，徐新教授和他创建的南京大学犹太文化研究所功不可没。该所成立于 1992 年 5 月（中以建交时间为 1992 年 1 月），是中国大陆高校中最早对犹太文化进行系统研究的机构。徐新教授编纂的首部中文版《犹太百科全书》是国内最具权威性和得到广泛使用的关涉犹太文化的大型工具书，其中百分之十以上内容与反犹主义和纳粹屠犹相关，为中国读者了解纳粹屠犹的相关信息提供了非常重要的专业参考。

该所师生把国际著名的大屠杀研究专著《灭绝的年代：纳粹德国和犹太人——1939~1945》译成中文。作者弗里德兰德尔在中译本的《致中国读者》一文中写道："本书讲述的一系列事件早已成为当代西方历史的有机组成部分。不过，其历史教训和具有的普世意义，应该对每一位读者，无论其身在何地，都具有参照作用。"针对翻译、介绍这部著作的目的，徐新教授在序文中写道："不仅旨在为中国读者提供一个反映纳粹屠犹事件的'鲜活'读本，而且为如何记录和反映'南京大屠杀'事件提供了一个不可多得的重要参考，更希望中国历史学家以及致力于纂写南京大屠杀历史的学者能够从本书中汲取养分，写出与此相媲美的作品，为人民不忘南京大屠杀历史，牢记南京大屠杀历史做出贡献。"

可以看出，徐新教授的团队在纳粹屠犹领域的科研实践中秉持了对本土苦难的关怀，这也是我国纳粹屠犹教育的一大特点。同时，徐新教授也冷静指出："诚然在中国开展纳粹屠犹研究不言而喻的目的是为了能够将纳粹屠犹和南京大屠杀建立联系，但是并不能认为中国研究纳粹屠犹或者开展纳粹屠犹教育是作为一种战略上的措施，以达到强调自身在日本侵略中遭受苦难的目的。"

1997 年，南京大屠杀 60 周年之际，华裔美国学者张纯如的研究著作《南京暴行：被遗忘的大屠杀》问世，此书很快打入美国《纽约时报》畅销书排行榜，在国际史学界引起轰动，打破了西方社会对南京大屠杀长达 60 年的沉默。值得注意的是，该书副标题使用的英文词就是西方专指犹太大屠杀的词语（Holocaust）。这两次屠杀虽然在形式上有很大差别，但中国民众接受时往往倾向将两者置于同一语境。尽管这样的同置是对纳粹屠犹事件的误读，但在南京大屠杀史实传播的初期，同置的确具有很大推动作用。事实也证明，政府处理中日历史问题时，也经常试图借力于纳粹屠犹事件，而且开展纳粹屠犹教育还能为抗击日本右翼势力否认南京大屠杀提供有效经验。

原文发表于《澎湃新闻》2017 年 12 月 13 日。

反犹主义、大屠杀与德国知识分子的迷失

——爱因斯坦的批判和反思

张腾欢

（山东大学博士研究生）

摘　要： 爱因斯坦一生坚持世界主义，而学术生涯和人生经历中所遭遇的反犹主义也逐渐使他对犹太民族产生了深深的认同感。希特勒上台后，爱因斯坦离开了德国。在纳粹德国发动大屠杀，造成数百万犹太人罹难后，爱因斯坦几乎彻底断绝了与德国的关系。与犹太民族在感情上的紧密联系，以及对作为社会良心的德国知识分子的失望，是爱因斯坦做出这一决定的缘由，他也在这一思想演变过程中对个人与国家的关系、反犹主义产生的原因、德国的国民性以及知识分子的社会责任等问题进行了一系列的批判和反思。

关键词： 爱因斯坦　纳粹德国　反犹主义　知识分子　纳粹大屠杀

爱因斯坦是 20 世纪伟大的科学家，也是一位有着博大胸怀的思想家。作为一名世界公民，爱因斯坦一生强烈反对狭隘的国家主义和民族主义，呼吁通过消除国家和民族间对立，实现和解，从而杜绝战争。爱因斯坦还是一位具有非凡道义担当和高度社会责任感的知识分子，不但自己身体力行，对其他知识分子也要求很高。爱因斯坦为人平和宽容，但在 1933 年纳粹上台后，他毅然离欧赴美，猛烈抨击纳粹主义，与德国几乎断绝了一切联系。本文通过回顾爱因斯坦与德国关系的演变历程，探究爱因斯坦决绝态度背后的民族和文化心理因素，展现爱因斯坦在人与国家的关系、德国的民族性以及知识分子的社会责

任等问题上的批判和反思。①

一 世界主义和犹太认同的兼容

爱因斯坦笃信消除国界和民族差别的世界主义，他"从来也没有把自己同任何一个特定的国家联系在一起"②。这可以从他对自身国籍的态度看出来。1895 年，爱因斯坦进入瑞士阿劳中学学习，并在第二年放弃了德国国籍，对德国浓厚的军国主义的反感是重要原因。1901 年，他正式加入瑞士国籍，并在瑞士读完了大学，毕业后也在瑞士工作，奠定他日后科学声望的研究也是在瑞士完成的。1911 年初，爱因斯坦离开瑞士前往布拉格短暂任教。1913 年 11 月，爱因斯坦当选普鲁士科学院院士，柏林大学也聘请他为教授，爱因斯坦接受了聘任并于第二年移居柏林。从 1895 年到 1914 年，爱因斯坦主要在瑞士生活，他并不在意自己的国籍问题。从 1919 年前后到 1933 年，他同时具有瑞士和德国双重国籍，但 1933 年，他再次放弃德国国籍，而在 1940 年，他加入了美国国籍。但爱因斯坦后来曾说，自己直到晚年也没有接受美国的价值观念，仍像个老吉普赛人一样。1933 年时，爱因斯坦曾对他人说："虽然我的真正公民身份是瑞士人，但从我的正式职位来说，我是一位德国公民。无论如何，对于一个具有国际意识的人来说，特定国家的公民身份并不重要。人道比国家的公民身份更重要。"③

不过和国籍问题上的几乎始终如一的超然态度相比，爱因斯坦对自己

---

① 李醒民先生在《爱因斯坦与他的祖国》一文中回顾了爱因斯坦与德国关系的发展脉络，但未突出爱因斯坦的犹太身份对其德国认识和相关批判的重要影响。参见李醒民《爱因斯坦与他的祖国》，《学术界》2006 年第 3 期。安立志在《爱因斯坦为何放弃德国国籍》一文中讨论了爱因斯坦放弃德国国籍的来龙去脉，但未在文中凸显爱因斯坦的犹太身份对其的影响，也未将纳粹屠杀犹太人视作爱因斯坦决裂德国的重要因由。参见安立志《爱因斯坦为何放弃德国国籍》，《同舟共进》2017 年第 4 期。从史料来看，德国当时盛行的反犹主义以及纳粹发动的针对犹太人的大屠杀使爱因斯坦对德国的认识发生了根本转变，这里既有爱因斯坦作为和平主义者和人道主义者反对战争的朴素的思想表达，更有他作为犹太人的自然而然的情感流露。犹太身份是理解爱因斯坦思想的重要维度。

② Helen Dukas and Banesh Hoffman, eds., *Albert Einstein, the Human Side: New Glimpses from His Archives*, Princeton University Press, 1979, p. 85.

③ Otto Nathan and Heinz Norden, eds., *Einstein on Peace*, Schocken Books, 1968, p. 211.

的民族身份的认同有一个缓进的过程。1879 年，爱因斯坦出生于德国小镇乌尔姆，他的祖辈都是高度同化的德国犹太人。爱因斯坦的父母都不信仰犹太教，仅仅保留着犹太身份和部分犹太传统。在爱因斯坦五岁时，父亲将其送往离家较近的天主教小学就读，他是班里唯一的犹太儿童。从中学到大学，他身边的朋友多为犹太人，外界对犹太身份的排斥可能是一大原因。爱因斯坦对自己的民族身份起先也不太在意。他意识到自己是犹太人，对外界对犹太人的排斥、歧视乃至迫害也感同身受，但"他增强的只是爱憎分明的情感和理智，而不是犹太性"[1]。1911 年到布拉格任教后，爱因斯坦看到，该城被分为捷克人、德意志人和犹太人三个圈子；他的犹太身份还使他的职位评定一度受挫。在 1914 年移居柏林后，爱因斯坦的观念发生了更大的变化，"我看到那里许多年轻犹太人的苦况，我看到反犹环境如何阻挠他们正常地求学或为争取安全生存而斗争"[2]，"德国今天对犹太人的仇恨表现是如此可怕，以致全国的人都被激励起来反对犹太人"[3]。作为犹太人的特殊经历以及世界主义的理想，使爱因斯坦对德国社会中强烈的反犹主义有着切身体会，他对犹太身份的认同在一步步增强，加之他对德国学校教育中浓厚的军国主义色彩非常反感，为他日后转向犹太复国主义和对德国态度转变做了最初的铺垫。

　　一战的失败使德国人普遍认为是犹太人的阴谋让德国输了战争，德国社会根深蒂固的反犹主义，加上一些有影响的知识分子的鼓噪，使得战后德国社会的反犹浊浪尤为猛烈。1922 年 6 月，爱因斯坦的挚友也是犹太人的德国外交部部长沃尔特·拉特瑙（Walter Rathenau）在柏林被刺身亡。爱因斯坦曾劝说拉特瑙不要担任这一职务，因为他明显感觉到了德国社会对犹太人位居高位的仇视情绪。拉特瑙生前视自己为地道的德国人，而非犹太人，他对犹太复国主义也毫无兴趣。拉特瑙的厄运坚定了爱因斯坦先前的看法，他在 1920 年时就根据自己以往对德国犹太人历史和现状的考察

①　李醒民：《爱因斯坦》，商务印书馆，2005，第 239 页。

②　David. E. Rowe and Robert Schulmann, eds., *Einstein on Politics: His Private Thoughts and Public Stands on Nationalism, Zionism, War, Peace, and the Bomb*, Princeton University Press, 2007, p. 151.

③　阿尔伯特·爱因斯坦：《爱因斯坦全集》（第七卷），湖南科学技术出版社，2009，第 269 页。

指出，同化不能消除反犹主义，反倒会打击犹太人的自信和尊严。① 所有这些经历强化了爱因斯坦的犹太民族认同感，使他将犹太民族的未来寄望于犹太复国主义运动。② 从 1921 年开始，他直接参与到犹太复国主义运动中，与犹太民族的命运真正维系在了一起。于是就有了他 1921 年对美国的访问和 1923 年的巴勒斯坦之行，旅行见闻更坚定了他对建立犹太民族家园的信念。

由于早年在德国的见闻和观感，爱因斯坦从反犹主义的生成机理出发，对德意志民族性进行了深刻的剖析。他在 1920 年撰文指出，"反犹主义的心理根源在于犹太人是自成一体的人的集合这样一个事实……对于幼稚的和缺乏教养的人来说，与众不同就成了仇恨的充足理由"，所以，"反犹主义的动机并非它的真正原因，人们需要一个代人受过者，于是让犹太人来承担过失——他们是出自本能的憎恶的攻击靶子，因为他们属于一个有别于多数人的种族"③。爱因斯坦认为，德国犹太人的同化程度远比俄国犹太人高，他们在德国各个领域的影响力虽然十分强大，但这一点往往被德国反犹分子利用，成为犹太人控制德国的所谓证据；战争所造成的经济危机和物资短缺被很多德国人看作犹太人所致，东欧犹太移民的少数犯罪行为也被故意夸大，成为报刊舆论讨伐犹太人的口实以及政客煽动民众情绪、谋取政治利益的工具。所以：

> 哪怕一百次证明过德国军队在比利时和波兰的所作所为比全部犹太人一切被指控的敲诈勒索对德国的名誉造成了更大的伤害；哪怕证明了全国各阶层战时和战后的行为都是由社会自私动机所驱策——这些都完全于事无补，因为将过失转嫁给全体犹太人，以及荒谬地试图让全世界确信 60 万犹太人在生活的一切领域统治、支配和剥夺了 7000 万德国人，做起来要方便得多。如果反犹分子所声称的东西为真实，那就真的不存在比德国人更软弱、更悲惨、更生活无趣的人了……一部分人仅仅由于血统不同就被当成替罪羊实乃极度缺乏文

---

① 阿尔伯特·爱因斯坦：《爱因斯坦全集》（第七卷），第 264~266 页。
② Albert Einstein, *About Zionism*: *Speeches and Letters*, The Macmillan Company, 1931, pp. 35~43.
③ 阿尔伯特·爱因斯坦：《爱因斯坦全集》（第七卷），第 270 页。

明的标志。①

虽然对德国严重的反犹主义感到义愤填膺，但爱因斯坦仍关心着德国国家的命运与德国普通民众的福祉。针对一战后德国何去何从的问题，爱因斯坦认为，德国的拯救只有一途，那就是迅速而彻底地建立起西方大国那样的民主体制，创立一部民主的宪法，这样才能使权力不致高度统一，才能防止一战重演。他热烈欢呼德意志帝国的倒台和魏玛共和国的建立，并要求惩办战争罪犯。他认为："德国军队犯下了深重的错误，对德国的刻骨仇恨合乎情理。"② 而他对无辜的、处境悲惨的普通群体则充满同情。1920 年，美国公谊会教徒为 50 多万德国儿童提供了食物救济，爱因斯坦给予高度赞扬。1922 年和 1923 年，他又为法德两国尤其是两国知识分子间的和解而奔走，还支持德国加入国联，反对向德国索取过于苛刻的战争赔款。在法国占领德国鲁尔工业区后，为表示抗议，爱因斯坦辞去了他在国际联盟委员会的职务。他解释说，自己的辞职并非出于对德国人的同情心，而是因为不满于国际联盟成为强权政治的工具。爱因斯坦还拒绝参加排斥德国科学家的布鲁塞尔国际物理学会议，他说自己从心理上理解法国人和比利时人为何不愿与德国人碰面，但若像为群众狂热所煽动的群氓那样，"按照各自的国籍或其他肤浅的标准相互对待，对那些具有真正的素养的人来说是不值得的"③。

二　批判德国知识分子

爱因斯坦是一位杰出的具有独立思考精神和大无畏批判精神的公共知识分子，他对自己的社会责任感要求极高，对社会不公和丑恶现象要公开发表意见，否则就觉得自己是在"犯同谋罪"（guilty of complicity）。④ 他认为，面对关系重大的社会政治事务，知识分子不应保持沉默。"德国的

---

① 阿尔伯特·爱因斯坦：《爱因斯坦全集》（第七卷），第 270 页。
② Otto Nathan and Heinz Norden, eds. , *Einstein on Peace*, p. 36.
③ Otto Nathan and Heinz Norden, eds. , *Einstein on Peace*, p. 65.
④ Michel Janssen and Christoph Lehner, eds. , *The Cambridge Companion to Einstein*, Cambridge University Press, 2014, p. 421.

状况表明，不管在任何地方，这样的克制都将导致把领导权不加抵抗地拱手让给那些愚昧无知或不负责任的人。这样的克制难道不是缺乏责任心的表现吗？"① 他还认为，知识分子不仅不能保持沉默，更不能沦为不公和压迫的帮凶。

1914 年 10 月，德国知识界发表了为德国侵略中立国比利时进行辩护的《告文明世界宣言》。该宣言不承认德国的侵略行为有罪，否认德国在比利时犯下的暴行，公然为德国军国主义开脱。有 93 人在该宣言上签字，包括许多有名望的德国科学家、艺术家、作家等，其中就有他的三位亲密同事哈伯、能斯特和普朗克。为反对该宣言，德国的和平主义者乔治·弗里德里希·尼科莱（Georg Friedrich Nicolai）起草了《告欧洲人书》，驳斥了《告文明世界宣言》。仅有 4 人在《告欧洲人书》上签名，爱因斯坦是其中之一。《告欧洲人书》因签名的人太少而并未发表，但它是爱因斯坦一生中签署的第一个政治宣言。他认为，纯粹的自然科学研究对和平主义思想的影响微乎其微，而从事人文科学研究的学者对社会进步的推动作用更大，但他却失望地看到，人文科学研究者如历史学家整体上对和平事业的贡献极少，不仅如此，许多德国历史学家还在一战时鼓吹军国主义和极端爱国主义。②

1915 年 8 月，在写给荷兰物理学家洛伦兹的信中，爱因斯坦说德国的历史学家和语言学家大部分都是狂热的沙文主义者。1915 年 9 月，爱因斯坦访问了旅居瑞士的法国作家、和平主义者罗曼·罗兰，罗兰在日记中称"爱因斯坦难以置信地坦率道出了他对德国的看法"③。爱因斯坦认为，最能表现德国人特性的词语便是"贪婪"，因为他们宣扬歌颂武力征服，军方和企业界欲壑难填，而德国的知识分子赫然分为两个群体：纯粹追求科学的自然科学家是宽容的，历史学家和文学家则充满了爱国狂热。受学校奴性教育的误导，德国民众对国家只是盲目服从。所以，爱因斯坦并不指望德国会主动改过自新。爱因斯坦希望协约国取得胜利，摧毁普鲁士的专制强权。他梦想着分割德国：一方是南德意志和奥地利，另一方是普鲁

① Otto Nathan and Heinz Norden, eds., *Einstein on Peace*, p. 218.
② Otto Nathan and Heinz Norden, eds., *Einstein on Peace*, p. 55.
③ Otto Nathan and Heinz Norden, eds., *Einstein on Peace*, p. 14

士。在 1917 年 8 月回复罗兰的信中，爱因斯坦仍然坚持只有德国战败后严苛的现实才能警醒受蒙骗的德国民众，单单依靠言辞是毫无希望的，因为连有教养的德国知识分子都深陷其中，何况普通民众？！

作为科学家如此频繁地参与社会和政治事务在当时是极少见的，爱因斯坦所大力倡导的和平主义、自由民主对许多德国人来说难以接受，在大学以及科学界，爱因斯坦遭到了许多恐吓和敌意。一些持极端民族主义的大学生还公然扰乱爱因斯坦在柏林大学的课堂，有人甚至叫嚣要"割断那个臭犹太人的喉咙"①。在德国知识界一些反犹主义、极端民族主义和法西斯主义分子的策划下，还上演了一出恶毒攻击爱因斯坦及其相对论的丑剧。1920 年 8 月，一个名为"德国自然研究者保持科学纯洁工作小组"的组织在柏林举行了公开反对相对论的集会。该组织的头目是保罗·魏兰德（Paul Weyland），此人在科学界默默无名，是个不折不扣的政治小丑。魏兰德纠集一些颇有名望的德国科学家，包括勒纳德和斯塔克，这两人都是诺贝尔奖获得者，且都有顽固的种族反犹主义倾向。他们沆瀣一气，宣扬"科学是由种族血缘决定的"，将爱因斯坦的相对论说得一无是处，称其是"犹太科学"，对科学发展毫无助益，甚至会腐蚀德意志民族精神。勒纳德还游说诺贝尔评奖委员会，竭力阻止爱因斯坦获得诺贝尔奖。从 1910 年开始，爱因斯坦几乎每年都获提名，但直到 1922 年才获得诺贝尔奖，部分科学家出于爱因斯坦的犹太身份而进行阻挠，也是一大原因。②

爱因斯坦对当时德国知识界那狭隘的民族主义深感失望，加之随着纳粹在德国的逐渐得势，使他对德国的看法悄然发生着变化，但他依旧对德国时局抱有一丝乐观。为了人身安全，也为了延续学术生命，1932 年夏，爱因斯坦接受邀请准备赴美加入新成立的普林斯顿大学高等研究院，同时他还设想，若纳粹仅为一时猖獗，那么他仍可能返回自己的故乡德国。但 1933 年 1 月希特勒上台后，开始实施一系列疯狂迫害犹太人的政策，德国知识界陷入整体沉默，"德国学界许多著名人物屈服于纳粹的暴政和纳粹

---

① Klaus P. Fischer, *The History of an Obsession： German Judeophobia and the Holocaust*, Continuum International Publishing Group, p. 183.

② Fred Jerome and Rodger Taylor, *Einstein on Race and Racism*, Rutgers University Press, 2005, p. 4.

的胜利"①。3月，他在美国发表了不回德国的声明，表示自己只想生活在存在公民自由、宽容和全体公民平等的国家。他希望健康的气氛能在德国恢复，他还希望"在未来的岁月，像康德和歌德这样的德国伟人，不仅将时常受到赞美，而且将永远受到尊敬"②。形势急转直下，3月20日，纳粹冲锋队借口爱因斯坦私藏共产党的武器，悍然搜查他在柏林近郊的别墅，抢走里面所有的物件，冻结了他的银行账户。爱因斯坦闻讯在赴欧洲中途的公海上发表声明，直斥这"不过是现在发生在整个德国的肆无忌惮的暴力行为中的一例而已"③。

1933 年 3 月 28 日，爱因斯坦从美国返回欧洲后，立即向普鲁士科学院递交了辞呈。和爱因斯坦递交辞呈差不多同时，他的好友普朗克也在给爱因斯坦的信中建议他辞职，普朗克说这种方式可"使爱因斯坦的朋友免遭无法估量的麻烦"④。爱因斯坦痛心于普朗克竟也受到了德国国内反对爱因斯坦声势的影响，因为正是普朗克在二十年前力劝爱因斯坦接受普鲁士科学院院士职位。与此同时，普鲁士科学院也指责他在国外散播关于德国的不实消息，意在诬蔑中伤德国。巴伐利亚科学院向爱因斯坦提出了令其辞去通讯院士的要求。爱因斯坦做了这样的回复：

> 一个科学院的首要目标是保护和丰富一个国家的科学生活。但据我所知，当众多学者、学生以及在学术上训练有素的专家被剥夺职业和生计时，德国学术团体却漠然视之、不发一言。我不愿属于任何一个以这样的方式行事的团体，即使它是在压力下如此做的。⑤

爱因斯坦认为，希特勒的上台，是德国知识分子的严重失职。在他看来，众多著名的德国知识分子之所以没有尽到责任，是因为他们完全丧失了对正义和真理的热爱，"这就是劣等智识的邪恶个人能够攫取权力并用

---

① Denis Brain, *Einstein: A Life*, John Wiley & Sons, Inc., 1996, p. 333.

② Otto Nathan and Heinz Norden, eds., *Einstein on Peace*, p. 211.

③ Otto Nathan and Heinz Norden, eds., *Einstein on Peace*, p. 213.

④ Otto Nathan and Heinz Norden, eds., *Einstein on Peace*, p. 217.

⑤ Otto Nathan and Heinz Norden, eds., *Einstein on Peace*, p. 216.

他们卑劣的思想教训民众的唯一原因"①。没有能够制止纳粹上台是"德国
所谓的知识贵族的彻底失败"②，不仅如此，在德国，受过高等教育的知
识分子也对犹太人抱有深深的偏见，他们在科学理论上支持反犹主义，
从种族立场出发创立所谓"科学种族主义"。在纳粹上台前，德国许多
大学开设有种族卫生学和种族医学课程，种族卫生学成了德国医学界
的正统，种族观念得到了众多德国大学教授的拥护。③ 不仅是爱因斯坦
的相对论，他的朋友、犹太裔思想家弗洛伊德所创立的精神分析学也
被一些有名望的德国科学家攻击为"犹太科学"④。德国知识分子的右
翼极端言论和著述为希特勒的反犹屠犹提供了理论来源，在"希特勒、
墨索里尼及其党徒一致的攻击而带来的文明毁灭中，知识分子也成为
共谋者"⑤。

三　决裂纳粹德国

在 1933 年 4 月 6 日给普朗克的信中，爱因斯坦驳斥了德国新闻界对他
的控告，他直陈自己之所以在海外抨击纳粹迫害犹太人的行径，是因为德
国正在灭绝毫无防备、手无寸铁的犹太人，为了同胞的安危，他不得不使
用自己在世人眼中可能具有的任何影响。⑥ 很快，爱因斯坦在德国的财产
被没收，书籍和论文也被纳粹在柏林国家歌剧院门前当众焚毁，他也被纳
粹视为"国家敌人"予以悬赏重金捉拿，且面临被暗杀危险。纳粹还发布
了一部名为"国家敌人"官方照片名册，在爱因斯坦的照片下面注明"还

---

① Otto Nathan and Heinz Norden, eds. , *Einstein on Peace*, p. 220.

② Helen Dukas and Banesh Hoffman, eds. , *Albert Einstein*, *the Human Side*：*New Glimpses from His Archives*, p. 55.

③ George J. Annas and Michael A. Grodin, eds. , *The Nazi Doctors and the Nuremberg Code*：*Human Rights in Human Experimentation*, Oxford University Press, 1992, pp. 19 – 20.

④ Wolfgang Müller – Funk, Ingrid Scholz – Strasser and Herman Westerink, eds. , *Psychoanalysis*, *Monotheism and Morality*, Leuven University Press, 2013, p. 40.

⑤ 埃利斯·桑多兹：《沃格林革命：传记性引论》，徐志跃译，上海三联书店，2012，第 83 页。

⑥ David. E. Rowe and Robert Schulmann, eds. , *Einstein on Politics*：*His Private Thoughts and Public Stands on Nationalism*, *Zionism*, *War*, *Peace*, *and the Bomb*, p. 274.

未绞死"。① 但爱因斯坦并不惧怕，他称自己最放心不下的就是和平以及犹太人的福祉，他也放弃了绝对的和平主义观点，认为每一个公民都应该服兵役，"为捍卫欧洲文明做出贡献"②，他呼吁人们正视新的战争危险并武装起来反抗纳粹德国。在给另一位德国物理学家也是他的好友冯·劳厄（Max von Laue）的信中，爱因斯坦称德国是"你们的国家"，他说自己即使养尊处优，也不可能继续留在德国，不过他对劳厄和其他几个人的友谊和情感依然坚固。在赴美国前，爱因斯坦曾向人说起他"不需要与德国有任何联系"。③

身在美国的爱因斯坦清楚欧洲犹太人的遭遇，但他无能为力，他所能做的就是继续抨击纳粹德国的专制独裁统治，揭露犹太人被残酷迫害的黑暗现实，同时也尽其所能地积极帮助犹太人逃离德国。无数犹太同胞惨遭杀戮使他无法平静。1943 年 5 月 8 日，华沙犹太人居住区在德军优势兵力的疯狂进攻下最终陷落，一万余名犹太人阵亡。事实上，这场针对犹太人的屠杀，只是二战中纳粹德国灭绝犹太人的一部分。在第二年出版于纽约的《波兰犹太协会公报》上，爱因斯坦发表了致华沙犹太区战斗英雄的简短文字。爱因斯坦歌颂了华沙犹太人不畏强敌、奋起抵抗的英雄气概，随后，他写下了这样一段文字：

> 如果世界上还有正义，如果世界各国的集体责任感还没有从地球上完全死灭的话，那么作为整个民族，德国人要对这些大规模屠杀负责，并且必须作为一个民族而受到惩罚。站在纳粹党背后的，是德国人民，在希特勒已经在他的书和演讲中把他的可耻意图说得清清楚楚而没有发生误解的可能之后，他们把他选举出来。德国人是唯一没有试图做过任何认真的抵抗来保护无辜的受害者的民族。当他们被彻底击败，开始哀叹自己命运的时候，我们必须不让自己再受欺骗，而应当牢记住：他们曾经存心利用别人的人性，来为他们最近的并且是最

---

① Jamie Sayen, *Einstein in America: The Scientist's Conscience in the Age of Hitler and Hiroshima*, Crown Publishing Group, 1985, p. 17.

② Denis Brain, *Einstein: A Life*, p. 249.

③ Otto Nathan and Heinz Norden, eds., *Einstein on Peace*, p. 234.

严重的反人性罪行做准备。①

爱因斯坦并没有单单无情鞭挞希特勒和纳粹党以及德军的罪行，而是将整个德意志民族也放在了审判席上。他严厉拷问整个德意志民族，认为不单是希特勒和纳粹党，整个德意志民族都要为纳粹屠杀犹太人负责，并受到惩罚。他还提醒人们警惕德国人的惯用伎俩，防止其东山再起。

爱因斯坦的这一观点发表于 1944 年，半个世纪后的 1996 年，美国学者丹尼尔·乔纳·戈德哈根（Daniel Jonah Goldhagen）出版了《希特勒的志愿行刑者：普通德国人和大屠杀》一书。该书的基本观点是：在纳粹德国对犹太人的集体屠杀背后，都有大多数普通德国民众的积极参与；在反犹灭犹上，普通德国人是自觉自愿的，而非被动服从地去执行屠杀命令。②我们不知道戈德哈根是否受到爱因斯坦观点的影响，但在当时，爱因斯坦的这一判断的确耐人寻味。在 1945 年的一封回信中，他指出，德国人屠杀了几百万犹太人，而毫无认罪悔过，所以世人不应再被德国人在一战结束后所表演的"眼泪运动"所欺骗。爱因斯坦"坚决反对任何重新唤醒犹太民族温和感情的企图"③，主张严惩德国。他认为，人的观念和价值观是最难改变的，所以他确信短期内不可能通过教育来改变德国的侵略精神，必须对德国采取切实可行的措施，才有希望使德国不可能发动新的侵略战争。他基本赞成盟军的对德政策，以削弱德国的工业生产能力，使德国不再有发动战争的危险。他说："我不赞成报复，而是主张采取一种最为安全的政策，以使德国人不再具有恢复侵略能力的可能性；这种保证不可能通过道义劝说实现。"④爱因斯坦的态度从未改变，他虽然痛恨德国，但在有效防止德国重新武装的前提下，他并不反对国际社会重新接纳德国，也不反对重建德国经济。

对于无比热爱和平、珍爱生命的爱因斯坦来说，几百万犹太同胞的惨死使他对德国的态度发生了根本转变。他不仅继续谴责纳粹时代的德国，

---

①　Albert Einstein, *Ideas and Opinions*, Wings Books, 1954, pp. 212 – 213.

②　参见 Daniel Jonah Goldhagen, *Hitler's Willing Executioners: Ordinary Germans and the Holocaust*, Alfred A. Knopf, Inc. , 1996。

③　Ronald W. Clark, *Einstein: The Life and Times*, Avon Books, 1984, p. 729.

④　Otto Nathan and Heinz Norden, eds. , *Einstein on Peace*, p. 367.

还决意不以任何方式与战后的德国发生任何关系。二战后，爱因斯坦多年的挚友、在慕尼黑大学任教的物理学家阿诺尔德·索末菲（Arnold Sommerfeld）邀请爱因斯坦重新进入巴伐利亚科学院，索末菲为此积极奔走，巴伐利亚科学院此时也答应收回错误决定。但爱因斯坦不愿和解，他这样表明态度："德国人屠杀了我的犹太人兄弟，我永远不会再与他们有任何联系，即使是一个不怎么有害的科学院亦如此。"① 1948 年年底，爱因斯坦拒绝了德国物理学家奥托·哈恩（Otto Hahn）邀请他参加新组建的马克斯·普朗克学会的建议。哈恩曾就纳粹对犹太学者的迫害表示抗议，是爱因斯坦心中的德国少数正义之士。爱因斯坦赞赏哈恩的义举，珍视与哈恩的友谊，但他认为：

> 德国人所犯的罪行，是所谓文明国家的历史有记载以来为最可恶的。德国知识分子作为一个整体的行为，并不比这群暴徒来得好。他们至今没有什么歉疚的表示，也没有真诚的意愿做出即使是微小的行动来恢复大规模屠杀造成的巨大破坏。鉴于这种情况，对于加入代表着德国公共生活的任何领域的任何组织，我都无法抑制我的厌恶之情。②

爱因斯坦的决绝立场是一贯而明确的。1948 年 3 月，他拒绝成为德国世界政府协会荣誉会员；1949 年 2 月，他拒绝成为他的出生地乌尔姆的荣誉市民；1950 年 6 月，他不允许纽约的新社会研究学院以他的名义设立奖学金，因为他绝不与战后德国的公共事务进行合作；1952 年 2 月，他拒绝接受西柏林名誉市民称号；1953 年 2 月，他拒绝成为国际拒服兵役组织德国分会的名誉会员；1952 年 12 月，他拒绝成为西柏林市荣誉市民。爱因斯坦曾在 1951 年致德意志联邦共和国总统西奥多·豪斯（Theodor Heuss）的回信中坚持："由于犹太民族遭受过德国人的大屠杀，因此显然，一个

---

① David. E. Rowe and Robert Schulmann, eds., *Einstein on Politics*: *His Private Thoughts and Public Stands on Nationalism*, *Zionism*, *War*, *Peace*, *and the Bomb*, p. 35.

② Paul Lawrence Rose, *Heisenberg and the Nazi Atomic Bomb Project*: *A Study in German Culture*, University of California Press, 1998, p. 319.

自尊的犹太人不可能以任何方式去与任何德国官方机构发生联系。"[1] 爱因斯坦甚至不允许他的著作再次在德国出售，也不允许他的名字再次出现在德国任何科学协会的卷册上。[2] 自 1933 年爱因斯坦离开德国后，他终生也未再返回德国，仅同少数德国友人保持联系。

1946 年，针对德国投降条款是否过于严苛的问题，芝加哥大学教授米德尔多夫呼吁战胜国减轻对德惩罚力度。在经过慎重的调查和思考后，爱因斯坦拒绝了这一建议，他的结论是，任何人若对此建议表示明确支持，那么德国纳粹就有可乘之机，并利用人们的同情，继而死灰复燃。他写道："有罪者和无辜者都应受到同样的惩罚"[3]。他解释说，如果减轻对德严苛条款，那么德国的"有罪者"和那些"无辜者"就会同时受益；他还估计德国有罪者和无辜者的比例高达 10∶1。一直到去世，爱因斯坦对德国的决绝态度都未有明显改变。

结　语

爱因斯坦终生坚持世界主义以及温和开放的民族主义，认为"人类的福祉必须高于对自己国家的忠诚"[4]，可以说，狭隘的民族主义与爱因斯坦是绝不相干的。生活遭际和学术经历中的反犹主义，使他对犹太民族的认同感逐渐回归并增强。在为世界和平、反对战争而奔走呐喊的同时，他将自己与犹太民族的前途命运也紧紧联系在一起，自觉把为犹太民族谋取福祉作为自己社会活动的一个重要组成部分。德国纳粹对犹太民族的大屠杀，使身为犹太人的爱因斯坦从民族感情上永远无法谅解德国。

爱因斯坦认为，知识分子是社会的良心，代表着国家和社会最高的智识和理性，如果知识分子失去操守，对不公和压迫漠然视之，甚至与专制权力和野心家同流合污，充当起迫害者的角色，则预示着整个社会的彻底

---

[1] Peter C. Aichelburg and Roman U. Sexl, eds., *Albert Einstein: His Influence on Physics, Philosophy and Politics*, Friedr. Viewg & Sohn, 1979, p. 175.

[2] Walter Isaacson, *Einstein: His Life and Universe*, Simon & Schuster, Inc., 2007, p. 506.

[3] Denis Brain, *Einstein: A Life*, p. 349.

[4] Otto Nathan and Heinz Norden, eds., *Einstein on Peace*, p. 101.

沉沦。所以，虽然他一生宽容待人，秉持温和、人道的处事观，但对知识分子却有着很高的道德和良知要求，当德国的知识分子整体上远离了他的这种期望，甚至变相支持希特勒的种族主义和反犹灭犹计划后，爱因斯坦也就从内心深处斩断了与德国整个国家的任何情感纽带。

从某种程度上看，爱因斯坦的决绝态度也是一种在健全的理智和必要的感性交织下所生发出的再正常不过的感情。他的许多亲人在意大利惨遭杀害，他的侄女莉娜·爱因斯坦（Lina Einstein）死于奥斯维辛，另一个侄女贝莎·德雷福斯（Bertha Dreyfus）死于舍森斯塔特。[①] 爱因斯坦那疾恶如仇、爱憎分明的文字发人深省，在民族感情和理性宽容之间，他保持了足够的张力。或许正如他在 1929 年时对自己分析的那样，他说在人类事务方面，自己的感情比理智起着更加决定性的作用。[②]

德国也没有忘记其对爱因斯坦曾经造成的巨大伤害，2005 年，德国政府将爱因斯坦在 1931 年发表的名言"国家是为人而建立，而人不是为国家而生存"刻在联邦政府大楼上，以纪念爱因斯坦逝世五十周年。战后的德国通过真诚的悔罪和反省历史，赢得了世人的谅解。在民间层面，以德国历史学家为代表的一代德国知识分子在二战后努力反省纳粹种族思想，揭露德意志民族的弊端，彰显出知识分子应有的风骨。回望爱因斯坦曾经的批判和反思，他的某些观点或引起争议，但也对战争罪责、国家与个人的关系以及国民性等问题提供了永恒的思考。

---

① Abraham Pais, *Subtle is the Lord*：*The Science and the Life of Albert Einstein*, Oxford University Press, 2005, p. 12.

② Otto Nathan and Heinz Norden, eds., *Einstein on Peace*, p. 100.

第三编　犹太历史与文化

Why I Study Jewish History and Culture

Jerold Gotel

Being born a Jew and raised in a religious family with a very traditional and classical Jewish education it never occurred to me until I was much older to ask the question why I study Jewish subjects.

But in the short time I want to convey to you the passion I have for the subject and hope that it will stimulate and awaken something in you something that will make you want to know more about Jews and their culture, history and religion.

Many non – Jews that I have met as well as Jews have frequently asked me the following questions.

How could such a small people without a homeland of its own maintain its physical existence and distinct identity for over 2, 000 years until the re – establishing of its state in1948. They had no army no political institutions and no power; they were exiled among all the nations of the world scattered in small communities, persecuted and often murdered by their neighbors. In the middle of the 20th century approximately 6 million Jews were put to death in Europe. They gave the world the Bible, the greatest work of literature known to man; two world religions, Christianity and Islam; some of the fundamental thinkers of the Modern world (Marx, Freud, Einstein, Sergey of Google and Mark Zuckerburg of Face book). Jews are 2% of world population with 22% of Nobel Prizes in 20th Century, 49% of world chess masters.

Israel, a small country with a population of just under 8 million has one of the strongest economies of the developed, a startup nation in the forefront of cutting and advanced technologies.

Winston Churchill wrote, "Some people like the Jews, and some do not. But no thoughtful man can deny the fact that they are beyond question the most formidable and the most remarkable race which has ever appeared in the world".

Lord William ReesMogg, the former editor of the LONDON TIMES and a most influential and respected voice in British politics today wrote "One of the gifts of Jewish culture to Christianity is that it has taught Christians to think like Jews. Any modern man who has not learned to think as though he were a Jew can hardly be said to have learned to think at all." Lord ReesMogg is not Jewish.

So what lies behind this people and their history? I want to emphasize a few points which I hope will stimulate your curiosity.

(1) Jews in fact are an ordinary people who have led extraordinary lives. Why extraordinary lives? Because from the very beginning of our history, the first Jew, Abraham was called upon to leave the comfort of his home and go to a more backward and primitive country and in that less developed land to embrace an idea which was revolutionary for the time. The idea of Monotheism, the one God, who created the world and created a human being in love and endowed him with free will, would eventually lead to the rise of Christianity and Islam.

Throughout their history Jews were the outsiders, not conforming to the thoughts and habits of their neighbors. In the modern period Judaism Challenged the direction of modern thought. The modern world has steadily reduced the sphere of individual moral responsibility. Human behavior is seen as a product of impersonal forces over which the individual has no control—economic or social forces. Change is beyond the control of the individual. Nature is blind to man's hopes. It is no wonder that modern man lives in anguish and despair. Judaism rejects this kind of thinking.

(2) Judaism is a meaning seeking and environment creating culture. Judaism is not driven by causes. We are driven purpose. Judaism was not, and is not driven by genetics or social engineering but by free acts of will and a deep sense of responsibility. Judaism creates families, communities, and societies around the

ideals of love faithfulness and trust. An idolatrous culture is one that sees reality in terms of impersonal forces. A Jewish culture is one that insists on the ultimate reality of the personal. The very name of Israel means to struggle with God and not to be defeated.

(3) We become what we believe. Experiments show that when teachers have high expectations of their students the students go on to do well. When they have low expectations, they do badly. No religion, no culture, no civilization has ever had higher expectations of the human person than Judaism. Our history and culture teaches us that we are created in the image and likeness of God blessed with free will and intellect. If Jews are extraordinary it is not because of who or what we are. It is because of what we are called on to be.

Einstein wrote "The pursuit of knowledge for its own sake, an almost fanatical love of justice and the desire for personal independence. These are the features of the Jewish tradition which make me thank my stars I belong to it."

(4) For over 2000 years Jews have been without a land, without political social or economic power over their own destinies. As a 4000 years old people we have watch many empires rise and fall. To defend a country, you need an army. To defend an identity, you need education. Education is the main force to keep the identity in Jewish history. Judaism is not about creeds and theologies; not about philosophies and abstract thinking. It is not about faith thought but faith lived.

If one had to summarize the essentials of the Judaism one could use three categories:

Creation, Revelation and Redemption.

On Shabbat, the day of rest, Jews relive the Creation. On Shavuot, we relive the revelation at Sinai by studying the Torah. By doing good deeds and trying to change the world, hastening the coming of the Messiah and glorious period envisioned by the prophet Isaiah, by changing the world, Jews look forward to the redemption.

A story about Rabbi Salanter one of the great 19th century European Rabbis.

"When I was a young man I wanted to change the world. I tried but the world did not change. So I concentrate on changing my town. But my town did not change. Then I turned to my family but my family did not change. Then I realized that I must change myself."

This has been the story of Jewish history and culture since the days of Abraham and Sarah when they left their zone of comfort to enter into a fractured and strife ridden world and their refusal to accept the status quo. We can change the world because we can change ourselves.

为什么学习犹太历史与文化

杰瑞德 著 （伦敦犹太文化研究中心）

吉 喆 译 （河南师范大学历史文化学院）

作为一个成长在宗教家庭并接受过传统教育的犹太人，直到日益年迈时，我才开始问自己为何要研究犹太问题。

我想把自己研究犹太问题的热情在短时间内传递给大家，希望能够激起大家对犹太问题的热爱，这将使你们更加了解犹太历史、文化和宗教。

我遇到的很多非犹太人和犹太人都经常问我这个问题：这样一个没有自己国家的小群体在直到 1948 年以色列建国的 2000 多年里如何维系自身生存及其独特身份？他们没有军队、政治机构和权力；他们遍布世界各地，分散在小社团中；他们经常遭受邻居的迫害……20 世纪中叶，欧洲大约有 600 万犹太人遭到屠杀。这就是悲剧发生的背景。他们给世界带来《圣经》——人们公认的最伟大的文学作品；他们促使两大世界性宗教形成——基督教和伊斯兰教；他们中有一些非常著名的人物：马克思，弗洛伊德，爱因斯坦，谷歌公司创始人谢尔盖·布林，Facebook 创立者马克·扎克伯格。犹太人只占世界人口的 2%，但 20 世纪诺贝尔奖获得者中的 22% 以及国际象棋大师中的 49% 都是犹太人。

以色列虽是一个人口不足 800 万的小国，却是一个经济强大、科技领先的创业国度。

温斯顿·丘吉尔曾写道："有些人喜欢犹太人，有些人则不然。但凡有思想的人都不会否认这样一个事实：犹太民族是世界上最强大、最卓越的民族。"威廉·雷斯莫格男爵——《伦敦时报》的前任编辑以及当今英国政界最有影响力和最受尊重的人，他曾写道："犹太文化给予基督教的一个礼物是它教给基督徒怎样像犹太人那样思考。任何一个现代人如果不学习犹太人的思考方式，那么可以说他根本不会思考。"威廉·雷斯莫格并不是犹太人。

犹太人及其历史究竟是怎样的呢？我想强调以下几点并希望能够激发你们的兴趣。

1. 事实上犹太人也是普通人，只不过他们过着一种独特的生活。为什么说是独特的生活呢？因为从犹太历史的开端，第一个犹太人——亚伯拉罕受神启示离开舒适的家园，前往一个落后和原始的地方。正是在这块不发达的土地上，他接受了当时非常具有革命性的观念——一神教思想。信仰一神，神创造了世界并创造了人类，神赋予人类自由的意志，最终导致基督教和伊斯兰教兴起。

历史上，犹太人一直是被排除在主流社会之外的人，他们从不遵从邻居的思想和习惯。在现代，犹太教挑战现代思想的发展方向。现代世界已逐步缩小个人道德责任的范围。人的行为被视为非人为因素的产物，个人没有控制能力。"经济与社会因素"超越了个人控制。自然不以人的意志为转移。这就是为什么现代人生活在痛苦与绝望中。犹太教拒绝这种想法。

2. 犹太教是一种寻求意义、创造环境的文化。它既不受原因驱使，也不受遗传学或社会工程作用，指导我们的是自由意志和深深的责任感。犹太教围绕忠诚的爱和信任创造了家庭、社团和社会。偶像崇拜文化是透过非人为因素看到现实，而犹太文化则是个人的终极现实。以色列的名字意味着与神斗争并且不被打败。

3. 我们能够成为理想中的那样。实验证明当老师对学生寄予很高期望时，学生能够表现良好。反之，当老师对学生期望很低时，学生则表现很差。没有任何一种宗教、文化以及文明比犹太教对人们寄予的期望更高。我们的历史和宗教告诉我们：我们是依照上帝的形象创造的，有自由意志和智慧。如果说犹太人是独一无二的，那并不是因为我们是犹太人，而是因为我们叫作"犹太人"。

爱因斯坦写道："追求知识、热爱正义、渴望独立是犹太传统的特点，它们使我为自己的犹太身份感到自豪。"

4. 两千多年来，犹太人既没有自己的土地，也没有政治、社会和经济权力。作为一个有着四千年历史的民族，犹太人见证了很多帝国的兴亡。为了保卫国家，就必须有一支军队；为了维系身份认同，就必须接受教育。教育是犹太历史上保存民族认同的主要力量。犹太教既不是关于教义和神学的，也不是关于哲学和抽象思维的。它不是关于信仰的思考，而是关于信仰的生活方式。

可以用以下三点概括犹太教的基本要素：创造、启示和救赎。

安息日是休息的日子，犹太人可以重温创世的故事。在七七节，犹太人通过学习《托拉》重温在西奈山接受启示的故事。通过善行、努力改变这个世界的运作方式，加速弥赛亚和先知以赛亚设想的辉煌时代的到来。通过改变世界，犹太人期待着救赎。这是我们实践中造就的真理。

19 世纪欧洲著名拉比 Rabbi Salanter 的故事："当我年轻时想改变世界。我曾经尝试过，但世界并没有因此改变。之后我就改变我所在的城镇，但我所在的城镇也没有变化。然后我就转而改变我的家庭，但我的家庭也没有变化。最后我意识到必须先改变自己。"

这就是自亚伯拉罕和撒拉开始的犹太历史与文化，当他们离开舒适的家园来到一个断裂和冲突的世界后，他们拒绝接受现状。我们能够改变世界，因为我们能够改变自己。

原文发表于傅有德主编《犹太研究》第 12 辑，山东大学出版社，2013。

什么构成犹太国的犹太性

宋立宏

（南京大学哲学宗教学系犹太－以色列研究所）

以色列是众所瞩目的国家。无论在当代全球政治变局，还是千年世界文化格局中，以色列这个"犹太国"的特殊位置都无须赘言。关于以色列的中文书越来越多，不少还是以色列人写的。我为什么感到有必要再来组织翻译丹尼尔·戈迪斯这本关于以色列的新书？[①]

本书是以色列通史，原著出版于 2016 年。我国上一本以色列通史译著的原著出版于 2002 年。[②] 这十几年来，巴以和谈陷入僵局，巴勒斯坦人的第二次大起义（"因提法达"）让巴勒斯坦人和以色列人之间的隔阂愈益加深。和平既然无望，以色列人开始更多地向内看，以往被巴以冲突多少遮蔽的以色列犹太人内部的社会矛盾日益突出。

以色列 1948 年建国后，生活在阿拉伯国家的犹太人遭驱逐而移民以色列，这些东方犹太人（Mizrachim）的体征、文化与习俗迥异于欧洲裔的阿什肯纳兹犹太人（Ashkenazim）[③]。欧洲白种犹太移民建国前就来到巴勒斯坦，此时大权在握的他们免不了歧视和剥削东方犹太人，让后者心生怨恨。进入 21 世纪后，东方犹太人的后代不仅在人数上早已赶超阿什肯纳兹犹太人，政治势力举足轻重，文化影响也正在扩大。虔诚的东方犹太人不仅与世俗化的阿什肯纳兹犹太人矛盾重重，更与约 100 万来自苏联的几乎

---

① Daniel Gordis, *Israel*：*A Concise History of a Nation Reborn*，Ecco，2016. 中译本将由浙江人民出版社出版，本文是中译本跋。

② 阿伦·布雷格曼：《以色列史》，杨军译，东方出版中心，2009；Ahron Bregman, *A History of Israel*，Palgrave Macmillan，2002.

③ 阿什肯纳兹犹太人的起源问题学界多有争议，对近期研究的一个概括，参见 David N. Myers, *Jewish History*：*A Very Short Introduction*，Oxford University Press，2017，pp. 32 – 33.

没有任何信仰的犹太移民判若油水。由此产生的政治、文化斗争颇有愈演愈烈之势。

大多数阿什肯纳兹犹太人虽然世俗化了，但他们中仍有一小部分所谓的哈瑞迪人（Haredim）顽强抵制现代世俗文明，以独特的服饰和自成一体的居住区刻意与世俗世界划清界限，力主犹太教自古以来的神圣启示一点一划都不可废弃。其中有些人更坚持神权政治或异族统治的理念，视犹太复国主义者的建国大业为渎神的洪水猛兽，他们反对以色列政府，其不遗余力的程度，即使与巴勒斯坦人相比，也是有过之而无不及。以色列建国时，哈瑞迪人的数量微不足道，政府便网开一面，免除了他们的兵役。但近年来，由于高生育率，以及部分东方犹太人的加入，哈瑞迪人口迅速攀升，政治和经济势力已不可小觑。他们的拒服兵役以及他们的世界观造成了以色列社会的严重分化。

与哈瑞迪人相比，来自埃塞俄比亚的犹太移民人数更少。黑皮肤使他们的犹太身份广受质疑，或明或暗的种族歧视令他们长期沉沦于社会底层。近年来他们以暴乱为形式的反抗不时见诸报端。

以色列犹太人的内部矛盾不仅根植于不同的籍贯和文化传统，也来自不同的现实主张。对于1967年以后约旦河西岸涌现的犹太定居点，有的以色列人视之为保障国家安全的必要屏障；有的坚持认为去那里定居只是重新回到圣经时代神的"应许之地"；有的则警告一旦把那里大量的巴勒斯坦人纳入统治，犹太国的犹太性就会瓦解。每个人都认为自己的主张最有利于国家利益，捍卫自己立场的决心也就更加坚定，故而这个问题不仅是巴以和谈中最棘手的问题之一，还是以色列国内最具争议的问题之一。

戈迪斯此书写于这类内部矛盾越来越多地进入人们视野之际，对它们的来龙去脉做了见树见林的交代，这是有别于同类著作的特色之处。因此，本书并非又一部顶着通史名号的阿以战争史、巴以冲突与和谈史，再加犹太移民史，而是在此基础上对整个以色列社会的鸟瞰。作者想谱写的，不是以军乐为主的铜管乐，而是多声部的交响乐；作者想捕捉的，与其说是政治事件、军事行动、谈判桌、协议内容、营救策略，不如说是这些东西背后的人、他们的性格、他们的观念。

　　戈迪斯此书也写于巴以冲突调和无望之际。事实上，自 20 世纪 80 年代起，一批以色列学者根据以色列和英国的解密档案陆续写出了一批实证性著作，挑战了关于犹太复国主义的主流叙事，其影响之大以至于今日要讲述以色列的故事，就不得不面对两种深刻对立并仍在交锋的叙事：犹太复国主义的本质，究竟是一场犹太人发起的殖民运动——就像这批"新历史学家"（New Historians）所主张的，还是一场犹太民族的自我解放运动——就像传统观点所坚持的？相应地，以色列国有没有扮演殖民压迫者的角色？是不是它所自我标榜的民主国家？这种争论多少可以视为对巴以冲突延伸进学术领域的折射，哪怕争论双方基本是以色列人。①

　　戈迪斯对这场争论的态度，书后的引用文献就有反映。就"新历史学家"的旗手而言，对于主张巴勒斯坦人的视角不能忽视、中文世界也有译介的艾兰·佩普（Ilan Pappe）②，他只引了一篇论文，还是转引自他人文章。对于写出以色列与阿拉伯世界关系的巨著、认为以色列在绿线之外的殖民活动是构成巴以和谈主要障碍的阿维·施莱姆（Avi Shlaim），③ 他没有引。他倒是大量引用了"新历史学家"一语的发明者本尼·莫里斯（Benny Morris）的观点，但在 2000 年巴勒斯坦人第二次大起义爆发后，莫里斯已经戏剧性地从政治左翼转向了政治右翼——这也是不少以色列人思想转变的一个缩影。

　　当然，不同于新历史学家，戈迪斯对以色列的社会与文化更有兴趣；而较之传统叙事，他更在意追溯"犹太国"的观念史，在裁剪史料时更偏好表现以色列人集体记忆中的关键事件，因而更善于揭示政治行为背后的民意，更擅长捕捉以色列人心态的演变轨迹。戈迪斯在很多人眼中属于温和的保守派，他大体上似乎在走中间路线：既不回避以色列的恶行，也不吝于赞美它的善举。毫无疑问，关于以色列的过去，争论永远不会结束。

① 关于争论的文献，参看王健《艾兰·佩普与以色列"新历史学家"学派（译者序）》，载艾兰·佩普《现代巴勒斯坦史》（第二版），王健、秦颖、罗锐译，上海人民出版社，2010，第 I ~ XV 页；李晔梦：《"新历史学家"对以色列传统史学的挑战》，《史学理论研究》2015 年第 2 期，第 45 ~ 54 页。

② 参见艾兰·佩普《现代巴勒斯坦史》，上海人民出版社，2010；依兰·帕普：《以色列理念：权力与知识的历史》，张金凤译，解放军出版社，2016。

③ Avi Shlaim, *The Iron Wall：Israel and the Arab World*, Penguin Books, 2014.

但如何记忆过去在很大程度上取决于当下的现实，也包含了如何塑造未来的设想，这是更值得我们关注和思考的。

戈迪斯 1959 年生于纽约市一个犹太书香门第，家学渊源深厚，祖父是美国保守派犹太教的领袖和著名学者，叔叔是当今美国犹太社团的领袖拉比之一。① 他儿童时代就在以色列生活过几年，后来在美国完成高等教育，39 岁时举家移民以色列，目前任教于耶路撒冷的沙莱姆学院（Shalem College），这是以色列第一所按照美国常青藤学府办学模式打造的强调研读经典著作的博雅学院。这种背景使他迥异于那些以色列背景的现代以色列历史的研究者。他在观察以色列时，既有那份能够入乎其内的谙熟，又有一份出乎其外的超然。但最突出之处，恐怕仍在于他对什么构成犹太国的犹太性有着不同的理解。

以色列的建国之父对犹太传统的继承有高度的选择性。在他们看来，犹太人在圣经时代的祖先说希伯来语，建立过统一强盛的国家，因而是现代犹太国的光辉典范。相形之下，在随后近两千年的时光中，犹太人被驱逐出"应许之地"，流散到世界各地，日常生活里不再说希伯来语，政治上则碌碌无为，心甘情愿受异族统治，就算屡遭欺凌，也一直逆来顺受，最终像温顺的羔羊一般任由纳粹屠杀，因此后圣经时代的犹太传统——包括这一时期形成的犹太教圣典比如《塔木德》——统统是需要抛弃的糟粕。很多建国之父移民巴勒斯坦后就更改姓氏，把带有后圣经时代犹太传统特色的姓氏改成希伯来语化的姓氏，以示与流散生活的决裂。推崇"应许之地"的圣经传统而否定流散地的犹太传统，长期以来是以色列社会根深蒂固的标志性特征。受此影响，犹太复国主义者致力于塑造新犹太人：他们不是传统犹太拉比那种苍白、文弱、阴柔的书生，而应当是晒得黝黑、魁梧挺拔、坚韧自信乃至有点粗野的拓荒者。这类新犹太人最典型、最成功的代表就是基布兹中的农民。

戈迪斯从小接受的传统犹太教育是以学习《塔木德》为核心的，他自然无法接受对流散地犹太传统的全盘否定。他在书中就提醒读者注意，基布兹虽然在很大程度上塑造了建国之初的以色列文化，但即便在其鼎盛时

---

① 即分别是 Robert Gordis 和 David Gordis。

期，基布兹人口也只占全国人口 7% 左右。与犹太复国主义竭力宣传的价值观相反的事实是，绝大多数犹太移民来到巴勒斯坦后选择住进城市。

有意思的是，否认流散地的意识形态似乎也渗透进我国对以色列的译介中。基布兹文化向来在我国被当作最具以色列特色的文化，国人最喜欢通过基布兹来理解以色列，① 但基布兹今天更像是受到保护的活化石，虽说是一块仍能吸引络绎不绝访客的活化石。中文世界最受欢迎的以色列作家无疑是阿摩司·奥兹（Amos Oz），他恰恰是基布兹文化的典型化身，奥兹的几乎所有作品有了中译本，连他编选的基布兹题材的短篇小说集都有中译本。② 我们甚至还有因患上肺结核而被赶出基布兹的女诗人拉亥尔的诗集的中译本。③ 但我们迄今为止没有"希伯来民族诗人"比亚利克（Bialik）诗集的中译本，④ 比亚利克的诗歌创作在他 51 岁移民巴勒斯坦前就已基本停止，移民后他定居于特拉维夫——早在建国前这里就取代耶路撒冷成了当地犹太人的真正的文化和经济中心。

如何对待流散地的犹太传统，显然是戈迪斯评骘历史人物的一颗重要砝码。本－古里安是冷静的现实主义者，对潜在机遇的判断和发展趋势的感觉都超越了同僚，一直是公认的国父级别的人物。⑤ 但值得玩味的是，戈迪斯不时拿本－古里安的头号政敌贝京与他对比，抑本－古里安而扬贝京的语气颇为醒目，似乎暗示贝京才代表了以色列历史的分水岭。贝京不仅通过结束本－古里安政党的专政而改变了以色列的政治生态，通过与埃及实现和平改善了以色列的国际环境，他还改变了犹太国的犹太性。贝京从未换过自己的姓氏，从不否认自己扎根于流散地的犹太灵魂。他团结东

---

① 最近一部通过基布兹观察以色列的游记，参看云也退《自由与爱之地：入以色列记》，浙江大学出版社，2017。

② 阿墨色·欧兹选、理查德·弗兰茨编《以色列的瑰宝——神秘国度的人间奇迹："基布兹"（*Kibbutz*）短篇小说选》，何大明译，河南人民出版社，1993；关于奥兹在中国的接受，参看钟志清《"把手指放在伤口上"：阅读希伯来文学与文化》，中央编译出版社，2010，第 111~202 页。

③ 拉亥尔：《似花还似非花：拉亥尔诗歌选》，车兆和译，大众文艺出版社，1999。

④ 汉语学界的研究，参见钟志清《变革中的 20 世纪希伯来文学》，中国社会科学出版社，2013，第 33~64 页。

⑤ 这种立场的代表性著作，参看米迦勒·巴尔－祖海尔《现代以色列之父本－古里安传》，刘瑞祥、杨兆文等译，中国社会科学出版社，1994。

方犹太人，又为哈瑞迪人走向以色列政治的核心打开了方便之门。① 这种解读不能不说是基于当下现实对以色列历史的一种反思，毕竟，耶路撒冷近年来落成的贝京纪念中心和特拉维夫不起眼的本－古里安故居在外观上就已不可同日而语。此外，这种解读还多少带有复兴传统犹太教来替代早期建国之父们推崇的那种世俗化的圣经传统，② 以凝聚各方共识，防止以色列社会进一步分裂的用意。

在本书副标题"一个民族的重生"中，"民族"一词的原文是"nation"。与"people"这个在中文里也常常译作"民族"的词相比，nation更强调构成民族的人彼此之间在语言、历史、文化、出生或居住地方面的共同点，而不包含人种（ethnography）因素的考量。1882 年，正当东欧犹太人掀起第一次移民巴勒斯坦的浪潮之际，法国著名学者勒南（Ernest Renan）发表了后来成为经典的演讲《何谓民族?》。按照勒南的定义，"民族是灵魂和精神原则"，其成分是过去和现在的两样密不可分之物，"一是共同拥有一份丰厚的记忆遗产；一是当前的一致，即一种生活在一起的欲望，一种把未经割舍接受来的重要传统长久保存的意愿"。勒南明确把宗教排除在构成民族的成分之外，因为在他那个时代的欧洲，宗教已退入私人领域，不再是动员社会的充分力量。③ 一百多年后的今天，犹太教影响以色列公共领域的趋势渐渐抬头。④ 面对分裂的、多样化的以色列社会，戈迪斯所希冀的这种既是宗教又是民族运动的犹太教能否成为以色列社会的黏合剂，抑或只是用来掩盖内部矛盾的白噪，仍是需要我们拭目以待的，毕竟以色列社会作为一个整体依然是高度世俗化的。

戈迪斯还着意呈现现代以色列的文化，尤其是以诗歌为代表的精英文化，以电影、流行歌曲为代表的大众文化，这在同类中文书籍中恐怕是绝

---

① Gordis 这样解读贝京的更详细的版本，参看他为贝京作的传记：Daniel Gordis, *Menachem Begin: The Battle for Israel's Soul*, Schocken, 2014.

② 关于这种圣经传统，参看 Anita Shapira, "The Bible and Israeli Identity," *AJS Review*, Vol. 28, No. 1, 2004, pp. 11 – 42。

③ Ernest Renan, "What is a Nation?" in Homi K. Bhabha, ed., *Nation and Narration*, Routledge, 1990, pp. 8 – 22, 引文在第 19 页。

④ 王宇：《犹太教在以色列的社会影响力上升》，《世界宗教文化》2012 年第 4 期，第 62 ~ 68 页。

无仅有的。现代希伯来诗人往往有圣经时代先知的那种自觉意识，既是以色列社会的代言人或批判者，又代表了以色列社会的良知。至于大众文化，让我个人兴味盎然的是书中关于 60 年代摇滚天王阿里克·艾因施坦（Arik Einstein）的部分，真想不到这位世俗天王的许多近亲如今已转变成哈瑞迪人了。多年前，在以色列希伯来语的学习班（ulpan）上，老师放了一首他的歌，一点不摇滚，是根据比亚利克的诗谱写的。我后来知道这或许是比亚利克传颂最广的诗篇：①

> 将我放在你的翅膀下，
> 当我的姐姐，我的妈妈，
> 你的乳房，让我的头依靠，
> 容我遭拒绝的祷告筑巢。
>
> 在仁慈的黄昏时分，
> 向你说说我痛苦的秘密：
> 人说，青春世上有——
> 我的青春何在？
>
> 再向你告白一个秘密：
> 我的灵魂为火焰烧焚；
> 人说，爱，世上有——
> 什么是爱？
>
> 星星将我骗害，
> 梦境业已不再；
> 如今世上，我一无所有，
> 什么都无。

① 高秋福曾根据 Ruth Nevo 的英译文译出此诗，见高秋福译《百年心声：现代希伯来诗选》，人民文学出版社，1998，第 5~6 页。Nevo 译诗有时会为了凑韵而有发挥之处。这里参考希伯来原文和 Peter Cole 的英文译文和评注译出，参 Peter Cole, trans. and ed., *The Poetry of Kabbalah*: *Mystical Verse from the Jewish Tradition*, Yale University Press, 2012, pp. 249, 431 - 434。

将我放在你的翅膀下，
当我的姐姐，我的妈妈，
你的乳房，让我的头依靠，
容我遭拒绝的祷告筑巢。

仿佛是寻求母爱的弃儿在喃喃自语；又像是诗人的夫子自道：比亚利克幼年丧父，母亲迫于经济压力不得不将他交给祖父抚养。或许还是这位民族诗人用诗歌表达他在演讲中说过的意思：犹太民族思慕"应许之地"就好比游子渴望与久别的母亲重逢。[①] 全诗点缀着来自犹太祈祷书和神秘主义传统的典故，神圣的字词镶嵌在肉欲的意象上，梦境消散，祈祷又得不到回应，诗人的灵魂就这样徘徊在拥有与失去之间、幻灭与怀念之间、信仰与不信之间、个人与民族之间、流散与回归之间、神圣与世俗之间——或许只有处在这种中间状态才会诞生诗歌？——直至什么都"无"，而在比亚利克所熟稔的犹太神秘主义传统里，"无"是一切有的起点。

附记：

我在准备此文的过程中惊闻 Jerold Gotel 先生于 2017 年 10 月 3 日在伦敦过世。我们在中国都叫他 Jerry。Jerry 对于发展中国的犹太研究可谓不遗余力。他不仅每年自费前往开封讲授犹太研究课程，还代表伦敦犹太文化中心（LJCC）在开封、南京、济南、上海、昆明、西安等地组织举办了十届犹太研究和纳粹大屠杀研究暑期班，为无数研究生和本科生开辟了通往这方面研究的新天地。从 2010 年起，正是他的牵头和努力，耶路撒冷的纳粹大屠杀国家纪念馆（Yad Vashem）专门为中国学者每年举办纳粹大屠杀教育和犹太－以色列研究的工作坊。可以毫不夸张地说，Jerry 是对推动中国犹太研究最热心、最身体力行、贡献最大的犹太人，至少在我眼中是如此。从他身上，我理解了何为犹太传统中的 mensch，这个意第绪语术语常

[①] Bialik 表达这层意思的演讲，参见 David Aberbach, *Bialik*, Peter Halban, 1988, p.116。

被用来形容高洁、公正之士。

1946 年 1 月 4 日，Jerry 生于纽约市一个正统派家庭。他从小接受过传统犹太教育，有一次在中国讲课时提到，犹太传统在讲授某些经典文本时往往不是说，而是唱，然后就用显然是自小学得的那种腔调唱起来示范。那一刻，他脸上的满足与喜乐溢于言表。与他一起为 Yad Vashem 的中国项目牵线搭桥的 Glenn Timmermans 教授曾告诉我，Jerry 年轻时一度脱离了他的正统派背景，甚至吃过虾子和龙虾，但很可能从未吃过猪肉。这不奇怪，对于不少犹太人而言，吃虾肉只是违反了犹太教的饮食禁忌，吃猪肉却像反犹主义行径一样不可接受。Jerry 年事日高后重新守教，在饮食禁忌和守安息日方面颇为严格。他生前坚持死后不葬在伦敦，虽说他成年后主要生活在这里；他对葬在以色列也不热心，虽说他父亲就葬在那儿；他最后葬在纽约，可谓落叶归根。

他上课喜欢引用犹太格言警句，尤其是《阿伯特》（Avot）中的隽语，比如为了鼓励学生提问，他常引"羞于提问者无法学习"。他自然知道此话的后半句："缺乏耐心者无法教书"。他是满面春风、循循善诱的老师。他当然还熟悉《阿伯特》中的另一句话："爱人类，并将他们引向托拉。"每当他在讲台上望着他的中国学生，这句话也许会在他脑海闪现，他对自己能够将他们引向犹太智慧一定感到自豪。或许，犹太传统关于"将他们引向托拉"的一个评注也会闪现在他脑海：这是说要将犹太人"放在舍金娜（Shekinah）的翅膀下"。① 舍金娜在犹太神学中是神在此世的显现，一般是女性化身。比亚利克上文那首诗中的女性形象也可理解成舍金娜。Jerry 热心推动中国的犹太研究，这对于他个人，或许也是将自己"放在舍金娜的翅膀下"，是对忠于自己与生俱来的传统的虔诚表达。我曾经问过他，为什么比亚利克的诗歌颇多感伤？他双目圆睁，答曰："他可是东欧犹太人，怎么可能不感伤。"这番话，连同他的音容笑貌，宛如昨日一般，浮现在我的眼前。

---

① Judah Goldin, trans., *The Fathers According to Rabbi Nathan*, Yale University Press, 1955, p. 68.

争议的文本与文本的争议：
《贝尔福宣言》发表一百年再审视

张倩红

（郑州大学）

1917 年 11 月 2 日，英国政府发表了著名的《贝尔福宣言》，就文本的核心内容而言仅有 67 个英文单词，但在其发布之后所引发的巨大分歧超出了各方的预料，有关的争论几乎没有间断，因而被称作"20 世纪最具争议的外交（政治）文件之一"。在《贝尔福宣言》发表一百年之际，围绕着百年庆典活动在有关各方中间又引发了新的争执。回眸过去，重新审视这一"世纪之争"，有助于我们理解巴以冲突的历史根源，进而思考中东和平的现实境遇。

一 《贝尔福宣言》的发表以及对 "民族之家" 的不同理解

1914 年第一次世界大战爆发后，统治巴勒斯坦地区的奥斯曼帝国于 10 月加入德奥同盟，同与英法俄为代表的协约国作战，这一事件对巴勒斯坦犹太人的命运产生了深刻的影响。早期的犹太复国主义领袖们一直希望从奥斯曼政府获得允许犹太人定居巴勒斯坦的许可权，并提出以向奥斯曼提供财政援助作为报答。战争期间，尽管柏林的世界犹太复国主义组织总部宣布中立，但许多犹太人都参与了战争，并且希望自己能站在胜利者一方，犹太阵营分化为"亲德派"与"亲英派"。以弗兰茨·奥本海默为首的"亲德派"坚信，德国与土耳其必胜，德国的犹太复国主义组织甚至公开发表声明，鼓励犹太青年为德国而战；以魏兹曼为代表的"亲英派"认为，巴勒斯坦最终要划入英国的势力范围，犹太复国主义事业应该把目标投向英国。魏兹曼以曼彻斯特大学为基地，不断扩大影响，并逐渐确立了对英国犹太复国主义运动的领导权。他大力结交英国上层人士，包括英籍犹太人、内政大臣赫伯特·塞缪尔以及后来担任外交大臣的詹姆斯·贝尔福，表现出出色的政治与外交才能。在魏兹曼等人的极力推动下，1917年11月2日，英国战时内阁授权英国外交大臣贝尔福以致函英国犹太复国主义联盟副主席莱昂内尔·沃尔特·罗斯柴尔德的方式发表了著名的《贝尔福宣言》，宣言指出："英王陛下政府赞成在巴勒斯坦建立一个犹太人的民族之家（national home），并将尽最大努力促成其实现，但必须明白理解，绝不应使巴勒斯坦现有非犹太团体的公民权利和宗教权利或其他任何国家内的犹太人所享有的权利和政治地位受到损害。"

《贝尔福宣言》的发表在当时犹如一颗重磅炸弹，立刻引发了巨大的争议，聚焦点是对文本中"民族之家"的解读。在犹太世界，"民族之家"的概念在1897年的第一届犹太复国主义代表大会上正式提出，会上通过的《巴塞尔纲领》指出要建立"得到公众承认、受法律保护的犹太民族之家"，在多数犹太人看来，"民族之家"就是民族主义者所谓的"犹太人的实体国家"。但也有少数犹太人主张"民族之家"应该是"犹太人的精神家园"，例如爱因斯坦、阿哈德·哈姆等人就强调要在巴勒斯坦建立"一种精神中心与模范社会"，在他们看来"国家"概念存在民族主义的固有"缺陷"，对阿拉伯人的排斥将使犹太人面临道德与正义的考量。

对于英国来说，《贝尔福宣言》的推动者主要是"东线派"，主张加强协约国对德土的东方战略，争取犹太人对战时英国的支持，也为了遏制法国在大叙利亚地区的扩张，防止巴勒斯坦成为法国的属地。用贝尔福的话来说，该宣言的直接指向是为了"某种形式的英、美或其他国家的保护领地，在他们的保护下，犹太人可以得到充分的便利来设法自救，并建立一个民族文化中心和民族生活的集中地，但这不涉及要建立一个独立的犹太国家"。然而，1917年11月8日，当《贝尔福宣言》与十月革命的消息同时出现在伦敦各大报纸上时，主流媒体如《每日快讯》、《泰晤士报》、《晨邮报》以及《观察家报》的解读却是英国"为犹太人建立一个国家"，"把巴勒斯坦给予犹太人"。

《贝尔福宣言》发表后，英国方面对阿拉伯世界曾有意遮掩，阿拉伯方面的反应也显然有些迟钝。当时阿拉伯世界的领导者，汉志国王侯赛因在麦加还发表了欢迎犹太人的言论。1918 年 5 月，魏兹曼在亚喀巴会晤了汉志王子费萨尔，双方达成了"费萨尔－魏兹曼协议"，费萨尔表示接受《贝尔福宣言》，并采取必要的措施帮助犹太人移居巴勒斯坦。协议还强调，犹太人与阿拉伯人同属于闪族后裔，要彼此谅解、互相尊重。后来由于阿拉伯民族主义的坚决抵制以及费萨尔政治生涯的失败，协议成为一纸空文。1919 年 1 月，巴勒斯坦阿拉伯大会才正式发表声明，拒绝承认《贝尔福宣言》以及"费萨尔－魏兹曼协议"。强调《贝尔福宣言》发表时巴勒斯坦有近 70 万阿拉伯居民，占当地总人口的 90% 以上，拥有土地的97%，而《宣言》只是轻描淡写地提到"非犹太社团"的利益，实际上是完全无视阿拉伯人的现实处境。对此，阿拉伯世界坚决反对《宣言》文本及其所体现的解决巴勒斯坦问题的理念。

二　各方围绕《贝尔福宣言》的博弈与纷争

在《贝尔福宣言》发表后的一个世纪里，它所引发的纷争从未停息。《贝尔福宣言》出台之初，犹太人中的反对之声也不绝于耳，他们的主要观点是：自犹太启蒙运动以来，犹太人已经在很大程度上同化于欧洲文明，《贝尔福宣言》只会置犹太人于更加尴尬的境地，使他们变成"故土上的异乡人"，这样不仅会激化反犹主义，也有可能"破坏他们在脚下这片土地上作为合法公民来之不易的权力与地位"。即便在犹太复国主义阵营内部，许多人也不赞同魏兹曼的做法，本－古里安本人就不相信协约国会把一个犹太国拱手让给犹太人，在他看来魏兹曼凭着"波兰犹太人的职业风格"，在"西方政治家的密室里"达成的交易不可能长久，他认为犹太人的"祖国"只能靠"加利利开拓者额头的汗水"来实现。在《贝尔福宣言》发布一年后，罗斯柴尔德家族成员小莱昂内尔领导成立了英国犹太人联盟，其宗旨是抵制《贝尔福宣言》，反对犹太人建立独立的政治国家，"因为要建立的犹太国既不是我们的出生地，也不是我们生活的国家"。

尽管如此，犹太世界的主流声音还是为《贝尔福宣言》的发表振奋不已，认为"这是近一千八百年以来犹太历史上出现的最伟大的事件"，为犹太历史"开启了一个新的纪元"，是"通往自由幸福的钥匙""迈向神圣土地的门槛"。犹太复国主义者把《宣言》看作自赫茨尔以来复国先驱们的呕心沥血终于换来的大国特许状。此后，他们进行了大量的外交努力，推进国际社会对《贝尔福宣言》的支持与认可。1919 年 6 月，召开了由英、法、美操纵的分赃会议——巴黎和会，犹太复国主义组织与阿拉伯方面都派出了自己的代表团。参加和会前，美国总统威尔逊还接见了魏兹曼，重申了自己对《贝尔福宣言》以及犹太复国主义运动的支持。巴黎和会上，《贝尔福宣言》所确立的原则被更多的人所接受，由英国对巴勒斯坦实行委任统治的建议也基本上被大国势力所默认。1920 年 4 月 24 日，协约国在意大利的圣雷莫召开会议，决定将巴勒斯坦、外约旦、伊拉克交由英国政府实行委任统治，由法国对叙利亚实行委任统治。同年 6 月 30 日，英国任命的第一位巴勒斯坦高级专员、英籍犹太复国主义者赫伯特·塞缪尔正式到任，英国撤销了临时军事统治机构，代之以民政管理机构。但国际联盟的正式委任书一直到 1922 年 7 月 24 日才正式下达。委任书共有 28 条款，对犹太人建立民族家园给予了特别的关注，其中第四款提出，要承认犹太复国主义组织是"一个合适的犹太机构"——它能够帮助托管当局管理"民族之家"的事务，并促进巴勒斯坦的发展。当代以色列历史学家阿伦·布雷格曼就此评论说："委任统治文件里包含着对巴勒斯坦作为民族家园原则的正式承认，被犹太人视为一项外交胜利。1917 年 11 月 2 日，《贝尔福宣言》提出了这一原则，……不过是一次政策声明，以后的英国政府有可能不予重视，而委任统治是授权一项国际任务，由协约国列强通过国际联盟签字认可，因此，它不仅涵盖了《贝尔福宣言》，还将之提升到条约的地位。"此后，在犹太人的继续活动下，《贝尔福宣言》进一步得到了国际社会的认可。1947 年 11 月 29 日的联合国分治决议进一步确认了《贝尔福宣言》的精神，实际上也承认了巴勒斯坦问题已经形成的现实。1948 年 5 月 14 日，以色列的《独立宣言》重申："5657 年（公历 1897 年）召开了第一届犹太复国主义代表大会。这次大会响应犹太国的预言家西奥多·赫茨尔博士的号召，宣布犹太民族有权在自己的国土上重建国家。这种权力为 1917 年 11 月 2 日的《贝尔福宣言》所承认，后来又为国联的委任统治所肯定。"

随着犹太民族家园在巴勒斯坦的不断发展壮大，阿拉伯世界针对《贝尔福宣言》的敌对情绪与日俱增。事实上，在战争结束前后，一些阿拉伯领导人一直自认为他们已经得到了英国的支持。《贝尔福宣言》的发表对他们震动很大，委任统治确立后，更被犹太复国主义的计划所激怒，阿拉伯民族主义者袭击了北部偏远地区的犹太定居点，甚至在耶路撒冷街区发生暴动。在雅法、拉马拉等地多次爆发冲突。以色列建国后，阿拉伯民族主义者一直把《贝尔福宣言》视为阿拉伯民族灾难的根源，他们用"秘密外交""臭名昭著""居心叵测""丧心病狂"等字眼来描述《贝尔福宣言》，并以此来宣泄他们的挫败与愤恨情绪。在他们看来，"《贝尔福宣言》是没有归属权的一方私自把权益承诺给了同样没有合法权的第三方"，是"阿拉伯世界灾难之肇始"。对此，阿拉伯人提出了"原罪说"，认为《贝尔福宣言》是殖民主义（英国人和犹太复国主义者）征服巴勒斯坦的实质性一步，导致了难民问题及巴以之间的无休止冲突，结果使巴勒斯坦阿拉伯人一步步坠入痛苦的深渊，因而是 20 世纪"最具毁灭性的文件"。令人关注的是，少数自称"新历史学家"的以色列记者、教授也站到了阿拉伯人一边，他们代表着以色列国内的"后犹太复国主义"思潮，质疑官方意识形态，批判以色列国实行单一民族政策，把《贝尔福宣言》定性为"掩盖了巴勒斯坦历史、忽略了巴勒斯坦阿拉伯人利益的殖民主义"文件，从而体现了以色列社会的多元化与复杂性。

随着时间的推移，英国方面对《贝尔福宣言》的反应也非铁板一块。赞同者认为，《贝尔福宣言》契合了英国政府在巴勒斯坦的政治意图；争取了犹太人对战时英国的支持，强化了东方战线；反对者则认为"巴勒斯坦自然条件有限，无法支撑一个犹太国家；而且朝这个方向迈进的任何一步都会激怒该地区的阿拉伯国家，从而使英国陷入巴勒斯坦的政治泥沼之中"。英国主流社会对待宣言的态度有个变化的过程，其深层的背景是由于阿拉伯人持续的反抗情绪，使得英国方面不得不重新审视其巴勒斯坦政策。随着阿犹冲突在巴勒斯坦地区的不断升级，特别是二战后期巴勒斯坦的犹太武装力量发起"希伯来抵抗运动"之后，对《贝尔福宣言》的批评与质疑之声一度高涨，当时巴勒斯坦英国军事当局的绝大多数官员都对《贝尔福宣言》持怀疑态度。随着委任统治的结束、以色列国家的建立，出于政治与外交的需要，英国政府有意淡化其为赢得战争、拉拢盟友、凝聚犹太人力量而发布《贝尔福宣言》的初衷，更多地强调历史上犹太人所遭受的灾难以及《宣言》在道义上的必要性，并声称英国这一做法是在试图"修正历史的错误"。

长期以来，学术界也围绕着《贝尔福宣言》展开了持久的论争，争论主要围绕以下几个方面进行：协约国与《贝尔福宣言》，《贝尔福宣言》与巴勒斯坦版图的变化，《贝尔福宣言》的历史作用问题，《贝尔福宣言》的合法性问题，犹太复国主义阵营与《贝尔福宣言》，等等。

三　百年庆典波澜再起

回溯历史，对于大英帝国而言，《贝尔福宣言》充其量是一个小小的外交事件，或许在很大程度上只是英国的一个"战时策略"，甚至是一种"表面姿态"，然而，正是此后巴勒斯坦复杂的历史环境与难解的民族纠纷，使该《宣言》长期以来承载了巨大的民族诉求与政治博弈。2017 年是《贝尔福宣言》发表一百周年，英国和以色列政府从 2016 年就开启了长达一年的纪念筹备活动，该活动由罗斯柴尔德基金会（欧洲）主导，其成员包括英国犹太复国主义联盟、犹太理事会和以色列驻英国大使馆等。英国的做法在阿拉伯世界再次引起了高度的关切。巴勒斯坦方面将《贝尔福宣言》称为"一个世纪的非正义"（a century of injustice）。2016 年 9 月 22 日，在联合国大会发言时，巴勒斯坦总统阿巴斯要求英国政府为其秘密签订的《贝尔福宣言》道歉，他强调说："《贝尔福宣言》签订已有一百年之久，我们要求英国汲取教训，承担起该《宣言》所导致的历史、法律、政治、物质及道德责任，向巴勒斯坦人民所遭受的磨难、痛苦与不公道歉。同时，我们还要求英国政府改正并修补自己的灾难性过错，认可巴勒斯坦国的存在。"2016 年 10 月，巴勒斯坦官方通讯社指控《贝尔福宣言》这一"殖民方案"犯下了历史性"罪过"。2017 年 2 月，巴勒斯坦人权组织发起了一场"《贝尔福宣言》致歉运动"，并在英国议会官网上发布了一份请愿书，征集公开签名。针对英国政府举办的庆祝活动，巴勒斯坦驻英使馆还策划了"寻求正义"活动，展示巴勒斯坦人截然不同的生活境遇，揭露以色列人侵占土地以及在被占领土所推行的种族歧视政策。

对于巴勒斯坦方面的要求，英国外交部做出的回应是，"《贝尔福宣言》是一个历史性的声明，英国政府不打算为此道歉。我们为自己在以色列国家的建立中所扮演的角色感到骄傲。而现在的首要任务是鼓励巴以双方走向和平。《贝尔福宣言》发表于第一次世界大战中期，奥斯曼帝国迟暮之时，那时的世界充斥着各种钩心斗角的列强竞争。在这种情况下，尤其是在几个世纪以来一直遭受迫害的背景之下，犹太人在这片历史与宗教层面上都与他们紧密相关的土地上建立家园是正确、合情合理的"。以色列方面也竭力强调，"《贝尔福宣言》是在严肃、细致地考虑了犹太人3000年的历史及其与那片土地的固有关系后而发表的"，其合法性、正义性无可非议。

11月2日是《贝尔福宣言》百年庆典日，此前，阿巴斯总统发表署名文章，认为英国不应该举行大规模庆祝活动，因为"巴勒斯坦人仍在遭受不公和苦难，数百万巴勒斯坦人因另一个国家的建立而流离失所"。连日来，拉马拉、希伯伦等地的巴勒斯坦人不断抗议示威，表达对《贝尔福宣言》的愤怒，要求英国反思其"历史罪孽"，巴勒斯坦政府希望英国政府借该《宣言》发表百年之机向巴勒斯坦人民公开道歉并取消百年庆典活动，承认一个以1967年边界为基础、以东耶路撒冷为首都的独立的巴勒斯坦国。巴勒斯坦方面威胁说，英国如不道歉将采取措施向国际法院提起诉讼。对此，英国方面明确拒绝道歉，11月2日的百年庆典活动如期举行。为此，以色列总理内塔尼亚胡造访伦敦，与英国首相特蕾莎·梅一起参加罗斯柴尔德家族在兰卡斯特宫举办的伦敦晚宴，这是《贝尔福宣言》百年纪念活动的一个主要环节，共进晚宴的还有美国商务部部长威尔伯·罗斯、贝尔福家族及罗斯柴尔德家族后人。晚宴前在与特蕾莎·梅的会谈中，内塔尼亚胡强调，在《贝尔福所言》发表一百周年后的今天，巴勒斯坦人应当接受犹太国家。特蕾莎·梅则表示：英国对能在以色列建国中发挥作用深感荣幸，庆典活动所表达的是"尊敬与自豪的心情"。但她也指出了目前这一问题的敏感性，重申了英国的"两国方案"政策，强调非法定居点建设是巴以问题的主要障碍之一。在伦敦晚宴上，特蕾莎·梅发表演讲，除了重申《贝尔福所言》的历史性意义，同时强调："令人悲伤的是，《贝尔福所言》仍是一项未竟的事业，它的基本愿景是（以巴之间的）和平共存，这一点仍未实现。我相信我们需要重振决心，支持达成符合以色列人和巴勒斯坦人双方以及我们所有人利益的长久和平。"

四　百年回眸：对《贝尔福宣言》的再审视

在很大程度上，无论是犹太人还是阿拉伯人都是站在本民族利益的立场上来阐释、解读《贝尔福宣言》的文本，而后人对《贝尔福宣言》的历史评价也必须要回到民族主义的语境下进行多维度的观察与思考。19 世纪后期是民族主义在欧洲勃兴的时代，民族主义者以民族国家为符号，建构统一的意识形态与民族文化，强调国家独立与公民主权。这一思潮深刻地影响了欧洲犹太思想家，在此背景下兴起的犹太复国主义广泛接受了民族主义的信条，从赫茨尔到魏兹曼，再到本 - 古里安，他们冲破了犹太传统的藩篱，广泛地运用国家、主权、民族认同等现代社会的价值观念与规范来表达他们渴望结束"永世流浪的犹太人"命运的强烈愿望，并极力来证明犹太人在巴勒斯坦建立民族国家的合理性与合法性。这一诉求与英国的中东利益不谋而合，当然也不能排除劳合·乔治与贝尔福等英国政治家对犹太文化的高度赞赏以及对犹太人历史命运的深刻同情。总之，在诸种因素的机缘巧合之下，《贝尔福宣言》应运而生。尽管犹太社会对《贝尔福宣言》充满了歧义，但政治家们、思想家们普遍看到了这是改变犹太人命运的天赐良机，用英国历史学家诺亚·卢卡斯的话来说，"《贝尔福宣言》创造了新的形势，这使形形色色的犹太复国主义组织纷纷放弃纷争，把建立民族家园作为一个具体而不再是抽象的目标，来制定自己的行动方案"，尽管其理念与路径有差异，但"殊途同归，目标就是巴勒斯坦地"。出于这样的心态与目的，犹太人高调阐释《贝尔福宣言》的文本，将其所带来的历史环境发挥到极致，后来的历史事实也充分证明犹太"民族之家"的梦想正是在犹太社会的巨大推力下最终得以实现。

然而，无法掩盖的历史真相是同样受欧洲民族主义思想影响的还有阿拉伯社会精英，他们怀着同样的济世情怀希望改变阿拉伯世界的命运。因此，《贝尔福宣言》一经发表，就极大地挫伤了他们的民族情绪，随着犹太国家的现实越来越近，以阿拉伯人为代表的"巴勒斯坦非犹太团体"的权利与政治地位一直没有得到应有的保障，为此阿拉伯人进行了无数次的抗议与斗争，但都没有达到理想的预期，挫败感与日俱增，他们把《贝尔福宣言》看作阿拉伯人被殖民化的开始，因此任何重提《贝尔福宣言》的话语都会触动他们最敏感的神经。时至今日，巴以关系、阿以关系的死结未解，中东和平进程停滞不前，新世纪以来中东政治舞台上出现了一系列变局，地缘政治环境复杂而脆弱，巴以问题一直被边缘化，巴勒斯坦人民急需得到国际社会的再度关注，渴望改变无助的现实，从这个方面看，对《贝尔福宣言》的"道歉"与"赔偿"呼吁在一定程度上传递的是一种期望引起关注、寻求关切的诉求。不可否认，无论是《贝尔福宣言》，还是委任统治文件，都提到要兼顾两个民族利益，联合国分治决议更以建立两个国家为基础，从这个角度看《贝尔福宣言》的政治愿景确实没有全面实现。因此，犹太人与英国对《贝尔福宣言》的高调纪念确实伤害了巴勒斯坦阿拉伯人的情感。《贝尔福宣言》已成为无法改变的历史，但和平的大堤还需要更多的理性与耐心去继续营造，人们普遍期待的是《贝尔福宣言》在国际上再次激起的波澜能够加速巴勒斯坦内部的统一进程，敦促英美等西方国家借此机会再度促成巴以和谈局面，再现和平的曙光。

作为一个饱受争议的历史文本，《贝尔福宣言》的个案也告诉我们：历史学家的立场往往决定着历史结论的形成，同一个事件，因历史学家的立场不同往往会得出完全不同的结论，因此我们必须客观地评判民族主义史学所建构的集体记忆尤其是民族国家神话。中国学术界关于《贝尔福宣言》的评价曾经长期局限于一种"标签式的结论"，即它是英国"利用犹太复国主义作为镇压阿拉伯民族解放运动的工具"，"大国一手炮制的侵略巴勒斯坦乃至中东的工具"。不可否认，《贝尔福宣言》的风风雨雨确实符合了英国的殖民形态与帝国传统，但英国与犹太复国主义者的关系，绝不仅仅是前者对后者的多方面"利用"，更多的历史真实则是犹太复国主义的目标与英国战略利益的"不期而遇"，二者之间的互相利用、各取所需，再加上其他因素的交集互动，才使《贝尔福宣言》这一普普通通的外交文件，在纷繁复杂的历史场景中扮演了不同寻常的角色，成为改变中东政治版图的一个不可忽视的诱因。回顾《贝尔福宣言》一百年来的历史境遇也启示我们：史学工作者必须以审慎负责的态度，透过重重话语迷障，捕捉真实的历史存在，打破许多约定俗成的"标签式的结论"，还原鲜活的历史场景，唯有如此，才能彰显出历史学的责任与历史学家的使命。

附记：

原文最初发表于《世界知识》2017年第23期，题目为：一百年后再看《贝尔福宣言》。本文在原有基础上进行了资料补充与修改。这篇文章在写作过程中，再次得到了杰瑞的无私帮助，与他最后的十几次邮件往来，都是在传递资料、谈论他自己的观点。有一次我因为出差没能及时回复邮件，性急的他又通过丹静询问我《贝尔福宣言》的资料是否收到、能否下载。把本文收入文集，我想传递的信息是：杰瑞永远与我们大家同在；他满腔的学术热情会代代相传，他所栽培的学术之树会常青于中州大地。

7 世纪拜占庭帝国犹太政策分析

疏会玲

（华侨大学）

摘　要：7 世纪初，希拉克略统治下的拜占庭帝国控制了几乎整个地中海东岸地区，其中，犹太社团是帝国境内重要的非基督教徒群体。就帝国内部而言，犹太教在东部行省仍然具有一定规模和影响力，是几个世纪以来基督教化过程中亟待肃清的"异教"势力；从区域外交的角度看，在拜占庭与波斯、阿拉伯人的军事角逐与政治博弈过程中，叙利亚－巴勒斯坦地区的犹太群体相继为后两者提供支持，加剧了帝国在东部边疆的统治危机。基于此，希拉克略使用了驱逐、强迫改宗等暴力方式对犹太教加以限制，对犹太人进行迫害，以践行帝国宗教一体化的根本宗旨，同时也具有归化犹太人以消除政治威胁的现实目的。

关键词：拜占庭帝国　希拉克略　犹太政策　基督教化　政治忠诚

希拉克略（Heraclius，610 -641）时期是拜占庭帝国统治叙利亚－巴勒斯坦行省的最后历史阶段。波斯帝国和阿拉伯人的先后侵扰，使得帝国在该地的统治岌岌可危，既经历了"真十字架"流落波斯的宗教耻辱，也遭遇过屡败于穆斯林的军事惨祸，最终以边境线永久后退的历史悲剧收场。在这场边疆危机中，原本处于拜占庭帝国统治下的犹太人（以叙利亚－巴勒斯坦行省为主）却背离帝国，投靠甚至帮助波斯人、阿拉伯人，引导战局加速向不利于拜占庭人的方向发展。就此，吉本曾直言不讳地指出："犹太人……对于侯斯洛埃斯（Chosroes II，波斯王，590 ~628）的成功有很大的贡献"；[①]

---

① Edward Gibbon, *The History of the Decline and Fall of the Roman Empire*, ed. by J. B. Bury, Vol. 8, Fred De Fau & Company, 1906, p. 92.

耶路撒冷的陷落，也"要归咎于犹太人……"①。由于犹太群体积极参与帝国与波斯和阿拉伯人之间的政争，导致这一时期的犹太人问题尤为突出。基于此，希拉克略改变了早期帝国相对宽容的犹太政策，驱逐、屠杀犹太人，甚至强制犹太人改宗基督教，使得"拜占庭犹太人首次经历了中世纪风格——以强制洗礼为形式——的迫害"②。

犹太历史编纂学在古代晚期至中世纪的缺失③，凸显拜占庭史作家的重要性。亚美尼亚主教塞贝奥斯（Sebeos）的《历史》④、《复活节编年史》（*Chronicon Paschale*，截至 628 年）⑤ 以及修道士"忏悔者"塞奥法尼斯（Theophanes）的编年史⑥是考察希拉克略统治时期拜占庭帝国犹太政策的主要史料。近现代犹太史学家对拜占庭犹太人的关注相当晚近，自撒母耳·克劳斯（Samuel Krauss）涉足该领域后，具有影响力的学者及其著作逐渐涌现。⑦ 翻检犹太通史类著作，在古代中世纪反犹史的序列中，总是能够发现希拉克略及其犹太政策的身影，甚至有学者将希拉克略的反犹法令抬高到"罗马法中首个以强制改宗为形式的律例"⑧ 的地位，视 7 世纪为拜占

---

① Edward Gibbon, *The History of the Decline and Fall of the Roman Empire*, p. 90.

② Joshua Holo, *An Economic History of the Jews of Byzantium*, Bell & Howell, 2001, p. 10; Amnon Linder, *The Jews in Roman Imperial Legislation*, Wayne State University Press, 1987, pp. 371 – 398.

③ 犹太学界倾向于认为，自约瑟夫斯的《犹太古史》和《犹太战记》后，传统意义上的犹太历史编纂学出现空缺，取而代之的是经典评注、律法答问等非历史编纂学作品，直到 19 世纪"犹太教科学"运动在德国兴起，犹太史学才又重新走进人们的视野。

④ Sebeos, *History*, trans. by Robert Bedrosian, New York, 1985. 塞贝奥斯的《历史》写于公元 661 年前后，主要议题是希拉克略及其同时代的波斯统治者侯斯洛埃斯二世，书中涉及拜占庭犹太人在波斯帝国和阿拉伯人入侵期间的活动，具有很高的史料价值。

⑤ *Chronicon Paschale*, *284 – 628 AD*, trans. by Michael Whitby and Mary Whitby, Liverpool University Press, 1989.

⑥ Theophanes, *The Chronicle of Theophanes Confessor*, trans. by Cyril Mango, Clarendon Press, 1997. 塞奥法尼斯的编年史写于公元 9 世纪初，但覆盖从戴克里先到利奥五世时期的主要历史事件，其逐年记事的编排方式构筑了拜占庭后世历史编纂的基础，其中对希拉克略与波斯政争的翔实记载为后世学者提供了重要的史料依据。

⑦ 见 Andrew Sharf, *Byzantine Jewry*, Routledge & Kegan Paul, 1971. M. Avi – Yonah, *The Jews under Roman and Byzantine Rule*, The Hebrew University, 1984. Andrew Sharf, *Jews and Other Minorities in Byzantium*, Ahva Cooperative Press, 1995. Joshua Holo, *An Economic History of the Jews of Byzantium*, Bell & Howell, 2001.

⑧ Averil Cameron, "Byzantines and Jews," *Byzantine and Modern Greek Studies*, Volume 20, 1996, pp. 249 – 274, p. 257.

庭犹太社团最为黑暗的历史时期。[1] 然而，对于希拉克略犹太政策形成背后的原因，多数学者语焉不详，缺乏对其政策出发点的客观考察。本文旨在借助有关史料和现有的研究成果，梳理希拉克略时期拜占庭帝国犹太政策的具体体现，并尝试从宗教、政治两个层面对其政策动机进行分析，以有助于对古代晚期至中世纪早期拜占庭帝国犹太政策的进一步探究。

一　早期拜占庭帝国的犹太人

巴尔·科赫巴起义失败开启了犹太人的大流散时代。此后，犹太人以少数民族的身份生活在罗马－拜占庭帝国境内，并逐渐向祖居地巴勒斯坦以外的地区流散。晚期罗马帝国和早期拜占庭帝国奉行相对宽容的民族政策，犹太人得以进行社团结构的重组和宗教经典的编纂。5～6世纪，拜占庭帝国废除了犹太族长制度，并通过立法活动为犹太群体设置了众多规范，推动帝国的对犹政策由相对宽容向适度限制的转变。

早期拜占庭帝国统治下的犹太人口数约为50万，占总人口的10%左右，[2] 分布在南意大利、小亚细亚以及埃及等地区。其中叙利亚－巴勒斯坦地区的犹太人口比较集中，从北部的安条克、阿勒颇，到中部的海法、拿撒勒，一直到南部的希伯伦、普伦，都有大量犹太社团存在。[3] 基督徒修士巴萨乌玛（Barsauma）曾记载，他在5世纪中期到达巴勒斯坦时，该地区以犹太人和撒玛利亚人居多，基督徒人数有限。[4]

公元212年，卡拉卡拉（Caracalla）颁布处理罗马公民权问题的

[1] Nicholas de Lange, "Jews and Christians in the Byzantine Empire," in Diana Wood ed. , *Christianity and Judaism*, Blackwell Publishers, 1992, pp. 15 – 32, p. 23.

[2] 由于资料匮乏以及疆域的持续变化，很难对拜占庭帝国的犹太人口规模进行准确估计，具体详见 Joshua Holo, *Byzantine Jewry in the Mediterranean Economy*, Cambridge University Press, 2009, p. 28. Andrew Sharf, *Byzantine Jewry*, p. 3. Paul Johnson, *A History of the Jews*, Harper Collins, 1987, p. 112。

[3] Martin Gilbert, *Jewish History Atlas*, Weidenfeld and Nicolson, 1981, p. 9。

[4] M. Avi – Yonah, *The Jews under Roman and Byzantine Rule*, p. 220.

敕令①，犹太人开始享有合法的公民地位，自哈德良时代以来，犹太人与帝国统治者之间的紧张关系也因此得到一定程度的缓和。"背教者"尤利安②（Julian）在位时期，犹太人迎来极为短暂、但最为宽容的发展时代，奉行宗教自由政策的尤利安不仅允许犹太人重新回归埃利亚·卡帕多利那（Aelia Kapitolina，即耶路撒冷）③，也对后者重建犹太教公会和所罗门圣殿的行动给予支持。此后，帝国的犹太政策仍不乏宽容。阿卡迪乌斯（Arcadius）就曾在397年以自己和洪诺留（Honorius）的名义颁行多项旨在保护犹太会堂和减免其公职义务的条令。④ 塞奥多西二世（Theodosius Ⅱ）的皇后尤多西亚（Eudocia）甚至允许犹太人公开前往耶路撒冷朝圣。据基督教修士巴萨乌玛记载，曾有一波加利利犹太人前往皇后尤多西亚的居住地请愿，恳请后者允许他们自由前往圣殿旧址祈祷，尤多西亚同意了这一请求，以致该年有近十万犹太人在住棚节（Feast of Tabernacle）期间聚集耶路撒冷。⑤

借助早期帝国的保护和相对宽容的政策，犹太社团在经济和宗教领域都比较活跃，积累自身财富的同时也为帝国创造了价值。定居城镇的犹太

① 法学界一般称此敕令为《安托尼亚那敕令》（*Constitutio Antoninianna*）。作为主要管理和协调罗马人和外邦人之间关系的万民法，该敕令将罗马的公民权赋予了意大利以外地区的帝国男性自由民，事实上将行省的居民提升到与罗马城居民同等的地位，其中就包括犹太人。见 John Tolan, Nicholas de Lange eds., *Jews in Early Christian Law*, Brepols Publishers, 2014, p. 35。

② 尤利安于361年上台，363年6月战死沙场，实际在位时间是一年零八个月。尤利安是罗马-拜占庭时期对犹太人友好和善的少数统治者之一，因允许犹太人重返圣地、重建圣殿而与后者的历史联系起来，并由于其反基督教化潮流之举，成为基督教学者笔下的"背教者"。纳齐安的格里高利（Gregory Nazianzen）曾写作两篇猛烈抨击尤利安的演说词，亚历山大的西里尔（Cyril of Alexandria）也写作过类似的反尤利安的著作，见 W. Bacher, "Statements of a Contemporary of the Emperor Julian on the Rebuilding of the Temple," *The Jewish Quarterly Review*, Vol. 10, No. 1 (Oct., 1897), pp. 168–172。

③ 哈德良镇压犹太人起义后，将耶路撒冷更名为"埃利亚·卡帕多利那"，并禁止犹太人进入。"埃利亚·卡帕多利那"这一词语系由哈德良本人的姓名和一位罗马神的名字共同组合而成。"Aelia"一词取自哈德良的姓氏——"Publius Aelia Hadrianus"；第二个词语"Capitolina"则来自罗马主神——朱庇特·卡皮托利努斯（Jupiter Capitolinus）的变体，见宋立宏《犹太集体记忆视域下的巴尔·科赫巴书信》，《历史研究》2011年第2期，第110页，脚注1。

④ *The Theodosian Code* 16：8：12；16：8：13.

⑤ Leah Di Segni - Yoram Tsafrir, "The Ethnic Composition of Jerusalem's Population in the Byzantine Period," *Liber Annuus*, 62, 2012, pp. 405–454, p. 443.

人主要从事纺织、印染和皮革等行业；分布在巴勒斯坦沿岸港口地区的犹太人则从事地中海东部、北非以及意大利南部之间的转手贸易，同时涉足君士坦丁堡的商业，承担首都与埃及粮仓之间大宗货品的运输和贩售。①作为帝国臣民，犹太人还通过上交人丁税、缴纳罚款以及向皇帝进贡等方式补充帝国国库。对内，为了维持流散时期社团的正常运转，犹太人坚持教育投资，兴建会堂，延续传统文化；制作和销售符合犹太教律法规范的洁净食物（Kosher）；为律法学者提供职薪，维护族长制度、犹太教法庭的日常功能；并与巴比伦、亚历山大等其他地区的犹太社团保持频繁的经济往来。②

经济行为对犹太人的生存至关重要，而宗教活动同样是犹太社团在流散中不可或缺的精神支撑。征服巴勒斯坦后，罗马帝国在凯撒利亚③设立地方总督，作为管理犹太社团的代行机构，将该地纳入叙利亚－巴勒斯坦行省体制内。到拜占庭帝国早期，巴勒斯坦地区保持着帝国政府和由希勒尔（Hillel）家族领导的犹太宗族社会（Patriarchate）并存的状态，后者的存在维持了社团自治和帝国统治之间的动态平衡，为以拉比著称的犹太学者阶层的崛起提供了良好的外部环境。尤其犹大一世（Judah I）继位后"成为罗马派驻巴勒斯坦代表的亲密朋友"，是皇帝最值得信任的谏言者。④

---

① JoshuaHolo, "A Genizah Letter from Rhodes Evidently concerning the Byzantine Reconquest of Crete," *Journal of Near Eastern Studies*, Vol. 59, No. 1 (2000), p. 7.

② Joshua Holo, *An Economic History of the Jews of Byzantium*, p. 6.

③ 作为拜占庭帝国在巴勒斯坦行省的政治中心，凯撒利亚城市人口以基督徒、多神教徒为主，但该城市始终有犹太人定居，参见 Irving M. Levey, "Caesarea and the Jews," Bulletin of the American Schools of Oriental Research, *Supplementary Studies*, No. 19, The Joint Expedition to Caesarea Maritima, Vol. I. Studies in the History of Caesarea Maritima (1975), pp. 43 – 78。另外，值得注意的是，在罗马－拜占庭统治叙利亚－巴勒斯坦时期，该地区至少同时存在三个以凯撒利亚命名的城市，其一是位于北部的凯撒利亚·菲利皮（Caesarea Philippi，又称 Paneas 或 Banias），因地处卡帕多西亚（今土耳其境内的克孜勒河上游），有些拜占庭史料中又称其为卡帕多西亚的凯撒利亚，文中有涉及；其二是加利湖西侧的迪奥·凯撒利亚（Dio-caesarea，即塞弗里斯）；其三是地中海沿岸城市、同时也是罗马－拜占庭帝国巴勒斯坦行省政府的所在地——凯撒利亚，即凯撒利亚港（Caesarea Maritima），参见 Jane DeRose Evans, "Ancient Coins from the Drew Institute of Archaeological Research Excavations of Caesarea Maritima, 1971 – 1984," *The Biblical Archaeologist*, Vol. 58, No. 3 (Sep., 1995), pp. 156 – 166, p. 159。

④ *Talmud*, Avoda Zara 10b. Jonathan Boyarin and Daniel Boyarin, *Powers of Diaspora*, University of Minnesota Press, 2002, p. 82.

在被称为坦拿时代和阿摩拉时代的十余代、上千位学者的共同努力下，巴勒斯坦犹太社团先后完成《密释纳》《革马拉》，构成《耶路撒冷塔木德》（Yerushalmi），这一编纂工作在 5 世纪接近尾声，由萨博拉们领导的正典化过程随后展开，各地犹太社团开始经历一个"塔木德化"过程。可以说，正是由于早期拜占庭帝国的犹太政策相对宽容，叙利亚－巴勒斯坦地区的犹太社团才得以构建起以学者群体和律法经典为基础的、更加适应流散环境的宗教生活体系。

然而，进入塞奥多西王朝、利奥王朝以及查士丁尼王朝以后，随着犹太族长制被废，加上《塞奥多西法典》和《查士丁尼法典》对犹太人问题的种种规范，犹太群体的社会地位逐步下降，犹太教发展所遭遇的限制也日益增多。如果说《米兰敕令》的颁布和塞奥多西一世（Theodosius Ⅰ）定基督教为国教只是基督教合法化和完成向主流宗教身份转变的标志，不敷成为犹太人地位下降、发展受限的直接证据的话，那么，塞奥多西二世废除犹太宗族社会，终结希勒尔"王朝"，就足以证实犹太群体已经丧失自治权、生存环境趋于恶化。公元 1 世纪末的雅布内（Jabneh）革命后，犹太族长制度在巴勒斯坦地区逐步确立，发挥流亡政权的作用，保护社团的同时与省督就税赋、自治等问题进行交涉。随着犹太流亡领袖财富的积累和权力的突出，其影响力超出帝国当局的容忍度。到 5 世纪前后，帝国开始视犹太族长为"劫掠者"，逐步剥夺其收税权[1]；塞奥多西二世更是指责时任族长迦玛列六世（Gamaliel Ⅵ）违背多项帝国法令[2]，于 425 年将其处死，同时宣布犹太族长制终结[3]，至此，犹太宗族社会在事实上不复存在，巴勒斯坦行省也被进一步划为三个小行省[4]，原本归属同一地方政权的犹太社团由于省区的细分而在地缘上被割裂，各小行省的犹太群体更加分化、孤立。

---

① *The Theodosian Code* 16：8：14.

② *The Theodosian Code* 16：8：22，包括违建会堂、越权判案等。

③ *The Theodosian Code* 16：8：29.

④ 这一时期，巴勒斯坦行省经历了一次规模较大的调整，被划分成为三个更小的行政区。具体的行政区划从南至北为：巴勒斯提那－塞昆达（Palestina Secunda）、巴勒斯提那－普利玛（Palestina Prima）以及巴勒斯提那－特尔提亚（Palestina Tertia），大致管辖范围见 Eliya Ribak, *Religious Communities in Byzantine Palestina*, Archaeo Press, 2007, p. 46。

7 世纪前，犹太人社会地位的下降不啻以犹太社团自治权的丧失为标志。随着 5～6 世纪帝国进入立法活跃期，此前零散的涉及犹太人的敕令、诏谕开始集中、成文，更加显著地体现了帝国犹太政策由宽容向限制的转变。由塞奥多西二世颁布的法典当中涉及犹太人的条文即超过五十例（包含前朝皇帝的法令），且禁令性条款占其中多数。① 如，禁止犹太人拥有基督徒奴隶②、规定犹太人不得与基督徒通婚③、限制其在公共权力机构中的任职④。不到一个世纪后，《查士丁尼法典》颁布，加上后来的《新律》，当中约有三十余条法令涉及犹太人。⑤ 查士丁尼在重申此前的部分涉犹立法的同时也对新出现的犹太人问题设置规范，如：两度重申禁止犹太人蓄有基督徒奴隶⑥；规定犹太人在法庭上对正统派基督教徒的证词无效⑦；不得向犹太人转让基督教堂，犹太人也不得修建新会堂⑧；等等。

拜占庭帝国对犹太人的不宽容态度也体现在文学艺术对犹太人的刻画上，莫里斯时代的宫廷史家塞奥发拉克特（Theophalact Simocatta）在其著作中曾如此描绘："他们（犹太人）是狡猾和最不值得信任的种族，爱惹麻烦，蛮横无道，彻底忘记了什么是友情，他们还喜欢争风吃醋，嫉妒他人，顽劣地固守心底的仇恨……"⑨ 上层社会在意识形态上的倾向引导着普通民众的行为，尤其在狂热分子的煽动下，不断出现针对犹太个人和社团集体的暴力袭击，并在 6 世纪中后期趋于频繁。例如，569 年，君士坦丁堡的犹太会堂遭到袭击，被强行改为基督教堂；⑩ 塞奥法尼斯则提到福卡斯军事混战时期犹太人被指杀害安条克主教而遭屠杀一事，摘译如下：

① Nicholas De Lange, "Jews in the Age of Justinian," in Michael Maas ed., *The Cambridge Companion to the Age of Justinian*, Cambridge University Press, 2005, p. 420.

② *The Theodosian Code* 3：1：5；16：8：6；16：9：2.

③ *The Theodosian Code* 9：7：5.

④ *The Theodosian Code* 16：8：24.

⑤ Amnon Linder, *The Jews in Roman Imperial Legislation*, p. 17.

⑥ *The Justinian Code* 1：3：54；1：3：56.

⑦ *The Justinian Code* 1：5：21.

⑧ *Novellae*, No. 131.

⑨ Theophylact Simocatta, *The History of Theophylact Simocatta*, trans. by Michael Whitby and Mary Whitby, Clarendon Press, 1986, Book 5, v. 7. 9－10, p. 142.

⑩ Andrew Sharf, *Byzantine Jewry*, p. 46.

AM6101，AD 608/9

是年，安条克的犹太人陷入混战，发动针对基督徒的暴乱，杀害安条克大主教阿纳斯塔修斯（任主教的第九年）……此后，犹太人还将阿纳斯塔修斯拖拽游街。福卡斯派任博努斯（Bonosos）……镇压犹太人（暴乱没有得到阻止）……犹太人或死，或伤，或被驱逐。①

又如，610 年，拜占庭帝国东部再次爆发动乱，传言称犹太人正在计划屠杀推罗（Tyre）和附近城市的基督徒，引发后者的反屠杀式屠杀。②

客观而言，针对犹太人的每一起暴力事件背后尽管都有不尽相同的、具体的诱发因素，但当个案积累成高频率的现象时，就能够在一定程度上折射出犹太人所面临的是缺乏自由、宽容的社会环境。而由这种环境所催生的限犹、反犹的整体氛围在 7 世纪初的军事压力和政治危机中持续发酵，为希拉克略的对犹政策奠定了以限制与迫害为主的基调。

二　希拉克略对犹太人的压迫政策

希拉克略上台之初面临的主要任务是推动过渡时期的拜占庭帝国逐步军事化，确立起适合帝国存在和发展的政治经济制度。③ 外交和内政中的压力，使希拉克略难以在文化领域有所作为，帝国进入后世学者所论断的"文化贫瘠"时期，也无暇顾及立法问题，以致后人难以通过涉犹法令直接考察这一时期的犹太政策。尽管如此，塞奥法尼斯、塞贝奥斯等拜占庭史家仍然为后世留下了有关希拉克略时期如何处理犹太人问题的相关记载，一定程度上弥补了法律文献匮乏的不足。通过梳理相关史料，会发现希拉克略的对犹政策主要体现在其统治后期对犹太人问题的处理上，尤其以 629 ~ 632 年的驱逐、屠杀、强迫改宗以及对犹太社团习俗的强制干预为代表。

从史料中首先可以察觉的是，希拉克略曾在 629 年将犹太人驱逐出耶

---

① Theophanes, *The Chronicle of Theophanes Confessor*, trans. by Cyril Mango, pp. 425 – 426.

② Andrew Sharf, *Byzantine Jewry*, pp. 47 – 48.

③ 陈志强：《拜占庭帝国通史》，上海社会科学院出版社，2013，第 130 页。

路撒冷。该政策的出现耐人寻味，实际上，它既是对罗马政策的延续，也是对波斯政策的终止。公元 2 世纪，哈德良铲平耶路撒冷，并将所有犹太人赶出圣城。君士坦丁一世上台后，耶路撒冷（其母海伦娜曾到此地朝圣，并发现了耶稣受难的"真十字架"）成为基督教中心。尤利安时期，犹太人获准短暂回归圣地，但很快就又被完全驱逐。5 世纪中期的卡尔西顿宗教会议上确立了耶路撒冷作为宗主教教区的地位，更是严令禁止犹太人定居耶路撒冷。尽管不排除存在少数犹太人定居耶路撒冷的现象，但早期拜占庭帝国并没有明确废除不允许犹太人居住的禁令，因此，希拉克略的驱逐政策实则是对哈德良政策的重申。

　　从另一个角度出发，波斯入侵期间曾允许犹太人回归耶路撒冷，此虽为一段插曲，却是希拉克略驱逐政策的导火索。603 年，波斯大举进犯拜占庭帝国在幼发拉底河沿岸的军事要塞，标志着萨珊波斯与拜占庭帝国之间的最后一场战争打响。[1] 606 年，波斯开始入侵叙利亚和巴勒斯坦，[2] 并在 614 年春攻取耶路撒冷[3]，随后撤出，将城市交给当时的犹太领袖尼希米·户谢（Nehemiah ben Hushiel）管理。很多犹太人在此期间移居耶路撒冷，在尼希米的领导下开展重建工作，但三年后波斯倒戈，将城市归还基督徒，而犹太人并没有彻底撤离圣城，这一留守最终酿成恶劣后果。希拉克略一路高歌至泰西封后，波斯新王同拜占庭帝国战和[4]，一度威胁帝国存亡的军事危机被成功化解。危机解除后，希拉克略到达耶路撒冷，"下令驱逐所有犹太人"[5]，如下是《塞奥法尼斯编年史》的简要记载：

> AM 6120，AD 627/8
>
> 　　进入耶路撒冷后，皇帝恢复了前主教撒迦利亚的职务（《塞奥法尼斯编年史》在此处的记载有误，撒迦利亚主教被掳到波斯后，死于

---

[1]　M. Avi - Yonah, *The Jews under Roman and Byzantine Rule*, p. 258.

[2]　Theophanes, *The Chronicle of Theophanes Confessor*, trans. by Cyril Mango, p. 424.

[3]　关于耶路撒冷陷落的具体时间，拜占庭史家的记载不尽相同，斯塔特基乌斯认为是 614 年 5 月初，《复活节编年史》记载为"六月前后"，现代学者认为后者提到的六月应该是耶路撒冷陷落的"噩耗"传到首都君士坦丁堡的大致时间。见 Theophanes, *The Chronicle of Theophanes Confessor*, trans. by Cyril Mango, p. 431, note 1.

[4]　Theophanes, *The Chronicle of Theophanes Confessor*, trans. by Cyril Mango, p. 457.

[5]　Sebeos, *History*, trans. by Robert Bedrosian, Chapter 24, p. 97.

当地），将真十字架复位①。感恩上帝后，希拉克略就将犹太人驱逐出耶路撒冷，同时下令，圣城方圆三公里内，犹太人不得靠近。②

驱逐令导致大部分犹太人逃离圣城，避难于附近的犹太城镇，也有一部分人躲进深山，甚至通过西奈半岛逃往埃及。③

发布驱逐令的同时，希拉克略开始审判不愿撤离或未及时撤离圣城的犹太人。在审判期间，犹太人被指控曾在管理耶路撒冷的三年时间里，残杀基督徒，并参与焚烧耶路撒冷和加利利地区的基督教堂（教堂建筑被毁得到了考古资料的部分证实④）。对上述指责，史料中有如下记载：

当时的目击者——马尔萨巴（Mar Saba）修道院的修士斯塔特基乌斯（Strategius）在其回忆录⑤中提到，耶路撒冷被攻陷后，犹太人和波斯人四处搜寻基督徒，"神圣的教堂被付之一炬，其他的也遭到严重毁坏，庄严的祭坛倒塌，神圣的十字架被践踏，圣洁的神像也被不洁之物所侮辱……当人们被掳至波斯以后，耶路撒冷只剩下犹太人，他们就着手毁坏、焚烧那些幸存下来的神圣教堂"⑥。随后，约有 4500 人被囚禁在干涸的马米拉水池中，被迫面对改宗或死亡的抉择。按基督教史家的说法，除很少一部分基督徒修士如来自阿克（Acre）的莱昂提乌斯（Leontius）⑦ 等改宗犹太

---

① 现有的编年史大多记载，十字架被掳至波斯以后，得到了妥善的保管，待希拉克略将其带回耶路撒冷以后，安放十字架的外盒上的封印甚至完好无损，基督徒史家几无例外地将其归功于波斯帝国的基督教王后希琳，并高度赞赏她的虔诚信仰。见 *Chronicon Paschale*, *284 - 628 AD*, trans. by Michael Whitby and Mary Whitby, Liverpool University Press, 1989, p. 157。

② Theophanes, *The Chronicle of Theophanes Confessor*, trans. by Cyril Mango, p. 459.

③ 该记载出自 11 世纪拜占庭史家西多努斯（Cedrenus，又称 George Kedrenos）的著作 *Synopsis Historion*，但文献憾未留存，见 M. Avi - Yonah, *The Jews under Roman and Byzantine Rule*, p. 272。

④ Gideon Avni, "The Persian Conquest of Jerusalem—An Archaeological Assessment," *Bulletin of the American Schools of Oriental Research*, No. 357 (February 2010), pp. 35 - 48, p. 44.

⑤ 斯塔特基乌斯记载这一事件的原始资料现已不存世，原稿的部分内容存于阿拉伯文和格鲁吉亚文（Georgian）手稿中，后由柯因贝尔（Frederick Cornwallis Conybeare）整理，见 Gideon Avni, "The Persian Conquest of Jerusalem—An Archaeological Assessment," *Bulletin of the American Schools of Oriental Research*, No. 357 (February 2010), pp. 35 - 48, p. 35。

⑥ Gideon Avni, "The Persian Conquest of Jerusalem—An Archaeological Assessment," *Bulletin of the American Schools of Oriental Research*, No. 357 (February 2010), pp. 35 - 48, p. 41.

⑦ M. Avi - Yonah, *The Jews under Roman and Byzantine Rule*, p. 267.

教以外，大部分基督徒都选择了殉教。针对基督徒的屠杀也同时上演，对此，主要的编年史都留下了相关记载。

（1）《塞贝奥斯编年史》的记载：

> 波斯大军夺取耶路撒冷，屠城三日，几乎杀尽城内居民，并放火焚城。随后，下令统计尸首，得数字 57000。另有 3700 人被俘，当中包括耶路撒冷主教撒迦利亚（Zacharias）……（波斯人）还四处搜寻真十字架，并毒打（教士），一部分人被处决。①

（2）《复活节编年史》的记载：

> 是年六月，灾难降临，值得哀痛。波斯人夺取东部诸城和耶路撒冷，屠杀数以千计的教士、修士以及童贞修女。圣墓也被焚毁，远近闻名的教堂以及珍宝全遭损毁。十字架和其他圣器被波斯人掳走，教长撒迦利亚也成了阶下囚。②

（3）《塞奥法尼斯编年史》的记载：

> AM 6106，AD 613/4
>
> 是年，波斯武力攻取约旦、巴勒斯坦以及圣城（耶路撒冷），在犹太人的协助下，大肆屠戮；有人称死者九万人（后被吉本援引）。犹太人购买基督徒，用各自手段予以杀害。至于耶路撒冷的主教撒迦利亚以及真十字架，则被波斯人掳到波斯，一同被掳走的还有不少战俘。③

尽管《塞贝奥斯编年史》、《复活节编年史》以及后续《塞奥法尼斯编平史》的记载无一雷同，但考虑到古代史家往往不长于记数和考究，又较容易夸大，可以认为，实际的伤亡数值和现有记载之间必然存在出

---

① Sebeos，*History*，trans. by Robert Bedrosian，Chapter 24，p. 96.

② *Chronicon Paschale*，*284 - 628 AD*，trans. by Michael Whitby and Mary Whitby，Liverpool University Press，1989，p. 156.

③ Theophanes，*The Chronicle of Theophanes Confessor*，trans. by Cyril Mango，p. 431.

入。然而，撇开表面的数字问题能够看出，拜占庭史家旨在强调的不外乎以下几点：基督徒伤亡惨重；犹太人参与屠城；施害者手段残忍、影响恶劣。诸多证词都指向同一结果：希拉克略展开了对犹太人的一系列审判，大部分犹太人最终被判有罪，很快被处决，少数幸免者逃到沙漠地区。①

继实施驱逐和审判以后，希拉克略在 630 年前后曾下令捕杀耶路撒冷周边以及加利利山区的犹太人。② 至于希拉克略这一措施的原因不得而知，但考虑到此前加利利地区曾爆发大规模犹太人起义，公开对抗帝国政权，因此，希拉克略的屠杀可以被理解为镇压起义过程中以及镇压结束后常见的暴力行为及其延续。

在希拉克略的对犹政策当中，强迫改宗是最具有争议性、影响最为广泛，也是被犹太学者最为诟病的反犹措施。不少犹太文献认为，希拉克略曾命令所有统治区内的犹太人接受洗礼，改宗为基督徒。③ 令人存疑之处在于，这一改宗令亦没有具体的条文可供考证，仅在《雅各教义录》（*Doctrina Jacobi*）④ 和 "忏悔者" 马克西姆（Maximus Confessor）⑤ 的一封信中有模糊记载。⑥ 马克西姆在写给索弗罗尼乌斯的信中提到，希拉克略在 632 年要求犹

---

① M. Avi-Yonah, *The Jews under Roman and Byzantine Rule*, p. 272.

② WoutJac. Van Bekkum, "Jewish Messiah Expectations in the Age of Heraclius," in Gerrit J. Reinink & Bernard H. Stolte eds., *The Reign of Heraclius*, Peeters, 2002, pp. 95 – 112, p. 109, note 39. 贝昆认为，尽管数目不详，但确实有一部分犹太幸存者逃脱了屠杀，并因被屠杀行为激怒而进一步靠拢和拜占庭人为敌的穆斯林。

③ Andrew Sharf, *Byzantine Jewry*, p. 43.

④ 《雅各教义录》又称 "*Doctrina Jacobi Nuper Baptizati*"，是由犹太学者兼商人的雅各于 7 世纪 30 年代至 40 年代用希腊文所写，篇幅长达数百页。《雅各教义录》作为基督教文献，在中世纪有阿拉伯文、古斯拉夫文等诸多版本，但尚未见英文版，目前比较好的法文释读本见 V. Déroche, "Doctrina Jacobi Nuper Baptizati," *Travaux et mémoires* 11 (1991) 47 – 229. 参见 Pieter W. van der Horst, "A Short Note on the Doctrina Jacobi Nuper Baptizati," *Zutot*, Vol. 6, No. 1, 2009, pp. 1 – 6, p. 1, note 4。

⑤ "忏悔者" 马克西姆的信件写于 634 年前后，系写给当年升任耶路撒冷主教的索弗罗尼乌斯（Sophronius），信中表达了对强制改宗导致犹太人不虔诚皈依的担忧。该信件由罗伯特·德福来瑟于 1937 年用法文整理出版，见 Robert. Devreesse, "La fin inédite d'une lettre de saint Maxime: un baptême forcé de Juifs et de Samaritains à Carthage, en 632," *Revue des Sciences Religieuses*, tome 17, fascicule 1, 1937, pp. 25 – 35。

⑥ Averil Cameron, "Byzantines and Jews," *Byzantine and Modern Greek Studies*, Volume 20, 1996, pp. 249 – 274, p. 257.

太人和撒玛利亚人强制改宗基督教，① 该法令由非洲行省长官乔治（George）执行。大规模改宗发生在 632 年 5 月的犹太教五旬节（Pentecost）期间。② 《雅各教义录》则描绘了希拉克略在北非发布强制改宗令后，君士坦丁堡的犹太学者兼商人雅各前往迦太基，在伪装成基督徒的计划破败后，遭强迫改宗，并最终虔诚皈依基督教的一系列事件。③

尽管如此，不同时期的史学家却很少质疑希拉克略迫使犹太人改宗法令的存在，只是在政策实施的时间和地点问题上意见不一。记载或转述该法令的大部分拜占庭史家接受马克西姆的说法，指出希拉克略于 632 年发布了这一针对犹太人的强迫改宗令，但教会史家叙利亚的米哈伊尔（Michael the Syrian）④ 却认为希拉克略的强迫改宗政策是在 634 年出台的⑤，这一观点影响了一部分后世学者。此外，米哈伊尔认为强迫改宗的对象是帝国全境的犹太人，但根据史料提供的信息，该政策更有可能只在北非迦太基实施，并未对帝国其他地区的犹太人产生影响。塞奥法尼斯和米哈伊尔所依据的史料不可考，但考虑到希拉克略本出身于迦太基军区首领家庭，且上台初期曾一度打算将其统治中心迁往迦太基⑥，加上北非地区犹太社团规模和影响力较大，希拉克略选择迦太基似有其合理性。强迫犹太人接受洗礼后，希拉克略曾试图在更大范围内推广这一政策，于是写信给法兰克国王达格博特（Degobert）以及西班牙的西哥特国王西基伯特（Sigibert），要求后两者效仿。⑦ 至于强制改宗的结

---

① Robert. Devreesse, "La fin inédite d'une lettre de saint Maxime : un baptême forcé de Juifs et de Samaritains à Carthage, en 632," *Revue des Sciences Religieuses*, tome 17, fascicule 1, 1937, pp. 25 – 35, p. 28.

② Joshua Starr, "Note on the Crisis of the Early Seventh Century C. E. ," *The Jewish Quarterly Review*, Vol. 38, No. 1 (Jul., 1947), pp. 97 – 99, p. 97.

③ Pieter W. van der Horst, "A Short Note on the Doctrina Jacobi Nuper Baptizati," *Zutot*, Vol. 6, No. 1, 2009, pp. 1 – 6, pp. 2 – 3.

④ 叙利亚的米哈伊尔是一位生活在十二世纪的教会作家，曾任安条克教长，任职期约 1166～1199 年。米哈伊尔的编年史从上帝创世写到作者生前，原文为叙利亚文，目前尚未见完整的英译本。其中关于希拉克略时期犹太政策的记载受到一些学者的质疑，认为他在时隔数个世纪后写作的编年史在一些史实上和早期编年史记载有出入。

⑤ Joshua Holo, *An Economic History of the Jews of Byzantium*, p. 29.

⑥ 乔治·奥斯特洛格尔斯基：《拜占庭帝国》，陈志强译，青海人民出版社，2006，第 78 页。

⑦ M. Avi – Yonah, *The Jews under Roman and Byzantine Rule*, p. 273.

果，目前可供参考的仅有米哈伊尔简短而又模糊的记载："（强迫改宗后）犹太人逃离罗马（拜占庭）……他们中也有很多人接受了洗礼，成为基督徒。"①

除一系列迫害外，希拉克略的对犹措施还体现在干预犹太教习俗方面。尽管利用政治权力干涉犹太社团生活并非希拉克略首创，其前王朝查士丁尼皇帝就曾干预犹太群体的宗教语言②，也曾禁止犹太人在基督教复活节前后庆祝犹太教逾越节③，然而，在干预程度和对犹太社会的破坏性影响方面，希拉克略对前朝有所超越。

希拉克略的干预政策主要表现在：禁止犹太人诵读示玛（sh'ma，即宣称上帝唯一性的部分）。作为祈祷仪式中最重要的部分，"示玛"以"以色列啊，你要听，上帝是我们独一的主"为开头，是犹太教"一神信仰"的核心，也是犹太人对自己是上帝特选子民的强调。希拉克略通过禁止犹太人诵读示玛，限制犹太人进行宗教活动的自由，也否认犹太人的特选地位，无疑迎合了基督教宣称其是新上帝选民的神学思想。活跃于8世纪中期苏拉学院的加昂耶胡达（R. Yehudai）曾提到希拉克略时期"犹太人被禁止诵读示玛，他们只能在安息日早上的集会中吟唱颂歌"④。在其所著《答问集》（Responsum）中，我们可以看到犹太人对该政策的回应：

> 耶胡达如是说：他们（即拜占庭人）下旨让以色列的子民改教，受此影响，他们不得朗诵真理之言（即示玛），也不得举行祈祷仪式，（当权者）只允许他们在安息日早上进行聚会……事实上，（犹太人）确实会在安息日早上进行祈祷……如今，上帝已经终结罗马人的统治，废除她的法令，伊斯玛仪人（Ishmaelites，即阿拉伯人）到来，

① Jean Baptiste Chabot ed. and trans., *Chronique de Michel le Syrien*, Paris, 1910, 2: 414. 转引自 JoshuaHolo, *An Economic History of the Jews of Byzantium*, p. 29.

② *Novellae*, No. 146.

③ Prokopios, *The Secret History with Related Texts*, ed. and trans. by Anthony Kaldellis, Hackett Publishing Company, 2010, Chapter 28: 16 – 18, p. 125.

④ Jacob Mann, "The Responsa of the Babylonian Geonim as a Source of Jewish History," *The Jewish Quarterly Review*, New Series, Vol. 7, No. 4 (Apr., 1917), pp. 457 – 490, pp. 472 – 473.

允许他们研习《托拉》。①

此后，犹太人只能隐蔽地从事宗教诗歌的创作，一方面表达民族、宗教传统遭遇干涉的不满与苦闷；另一方面，通过此种方式消耗因宗教行为受限而积蓄的多余精力。大量的创作活动推动了两个世纪前出现于巴勒斯坦地区的文学诗歌（Piyyutim）的兴盛，使其进一步发展成为中世纪希伯来文学中最典雅的形式。

需要特别指出的是，以上所述的犹太政策从表面看多为应策性措施，没有涉及在社会地位、经济行为、文化活动等层面对犹太人的一般性规制，似乎难以系统地反映希拉克略时期拜占庭帝国的犹太政策全貌。但事实上，早期拜占庭帝国的犹太政策尤其是与犹太人直接相关的法律法规仍然具有效力，是希拉克略统治时期帝国政府、基督教会、地方权力机构乃至普通民众在处理犹太人问题时的重要参照。按照伯纳德·斯图尔特的说法，希拉克略统治时期所颁布的、完整留存下来的四部新律（其中两部颁于 612~619 年），无论在内容还是形式上，都是查士丁尼时期律法的重申。② 迟至 9 世纪末，"智者"利奥六世也仍然在不停地重申和补充查士丁尼的有关律法③，以解决新旧社会问题。鉴于没有直接的资料显示希拉克略时期对犹太社团的经济、宗教和文化生活的规定于前朝而言有所更新，上述史实或可以作为拜占庭立法之延续性的一例佐证。

通过 629~632 年的驱逐、屠杀以及强迫改宗，希拉克略实现了早期拜占庭帝国犹太政策由宽容向限制、迫害的一次转变。但有后世学者认为，希拉克略在本质上既不是犹太人的保护者也不是犹太人的敌人。④ 既然如此，那么，希拉克略以限制和迫害为主的犹太政策的动机究竟何在？

---

① Jacob Mann, "The Responsa of the Babylonian Geonim as a Source of Jewish History," *The Jewish Quarterly Review*, pp. 457 – 490, p. 473, note 17.

② Berbnard H. Stolte, "The Challenge of Change," in Gerrit J. Reinink & Bernard H. Stolte eds. , *The Reign of Heraclius*, Peeters, 2002, p. 192.

③ Solomon Grayzel, "The Jews and Roman Law," *The Jewish Quarterly Review*, Vol. 59, No. 2, Oct. , 1968, pp. 93 – 117, pp. 115 – 116, p. 103.

④ M. Avi – Yonah, *The Jews under Roman and Byzantine Rule*, p. 271.

三 宗教一体化的要求

基于天然的宗教属性，考察犹太人与拜占庭人和帝国统治当局之间的历史交往离不开信仰维度。希拉克略在位时期，"一性论"问题仍在持续，为调和教派纷争而出现的"一志论"则成为帝国新的冲突生长点，导致基督教会内部的对立在很多方面超过其与犹太教之间的矛盾分歧。尽管如此，数个世纪以来，限制犹太教发展、推动犹太人改宗的基督教化政策并没有中止，反而借助护教运动的开展、教会权力的增强以及修士群体的壮大而变本加厉。

从君士坦丁给予基督教合法地位到希拉克略上台前的近 4 个世纪，除尤利安短暂复兴多神教以外，宗教一体化进程在帝国东、西部一直稳步推进。前五次基督教公会议的议题大致围绕阿利乌派、圣灵、"两位两性论"、"一性论"等展开，帮助教会解决了部分神学问题。基督教逐渐形成了一个由长老（presbyteroi）和主教（episkopoi）负责地方教区的等级体系，这种等级体系是与自查士丁尼以来所强调的基本原则——一位皇帝、一个国家和一种信仰的帝国管理体系相适应的。[1] 与基督教内部正统教义的演进、组织结构的发展以及神学体系的完善相伴随的，是以护教运动、传教活动为代表的基督教的外部扩张。

与犹太人相关的基督教护教运动，主要表现为否定犹太教的合理性，以此维护且强化基督教的至高地位，同时争取犹太人皈依。活跃于 3 世纪的奥利金、5 世纪前后的基督教神学家圣哲罗姆和圣奥古斯丁以及 7 世纪前后的教皇大格里高利对此所做的贡献最为卓越。奥利金曾在凯撒利亚学习希伯来语，接受犹太圣哲的教诲，对古代犹太教的评价较为正面，但他同时也通过《论原理》《反塞尔索》等著作指出犹太人因拒绝依附耶稣而至毁灭，并失去作为上帝选民的地位[2]，该思想后成为基督教神学的重要组成部分。哲罗姆会说一口流利的希伯来语，但他厌恶犹太人，认为犹太

---

[1] Simon S. Montefiore, *Jerusalem：The Biography*, Weidenfeld & Nicolson, 2011, p. 169.

[2] M. Avi - Yonah, *The Jews under Roman and Byzantine Rule*, p. 150.

人生养孩子就像养虫一样（讽刺其生养太多），是喜欢这种方式的怪人。[①]
哲罗姆编订的通俗拉丁文本《圣经》在 4 世纪后期完成，大大提高了基督
教在帝国西部的影响力。奥古斯丁的《反犹太人》《上帝之城》等神学著
作也加速了基督教神学体系的建立和完善，由其发展出的"见证者"理论
（Testimonium，即认为犹太人是基督教取得最终胜利的见证者），则把犹太
教置于基督教真理的见证者的位置。6 世纪末，格里高利进一步发展了奥
古斯丁的"见证说"，并在其《教皇训谕》中明确表达了争取犹太人皈依
的思想。塞西尔·罗斯对此是这样解读的："格里高利总结并重新阐述了
晚期罗马帝国的理想……他认为，犹太人为圣经真理贡献了不容更改的证
据……是《圣经》部分原始文本和阐释文献的保管人……应欢迎并争取犹
太人皈依。……在写给北至法国、南达西西里的一系列信件中，他都申明
了这一点。"[②]

　　早期教父、神学家在探索护教实践的同时也构建了基督教社会的反
犹话语体系，不同时期的传记、对话录等基督教著作又对此话语体系进
行了补充。具有代表性的有：那不勒斯的利奥提乌斯（Leontios of Neapo-
lis）的《对犹太人辩解书》（Apology against the Jews）、《与帕皮斯库斯和
斐洛的对话》（Dialogue of Papiscus and Philo），以及由耶路撒冷的哲罗姆
所记录的一个犹太人与基督徒之间的对话录——《对"三位一体"的争
辩》（Dialogue on the Trinity），等等。[③] 以上虽多为残存文献，成书日期
难以定准，但据考证大多来自 7 ~ 8 世纪。矛盾的是，作为反犹论调的重
要载体，该时期的文献中饱含基督教学者对犹太人的厌恶甚至是痛恨，
却也表达了对争取犹太人皈依的热忱。约翰·马斯克（John Moschus，
550 – 619）在其《精神草甸》（Pratum Spirituale）中所记述的科斯马斯
（Cosmas）就是这样一个典型。科斯马斯是亚历山大的基督教学者，拥
有一个藏书丰富的私人图书馆，约翰因此经常拜访，借阅图书、求教学
问。科斯马斯给约翰留下了深刻印象，以至于他如此感慨："我每天都

---

① Simon S. Montefiore, *Jerusalem*：*The Biography*, p. 175.

② Cecil Roth, *A History of the Jews*, Schocken Books, 1966, pp. 145 – 146.

③ Averil Cameron, "Byzantines and Jews," *Byzantine and Modern Greek Studies*, Volume 20,
1996, pp. 249 – 274, p. 262.

会去拜见科斯马斯，但没有哪一次不发现，他不是在阅读关于反犹的文字，就是在亲自写作反犹的书稿：因为他有狂热的激情，想将基督教真理带给犹太人。"①

在反犹话语体系潜移默化的影响下，基督教修士通过积极布道来推广和巩固基督教化的成果，同时也以自下而上的方式游说皇帝，利用比教权更有力的皇权，争取犹太人皈依。3世纪末兴起的修道活动使得基督教修士"成为一个巨大、活跃的力量，积极响应教会领袖甚至是国家的召唤"②。拜占庭帝国因此"成为一个士兵和修道士的帝国"③。428年，修士尤西米乌斯（Euthymius）在犹大沙漠中建立首个修道院后④，叙利亚－巴勒斯坦地区的犹太定居点就成为修士的重要活动区域。另据以弗所的约翰（John of Ephesus）留下的记载，他在担任主教期间，曾为大量异教徒施洗，并帮助建造众多教堂和修道院。⑤由于摆脱了职业和俗务的牵绊，修士在关注灵修以外，唯一的工作就是游走于帝国各个角落，"密切关注官方的命令是否充分执行"，积极推动犹太人皈依基督教，成为教会和国家反对犹太教的有力武器。

希拉克略犹太政策的重要推动力量正是来自这一群体。耶路撒冷收复后，基督教修士陪同希拉克略验视基督徒尸体，宣称是犹太人暴行的结果，一部分人劝说他驱逐犹太人，也有一些修士恳请希拉克略允许他们屠杀犹太人。⑥最初，希拉克略并没有采纳修士们的意见，原因在于希拉克略曾在行军途中于太巴列的犹太富商本雅明（Benjamin）家中休整，并收下加利利、拿撒勒等城市的犹太人贡品，于是，以誓言方式承诺宽恕犹太人过去协助波斯的罪过。⑦因此，希拉克略想信守对犹太人的承诺，但基督教修士们称愿意将背弃承诺的罪施加在他们身上，而他们会利用特殊的斋戒去赎罪。关于事件的真实性问题，拜占庭史料中没有提供更多信息，

① Averil Cameron, "Byzantines and Jews," *Byzantine and Modern Greek Studies*, pp. 249－274, p. 262.
② M. Avi－Yonah, *The Jews under Roman and Byzantine Rule*, p. 211.
③ 乔治·奥斯特洛格尔斯基：《拜占庭帝国》，陈志强译，第78页，第109页。
④ M. Avi－Yonah, *The Jews under Roman and Byzantine Rule*, p. 211.
⑤ John of Ephesus, *Ecclesiastical History*, Part 3, Book 1, I. 2－10.
⑥ Andrew Sharf, *Byzantine Jewry*, p. 51.
⑦ M. Avi－Yonah, *The Jews under Roman and Byzantine Rule*, p. 271.

以至于熟络各类史料的吉本在提及修士对希拉克略的劝导时，也只能模糊其词地给出一句"根据教士的意见，对犹太人的迫害会更容易和福音书当中的教诲相吻合"①，令后人寻味。不过，据考证，埃及的科普特地区（Copts）在随后的几个世纪里确实存在一个叫作"希拉克略斋日"（Feast of Heraclius）的节日。②

除此以外，以雅各、富商本雅明为代表的改宗犹太人，也在一定程度上影响了希拉克略的犹太政策。雅各的生平不得而知，但他是基督教文献所记载的缺失"忠诚"的少数犹太人之一。根据《雅各教义录》的记载，雅各离开首都到达迦太基以后，为逃避强制改宗，曾伪装成基督徒，不料在一次失足时情急之下喊出"阿东乃（Adonai，犹太人对上帝的称呼）"③，被基督徒发现并强行施洗。④ 改宗后的雅各摆脱神学困惑后，转而虔诚信仰基督教，并努力劝说其他犹太人，故事最终在所有犹太人都成为虔诚基督徒的皆大欢喜中结束。⑤ 作为犹太人的雅各不但改宗了基督教，还立场鲜明地描绘改宗前的自己："因为我有着魔鬼的特质，憎恨基督，……因此，当福卡斯统治君士坦丁堡时，我作为绿党的一员，称蓝党的基督徒是犹太人和混账；当绿党……胡作非为时，我作为蓝党的一员，又指责基督徒是绿匪，侮辱他们……"⑥。

本雅明的例子更加戏剧化。早年本雅明曾在加利利地区领导犹太起义，迫害基督徒，响应波斯入侵，此后，太巴列的基督徒向皇帝提出控告，希拉克略于是责问本雅明："你为什么加害于基督徒？"后者坚定地给出答案："因为他们是我的宗教敌人。"⑦ 然而，几年后，他却在那不勒斯

① Edward Gibbon, *The History of the Decline and Fall of the Roman Empire*, p. 120.

② M. Avi - Yonah, *The Jews under Roman and Byzantine Rule*, p. 271.

③ 由于"十诫"中要求不可妄称上帝的名，《希伯来圣经》中常见的上帝称谓"YHWH（意为自有永有）"只是拼写方式，而没有发音。"阿东乃"（Adonai）和"El Ilyon"、"E-lohim"等词汇即为对上帝称谓的替代。古代晚期，希伯来文出现元音符号，"阿东乃"一词的元音符号"e、o、a"被标注于"Y、H、W、H"四个字母之间，演化成基督教学者普遍称呼的"Yehovah"一词，中译为"耶和华"。

④ Pieter W. van der Horst, "A Short Note on the Doctrina Jacobi NuperBaptizati," *Zutot*, Vol. 6, No. 1, 2009, pp. 1 - 6, p. 2.

⑤ Pieter W. van der Horst, "A Short Note on the Doctrina Jacobi NuperBaptizati," pp. 1 - 6, p. 3.

⑥ Andrew Sharf, *Byzantine Jewry*, pp. 47 - 48.

⑦ Theophanes, *The Chronicle of Theophanes Confessor*, trans. by Cyril Mango, pp. 458 - 459.

的基督徒尤斯塔修斯（Eustathius）家中接受洗礼，改宗基督教。① 此举不仅震惊了当时的犹太大众，也让希拉克略就此相信：让大多数犹太人接受改宗可能没有想象中那么困难。② 根据传言，希拉克略还曾被警告"将有一个行割礼的民族降临，从你手中夺走圣地"。犹太学者约拿不无嘲讽地指出：希拉克略自认为该预言中提到的民族指的是犹太人，因为据他所知，犹太人是唯一的行割礼民族。③ 基于此，希拉克略最终抛弃自己曾经对犹太人允诺的"将不会再有复仇，可以在耶路撒冷定居"④ 的誓言，强迫犹太人改宗。不仅如此，他还将改宗与否的问题象征性地抛给实际已丧失选择权的犹太人："你们是皇帝的仆从吗？ 如果是，那就必须受洗改宗。"⑤

可见，希拉克略以强制犹太人改宗为代表的宗教政策，在本质上没有游离将异教徒纳入国教体系的政策框架，是早期拜占庭皇帝一贯推行的基督教化政策的延续，几乎与查士丁尼时期的相关规定"所有持非正统教义的信徒皈依国教，否则，剥夺其政治和宗教信仰权"⑥ 如出一辙。因此，这一时期拜占庭帝国的犹太政策，更反映了希拉克略个人和 7 世纪特殊历史条件下的政治需要，与犹太人"政治失忠"的行为紧密相关。甚至有学者认为，7 世纪拜占庭帝国的反犹主要源于政治因素而非宗教因素。⑦

四 危机时代的忠诚

7 世纪初，内忧外患的拜占庭帝国"为了成功保卫领土，必须确保臣

① Theophanes, *The Chronicle of Theophanes Confessor*, trans. by Cyril Mango, p. 459.

② M. Avi - Yonah, *The Jews under Roman and Byzantine Rule*, p. 272.

③ 言外之意，预言当中所说的割礼民族应该是穆斯林。M. Avi - Yonah, *The Jews under Roman and Byzantine Rule*, p. 273.

④ Simon S. Montefiore, *Jerusalem: The Biography*, p. 187.

⑤ Andrew Sharf, *Byzantine Jewry*, p. 53.

⑥ 陈志强：《拜占庭帝国通史》，上海社会科学院出版社，2013，第 100 - 102 页。

⑦ David Olster, *Roman Defeat: Christian Response and the Literary Construction of the Jew*, Philadelphia, 1994. Averil Cameron, "Byzantines and Jews," BMGS 20, 1996, pp. 249 - 274, p. 249.

民的忠诚"。① 犹太学者沙尔夫在评述希拉克略时期的犹太政策时，曾多次使用"Political loyalty""Jewish disloyalty"等词汇，表达自己对于其时犹太人存在背叛拜占庭当权者这一事实的肯定。尽管在希拉克略时期没有法律明确要求犹太人效忠于基督教的帝国，但帝国对犹太人保持忠诚的要求不但没有因此被削弱，反而通过严惩不忠者得到体现和强化。由于福卡斯时代的"无政府"混乱未平，波斯战事又起，希拉克略上台后的国内外形势异常严峻。在这一政治危机的特殊时期，叙利亚－巴勒斯坦地区的犹太社团协助波斯入侵，公开反对希拉克略的统治，使得其与帝国之间的互动超越传统的民族－宗教范畴，对帝国统治构成现实的威胁，为希拉克略收复失地后对犹太人实施惩罚与制裁措施提供了最直接的动机。

拜占庭人和波斯人之间的纠葛历时久远，虽战和交替，但后者一直是侵扰帝国东部边疆的不安定因素之一。希拉克略上台前，侯斯罗埃斯二世统治下的波斯即对拜占庭帝国的近东地区保持了强劲攻势。如前所述，603年，波斯开始大规模西侵。从大马士革出发后，波斯基本行军路线如下：经过太巴列，向西南到达塞弗里斯、罗吉以及行省首府所在地凯撒利亚，然后转向东南，经过劳德，最终到达耶路撒冷，② 在这样一条纵穿巴勒斯坦行省的路线上，分布着众多的犹太飞地。606年，波斯军队进入叙利亚和巴勒斯坦地区，③ 在此过程中，就已经有当地犹太人为其提供大量协助。610年，波斯大军抵达安条克，内城犹太人立即举行起义，予以响应。尽管起义最终被驻防的博努斯镇压，但犹太人的投诚趋势紧随波斯大军向叙利亚以南地区发展。根据塞贝奥斯记载，卡帕多西亚的凯撒利亚犹太人很快也在当地基督徒溃逃后为波斯打开城门，降服于波斯沙王，后者驻城一年。④

概括来说，犹太人对波斯的协助主要有两种方式。一种是以事实上的盟友身份，为所到之处的波斯大军提供军事援助。北至凯撒利亚，南达耶

---

① Andrew Sharf, *Jews and Other Minorities in Byzantium*, Ahva Cooperative Press, 1995, p. 96.

② M. Avi - Yonah, *The Jews under Roman and Byzantine Rule*, p. 264.

③ Theophanes, *The Chronicle of Theophanes Confessor*, trans. by Cyril Mango, p. 424.

④ Sebeos, *History*, trans. by Robert Bedrosian, Chapter 23, p. 90.

路撒冷，很多城镇的犹太人都为波斯打开了入侵的城门。从入侵叙利亚开始，到兵临耶路撒冷，在犹太人的协助下，波斯军队只用了短短七年时间，而此前波斯为了跨越拜占庭的幼发拉底河边境，费力数十载而无果。另一种方式更为直接——加入波斯军队。据称，当波斯著名将领沙赫巴拉兹（Shahrbaraz）率部从叙利亚一路南下时，曾有两万左右来自安条克和太巴列的犹太人加入前者的队伍①，此与吉本的说法两度重合：（1）"侯斯洛埃斯为了进行神圣的战争，征召一支由 26000 名犹太人组成的军队，后者带有愤怒的偏见，或许在一定程度上能够弥补勇气和纪律的不足。"②（2）"教长撒迦利亚和真十字架被运到波斯。有九万基督徒惨遭杀害，这要归咎于犹太人和阿拉伯人，他们加入波斯人的行军行列，导致秩序混乱不堪。"③ 不仅如此，加入波斯大军的犹太人还由于熟悉地形、路线和本地基督徒情况而作为先遣部队引导波斯人攻城略地。显然，犹太人与波斯的"结盟"对双方都是有益的：一方面，波斯得以长驱直入，夺取拜占庭帝国的土地、人口和财富；另一方面，犹太人也因此重新获得回归耶路撒冷、重建所罗门圣殿的机会。如上文所述，614 年春，波斯攻克耶路撒冷后，拆下圣墓大教堂的真十字架，挑选一部分有利用价值的基督徒俘虏随军撤出耶路撒冷，转攻埃及和君士坦丁堡，并将城市交给当时的犹太领袖尼希米管理。

"去历史化"的拉比文献没有记录犹太人如何管理耶路撒冷、如何组织重建工作以及对基督徒的政策措施等重要内容。但据拜占庭史料记载（见前文），这时期犹太人对基督徒实施了诸多暴行：焚烧教堂、屠杀基督徒、甚至强迫其改宗犹太教。

具有讽刺意味的是，此前曾长期遭受基督徒迫害的犹太人，此时的角色与基督徒完全置换——犹太人成为施害者，而基督徒则沦为受害者。当然，关于犹太人代管耶路撒冷期间是否大规模地杀害过基督徒，学界历来是有争议的，犹太学者倾向于认为该事件的原委在犹太文献中毫无涉及，几乎全部来自基督教叙事，并被后世学者大量征引、加工和渲染，而事实

---

① Simon S. Montefiore, *Jerusalem*: *The Biography*, p. 184.
② Edward Gibbon, *The History of the Decline and Fall of the Roman Empire*, pp. 89 – 90.
③ Edward Gibbon, *The History of the Decline and Fall of the Roman Empire*, p. 90.

上，犹太民族很少实施这类极端的暴力，因此，关于该事件真实与否、程度如何等问题，应谨慎对待。① 退一步讲，波斯征服者给予犹太人以代管耶路撒冷的特权，也就给予了后者向基督徒宿敌施加迫害的途径，曾经遭受数个世纪压制的犹太人，不可避免地深陷任由其摆布的绝对权力之中，导致"压迫引起道德迷茫"现象的出现。这也是为什么有犹太史学家在啧啧犹太人对基督徒实施暴行时，会用"难以超越其所在时代的道德局限"②来解释这一犹太历史上罕见的道德崩溃现象。

尽管有看似合理的原因促使犹太人协助波斯势力，但结果却并不符合犹太人的期望。据塞奥法尼斯记载，侯斯罗埃斯于617年拒绝了希拉克略的求和提议③，却在同一年出现政策转向，倒戈基督徒，将犹太人驱逐出耶路撒冷，并在以马乌斯（Emmaus）处死尼希米，城市管理权移交于基督徒。犹太人像之前的基督徒一样，从圣城东门逃离，一路向耶利哥而去，修士莫德斯托（Modestos）接管代行主教职权。④ 基督教史料除了认为波斯受到其基督教皇后希琳（Shirin）的影响外，没有解读其倒戈的真正原因，倒是有难以考证的材料称，犹太人曾承诺将圣墓大教堂下埋藏的宝藏献给波斯，但最后没有兑现，才导致波斯的反犹之举。⑤ 事实上，波斯与犹太人的"结盟"并非出于长远的战略目标，而是短期的军事战术⑥，后者不过是战时可供拉拢以对抗拜占庭的中间力量之一。当尼希米受波斯之命攻打推罗，最终却败逃以后，波斯人才意识到真正有价值的同盟者并非势单力薄的犹太人，而是基督徒。而在基督徒看来，波斯背叛犹太人不仅是犹太人"特殊神宠论（Particularism）"不成立的又一个铁证，也是犹太人犯下罪过（"背叛"拜占庭帝国）后必然要遭受的惩罚（被波斯驱逐）。将天启思想和基督教胜利论剥离后，会发现基督徒对犹太人罪与罚之间关系的强调在一定程度上是成立的：成因在于，犹太人将波斯视为弥

① 学界对此问题的争论见 Elliott Horowitz, "The Vengeance of the Jews Was Stronger than Their Avarice," *Jewish Social Studies*, New Series, Vol. 4, No. 2 (Winter 1998), pp. 1 – 39。

② M. Avi – Yonah, *The Jews under Roman and Byzantine Rule*, p. 266.

③ Theophanes, *The Chronicle of Theophanes Confessor*, trans. by Cyril Mango, p. 424.

④ Sebeos, *History*, trans. by Robert Bedrosian, Chapter 24, p. 97.

⑤ M. Avi – Yonah, *The Jews under Roman and Byzantine Rule*, p. 268.

⑥ M. Avi – Yonah, *The Jews under Roman and Byzantine Rule*, p. 262.

赛亚式的拯救者①是一种错误想象，付出被后者抛弃和背叛的代价是早晚的结果，这种因果相承的关系在本质上遵循了历史发展的逻辑。

犹太人的协助加速了波斯攻城略地的步伐，导致拜占庭人节节败退。帝国先后丧失北部的加利西亚、陶鲁斯山脉据点、亚美尼亚以及小亚细亚等疆域；波斯势力甚至进入博斯普鲁斯海峡，直接威胁君士坦丁堡，北非的埃及地区也在 619 年陷落，地中海东部地区在短时间内悉数落入波斯统治下；尤其耶路撒冷的沦陷"对基督徒是特别沉重的精神打击"②。希拉克略近十年后才最终收复耶路撒冷，随即展开驱逐、审判、屠杀等一系列暴力手段，对犹太人的"政治不忠"予以制裁，其犹太政策实施之急切、程度之深重，无疑都是对犹太人"投敌叛国"的激烈回应。

在惩罚犹太人协助波斯的同时，预防前者投诚继起的阿拉伯势力对希拉克略而言更为重要。犹太人曾经协助波斯致拜占庭大败，帝国在对阿战争之初就十分疑惧犹太人的再次叛离行为。用沙尔夫的话说："630 年，阿拉伯人开始入侵巴勒斯坦，对当地犹太人不忠诚的担忧卷土重来，成为拜占庭帝国新的威胁。"③ 当打着新月旗号、奉行"圣战"理念的阿拉伯军队向西、北挺进时，犹太人确实将其视为拯救本民族的另一个弥赛亚，甚至在文献中也毫不掩饰对于新"解放者"到来的喜悦："如今，这个神圣的民族（Holy one）——愿上帝保佑，终结罗马（Edom）④ 的统治，废止压迫性的法令。"⑤ 对此，塞奥法尼斯在其编年史中也提供了有力的佐证：

---

① 7 世纪是叙利亚 - 巴勒斯坦犹太人"弥赛亚思潮"的高度活跃期，波斯入侵迎合了这一思潮，加上和解救"巴比伦之囚"的居鲁士之间的历史勾连，使得波斯人被犹太人视为拯救者"弥赛亚"，后证明这只是犹太人的"一厢情愿"。

② *Chronicon Paschale*, *284 - 628 AD*, trans. by Michael Whitby and Mary Whitby, Liverpool University Press, 1989, p. 156.

③ Andrew Sharf, *Byzantine Jewry*, p. 51.

④ 希伯来文献中常常称罗马 - 拜占庭帝国为"אֱדוֹם"（"Edom"）。圣经时代，"Edom"指以东人，最初定居在巴勒斯坦地区南部死海东南方向，和死海西部的以土买人以及东部的摩押人是近邻。犹太文献将"以东"比拟圣经人物"以扫"，"以色列"比拟"雅各"，并认为以扫和雅各两兄弟分别代表罗马 - 拜占庭人和以色列人。见 Seth Schwartz, "Language, Power and Identity in Ancient Palestine," *Past & Present*, No. 148（Aug., 1995），pp. 3 - 47, p. 7；Dion C. Smythe ed., *Strangers to Themselves*, Ashgate Publishing Company, 2000, p. 117。

⑤ M. Avi - Yonah, *The Jews under Roman and Byzantine Rule*, p. 273.

"……（犹太人）将其（穆罕默德）视为一直在等待的弥赛亚，正因如此，一些犹太领袖加入穆罕默德（的队伍），接受他的信仰（伊斯兰教），抛弃摩西创立的犹太教……"①

关于犹太人向阿拉伯人的投诚，塞贝奥斯的记载相对详细：

> 犹太人……聚集在埃德萨城。当他们发现波斯人的部队撤走，城市归于和平后，这些犹太人就紧闭城门，加固守卫……拜占庭帝国皇帝希拉克略于是下令，围攻埃德萨。当（犹太人）意识到他们的军事力量不足以抵抗希拉克略后……便离开，横越沙漠，前往伊斯玛仪后裔所在的塔克康斯坦（Tachkastan）。（犹太人）请求（阿拉伯人）的救助，并利用《圣经·旧约》拉拢他们和后者之间的关系。②

在塞贝奥斯描绘犹太人投诚阿拉伯人的大量笔墨中，甚至出现前者彻底站在拜占庭帝国的对立面向希拉克略喊话的场景：

> 以色列人的残部聚集起来，组成一支大军。继后，他们派遣信使，告知拜占庭皇帝："上帝已经将帝国赐予亚伯拉罕及其后代，而我们就是亚伯拉罕的后代。你统治帝国太久。和平放弃吧，我们要求得到你们的一切。"皇帝拒绝接受，但没有做出直接回应，而是说："帝国是我的。属于你们的是沙漠……"③

基于此，在东部时局剧烈变动的特殊环境下，即将激化的矛盾很快就将希拉克略推上强迫犹太人改宗（如前所述）的反犹高潮，以强硬和极端的方式处理犹太人问题。遗憾的是，"希拉克略的犹太政策只是确保臣民保持忠诚的一个粗鲁而又姗姗来迟的尝试"④，没有达到防止犹太人投诚阿拉伯人的目的，相反，加速推动了其向后者的投靠。据史料记载："他们被分成12000人，每个（阿拉伯）部落安置1000个犹太人，（这些投诚的犹太人后来在阿拉伯军队中效力，并作为向导）为阿拉伯人入侵巴勒斯坦

---

① Theophanes, *The Chronicle of Theophanes Confessor*, trans. by Cyril Mango, p. 464.
② Sebeos, *History*, trans. by Robert Bedrosian, Chapter 30, pp. 121 – 122.
③ Sebeos, *History*, trans. by Robert Bedrosian, Chapter 30, p. 124.
④ Andrew Sharf, *Jews and Other Minorities in Byzantium*, p. 102.

指引方向。"① 不仅如此，犹太人还加入阿拉伯骑兵，以更大的热情与阿拉伯人为伍，协助征服拜占庭帝国不久前从波斯手中收复的失地，再次变更地中海东部的地缘政治版图，共同敲响罗马－拜占庭在该地区长达八个多世纪（始于公元前1世纪）统治的暮钟。

五　余　论

纵观7世纪拜占庭帝国的犹太政策，就最为突出和符号化的强迫改宗而言，在希拉克略的暴力威胁下，确实出现部分犹太人皈依基督教的现象②，但更多的犹太人对此政策的回应是"用脚投票"，流亡到诸如哈扎尔王国等在当时更为宽容的其他国家。③ 甚至有学者认为希拉克略的迫害政策开启了犹太人的大流散运动。④ 但总体而言，暴力迫害和强制改宗没有让拜占庭犹太人整体陷入恐慌：意大利南部、巴尔干半岛等犹太社团没有受到大范围波及⑤；地中海东岸的犹太社团随后迎来穆斯林时代，也很快摆脱政策的阴影。仅此而论，希拉克略对犹政策的象征意义远远大于政策本身对犹太人产生的即时影响，更多地体现为一种集合古代晚期－中世纪基督教世界在意识形态和具体实践上的反犹符号。正是由于不宽容的对犹措施，无论是当时的犹太人还是后世的犹太学者都倾向于指责希拉克略是犹太民族的罪人。希拉克略一方面作为反弥赛亚式的人物——"阿米洛斯（Armilos）"⑥ 被定格在当时的犹太启示录文献——《所罗巴伯书》（*The Book of Zerubabel*）和《弥赛亚的迹象》（*The Signs of the Messiah*）当中⑦；

① Sebeos, *History*, trans. by Robert Bedrosian, Chapter 30, p. 123.

② Nicholas de Lange, "Jews and Christians in the Byzantine Empire," in Diana Wood ed., *Christianity and Judaism*, Blackwell Publishers, 1992, pp. 15－32, p. 23.

③ Elisabeth Ravel－Neher, *The Image of the Jew in Byzantine Art*, Pergamon Press, 1992, p. 13.

④ Joshua Holo, *An Economic History of the Jews of Byzantium*, p. 22.

⑤ Joshua Holo, *An Economic History of the Jews of Byzantium*, p. 23.

⑥ 后世学者通过研究，认为"阿米洛斯（Amilos）"的名字可能来源于罗马始祖"Romulus"的拉丁文形式，和希腊文"Eremolaos"以及一些希伯来文手稿中出现的"Armalyos"相近，词源学上的意思大致为"将会毁灭他人的人"，见 WoutJac. Van Bekkum, "Jewish Messiah Expectations in the Age of Heraclius," in Gerrit J. Reinink & Bernard H. Stolte eds., *The Reign of Heraclius*, Peeters, 2002, pp. 95－112, p. 107。

⑦ Andrew Sharf, *Byzantine Jewry*, p. 54.

另一方面，由他所推行的以强迫改宗为代表的政策也成为中古时期宗教反犹的典型方式。此后，希拉克略的反弥赛亚式人物形象连同其犹太政策不断被近现代犹太史学家征引、重申，融入犹太民族有关流散阶段创伤性经历的集体记忆中，与其他不宽容犹太人的历史人物、迫害行为共同作为反面素材，服务于广泛兴起的犹太复国主义运动。

从拜占庭帝国角度出发，无论是出于推动基督教一体化的动机，还是惩罚、预防犹太人协助外敌的目的，希拉克略犹太政策的实际成效都与之相差甚远，反而在短时间内加速了犹太人口的流失，使得帝国在亟须借助社会成员的贡献补充因战争而消耗的国力时，失去犹太人此前作为农民、手工业者、商贩、医生、神学家及文化生产者等为帝国所带来的物质和精神利益。另外，尽管希拉克略时期进行了军事、政治秩序的重建，但困扰帝国的诸多问题并没有得到有效解决：难以调和的宗教分歧影响着基督教化的进程；长期存在的陈规陋习使得改革成效被大打折扣；莫里斯时代以来持续的战争耗尽了有限的资源。① 鉴于此，有学者指出：希拉克略完全可以通过巩固权力，改革行政，以抵御外力入侵，而无须对犹太人这一少数群体诉诸迫害。② 这一观点看似合理，实则"后见之名"，无助于客观理解希拉克略对犹政策的动机。在某种程度上可以说，正是由于面临积重难返的困境，才使得帝国努力尝试任何可能的改良措施，预设犹太人问题的解决将在两大层面益于帝国：其一，推动与基督教对立的犹太人大规模以至全部改宗是基督教普世化过程中的重要步骤，一经完成，基督真理将得到有力彰显；其二，利用暴力形式惩罚、威慑犹太人，同时通过强制改宗在短期内将犹太人纳入主流社会，保证其在政治上臣服于帝国，解决背叛行为加剧军事压力和政治危机的难题。正因如此，基于犹太人的信仰共同体属性，希拉克略将宗教顺从与政治忠诚完全等同，践行帝国基督教化政策的根本宗旨，同时利用宗教归化消弭政治威胁，以期保障帝国统治的稳固。

原文发表于《古代文明》2017 年第 11 卷第 3 期。

---

① 乔治·奥斯特洛格尔斯基：《拜占庭帝国》，陈志强译，第 87 页。
② Andrew Sharf, *Jews and Other Minorities in Byzantium*, p. 108.

15~16 世纪基督教希伯来学的兴起与发展

朱　晓

（河南财经政法大学）

摘　要： 从 15 世纪上半叶开始，以波焦、曼内蒂和皮科为代表的意大利人文主义者在复兴古典文化的过程中积极学习希伯来语、研究《希伯来圣经》，并利用犹太教神秘主义喀巴拉的方法阐释基督教教义和人的尊严，开启了基督教希伯来学的序幕；随着人文主义思潮越过阿尔卑斯山北传，基督教希伯来学的重心也由意大利转移到欧洲北部；在宗教改革爆发之后，一方面，新教学者利用希伯来学抨击天主教的传统教义和构建新教神学理论；另一方面，天主教也利用希伯来学作为内在革新和外在排除异己的工具，在双方的共同推动下，基督教希伯来学最终在 16 世纪发展成为西欧倍受瞩目的学术运动。

关键词： 文艺复兴　人文主义　宗教改革　基督教希伯来学

基督教希伯来学是指基督教学者出于宗教信仰的目的而从事的希伯来文化研究，主要表现在对希伯来语言、《希伯来圣经》、犹太教的拉比文献和神秘主义喀巴拉理论的学习和应用。[①] 在基督教历史上，虽然基督教学

[①]　关于"基督教希伯来学"（Christian Hebraism）一词的概念，目前国内学界尚未出现相应的表述。在西方学界，杰罗姆·弗里德曼、丹尼尔·寇肯和史蒂芬·博奈特等人对"基督教希伯来学"的内涵都做过相应的界定，但观点略有出入，笔者参考西方的研究成果，基于本文所研究的时段，综合定义为此。相关的概念界定详见：Jerome Friedman, *The Most Ancient Testimony: Sixteenth Century Christian Hebraica in the Age of Renaissance Nostalgia*, Ohio University Press, 1983, p. 1; Daniel Kokin, *The Hebrew Question in the Italian Renaissance: Linguistic, Cultural, and Mystical Perspectives*, 哈佛大学历史系 2006 年未刊博士学位论文, p. 1.; Stephen G. Burnett, *Christian Hebraism in the Reformation Era (1500 - 1660)*, Brill, 2012, p. 49, p. 93。

者学习希伯来语或者研究犹太教典籍的现象一直存在，但是长久以来都只表现为个别学者、偶然的学术兴趣。基督教希伯来学作为一种持续的、规模化的学术思潮的发展始于文艺复兴时期的意大利，之后由罗伊希林带到德国，并逐渐扩展到法国、荷兰与英国等地，最终在宗教改革的推动下发展成为一种有着广泛基础和影响的学术思想运动；当时众多主流的思想家如马西里奥·斐奇诺、皮科·德拉·米兰多拉、伊拉斯谟、罗伊希林和新教的改革家如加尔文、布赛等人都参与到这场运动中。从文化层面上看，基督教希伯来学的出现推动了基督教学者与犹太教学者在语言、圣经和宗教文化方面的交流；从历史层面上看，它不仅丰富了文艺复兴的思想内涵，而且在宗教改革的进程中也发挥了重要作用。

西方学者对这场运动的研究始于 20 世纪 80 年代，杰罗姆·弗里德曼、洛伊德·琼斯、史蒂芬·博奈特等学者都对基督教希伯来学进行了细致的研究。他们的研究主要表现在两个方面：第一是基督教希伯来学在宗教改革时期的具体表现[①]；第二是以个案的方式研究一个国家或者一位基督教希伯来学学者的成就[②]，而对于基督教希伯来学的兴起问题鲜有论及。本文旨在对基督教希伯来学进行一个长时段的考察，梳理其在文艺复兴和宗教改革两大语境中兴起的原因和过程，以期获得对这场运动更深刻、更清晰的认识。

一　开创与早期发展：意大利文艺复兴时期

意大利文艺复兴时期，罗马教会由于"西门主义"和"尼古拉主义"[③] 的罪孽而陷入腐败和世俗化的境地。面对教会中出现的生活腐化以

---

① Jerome Friedman, *The Most Ancient Testimony: Sixteenth Century Christian Hebraica in the Age of Renaissance Nostalgia*; Stephen G. Burnett, *Christian Hebraism in the Reformation Era* (1500 ~ 1660).

② G. Lloyd Jones, *The Discovery of Hebrew in Tudor England: A Third Language*, Manchester University Press, 1983; Stephen G. Burnett, *From Christian Hebraism to Jewish Studies: Johannes Buxtorf (1564 - 1629) and Hebrew Learning in the Seventeenth Century*, Brill, 1996.

③ "西门主义"是指圣职买卖，而"尼古拉主义"则指教士淫乱。关于这个两个概念的由来以及它们在文艺复兴时期的表现，详见刘新利、陈志强《欧洲文艺复兴史·宗教卷》，人民出版社，2008，第 94 ~ 100、103 页。

及道德堕落现象，意大利人文主义者痛心疾首，他们在揭露和批判教会的同时也在努力构建自己理想的基督教信仰模式。一方面，他们试图通过追本溯源、恢复基督教原初的真义，以清除教会的蒙尘、建立纯洁的教会；另一方面，又试图通过调和古典哲学以及各种古代传统与基督教信仰之间的冲突，以建立更具有普适性和包容性的基督教信仰体系，这就为基督教希伯来学的出现奠定了重要的思想基础。

首先，追本溯源、回复到基督教原初的真义的需求为基督教学者学习希伯来语和研究《希伯来圣经》提供了思想动力。意大利的人文主义者虽然对教会的种种弊端进行了嘲讽和抨击，但是这种抨击与其说是对基督教精神的背离，不如说是"用基督教的精神去反对教会对这种精神的背离"①，是将多才多艺的人文主义与基督教的宗教虔诚相结合，来延伸和扩大当时占优势的宗教文化。② 人文主义者在回到古代的名义下，不仅回到了西塞罗、柏拉图等古典学术大师那里，吸取关于世俗生活的修养；作为基督徒，出于对教会当下的腐败和堕落的深恶痛绝，他们还积极地主张回到原初的基督教，正本溯源，以恢复教会的纯洁。在这种思潮的主导下，回到本源（Ad fonts）即直接回到基督教早期的教父作家以及至终的圣经上就成为以瓦拉为代表的"圣经人文主义"学派的口号。为了"恢复《圣经》中每一个特定教义或论点的精确历史内涵"③，这些人文主义者不仅放弃了那些中世纪的释经书籍所形成的"过滤器"，直接回到《圣经》的原文，而且积极倡导回到《圣经》的原始语言文本。在他们看来，"除了少数以阿拉米语撰写的篇幅外，旧约要以希伯来文研读，而新约则是以希腊文研读"。④ 而且，人文主义者进一步提出了《圣经》语言学研究要求坚持的"原文原则"，即"面对拉丁文抄本中词句的不同，必须回溯希腊文抄本；就旧约而言，不同的拉丁文抄本之间，或者拉丁文抄本与希腊文抄本之间出现歧异时，必须到希伯来原文材料之中

① 何光沪：《文艺复兴中的基督宗教与人文主义》，《人文杂志》2007 年第 1 期。
② 赵立行：《宗教与世俗的平衡及其相互制约：意大利人文主义者的宗教观》，《历史研究》2002 年第 2 期。
③ 昆廷·斯金纳：《现代政治思想的基础》，段胜武等译，求实出版社，1989，第 217 页。
④ 阿利斯特·麦格拉思：《宗教改革运动思潮》，蔡锦图、陈佐人译，中国社会科学出版社，2009，第 143 页。

去求取真相"①。

在这样的思想动因之下，《旧约》的原始语言希伯来语（也包含相关的阿拉米语）和原始语言的文本《希伯来圣经》以及与其相关的古代希伯来人的历史得到意大利人文主义者和基督教会的追捧和重视。率先投入到希伯来语学习和《希伯来圣经》研究的人文主义者是来自佛罗伦萨的波焦·布拉乔利尼。在任教皇秘书期间，波焦曾出使巴登（Baden），并在那里跟随一个犹太改教者学习希伯来语。在 1416 年与尼可洛·尼科利讨论希伯来语学习的信中，波焦不仅驳斥了布鲁尼认为希伯来语不仅无用而且粗俗的观念②，而且强调掌握希伯来语之于研究哲罗姆翻译的拉丁文《圣经》译本的重要价值③。为了厘清《圣经》语言准确的历史内涵，避免人们陷入经院哲学家对《圣经》解释的"荒谬的迷雾中"④，波焦不仅编撰了《希伯来人宗教史》，而且将《旧约》看成编年史，认为应该从历史的角度、结合其他古代典籍和人文主义的方法对其进行阐释与订正⑤。继波焦之后投入到希伯来学研究的学者是曼内蒂。曼内蒂在 46 岁时跟随佛罗伦萨犹太社团中一位颇有名望的犹太学者伊曼纽尔·米尼托学习希伯来语，并成为伊拉斯谟所推崇的"三语学者"。在教皇尼古拉斯五世的庇护下，曼内蒂还搜集了 2 部《希伯来圣经》和 11 部犹太学者对《希伯来圣经》的评注，并在此基础上重新翻译了《诗篇》。⑥ 人文主义哲学家皮科是文艺复兴时期学习希伯来语和希伯来文化最为典型的代表。他认为学习希伯来语是掌握古代智慧的关键因素。⑦ 在当时著名的犹太思想家埃利亚·德尔·梅迪哥、弗拉维·米斯里达特以及约翰南·阿莱曼诺的指导下，皮

---

① A. E. McGrath, "Reformation to Enlightenment," in P. D. L. Avis ed., *The History of Christian Theology I*: *The Science of Theology*, Marshall Pickering, 1986, p. 112.

② 关于布鲁尼对希伯来语的评价，参见 Daniel Kokin, *The Hebrew Question in the Italian Renaissance*: *Linguistic, Cultural, and Mystical Perspectives*, p. 127。

③ Anders Bergquist, "Christian Hebrew Scholarship in Quattrocento Florence," in William Horbury, *Hebrew Study from Ezra to Ben - Yehuda*, T&T Clark, 1999, p. 225.

④ Charles Trinkaus, *In our Image and Likeness*: *Humanity and Divinity in Italian Humanist*, University of Notre Dame Press, 1995, pp. 601 - 609.

⑤ 昆廷·斯金纳：《现代政治思想的基础》，段胜武等译，第 218 页。

⑥ Anders Bergquist, "Christian Hebrew Scholarship in Quattrocento Florence," p. 228.

⑦ 参见 Stephen Alan Farmer, *Syncretism in the West*: *Pico's 900 theses* (1486), Medieval & Renaissance Texts & Studies, 1998, p. 33.

科不仅具备较高的希伯来语水平，而且学习了一些拉比文献。在这些人文主义者的推动下，意大利人文主义学者中出现了学习希伯来语的热潮，布克哈特在总结这一现象时曾说道："（意大利）几乎每个比较大的城镇都有精通希伯来语言的人，而且有许多人渴望学习它……对于希伯来文的学习变得如此普遍，甚至比希腊文还更受欢迎。"① 为了适应学者们学习希伯来语的要求，1488 年博洛尼亚设立了希伯来语讲座，1514 年罗马又设立了另一个讲座。这样，希伯来语首次以公开讲座的形式进入了意大利的基督教学界。

其次，调和古典文化、异教传统与基督教神学之间的关系，建立更具包容性的理想宗教是基督教喀巴拉产生的思想基础。意大利人文主义者在广泛探讨古典文化的过程中认识到，基督教教义理论的创立是融合古典学问的结果，基督教信仰与古典学术之间不是相互排斥、相互分离的，而是可以相互融合、相互调和的。"人文主义者在古典文化的世界里沉浸得越久，越是为异教文化的光辉所吸引"。② 因此，调和古典哲学、异教传统与基督教的关系，以建立更具有普世性、包容性的宗教成为人文主义者的理想和追求。事实上，但丁已经注意到基督教与异教之间的联系，因为他"经常把同一个事实的基督教说明和异教的说明放在一起"③。彼得拉克也认识到古典文化和基督教精神"可以互相容忍"④。对于柏拉图主义和基督教的关系，马西里奥·斐奇诺认为，"真正的宗教即基督教，和真正的哲学即柏拉图主义，在根本上是彼此能调和一致的"。⑤ 不仅如此，斐奇诺还举起了"古代神学"（*prisca theoligia*）⑥ 的旗帜，试图将琐罗亚斯德、赫尔墨斯、俄耳甫斯、阿格劳斐慕斯、毕达哥拉斯等古代哲学和宗教传统都融

---

① 雅各布·布克哈特：《意大利文艺复兴时期的文化》，何新译，商务印书馆，1979，第 194 页。
② Isreal Zinberg：*Italian Jewry in the Renaissance Era*，KTAV Publishing House，1974，p. 38.
③ 布克哈特：《意大利文艺复兴时期的文化》，何新译，第 201 页。
④ 赵立行：《宗教与世俗的平衡及其相互制约：意大利人文主义者的宗教观》，第 139 页。
⑤ 保罗·奥斯卡·克里斯特勒：《意大利文艺复兴时期的八个哲学家》，陶建平译，上海译文出版社，1964，第 59 页。
⑥ 古代神学思想包含有作为柏拉图哲学源头的琐罗亚斯德、赫尔墨斯、俄耳甫斯、阿格劳斐慕斯、毕达哥拉斯等古代哲学和宗教，相关的研究详见梁中和《灵魂·爱·上帝》，华东师范大学出版社，2012，第 110 ~ 180 页。

入基督教神学之中，使调和古典哲学、异教传统与基督教的论调在 15 世纪中期达到了一个高潮。如布克哈特所言："佛罗伦萨的柏拉图学园有意识地以调和古代精神和基督教精神作为它的目标，这是那个时代的人文主义中一个引人注目的绿洲。"[①] 继斐奇诺之后的人文主义哲学家皮科，更善于吸收各种有见解的学说和理论，在他看来，"所有已知的哲学和神学学派及思想家都具有某种真实和可靠的洞见，这些洞见可以彼此调和起来，因而值得重新提出和辩护"[②]。因此，皮科在斐奇诺的基础之上将两个新的因素即希腊的、阿拉伯的、拉丁的亚里士多德学派和摩西传统引入"古代神学"体系，进一步丰富了"古代神学"的思想内涵。正是在这种调和论的基础上，以皮科、弗兰切斯科·吉奥尔吉为代表的人文主义者，不仅认识到犹太教神秘主义喀巴拉中包含着人类社会的真理，而且更认识到其中包含着证明基督教真理的元素。

皮科关于喀巴拉的知识主要来源于犹太学者埃利亚·德尔·梅迪哥与约翰南·阿莱曼诺的传授以及弗拉维·米斯里达特为其翻译的喀巴拉文献。[③] 在这些犹太学者的启示下，皮科认识到喀巴拉是"摩西在西奈山上所受的对律法书真实而又隐秘的阐释"，是上帝赐予摩西启示的重要组成部分，所以其中必然包含与人类其他智慧相通的真理。他曾说道："说到喀巴拉涉及哲学的部分，那你简直就像在聆听毕达哥拉斯和柏拉图。"[④] 为了让基督教学者认识到喀巴拉的价值，皮科在《九百论题》中收入了 119 个有关犹太神秘主义喀巴拉的论题，并恳请与其他神学家、哲学家、教会人士进行公开的辩论。[⑤] 更为重要的是，皮科还宣称喀巴拉中也蕴藏着证明基督教的真理，如他在《九百论题》关于魔法的第 8 个和第 9 个论题中就宣称，"基督的功只有通过魔法的形式或喀巴拉的方法才能得以实现"，

① 雅各布·布克哈特：《意大利文艺复兴时期的文化》，何新译，第 491 页。

② 保罗·奥斯卡·克里斯特勒：《意大利文艺复兴时期的八个哲学家》，陶建平译，第 72 页。

③ B. C. Novak, "Giovanni Pico della Mirandola and Jochanan Alemanno," *Journal of the Warburg and Courtauld Institutes*, Vol. 45, 1982, p. 130.

④ 皮科·米兰多拉：《论人的尊严》，顾超一、樊虹谷译，北京大学出版社，2010，第 109 ~ 112 页。

⑤ Joseph Leon Blau, *The Christian Interpretation of the Cabala in the Renaissance*, Columbia University press, 1944, p. 20.

"没有哪种科学能比魔法和喀巴拉更能使我们确信基督的神性"[1]。为了进一步证明自己的观念，皮科还把喀巴拉的释经法[2]运用到《旧约》的评注中，以证明《旧约》已经预示了基督教的教义。在其著作《七重天》中，皮科就运用喀巴拉的释经法解释《旧约》第一个词"bresit"，从而证明该词中包含着三位一体的真义。用同样的方法，皮科还证明了代表上帝名称的四字母词 YHVH 和希伯来字母 Shin 的组合的含义可以推导出"Jesus"就是弥赛亚的名字，以证明耶稣就是弥赛亚。[3] 在皮科的影响下，吉奥尔吉创作了《论世界的和谐》，在其中他不仅强调了喀巴拉与赫尔墨斯主义、亚里士多德的哲学的一致性，而且同样将喀巴拉释经法运用到对表示上帝之名的希伯来字母的解释中。[4] 埃吉迪奥也认为，基督徒发现喀巴拉标志着圣经释经学方面的一个重大转折点。由于基督教的教义太过于丰富和精细，任何一个时代都无法完全理解。而喀巴拉无疑是这个漫长的释经过程的一个顶峰，因为它提供了上帝创造的无限丰富的隐喻和方法论，来表达上帝高深莫测的丰富性。[5] 在皮科等学者的转化下，自 15 世纪末期开始，作为犹太传统中一个独特分支的喀巴拉就融入了基督教的神学、哲学、科学和魔法学等学科之中。"基督教喀巴拉"正式成为基督教希伯来学一个重要的分支，推动着基督教希伯来学的发展。

二 继承与传播：北方文艺复兴时期

在意大利文艺复兴时期，基督教希伯来学尚属开创时期，从事研究的群体仅限于意大利人文主义学者的一小部分人；虽然学者们对希伯来语和希伯来文献十分推崇，但是语言的障碍导致他们在语言的学习和希伯来语

---

[1] Pico della Mirandola, "900 Conclusions", in Stephen Alan Farmer, *Syncretism in the West*: *Pico's 900 theses* (1486), p. 497.

[2] 因为希伯来字母本身具有数值的含义，因此喀巴拉学者在解释圣经时会从希伯来词语中包含的字母所代表的数值含义进行演绎推理，从而推导出一些特殊的含义。这种毕达哥拉斯式的数字象征主义深受基督教学者的青睐。

[3] 参见 Pico della Mirandola, "900 Conclusions," p. 517, p. 536。

[4] Joseph Leon Blau, *The Christian Interpretation of the Cabala in the Renaissance*, p. 33.

[5] Catherine Swietlicki, *Spanish Christian Cabala*, University of Missouri Press, 1987, p. 24.

文献的搜集方面都对犹太学者有较多的依赖性，基督教学者从事希伯来学研究的独立性有待提高。不过这些状况，在北方人文主义的推动下，得到了很大程度的改观。

自 15 世纪八九十年代开始，欧洲北部学者通过留学、外交访问意大利或者与意大利人文主义者的广泛通信以及图书的流通，将意大利文艺复兴的方法与观念带到了欧洲北部地区，并引发了北部地区的文艺复兴运动。正如麦格拉思所论，"欧洲北部的人文主义，在每一个发展阶段上，都受到了意大利人文主义的影响"。① 在北方文艺复兴的潮流中，以伊拉斯谟、罗伊希林为代表的北方人文主义者不仅承袭了意大利人文主义者回归本源、调和基督教教义与异教传统以革新教会的理想，而且延续了基督教学者对希伯来语、《希伯来圣经》和喀巴拉的兴趣，使基督教希伯来学也越过阿尔卑斯山，传播到欧洲北部地区。

这一时期，著名的北方人文主义者伊拉斯谟对圣经希伯来语的重视在一定程度上提升了希伯来语在基督教神学研究中的地位。虽然伊拉斯谟本人的圣经人文学研究成果主要体现在《新约》圣经方面②，但是他所秉持的人文主义研究方法使他对圣经所涉及的希腊语与希伯来语同等重视，以至于有学者认为，"在宗教改革爆发之前，圣经人文主义是使希伯来语学习在基督徒中得到普遍的增长的唯一重要的因素"。③ 在 1516 年出版的第一版希腊语《新约》圣经的序言中，伊拉斯谟就曾申明，关于圣经的语言知识对神学家来说是十分必要的。1518 年，伊拉斯谟在其著作中再次表达这个立场："我们首要的关切必须是学习这三门语言：拉丁语、希腊语和希伯来语，因为众所周知，所有关于圣经的奥秘就是通过这三种语言启示出来的……如果你不懂书写经文的这三种语言，根本就无法理解它的内容，更遑论其他人文学科的知识了。在我看来，我们不应该听从那些年迈且腐朽的人的诡辩，说什么'哲罗姆的版本已经足够了'。那些说出这样的话的人大多是连拉丁

---

① 阿利斯特·麦格拉思：《宗教改革运动思潮》，蔡锦图、陈佐人译，第 44 页。

② 1505 年，瓦拉在 15 世纪的新约希腊文经文注释被伊拉斯谟在当地一间修道院的图书馆中发现，并于 1505 年出版；1516 年，伊拉斯谟在巴塞尔的弗罗本（Froben）印刷所刊印了首本希腊文《新约》圣经。

③ Stephen G. Burnett, *Christian Hebraism in the Reformation Era* (1500－1660), p. 18.

语的学习都没有尽心的人，所以，哲罗姆的版本对他们来说也是一种浪费。至于其他的人，我想说：'你是取材于原典还是取材于泥潭，事关重大。'"①

伊拉斯谟对圣经语言的重视为希伯来学在北方的传播提供了一种向导和理论基础。真正在实践上继承和推动希伯来学发展的是另一位北方人文主义者约翰南·罗伊希林。罗伊希林极为推崇希伯来语，在 15 世纪 80 年代就产生了学习希伯来语的兴趣，他说："当阅读希伯来语的时候，我仿佛看到上帝亲自在言说，当我想到这是上帝和天使们向人类传授自己的思想所用的语言时，我就因惶恐和无以言表的喜悦而战栗。"② 罗伊希林对希伯来语的热情源于他对希伯来圣经的推崇。在"回到本源"的思想的影响下，罗伊希林十分强调《希伯来圣经》在基督教信仰当中的优越性，对此，他曾经说道："我把圣哲罗姆当作天使一样崇敬，我把吕拉的尼古拉斯当作一位伟大的导师一样尊重，但是对于《希伯来圣经》我像崇拜上帝一样崇拜它。"③ 在罗伊希林看来，犹太人的语言是"简洁、纯正、未经污染、神圣、精确且永恒，它是上帝与人类之间、人与天使之间面对面地交流时所直接使用的语言，未经任何翻译"④。所以，无论别的语言蕴含着多少的真理和奥秘，希伯来语都有它自身的重要性，因为"上帝希望人类通过希伯来语了解他的奥秘"。

但是，在当时的德意志地区，基督教社会尚未出现希伯来语的公开授课。希伯来语的教学主要通过犹太人的私人传授。而由于大多数犹太人的保守性，寻找一位合适的犹太教师并非易事。正是体会到了学习希伯来语的艰难⑤，同

---

① Erika Rummel, *The Humanist – Scholastic Debate in the Renaissance and Reformation*, Harvard University Press, 1995, pp. 112 – 113.

② Jerome Friedman, *The Most Ancient Testimony: Sixteenth Century Christian Hebraica in the Age of Renaissance Nostalgia*, p. 73.

③ Johannes Reuchlin, *Briefwechsel*, Ludwig Geiger ed. and trans., Litterarischer Verein in Stuttgart, 1875, pp. 250 – 251.

④ Moshe Idel, "Introduction to the Bison Book Edition," in Johannes Reuchlin, *On the Art of the Kabbalah*, University of Nebraska Press/Bison Books, 1993, p. xiii.

⑤ 罗伊希林从 15 世纪 80 年代开始就想学习希伯来语，但是直到 1492 年，罗伊希林终于在弗里德里希三世犹太私人医生的洛安斯的雅各·耶希勒（Jacob Yehiel of Loans）的帮助下开始学习希伯来语；1498～1500 年，罗伊希林在第三次访问罗马期间，为了进一步提升希伯来语，又跟随犹太医生、圣经学者俄巴迪亚·斯福尔诺（Obadiah Sforno）学习希伯来语。

时，也是为了在拉丁基督教学界普及希伯来语教学，帮助更多的学者学习希伯来语，罗伊希林对希伯来语言进行了认真的研究，并编撰了希伯来语词典。1506 年，他出版了第一部希伯来语法辞典《希伯来语法入门》（*Rudimenta Hebraica*）。在这部著作中，罗伊希林不仅介绍了希伯来语的语法知识，而且编辑了主要涉及圣经希伯来语的希伯来-拉丁文词典。在编写的过程中，虽然，罗伊希林在一定程度上模仿了中世纪犹太学者大卫·科姆齐（David Kimchi）的经典语法著作《根基之书》（*Sefer ha - Shorashim/Books of roots*），但其也根据自身的学习经验，依照拉丁语法范式对希伯来语法做了一定程度的转换表达，使之易于被拉丁语世界的学者接受。①为了进一步在拉丁语世界推动希伯来语教学，罗伊希林在 1512 年和 1518 年又先后出版了两部希伯来语著作，为希伯来语学者提供一些实际的阅读文本，也向希伯来学生介绍了希伯来语元音标注和标点、断句的问题。

　　罗伊希林在希伯来语言研究方面的贡献，对于基督教希伯来学的发展意义重大。首先，这三部希伯来语法著作为基督徒自学希伯来语提供了全面的指导和必要的工具，基督教学者可以不再需要犹太人的帮助而独立地学习希伯来语，掌握了希伯来学研究的必要工具，这就为希伯来学真正成为一门"基督教化"的学术领域奠定了基础；其次，罗伊希林在编著这些语法著作时，不仅涉及对犹太语法著作的借鉴和翻译，同时还涉及对希伯来语句法、词源的解释，以及在拉丁语系中一系列对应的命名，因而这些著作的问世标志着希伯来语研究作为基督教希伯来学的一个分支正式出现，基督教希伯来学的研究范围在逐步扩展。在罗伊希林的影响之下，16 世纪的第一个十年之内，德意志、瑞士的许多学校开始设立希伯来语教席。约翰内斯、福斯特（Johannes Forster）、康拉德·佩里坎（Conrad Pellican）、利奥·犹大（Leo Judah）和来自英国的罗伯特·维克菲尔德（Robert Wakefield）就是当时在维登堡和苏黎世比较著名的希伯来语教师。② 在 1518 年 3 月 30 号写给罗伊希林的一封信中显示，萨克森的选帝候智者弗里德里

---

① David H. Price, "Christian Humanism and the Representation of Judaism: Johannes Reuchlin and the Discovery of Hebrew," *Arthuriana*, Vol. 19, 2009, p. 84.

② Frank Rosenthal, "The rise of Christian Hebraism in the Sixteenth Century," *Historia Judaica*, Vol. 7, 1945, p. 171.

希对于为维登堡大学寻找合适的希腊语和希伯来语教授的关注已经超过了
他本人对如何回应九十五条论纲的关注。① 而那些曾经在希伯来语方面受
教于罗伊希林的学生当中，诸如梅兰希顿、塞巴斯蒂安成为北方文艺
复兴中第二代人文主义者，尽管由于宗教改革的爆发和教派化的影响
而分属到不同的阵营中，但是他们都在共同的希伯来学领域做出了新
的成就。

　　罗伊希林在喀巴拉研究方面的成就标志着基督教喀巴拉在北欧地区得
以延续和发展。1490 年，罗伊希林在造访意大利期间与皮科结识。受皮科
的喀巴拉思想的影响，罗伊希林对这种异教的神秘主义产生了浓厚的兴
趣，并从此开始了喀巴拉研究。如摩西·阿代尔所言："罗伊希林实际上
是自觉地延续了源自佛罗伦萨的文化现象。"② 罗伊希林在喀巴拉研究方面
的成就主要体现在他的著作《论创造奇迹的词》（*De Verbo Mirifico*，1494）
和《论喀巴拉的艺术》（*De Arte Cabbalistica*，1517）。《论创造奇迹的词》
的主题同样是运用喀巴拉的解释方法揭示表达上帝之名的希伯来字母中已
经暗示了耶稣就是弥赛亚，再次为基督教教义的合法性提供论证。从这部
著作中可以看出，罗伊希林的喀巴拉研究此时尚且停留在对皮科的继承和
模仿阶段。而在《论喀巴拉的艺术》中，罗伊希林的喀巴拉研究则表现出
了一定的突破性。他吸收犹太学者的观点，宣称喀巴拉是毕达哥拉斯哲学
的源头。例如在给教皇利奥十世的献辞中，罗伊希林如此说道："马西里
奥·斐奇诺已经为意大利出版了柏拉图的著作，雅各·费伯（Jacob Faber
of Estaples）也为法国带来了亚里士多德哲学。我将为德意志完成这个模
式。我将以您的名义出版这个再生的毕达哥拉斯哲学。但是，我只能从犹
太教喀巴拉中收集资料，因为它本身就起源于喀巴拉。"③ 罗伊希林认为，
喀巴拉与毕达哥拉斯哲学之间的相似性并不是一个问题包含在不同的形式
中，而是毕达哥拉斯哲学来源于这种希伯来的源泉。④ 罗伊希林明确指出

---

① Johannes Reuchlin, *Briefwechsel*, p. 289.

② Moshe Idel, "Introduction to the Bison Book Edition," in Johannes Reuchlin, *On the Art of the Kabbalah*, p. viii.

③ Johannes Reuchlin, *On the Art of the Kabbalah*, p. 39.

④ Moshe Idel, "Introduction to the Bison Book Edition," in Johannes Reuchlin, *On the Art of the Kabbalah*, p. xiii.

毕达哥拉斯的哲学源泉是喀巴拉，认为真正的哲学是依赖摩西传统的，它们是直线式的发展模式，从而突破斐奇诺和皮科的多线性发展趋势。这是第一次在一个基督教思想家的著作中，喀巴拉为欧洲的利益作为一种主要的哲学源泉而复兴。罗伊希林的做法也进一步提升了希伯来文化对于基督教信仰的价值。

经过北方人文主义的继承与发展，基督教希伯来学从其发源地意大利扩展到欧洲北部地区。在北方人文主义者的推动下，基督教学者从事希伯来学研究的能力和独立性提高，对于《希伯来圣经》和喀巴拉的研究深度有所加深，希伯来学在基督教学术界的地位也进一步得到巩固。

三　扩展与深化：宗教改革时期

宗教改革的爆发，导致基督教教会出现了天主教与新教的分裂以及新教内部路德宗、加尔文宗等不同教派的分化，基督教人文主义者也在教派化的过程中归属不同的阵营，"整体的文艺复兴运动在宗教改革运动中走向终结"①。然而，它却为基督教希伯来学的发展提供了更加适宜的土壤。以路德、加尔文、布赛为代表的新教神学家坚持新教改革教会所坚持的"唯独圣经"（sola scriptura）的原则，其实质是对人文主义者"回到原典"的主张的一种延伸。他们主张利用人文主义者开创的历史的和语言学的方法研究圣经，使新教各派的学者对希伯来语、希伯来圣经和犹太拉比文献的推崇达到一个新高潮，希伯来学成为新教学者打击天主教的传统教义和构建新教神学理论的有力工具；而在天主教阵营中，既有坚持教会自行改革的人文主义者，也有反击新教改革的天主教神学家，他们利用希伯来学作为内在革新和外在排除异己的工具，从而进一步推动了希伯来学在天主教阵营的发展。"在基督教中一个需要用满怀仇恨的、恶意的辩论来攻击其他教派或者犹太人的时代，对于后圣经时代犹太文献的学习不仅会被宽容，甚

---

① 关于基督教人文主义者在宗教改革运动中的不同立场，参见刘新利、陈志强《欧洲文艺复兴史宗教卷》，第273～327页。

至会得到标榜特定教派立场的大学和处于教派间的文学界的双重鼓励。"①

改革的形势为希伯来语的学习与研究提供了前所未有的动力。对于新教而言，虽然路德和茨温利在改革的立足点和路径上有些不同的侧重，但是他们改革的思想和主张没有本质上的差异，都是依据《圣经》否定天主教的合法性。新教的事业因而需要一批可以阅读并翻译《希伯来圣经》的专家，以便根据《希伯来圣经》来教授神学，并且写作护教作品来应对天主教会的攻击。正如博奈特所言："新教的改教家改变了基督教与希伯来语的关系，主要原因是利用它作为他们打击天主教的传统教义的工具。"②路德本人经常为自己有限的希伯来语水平感到遗憾，在著作《桌边谈》（Tischreden）中，路德曾经说道："如果我再年轻一些，我一定会学习这门语言（希伯来语），因为没有这门语言就永远不可能正确理解圣经。至于《新约》，虽然是由希腊语写成，却充满了希伯来因素和希伯来语式的表达。"③值得庆幸的是，路德身边有一批熟悉希伯来语的学者可以帮助他解决文本方面的问题，路德经常自豪地称他们为"Sanhedrin"④。1518年，梅兰希顿被任命为维登堡大学的希腊语教授，在就职演说中，他也主张："因为有一部分神学著作是希伯来语的，一部分是用希腊语的——我们这些拉丁语族从这些智慧的源流中汲取养分，我们必须学习这些语言，……当我们将注意力转移到这些原典的时候，我们就能感知耶稣。"⑤

对于天主教而言，虽然学习希伯来语的动力没有新教这么强烈。但是为了取胜于与新教的各种神学辩论，依然需要掌握希伯来语、希腊语等圣经语言。

因此，在新的形势下，无论是在坚持天主教信仰还是归属到新教认同的区域，希伯来语教学、希伯来语法研究都得到进一步的发展。首先，一些大学纷纷开设希伯来语课程，将希伯来语教学纳入高等教育体系，从而为希伯来学的发展提供了人才储备。1517年，卢汶大学成立三语学院，希

---

① Stephen G. Burnett, *From Christian Hebraism to Jewish Studies*: *Johannes Buxtorf* (1564 – 1629) *and Hebrew Learning in the Seventeenth Century*, p. 3.

② Stephen G. Burnett, *Christian Hebraism in the Reformation Era* (1500 – 1660), p. 2.

③ Frank Rosenthal, "The rise of Christian Hebraism in the Sixteenth Century," p. 177.

④ Sanhedrin, 古犹太最高评议会兼最高法院，一般由学识渊博的拉比组成。

⑤ Erika Rummel, *The Humanist – Scholastic Debate in the Renaissance and Reformation*, p. 115.

伯来语与希腊语、拉丁语一起成为高校的语言课程之一；1518 年，维登堡大学聘请约翰内德·伯申斯坦（Johanned Boeschenstein）为希伯来语教授，率先在德国开设希伯来语课程；1519 年，莱比锡大学紧随维登堡的步伐，聘请约翰内斯·塞拉里厄斯（Johannes Cellarius）讲授希伯来语①；而在瑞士境内的新教大学如巴塞尔、苏黎世、马堡大学也在 16 世纪 20 年代相继开设了希伯来语课程②；1530 年，法国国王弗朗西斯一世授予巴黎大学希腊语和希伯来语的王室讲师职位，并且亲自邀请意大利的希伯来学学者保罗·帕拉迪斯（Paul Paradis）和弗朗索瓦·瓦特堡（Francois Vatable）担任该校的希伯来语教师。③ 而亨利八世在 1540 年对牛津和剑桥大学为希伯来语教职的捐助说明学习希伯来语的潮流已经扩展到了英国。④ 其次，对希伯来语的需求还进一步推动了基督教学者对希伯来语的语言学研究。继罗伊希林之后，康拉德·佩里坎、撒那特斯·帕格尼努斯（Sanctes Pagninus）、拉夫·贝恩斯（Ralph Baynes）和塞巴斯蒂安·明斯特等人通过编写希伯来语法书籍、翻译犹太学者的语法著作、编辑希伯来语词典等方式，进一步丰富了希伯来语言的研究成果。尤其是明斯特，不仅翻译和编著了适应不同程度的希伯来语工具书，还于 1527 年出版了一部阿拉米语词典，成为基督教中阿拉米语研究的开创者。⑤ 随着改革进程的加深，关于希伯来语言的出版物激增，从另一个侧面也说明整个基督教世界学习希伯来语的需求在不断扩大。据博奈特统计，1501～1560 年，在整个西欧地区，为基督教读者出版的希伯来语语法、词典等工具书共有 286 部；而 1561～1660 年，此类的工具书出版数量达到 706 部。⑥

① Jerome Friedman, *The Most Ancient Testimony: Sixteenth Century Christian Hebraica in the Age of Renaissance Nostalgia*, pp. 33 – 34.
② Stephen G. Burnett, *Christian Hebraism in the Reformation Era（1500 – 1660）*, pp. 30 – 31.
③ Stephen G. Burnett, *Christian Hebraism in the Reformation Era（1500 – 1660）*, p. 56.
④ G. Lloyd Jones, *The Discovery of Hebrew in Tudor England: A Third Language*, p. 192.
⑤ 明斯特于 1520、1524 年在巴塞尔分别出版的《希伯来语法概要》（*Epitome Hebraicae Grammaticae*）和《希伯来文法要义》（*Institutiones Grammaticae in Hebr. Linguam*）是适用于初学者的语法工具书，而 1525～1527 年，他又分别翻译和出版了埃利亚·莱维塔的三部语法著作：*Bahur*、*Sefer Ha – Harkaba* 和 *Capitula Cantici*，适用于希伯来语程度较高的学生使用。转引自 Frank Rosenthal, "The rise of Christian Hebraism in the sixteenth century," pp. 183 – 184。
⑥ Stephen G. Burnett, *Christian Hebraism in the Reformation Era（1500 – 1660）*, p. 95, p. 109.

天主教和新教的神学争论推动了希伯来圣经研究。首先，双方关于武加大译本的争论推动了《希伯来圣经》的译经工作。在 1546 年的特伦托第四次会议中，罗马教会再次强调圣经的武加大译本的权威与可靠性。在会议的审议中，罗马教会宣告，"用了许多世纪的拉丁文武加大译本已经受到教会的认可，理应证明它在公开讲学、辩论、讲道或解经上是可信的，故此在任何情况下，没有人可以擅自抗拒它"。① 而新教的学者认为，在漫长的时间里，由于抄写员的失误和教会中那些训练不足的修订人员的有意校正，武加大译本中已经存在许多讹误。为了准确理解上帝的话语，新教中的一些希伯来学者根据《希伯来圣经》重新翻译《旧约》。从 16 世纪20 年代开始，在近半个世纪的时间里，共有帕格尼努斯、明斯特、利奥·犹大等希伯来学者推出了四个新版的拉丁文旧约译本。② 不仅如此，路德还在《希伯来圣经》的基础上，将旧约翻译成德文出版，促进了民族语言圣经文本的出现。

其次，新教关于《旧约》的释经学也在犹太释经学的影响下呈现出新的特点。受伊拉斯谟的圣经人文主义的影响，新教的释经学家十分重视对圣经经文进行语言学的诠释和历史的解读。例如，路德在1515 年就曾经说过，"寓意、借喻或属灵意义在圣经中是没有价值的，除非同一真理在其他地方按照字面清楚说明。否则，圣经就会成为一个笑柄"③。新教神学家倡导的这种字义－历史解经方法与中世纪犹太释经学者不谋而合。长久以来，为了对抗基督教释经学中对《旧约》进行"基督论"和唯心论的解释，犹太教的释经学者坚持采用历史－语义的方法解释《希伯来圣经》。因此，新教当中一些有人文主义背景的神学家如加尔文、布赛等人在解释《旧约》时，十分推崇中世纪犹太学者的解经著作，经常进行借鉴和引用。例如，布赛在 1529 年 9 月推出的第一部《〈诗篇〉评注》就是通过参考 12、13 世纪的几位犹太圣经学者（也是基督教学者）最青睐的拉西、大卫·基米希（David Kimchi）和以本·以斯拉（Ibn Ezra）的诗篇评注来确定《诗篇》当中一些没有标题的诗文所创作的

① 阿利斯特·麦格拉思：《宗教改革运动思潮》，蔡锦图、陈佐人译，第 159 页。
② 这四个译本分别出版于 1528 年、1534 年、1545 年和 1579 年。
③ 阿利斯特·麦格拉思：《宗教改革运动思潮》，蔡锦图、陈佐人译，第 159 页。

时代背景。① 与布赛一样，赛维图斯在解释《诗篇》时也大量引用基米希的解经著作，将其解释为有关大卫王的历史，试图建立一种对《旧约》的具体的、历史的解释。不仅如此，赛维图斯还按照历史的顺序重新解释了所有的先知书，并宣称以赛亚、耶利米和其他先知所提及的解救以色列国的救赎者是居鲁士、希西家等人，而不是耶稣。② 新教学者对犹太解经著作的借鉴和引用，使犹太人的解经成果融入基督教神学之中，进一步深化了基督教学者对希伯来文化的转化和利用。

新教和天主教的争端促进了基督教喀巴拉的发展。在宗教改革时期，基督教喀巴拉的发展主要体现在天主教阵营中。相比于新教，天主教的传统立场与喀巴拉思想有更多的相通之处。首先，基督教喀巴拉本身就是基督教哲学中一种调和论的产物，对于要维护教会的传统地位和统一的基督教信仰的天主教来说，更容易接受这种具有调和特征的神秘主义；其次，喀巴拉思想中所包含的宇宙等级秩序的观念可以用来证明天主教中存在的教阶等级制度；最后，更为重要的一点是，喀巴拉对人在宇宙中的地位的高扬与天主教中所宣扬的人可以通过善功实现救赎的观念更为接近。在与新教的神学争论中，尤其是涉及人的本质、圣经解释的方法和教会组织的合法性等问题时，天主教中的喀巴拉学者阿格里帕（Agrippa）、让·森纳德（Jean Thenaud）、尼古拉斯（Nicholas Le Fevre de la Boderie）和纪尧姆·博斯托（Guillaume Postel）等人就利用喀巴拉的思想进行辩护，在维护天主教的教义立场的同时，也促进了基督教喀巴拉的发展。例如，在关于自由意志这个在宗教改革时期倍受瞩目的争论中，天主教的许多学者就是利用喀巴拉思想来证明人的自由意志是存在的。喀巴拉认为，世间存在 32 条通向智慧的路径，只要掌握了相关的奥秘，人的灵性就可以上升到更高的层面，从而实现与上帝的交流。让·森纳德就此论证说，喀巴拉显示了人就是宇宙的一个微观的缩影，因此可以自由选择他在宇宙中的位置。从

---

① Gerold Hobbs, "How firm a Foundation: Martin Bucer's Historical Exegesis of the Psalms," *Church History: Studies in Christianity and Culture*, No. 53, 1984, pp. 483–484.

② Jerome Friedman, "Michael Servetus: The Exegesis of Divine History," *History of Church*, No. 43, 1974, p. 462.

而也就证明人可以战胜自己的情感，在善、恶之间自由选择。① 无独有偶，博斯托也利用喀巴拉的这一学说来证明人的自由意志。在其喀巴拉著作《隐藏的钥匙》（*Absconditorum Clavis*）中，博斯托中宣称，上帝在创造的人类的同时也赐予了他们通过智慧来实现完美的方法，因而人类可以在上帝渐进的启示中追求到上帝所启示的真理。② 博斯托通过论证人有追求真理、实现完美的可能，再次证明了自由意志是上帝赋予人的本质特征。

在宗教改革运动的推动下，希伯来语教育正式进入基督教的大学教育体系，《希伯来圣经》的新译本层出不穷，基督教的《旧约》释经学也吸收了犹太学者的思想结晶，更为重要的是，基督教学者对喀巴拉的应用不只停留在证明基督教教义的层面，它在一定程度上还充当了教派斗争的理论武器。基督教学者对希伯来文化的借鉴、利用在广度上有所扩展，在深度上有所消化。

结　语

基督教希伯来学缘起于意大利文艺复兴的思潮之中，经过北方文艺复兴的延续与继承而扩展到欧洲北部地区，并在宗教改革的推动下发展壮大。作为一种学术领域和文化现象，基督教希伯来学是欧洲文艺复兴和宗教改革两大运动共同的产物。人文主义者在革除教会弊端和创建理想宗教的精神需求中萌生了学习希伯来语和吸收犹太神秘主义的需求；而新教的改革家们，直接将基督的信仰建基于圣经文本之上，他们也因此需要更多的希伯来圣经语言、文本、译经和释经的知识与方法来构建新教的神学理论；宗教改革使天主教面临教会分裂与失势的危机，为了对抗新教的异己势力，它也需要吸收喀巴拉这种有利的异教因素来维护自身的地位。在新教和天主教两大阵营的共同推动下，基督教希伯来学在 16 世纪末至 17 世纪初最终发展成为一场有着广泛基础的学术运动。

本文原文发表于《史学月刊》2016 年第 5 期。

---

① Joseph Leon Blau, *The Christian Interpretation of the Cabala in the Renaissance*, p. 139.
② Yvonne Petry, *Gender, Kabbalah and the Reformation: The Mystical Theology of Guillaume Postel (1510 – 1581)*, Brill, 2004, p. 86.

文化犹太复国主义与犹太教关系论析

贾延宾

（河南师范大学）

摘　要： 出于对启蒙和解放以来盛行的同化浪潮的反思和抵制，以世俗主义为内核的文化犹太复国主义思想非常注重发挥犹太教在犹太复国主义运动中的积极作用。尽管犹太教因素在文化犹太复国主义思想中占有重要的地位，但其主张犹太教只是犹太文化传统的形式之一，这使之与倡导犹太教核心统治地位的宗教犹太复国主义思想有着本质的区别。究其原因，与当时的社会环境和文化犹太复国主义思想创始人阿哈德·哈姆的个人背景，及其成长经历是密不可分的。文化犹太复国主义在宗教与世俗之间追求谨慎平衡的策略，这对犹太复国主义运动的发展和以色列建国后的政教关系产生了深远的影响。

关键词： 文化犹太复国主义　犹太教　阿哈德·哈姆

文化犹太复国主义是犹太复国主义运动中独具特色的思想流派，阿哈德·哈姆（Ahad Ha - am，1856 - 1927）是这一思想体系的创始者和领导人。他生于乌克兰基辅附近一个虔诚信仰犹太教的家庭，从小接受了传统犹太教教育。青年时期投身犹太复国主义运动，后因对主流的政治犹太复国主义思想忽视犹太文化和犹太教作用的不满，逐渐形成系统的文化犹太复国主义思想并成为其主要代表。他非常重视犹太教在犹太复国主义运动中的作用，强调犹太教对犹太人生活及未来的民族国家构建的重要意义；但又主张把犹太教的地位限定在一定的程度和范围之内，反对犹太教在犹太复国主义运动和未来复兴的国家中占据统治地位。文化犹太复国主义在犹太教问题上的态度与政策对犹太复国主义运动的发展及以色列建国后的政教关系产生了深远的影响。

对于犹太教对犹太复国主义运动的影响及相互关系的研究，目前国内外学界已经取得了一些成果，[1] 但对犹太教与文化犹太复国主义的关系则关注不多，至今尚未有专文论述。本文主要探讨文化犹太复国主义在犹太教问题上的观点，并分析二者关系形成之原因和影响，以期推动对这一问题的进一步研究。

一　文化犹太复国主义对犹太教作用的重视与运用

文化犹太复国主义运动的兴起与当时的社会背景息息相关。18 世纪下半叶起，随着犹太启蒙运动的兴起和犹太人获得解放后相继在欧洲国家取得公民权，许多犹太人为融入主流社会而放弃本民族的宗教和文化，犹太教信仰和犹太文化危机出现。但反犹主义并没有因犹太人解放和同化而消失，19 世纪晚期，反犹主义在欧洲的重新高涨推动了犹太复国主义运动的兴起。出于对当时犹太人背离犹太教和犹太文化现象的担忧，加之对当时的犹太复国主义运动领导人忽视犹太教与犹太文化在复国主义运动中地位的做法不满，阿哈德·哈姆在 19 世纪 90 年代逐渐形成了文化犹太复国主义思想。其主要思想观点为：犹太复国主义运动兴起的根本原因不是反犹主义，而是犹太人对自身宗教和文化的背离；发挥犹太教在犹太复国主义运动和未来民族国家建构中的重要作用，复兴民族语言希伯来语；主张在故土巴勒斯坦复兴的国家要成为犹太民族文化和精神的载体，而不仅仅是

---

[1] 目前国内外学界关于犹太教对犹太复国主义运动影响及相互关系的主要研究成果有：Arthur Hertzberg, *The Zionist Idea*, The Jewish Publication Society, 1997; Shlomo Avineri, *The Making of Modern Zionism – The Intellectual Origins of the Jewish State*, George Weidenfeld and Nicolson Ltd, 1981; Alfred Gottschalk, "Ahad Ha – Am, Confronting the Plight of Judaism," *Journal of Reform Judaism*, Vol. 34, No. 3, 1987; Hertzel Fishman, "A Critique of Israeli Secularism," *Avar Ve' Atid*, Vol. 1., No. 2. 1995；刘中民：《犹太教对犹太复国主义运动的影响》，《世界民族》1999 年第 2 期；秦人文：《犹太教、犹太复国主义与以色列现代化》，《世界民族》2001 年第 5 期；赵云侠：《犹太教的世俗化问题—正统派对犹太复国主义运动的思想反应》，《世界历史》1999 年第 3 期；刘金忠：《犹太教复国主义研究》，博士学位论文，西北大学，2003；张玉：《犹太教正统派对犹太复国主义运动立场探析》，硕士学位论文，山东大学，2013。

避难地。

　　犹太教作为犹太人的民族宗教，自形成起就影响和规范着犹太人生活的方方面面。尤其是自公元 1 世纪的大流散后，犹太教更是成为维系犹太民族凝聚力的纽带，是犹太人身份的重要标志，成为犹太民族散而不亡的重要原因。犹太教的地位与作用也是犹太复国主义运动的重要内容，文化犹太复国主义非常注重发挥犹太教在复国主义运动中的作用及影响：体现在对犹太复国主义运动兴起原因的认识，重视犹太教的凝聚作用，及坚持巴勒斯坦作为犹太民族的精神中心等方面。

（一）犹太教的危机是犹太复国主义运动兴起的根本原因

　　19 世纪晚期，在欧洲反犹主义重新兴起和反犹迫害不断发生的情况下，犹太复国主义运动兴起。尽管反犹主义直接推动了犹太复国主义运动的兴起，但文化犹太复国主义却认为犹太教与犹太文化危机是犹太复国主义运动兴起的真正原因。18 世纪末到 19 世纪中期，在欧洲启蒙思想影响下，随着犹太人相继在欧洲国家获得解放和公民权，兴起了一场走出犹太隔都，融入西方现代社会的犹太启蒙运动。他们批判传统的拉比犹太教，推崇现代化的生活方式。不少犹太人背离了犹太教和民族文化，以说客居国的语言为荣；与异族通婚现象流行，犹太律法得不到遵守。许多犹太人改信了基督教，仅仅把犹太人看作一个宗教团体，而不再是民族。[①] 随着越来越多的犹太人走出隔都，同化于主流社会，维系犹太民族生存发展的犹太教的凝聚力也逐渐衰弱。因为犹太教和犹太文化已经被欧洲主流民族文化限制了数百年，如果旧的藩篱在现代性面前突然倒塌，犹太教的传统宗教文化将会彻底遭到毁灭，这也是阿哈德·哈姆十分担心的问题。[②] 他认为启蒙运动以来犹太人面临的最大问题是犹太教的危机，而不是犹太人的危机。当时欧洲犹太人的同化和对犹太教的背离是一个普遍现象，犹太

[①] Ahad Ha‐am, "Slavery in freedom," in Leon Simon, eds., *Selected Essays of Ahad Ha‐am*, The Murray Printing Company, 1962, p. 182.

[②] Robert Seltzer, "Ahad Ha‐Am and Dubnow: Friends and Adversaries," in Jacques Kornberg, eds., *At the Crossroads: Essays on Ahad Ha‐am*, State University of New York Press, 1983, pp. 70‐71.

教和犹太文化的生存与发展走入了困境。

　　针对当时一些犹太人要求革除犹太民族特征、习俗和宗教礼仪，只承认被广泛接受的普遍宗教和道德准则，实质上是要消除犹太教的观点，文化犹太复国主义思想代表人阿哈德·哈姆给予了坚决回击。他认为他们应努力去理解宗教思想的起源和发展，而不是拙劣地嘲笑或为宗教思想的现状悲叹。① 对于犹太启蒙运动宣扬的"在家是犹太人，在外是人"观点，阿哈德·哈姆也给予了尖锐地批评。他认为这个"人"只是意味着表面上获得的解放，衣着和语言上肤浅的同化，犹太教的伦理和社会精神被奚落和忽视。犹太人应该做的是"在家是人，在外是犹太人"，彰显犹太人的民族性而不是同化。② 对许多犹太人来说，民族的概念已经让位于物质内容，西方犹太人已经为解放付出了道德奴隶的代价，相比较他们获得的有限政治自由，他们付出了更沉重的精神奴役的代价，他认为这在最早获得解放的法国犹太人身上体现得最为明显。③

　　对于一些犹太复国主义者宣称的犹太人的民族权利在欧洲同样能够实现，阿哈德·哈姆亦是给予有力的批驳。他曾经不无讽刺地说："犹太人可以自豪地抬起头，大声地对你们邻居说我们也是欧洲有着古老文化的民族一员，你们必须尊重我们的民族特性和给予我们民族权利。但结果是这些民族会突然发怒或嘲笑我们，并且不会授予我们民族权利。"④ 阿哈德·哈姆认为即便犹太人在欧洲获得了纸面上的权利，也不可能在散居地保持自己的文明，无拘无束地享受其民族生活。虽然他承认在反犹主义持续存在的情况下犹太人会继续被憎恨，反犹主义是一个永久现象，犹太教也将永远生活在边缘，而不是世界文明的中心。但他不认同犹太复国主义兴起的根本原因是反犹主义，复兴的国家仅仅是犹太人的避难地。否则如果反犹主义突然消失了，那么这个犹太国也会因为反犹主义的消失而瓦解。

---

① 阿尔弗雷德·高乔克：《理性之光——阿哈德·哈姆与犹太精神》，徐新、张利伟、游炜译，内蒙古人民出版社，1999，第101页。

② Eisig Silberschlag, *Eliezer Ben - Yehuda, A Symposium in Oxford*, the oxford Center for Postgraduate Hebrew Studies, 1981, p. 54.

③ Ahad Ha - am, "Slavery in Freedom," in Leon Simon, eds., *Selected Essays of Ahad Ha - am*, p. 179.

④ David Hardan, *Sources of Contemporary Jewish Thought*, Vol. 1., Alpha Press, 1970, p. 59.

（二）注重发挥犹太教对犹太复国主义运动的凝聚作用

文化犹太复国主义认为在犹太人上千年的流散史中，犹太教在维系犹太民族生存的凝聚力和身份认同方面发挥了至关重要的作用，它把犹太人生活的中心从个体转向了社团。尤其是在第二圣殿被毁，犹太人进入大流散时期之后，正是犹太教的凝聚作用才使犹太民族能够留存至今，并在数千年的历史中极大地丰富了犹太民族的精神和生活方式。犹太复国主义运动兴起后，一些犹太复国主义运动先驱提到了犹太教在犹太民族历史发展中的重要作用。如俄国犹太复国主义运动先驱佩雷兹·斯摩棱斯金（Peretz Smolenskin）在论及犹太教对犹太民族认同的意义时说道："我们四千年来一直是同一个民族的兄弟和子女，不管我们犯过什么错误，只要我们不背叛犹太教，我们仍然是我们人民的儿子。"[1] 作为文化犹太复国主义思想的创始人，阿哈德·哈姆更是强调犹太教在大流散过程中对维系犹太人民族身份的凝聚作用，他认为犹太教是维系犹太人生存的重要基础。[2] 他认为犹太教是由物质和精神两种要素组成的，撒都该派把国家实体看作犹太人存在的根本，法利赛派则认为犹太精神是犹太人生存的支柱；他认为法利赛派真正综合了犹太教的物质和精神，也使犹太人能够在失去国家的情况下生存和延续下来。[3] 在文化犹太复国主义思想体系中，犹太教是犹太民族适应其生存的环境，以及在历史的变迁中生存下去的一种本能产物。中世纪犹太教的礼仪不仅让犹太民族免于被同化，而且使他们保持了最终重返圣地的信念和希望。同样，犹太教也将在犹太复国主义事业中发挥重要的作用。

对于犹太教中明确规定犹太人应该遵守的守安息日和犹太饮食法等重要诫命，阿哈德·哈姆认为这些诫命对于维系犹太民族认同和保存犹太文化有着重要的意义。"与其说是犹太人保住了安息日，倒不如

---

[1] Arthur Hertzberg, *The Zionist Idea*, The Jewish Publication Society, 1997 p. 146.

[2] Leon Simon, *Ahad Ha-am: A Biography*, The Jewish Publication Society of America, 1960, p. 116.

[3] Shlomo Avineri, *The Making of Modern Zionism - The Intellectual Origins of the Jewish State*, George Weidenfeld and Nicolson Ltd, 1981, p. 119.

说是安息日保住了犹太人。"① 这是他在安息日对犹太民族存亡意义上的著名评论。针对当时一些犹太人鼓吹应该从犹太教诚命中解放出来的观点，阿哈德·哈姆给予了激烈的抨击，他认为犹太人神圣崇高的东西和荣耀不能被亵渎。1903 年，一些政治犹太复国主义者支持一位缺乏犹太教知识背景的人担任敖德萨犹太社区的拉比，阿哈德·哈姆对此非常愤怒，他认为这是对犹太教的一种侮辱。他还对当时一些俄国地区犹太学校的俄国化非常不满，主张应加强希伯来语和犹太历史文化的教育。②

阿哈德·哈姆特别强调犹太先知在犹太精神和犹太文化的保存与发展中的重要作用。他认为先知是犹太人民与上帝沟通的中介，先知把上帝的精神和旨意传授给犹太大众。先知不仅传授给犹太人物质价值的东西，而且还授予精神上的力量。先知是正直和追求真理的人，强调正义至上。③犹太教强调公义，因此他认为先知无论在语言，还是在行动上都是真理和正义的化身。在阿哈德·哈姆眼中，摩西是最伟大的先知，因为摩西是"按照犹太的民族精神，以及造物主按照自身的形象"塑造的。④ 他认为摩西的形象被犹太人铭记在心里，摩西对犹太人民族生活的影响也从来没有停息。⑤ 阿哈德·哈姆主张应在新形势下调整和发挥犹太教由先知、士师以及提倡理性的犹太思想家所积累的精华思想，创造一种鲜活的、自发的和与现代社会协调的犹太教，他希望彻底解决犹太文化传统与现代社会调和的问题。⑥ 他认为未来复兴犹太民族文化仍需要发挥犹太教的作用。

比阿哈德·哈姆稍晚的另一位文化犹太复国主义思想家马丁·布伯

---

① 阿尔弗雷德·高乔克：《理性之光——阿哈德·哈姆与犹太精神》，徐新、张利伟、游炜译，第 46 页。

② Leon Simon, *Ahad Ha - am*: *A Biography*, p. 198.

③ Ahad Ha - am, "Moses," in Leon Simon, eds., *Ahad Ha - am*: *Essays*, *Letters*, *Memoirs*, East and West Library, 1946, pp. 311 - 312.

④ 罗伯特·M. 塞尔茨：《犹太的思想》，赵立行、冯玮译，上海三联书店，1994，第 683 页。

⑤ Ahad Ha - am, "Moses," in Leon Simon, eds., *Ahad Ha - am*: *Essays*, *Letters*, *Memoirs*, p. 309.

⑥ Robert Seltzer, "Ahad Ha - am and Dubnow: Friends and Adversaries," in Jacques Kornberg, eds., *At the Crossroads*: *Essays on Ahad Ha - am*, p. 71.

（Martin Buber）也认为犹太先知代表着改变现实、寻求真理的一种力量。犹太复国主义运动的目标不仅仅是建立一个国家，而是要实现物质和精神的双重富有。对犹太教信仰更虔诚的布伯不认同当时流行的犹太人是依靠民族性维系犹太人身份的说法，他认为犹太人在过去经历了独特的宗教体验，但是当代犹太人缺乏这种关键性的上帝的体验，或没有真正地履行宗教诫命。①

对于主张同化于西方主流社会者把犹太启蒙运动看作欧洲文化的一部分的观念，阿哈德·哈姆亦是坚决反对。他认为犹太人最迫切的是应理解自己，学习自身历史。他努力发掘西方人文主义中与犹太教和犹太生活相关的内容，以推动犹太人未来更好的发展。② 阿哈德·哈姆认为在犹太教中，历史的进化产生了一种使精神力量的价值高于军事力量的价值的文化。③ 犹太教的精神必须灌输于犹太人的内心，以热爱锡安的名义把本民族凝聚和团结在一起。犹太教在流散地会破碎并失去统一性，犹太人如果未来想根据自己的精神不受阻碍地生活，复兴伟大的民族文化，就需要发挥犹太教的作用。犹太精神的基本道德肩负着民族复兴的历史基础，犹太复国主义事业需要的不仅仅是物质，更重要的是精神和灵魂，回归犹太教比回归犹太圣地更重要。④ 对阿哈德·哈姆来说，犹太人应该在巴勒斯坦重建的是一个犹太文化和道德的中心，消除那种因同化而带来的内心受奴役的感觉。

（三）巴勒斯坦是犹太教的精神中心和唯一建国之地

在建国地点的选择上，阿哈德·哈姆认为由于故土的神圣性，巴勒斯坦是犹太人复国的唯一选择。他不相信流散地能保存犹太教，犹太教在流散地没有前途，在流散地会破碎并失去统一性。犹太人需要一块无可争议和不依赖任何牵强东西的土地，也只有在这样的土地上，犹太人的民族生活才能在犹太精神指导下繁荣发展，只有故土巴勒斯坦能够承担

---

① Jehuda Reinharz, "Ahad Ha-am, Martin Buber, and German Zionism," in Jacques Kornberg, eds., *At the Crossroads: Essays on Ahad Ha-am*, pp. 146 – 147.

② Leon Simon, *Ahad Ha-am: A Biography*, p. 132.

③ 罗伯特·M. 塞尔茨：《犹太的思想》，赵立行、冯玮译，第 682 页。

④ Richard J. H. Gottheil, *Zionism*, The Jewish Publication Society of America, 1914, pp. 190 – 193.

这样的职能。① 犹太文化和犹太精神只有在故土才能自由地生存和发展，犹太精神才会变得更为强烈，才能成为影响世界其他地区犹太人的民族精神中心，犹太人内心的力量被唤醒去创造一个新的文明中心。② 犹太认同的强化也只有通过在犹太人的故土创造一个民族生活的中心来实现。③ 犹太人在散居地发展的民族文化没有在故土充分和彻底，犹太人在故土创造的民族文化也比散居地更纯净。

阿哈德·哈姆还进一步指出巴勒斯坦具有复兴犹太民族和重建犹太国家的"民族精神"的必要气氛，希伯来语是犹太人民保存其精神财富的神圣载体。④ 在故土开展希伯来语教育不仅能增强犹太人的民族自尊心，还能更好地加强和维系犹太人的民族认同性。⑤ 他认为犹太教唯有在巴勒斯坦——犹太人的故土，以及犹太人拥有不容争议的居住权的地方，才能恢复它内在的自由。⑥ 也只有在故土建立的新的犹太文化中心才能够复兴犹太教。⑦ 对世界各地的犹太人来说，一个在精神上获得新生的巴勒斯坦将成为犹太教的精神中心，以及文化、宗教创造力和生命力的源泉。阿哈德·哈姆希望在现代犹太复国主义运动和犹太教之间建立直接联系，推动犹太人移民巴勒斯坦，复兴希伯来语，在巴勒斯坦建设一个犹太民族的精神中心，最终建立一个真正的犹太国，这是他一直追求的目标。⑧ 作为犹太人的精神家园和犹太教的诞生地，在巴勒斯坦建国将会使政治与宗教，民族与文化等因素相互补充，极大地提升犹太复国主义的号召力和犹太人参与复国主义运动的热情。

---

① Robert Seltzer, "Ahad Ha-- am and Dubnow: Friends and Adversaries," in Jacques Kornberg, eds., *At the Crossroads: Essays on Ahad Ha - Am*, p. 66.

② Martin Buber, *On Zion: The History of an Idea*, Phaidon Press Ltd., 1973, p. 147.

③ Ahad Ha - am, "Diaspora nationalism," in Leon Simon, eds., *Ahad Ha - am, Essays, Letters, Memoirs*, p. 221.

④ 阿尔弗雷德·高乔克:《理性之光——阿哈德·哈姆与犹太精神》，徐新、张利伟、游炜译，第87页。

⑤ Judah Pilch, "Ahad Ha - am: His Ideology and His Legacy," *Jewish Frontier*, Vol. 44, No. 5, 1977, p. 17.

⑥ Ahad Ha - am, "The People of The Book," in Leon Simon (eds.), *Ahad Ha - am: Essays, Letters, Memoirs*, p. 63.

⑦ Ahad Ha - am to S. Dubnow (St. Petersburg). London, Dec. 18th, 1907, in Leon Simon (eds.), *Ahad Ha - am: Essays, Letters, Memoirs*, p. 309.

⑧ Leon Simon, *Ahad Ha - am: A Biography*, p. 288.

文化犹太复国主义从不主张坐等那些民族意识淡化的散居地犹太人改变观念，恰恰相反，其认为要改变那些人的思想观念和精神生活，必须在巴勒斯坦建立一个犹太教和犹太精神的中心，并以此来影响散居地犹太人的精神生活。① 并不是所有的西方犹太人都会移居巴勒斯坦，但在巴勒斯坦故土建立一个犹太国会提高那些仍然生活在流散地的犹太人的尊严和声望，将使他们不再那么受轻视。② 依照阿哈德·哈姆的设想，犹太人在巴勒斯坦的定居应该是一个渐进式过程，犹太精神在那里得到完全充分地表达和发展，直至达到完美的顶峰。巴勒斯坦成为犹太文化的中心，犹太教的精神从这个中心辐射到外围流散地的犹太社团，影响他们的生活和维持他们之间的团结与统一。他在给朋友的信中谈道："当我们的民族文化在巴勒斯坦达到这个水平时，我们就对建立一个真正的犹太国非常有信心，而不会是一个犹太人的国家。"③

阿哈德·哈姆回忆起许多参加第一次犹太复国主义大会的代表们心中有着完美的信念，他们相信犹太民族会作为一个自由民族复兴，发展他们自己的文化。他们的最终目标是聚集在巴勒斯坦，结束犹太民族在物质上和精神上的苦难，获得正常和自由的生活。他们聚集的巴勒斯坦将会成为他们民族生活的中心，它的精神将会影响到那些仍旧生活在其他地方的犹太人，把他们的民族躯体和独特的精神统一起来，使他们不再成为精神奴隶。④ 他发文反对在巴勒斯坦外的任何地区建国的计划，并和东欧的犹太复国主义者一起成功地抵制了"乌干达计划"等在其他地方建国的方案。

二 文化犹太复国主义对犹太教在未来国家中地位的限定

文化复国主义思想虽然非常重视犹太教在复国主义运动和未来的民族

① Ahad Ha – am to Dr. M. Ehrenpreis (Diakobr) . Odessa, Dec. 22nd, 1897, in Leon Simon (eds.), *Ahad Ha – am*: *Essays, Letters, Memoirs*, p. 274.

② Shlomo Avineri, The Making of Modern Zionism – The Intellectual Origins of the Jewish State, p. 115.

③ Ahad Ha – am and Hans Kohn, *Nationalism and the Jewish Ethic*: *Basic Writings of Ahad Ha – am*, Schocken Books, 1962, pp. 78 – 79.

④ Benjamin Jaffe, *A Herzl Reader*: *Background Material For Discussions on Theodor Herzl*, *The Jewish Problem and Zionism*, Jerusalem Post Press, 1960, pp. 136 – 137.

国家构建中的重要作用，但其主张犹太复国主义事业应以犹太文化和犹太精神为核心，并不是犹太教。未来复兴的国家的文化生活建立在民族道德基础上，而不是宗教。① 这与倡导犹太教在复国主义运动和未来复兴的国家中占据统治地位的宗教犹太复国主义思想有着较大的差异。宗教复国主义把犹太教作为复国主义事业的核心，它否认犹太复国主义是纯粹世俗的运动，主张犹太教要成为未来复兴的国家的国教。

对于宗教犹太复国主义思想而言，重建的犹太国不仅是一个地理和政治上的实体，而应该是犹太教渗透到国家生活的各个方面，犹太教在未来的犹太国中占据统治地位。但在文化犹太复国主义思想的体系之中，宗教仅仅是众多文化形式的一种。阿哈德·哈姆主张犹太教本质上是一种人道的伦理体系，② 与犹太民族主义不是不可分割的统一体。他认同犹太教的重要性，但反对犹太人必须按照正统犹太人的方式去信仰上帝。他认为在犹太教中，伦理不能屈从于宗教成分，相反，犹太教中的宗教成分是随着道德伦理的发展而发展的。③ 犹太人区别于其他民族是因为它的民族精神的唯一性，并不是上帝的特别恩宠。④ 阿哈德·哈姆信奉的犹太教是没有上帝的犹太教，虽然他推崇犹太先知，但他认为犹太人的选民身份是被犹太人自己选择的。⑤ 同样，宗教犹太复国主义者对阿哈德·哈姆是否忠于犹太传统也持怀疑态度，认为他用无上帝的民族主义代替了托拉。⑥

阿哈德·哈姆也不认同希伯来语能够保存到今天是由于宗教因素的作用，过去希伯来语的生存主要是犹太人的宗教信仰因素，但希伯来语能够在当前社会环境中生存则主要是犹太人民族情感的结果。⑦ 宗教犹太复国

---

① Yaakov Shavit, "Ahad Ha–am and Hebrew National Culture: Realist or Utopianist?" *Jewish History*, Vol. 4, No. 2, Fall 1990, p. 76.

② 大卫·鲁达夫斯基：《近现代犹太宗教运动——解放与调整的历史》，傅有德、李伟、刘平译，山东大学出版社，1996，第368页。

③ Ahad Ha–am to Dr. S. Schechter (Florence). London, March 29th, 1911, in Leon Simon (eds.), *Ahad Ha–am: Essays, Letters, Memoirs*, p. 270.

④ Aviva Aviv, "Ahad Ha–am's Concept of Jewish Nationalism," *Secular Humanistic Judaism* No. 2, 1987, p. 35.

⑤ Harold Fisch, *The Zionist Revolution*, Morrison and Gibb Ltd, 1978, p. 69.

⑥ Allan Arkush, "Cultural Zionism Today," *Israel Studies*, Vol. 19, No. 2, Summer 2014, p. 3.

⑦ Ahad Ha–am to Dr. S. Bernfeld (Berlin). Odessa, March 8th, 1899, in Leon Simon (eds.), *Ahad Ha–am: Essays, Letters, Memoirs*, p. 262.

主义认为犹太人的民族精神是上帝施加给他们的，而文化犹太复国主义则认为犹太教扎根于犹太文明之中，宗教只是众多文化形式的一种，犹太精神和犹太文化应该是主宰一切的力量，犹太人的上帝也是犹太精神的创造物。阿哈德·哈姆认为犹太教是民族宗教，犹太教是犹太民族精神的产品。不承认民族性就不能被称作宗教意义上的犹太人，但不接受犹太教教义的在民族意义上仍然是犹太人，这是他在犹太人民族性与宗教性关系上的经典阐释。① 当宗教犹太复国主义者试图建立服务大众的教育体制时，阿哈德·哈姆亦坚决反对并予以批判。② 直到今天，阿哈德·哈姆的作品在宗教犹太人的学校中仍然不受欢迎，因为他们认为其经常批评宗教犹太复国主义的观点和政策。③

虽然文化犹太复国主义思想与宗教犹太复国主义思想在犹太教地位问题上有着根本的分歧，但在许多方面也存在着相似之处。文化犹太复国主义反对以犹太教为核心重建犹太国，但并不否认犹太教在维护犹太民族凝聚力、维系犹太人身份和文化认同方面的重要作用，主张发挥犹太教的积极作用，只不过其并不把犹太教的作用放在首要的位置，而是认为它应该服务于犹太文化和犹太精神的培育，世俗主义和犹太教的结合可以避免犹太人的彻底同化。④ 宗教犹太复国主义主张以犹太教作为复国主义事业的核心，希望建立一个犹太教占据国家和社会生活统治地位的犹太国，但其并不反对世俗犹太复国主义运动，而是希望赋予它更多的宗教神圣性。⑤

首先，二者都主张希伯来语应成为犹太人的日常民族语言。宗教犹太复国主义虽然坚持犹太复国主义必须以犹太教为核心，但坚决主张希伯来语既应是犹太教的宗教语言，也应该是日常生活中通用的语言。⑥ 宗教犹

---

① Leon Simon, *Ahad Ha - am: A Biography*, p. 229.

② Dov Schwartz, *Religious - Zionism: History and Ideology*, trans by Batya Stein, Academic Studies Press, 2009, p. 22.

③ Allan Arkush, "Cultural Zionism Today," p. 12.

④ Judah Pilch, "Ahad Ha - am: His Ideology and His Legacy," p. 15.

⑤ Shlomo Avineri, *The Making of Modern Zionism - The Intellectual Origins of the Jewish State*, p. 194.

⑥ 沃尔特·拉克：《犹太复国主义史》，徐芳、阎瑞松译，上海三联书店，1992，第588～589页。

太复国主义还倡导用希伯来语教学，建立学术机构研究犹太教经典。① 文化犹太复国主义思想更是强调希伯来语作为犹太人民族语言的重要性，主张希伯来语取代其他语言成为犹太民族统一的语言。当一些犹太复国主义领导人主张犹太人可以使用流散时期的语言时，遭到阿哈德·哈姆的坚决反对。他坚持认为唯有希伯来语能够描述整个犹太历史，并为犹太教赢得作为世界文明中一个伟大的文化载体的正当地位。② 并为此采取了许多复兴希伯来语的措施，如在东欧和巴勒斯坦建希伯来语学校，在巴勒斯坦建立希伯来语出版社和图书馆等。

其次，两种犹太复国主义思想都认同巴勒斯坦由于其自身的神圣性而成为犹太人建国地的唯一选择。阿哈德·哈姆强调只有犹太人的故土巴勒斯坦才能成为犹太文化和犹太精神，甚至是民族语言的载体，是犹太人复国的唯一选择地。宗教犹太复国主义更是强调巴勒斯坦的神圣性和不可替代的地位，其代表人亚伯拉罕·以撒克·库克（Abraham Isaac Kook）拉比认为巴勒斯坦在犹太人的宗教意识中占有核心地位，犹太人在流散地的观念、情感都不如在巴勒斯坦真实，上帝的神启也只有在这里才能更纯洁。因为在流散地混合有许多渣滓和不纯净之物。犹太人在圣地才能沐浴神圣的精神之光，而在其他土地上则由于非神圣东西的遮蔽而昏暗无光。③ 流散地的生活不仅会使犹太人忽视那些与圣地直接相关的诫命，也会扭曲他们的生活，使他们过着一种不神圣的生活，只有生活在圣地才能摆脱这种困境。他认为犹太人回归故土不是救世主弥赛亚的要求，而是每一个犹太人必然的选择。④

文化犹太复国主义思想非常注重发挥犹太教在维系犹太民族认同和统一、保存犹太文化及培育犹太精神方面的积极作用，阿哈德·哈姆提出的以犹太文化和犹太精神为根基重建犹太国的建议不仅为世俗犹太复国主义者，也为许多宗教犹太复国主义者所普遍接受。文化犹太复国主义思想为

---

① Dov Schwartz, *Religious - Zionism*: *History and Ideology*, p. 23.
② 罗伯特·M. 塞尔茨：《犹太的思想》，赵立行、冯玮译，第686页。
③ Ben Zion Bokser, *The Lights of Penitence*, Paulist Press, 1976, p. 420.
④ Shlomo Avineri, *The Making of Modern Zionism - The Intellectual Origins of the Jewish State*, p. 190.

那些希望投身于犹太复国主义运动，但又对犹太教信仰虔诚的那些犹太人提供了另一种选择。

三 文化犹太复国主义与犹太教关系之成因

文化犹太复国主义思想认同和重视犹太教在犹太复国主义运动及未来民族国家构建上的重要作用，但又反对犹太教居主导地位。究其二者关系成因，与当时的社会背景，更重要的是与文化犹太复国主义思想代表人阿哈德·哈姆的家庭环境和成长经历密不可分。犹太复国主义运动参与者的主体是世俗犹太人，世俗主义也一直是犹太复国主义运动的主流。文化犹太复国主义者虽大多对犹太教信仰虔诚，重视犹太教的作用，但其与政治犹太复国主义一样反对犹太教在犹太复国主义运动和未来的国家社会生活中占据统治和主导地位，而是主张服务于犹太复国主义事业和犹太人的社会生活。

阿哈德·哈姆出生于基辅附近一家犹太教哈西德派家庭，从小接受了严格的传统犹太教育。父亲对他的教育非常严格，希望他以后成为一位犹太拉比，3岁时就把他送入传统的宗教学校学习，并为他请了家庭教师。他童年的大部分时间都在读神圣的宗教书籍，在家庭教师辅导下系统学习了《希伯来圣经》、《塔木德》和《答问》等文献，青年时期就已成为知识渊博的《塔木德》学者。对犹太教经典著作有很深的学习和研究，对犹太文化和民族精神也有非常深刻的理解。在论及《希伯来圣经》在犹太文化中的地位时，阿哈德·哈姆认为《希伯来圣经》不仅是犹太人在过去时代的民族精神的体现，还是一种永恒的历史力量之源。[①] 只要《希伯来圣经》存在一天，犹太思想的创造力就一天也不会被否定。希伯来语也是伴随着《希伯来圣经》的出现而产生的，因此希伯来语不仅过去是，现在和将来也将是犹太人的民族语言。[②] 他也一直把《塔木德》看作理解犹太教

① Allan Arkush, "Biblical Criticism and Cultural Zionism Prior to the First World War," *Jewish History*, Vol. 21. No. 2, 2007, p. 124.

② Ahad Ha - am, "Slavery in Freedom," in Leon Simon, eds., *Selected Essays of Ahad Ha - am*, p. 180.

发展演变的极有价值的源泉。他的许多思想观点来源于《塔木德》或通过《塔木德》来佐证，《塔木德》的智慧在他的文章中时时闪现。

虽然阿哈德·哈姆深受家庭环境的影响，犹太教与犹太传统文化在他心中留下了深深的烙印。但他并没有沉溺于此，青年时期又接触了犹太启蒙思想和西方世俗教育，并逐渐脱离了传统宗教的束缚而越来越世俗化。他阅读和研究了摩西·门德尔松（Mose Mendellson）、亚伯拉罕·盖革（Abraham Geiger）等许多著名的犹太启蒙运动思想家的著作，包括比较激进、主张对犹太教进行改革而被许多传统犹太人厌恶的纳夫塔利·威塞利（Naphtali Wesseley）的作品。① 在此期间，他还仿照犹太启蒙文学的风格创作了一些诗歌和散文。在新思想的影响下，他开始相信犹太教传统与外面的现代世界并不是矛盾的，而是可以互相调和的。他逐渐转变为传统犹太教思想的批评者，并最终果断地放弃了哈西德信仰。这一时期，摩西·本·迈蒙尼德（Mose Ben Maimonid）和巴鲁赫·斯宾诺莎（Baruch Spinoza）等人的犹太理性主义思想也对他产生了重要的影响。迈蒙尼德倡导的犹太人的民族情感与犹太教一样在犹太人的生活中占据着重要位置，斯宾诺莎对犹太教一些观念的质疑等都可以从阿哈德·哈姆思想中找到共鸣之处，② 使他从宗教信仰的沉迷中走了出来。阿哈德·哈姆认为犹太复国主义最重要的是要复兴犹太文化和犹太精神，宗教只是一种特殊形式的文化。

生活中的阿哈德·哈姆是一个不去犹太会堂的世俗犹太人，声言学习比祈祷更重要。他坚持认为在犹太历史上是犹太民众、而不是犹太教信仰，是犹太人的学习室、而不是犹太会堂拯救了犹太人。③ 他一向反对那种祈祷胜过学习的观点，主张学习是犹太人在大流散的过程中能够生存下来的秘密所在。④ 阿哈德·哈姆宣称犹太教的实质是一种道德体系，扎根

---

① Steven J. Zipperstein, *Elusive Prophet: Ahad Ha – Am and the Origins of Zionism*, California University Press, 1993, p. 10.

② Ahad Ha – am, "The supremacy of reason (Maimonides)," in Leon Simon, eds., *Ahad Ha – am: Essays, Letters, Memoirs*, p. 175.

③ Ben Halpern, "The disciple, Chaim Weizmann," in Jacques Kornberg, eds., *At the Crossroads: Essays on Ahad Ha – am*, p. 163.

④ Ahad Ha – am to Dr. J. L. Magnes (New York). Baden – Baden, Sept. 18th, 1910, in Leon Simon (eds.), *Ahad Ha – am: Essays, Letters, Memoirs*, p. 269.

于现世的犹太文化，而不是在超越性的信仰之中。① 阿哈德·哈姆还是一个不可知论者，对他来说，宗教只是一种形式的民族文化。② 在他的代表性著作之一《论摩西》中，阿哈德·哈姆认为《托拉》和摩西律法都不是神启的，摩西的重要意义在于他对于犹太历史的象征性，他是犹太民族精神的创造者。这意味着摩西这个犹太民族历史上最伟大的先知并不是上帝的使者，而是犹太精神的领路人，公平和正义的毫不妥协的追求者。③ 除此之外，阿哈德·哈姆也不相信犹太人的救世主"弥赛亚"会降临，他认为犹太复国主义就是一种把犹太人从"弥赛亚"幻想中解放出来的历程，拒绝把宗教看作绝对真理。④ 他并不认可犹太民族曾经完全是，或将来也必须是一个完全宗教的民族，因为历史上犹太民族的文化建构过程也并不能完全归结于宗教这一文化整合方式。⑤

由此可见，文化犹太复国主义虽然十分重视犹太教的作用，但最后却与宗教犹太复国主义分道扬镳，从文化犹太复国主义领导人阿哈德·哈姆的个人背景和成长经历，以及其对犹太教态度的转变来看也就不足为怪了。但有一点需要特别指出的是，阿哈德·哈姆虽然后来深受西方世俗文化的影响，但他最终并没有被同化。犹太教的影响在他幼年时期已经打下了深深的烙印，犹太教已成为他内心的一部分，在他身上体现了犹太教与犹太民族属性的融合。⑥

四 对犹太复国主义运动发展和以色列政教关系的影响

文化犹太复国主义注重发挥犹太教在犹太复国主义运动及犹太民族生活中的重要作用和意义，但又反对其占据统治地位。这种观念被后来的犹

---

① Hertzel Fishman, "A Critique of Israeli Secularism," *Avar Ve' Atid*, Vol. 1, No. 2, 1995, p. 59.

② 沃尔特·拉克:《犹太复国主义史》，徐芳、阎瑞松译，第 205 页。

③ Ahad Ha‑am, "Moses," in Leon Simon, eds., *Ahad Ha‑am: Essays, Letters, Memoirs*, p. 104.

④ Ahad Ha‑am to Dr. M. Ehrenpreis (Sofia). Odessa, Jan. 7th, 1904, in Leon Simon (eds.), *Ahad Ha‑am: Essays, Letters, Memoirs*, p. 288.

⑤ 刘精忠:《宗教与犹太复国主义》，中国社会科学出版社，2010，第 128 页。

⑥ Leon Simon, *Ahad Ha‑am: A Biography*, p. 308.

太复国主义运动领导人所吸收，对犹太复国主义运动的发展及以色列建国后的政教关系产生了深远影响。阿哈德·哈姆倡导的文化犹太复国主义思想吸引了许多犹太启蒙时代以来的青年一代犹太人，经历了启蒙思想洗礼的他们不再相信犹太拉比的权威，但在内心仍受他们的民族身份和犹太传统的约束，文化犹太复国主义思想为他们参加犹太复国主义运动提供了另一种选择。① 阿哈德·哈姆思想不仅受到虔诚信仰犹太教的东欧犹太人的支持，还深深地影响了西欧和美国犹太复国主义运动的发展。受其思想影响，大多数德国犹太复国主义者在一战前已转变为文化犹太复国主义的支持者。不再相信仅仅建立一个国家就会使犹太人获得新生，关键是犹太民族精神的恢复和为之所做的准备工作。20 世纪上半期，其思想影响了中欧犹太复国主义者整整一代人。阿哈德·哈姆文集在美国多次出版重印，对美国犹太人影响持续半个多世纪，激励了许多美国犹太人投身犹太复国主义运动，对美国犹太教的发展亦产生了深远的影响。②

后来的犹太复国主义运动主要领导人，世界犹太复国主义运动主席和以色列首任总统哈伊姆·魏兹曼（Chaim Weizmann）与阿哈德·哈姆关系密切，并深受其思想的影响，他认为他的力量来源于阿哈德·哈姆和聚集在其周围的人。③ 魏兹曼专注于文化犹太复国主义和政治犹太复国主义思想的综合，形成了"综合犹太复国主义思想"。④ 综合犹太复国主义思想结合了政治犹太复国主义思想和文化犹太复国主义思想的精华之处，同时又摈弃了二者的不足之处。在争取大国支持的同时也注重发挥犹太文化和犹太精神的作用，扎实推进移民和教育工作，培育犹太民族精神，引导犹太复国主义运动走向了顺利发展的成功之路。⑤ 以色列的建国也使文化犹太复国主义倡导的在故土创建一个新的犹太文化中心的梦想得以实现。经过数代人的不懈努力，如今的以色列不仅跻身经济发达、人民生活富裕的发

---

① Harold Fisch, *The Zionist Revolution*, Morrison and Gibb Ltd, 1978, p. 70

② Allan Arkush, "Cultural Zionism today," p. 3.

③ Chaim Weizmann, *Trail and Error: The Autobiography of Chaim Weizmann*, Harper and brothers publishers, 1949, p. 121.

④ Chaim Weizmann, *Trail and Error: The Autobiography of Chaim Weizmann*, p. 107.

⑤ 贾延宾：《分歧与合流：犹太复国主义道路之争》，载《四川师范大学学报》（社会科学版）2014 年第 2 期。

达国家行列，更重要的是成了全世界最重要的犹太文化中心和全体犹太人的精神家园：每年都有大批的犹太人到以色列参观游历，甚至是移民以色列；希伯来语成功复活并成为国家的官方语言，犹太文学和艺术事业得到蓬勃发展；以色列也成为全球犹太教的中心，犹太教和犹太学研究基本上代表了当今世界相关领域的最高水平。[①]

阿哈德·哈姆思想还影响了犹太复国主义运动的另一位重要领导人，巴勒斯坦犹太代办处主任和以色列首任总理大卫·本－古里安（David Ben－Gurion）。本－古里安认为犹太复国主义运动应是世俗的，但他的思想也受到犹太教传统的影响。他常常引用圣经，还推动了劳工犹太复国主义和宗教犹太复国主义的政治联盟。[②] 本－古里安曾经指出："我们时代的历史表明无论是救赎观、与圣地不可分割观，还是希伯来语，与我们的传统和律法都是相依相存，不可分割的。"在这段充满情感的话中，本－古里安道出的实际上是阿哈德·哈姆的观点。这一观点构成了阿哈德·哈姆民族主义倾向的基石，是他希望在以色列地创建犹太文明新大厦的砖石。[③]

另外，阿哈德·哈姆认为国家的建立并不是终点，而是要为民族精神的表达打下必要的基础。本－古里安同样认为国家的建立不是最终结果，国家仍然要成为道德和教育的工具。犹太复国主义不仅是一场政治革命，还是社会和精神革命。[④] 在建国初的一段时期内，阿哈德·哈姆倡导的尊重传统文化基础上的世俗教育方式被以色列的世俗学校广泛接受，他倡导的以语言为基础的民族身份认同标准在当今以色列社会依然有效，在以色列青年世俗犹太人争取身份认同方面发挥着持久的影响。[⑤]

"犹太教应在未来建立的国家社会生活中发挥重要作用，但新的国家应以世俗国家的面貌出现"成为犹太复国主义大多数流派的共识，世俗主义始终占据犹太复国主义运动的主流。后来的犹太复国主义领导人和开国

---

① 参见徐新《犹太文化史》，北京大学出版社，2008，第 320~321 页。

② Shlomo Avineri, *The Making of Modern Zionism – The Intellectual Origins of the Jewish State*, p. 198.

③ 阿尔弗雷德·高乔克：《理性之光—阿哈德·哈姆与犹太精神》，徐新、张利伟、游炜译，第 4 页。

④ Shlomo Avineri, *The Making of Modern Zionism – The Intellectual Origins of the Jewish State*, pp. 215 – 216.

⑤ Allan Arkush, "Cultural Zionism Today," pp. 4 – 5.

元勋在处理未来国家政教关系时继承了文化犹太复国主义的思想。魏兹曼在建国前夕谈到政教关系时就指出："我认为我们有责任高度尊重社团的宗教感情，但国家不能把宗教作为治国的主要准则而将时钟拨慢。宗教应放在犹太会堂和需要它的家庭里；它应在学校占有特殊地位，但它不应控制国家机关。"① 1947 年，本 - 古里安与宗教犹太复国主义派别达成政教互不干涉，尊重犹太教地位的协议。②《独立宣言》更是明确规定以色列是一个世俗国家而非神权国家，以色列保障每个公民的宗教信仰自由。

以色列建国后仿照西方模式确立了议会民主制和三权分立的政治制度，犹太教与国家政权机关分离。但同时尊重和保护每位公民的宗教信仰，维护犹太教在国家政治和社会生活中的特殊地位。犹太人民族性与宗教性合一的特性决定了犹太教在以色列社会中不仅仅是社会成员的个人意识，而是在很大程度上承担着社会凝聚功能、道德功能、政治功能及教育功能，犹太教实质上起到了一种国教的作用。③ 犹太教在以色列有完整的组织体系，最高拉比总署和地方拉比署及宗教法院负责处理犹太人的婚姻事务和宗教纠纷，没有经过犹太教认可的婚姻往往被认为是不神圣和无效的。政府部门中设置宗教事务部，负责处理国家社会生活中的宗教事务及宗教教育。允许宗教政党参政议政，并成为以色列政坛中的一支重要力量。作为世界上唯一的全民服兵役的国家，犹太教中的极端正统派可以免除兵役。

犹太教在国家的政治和社会生活中扮演着重要的角色，犹太教的节日成为强化犹太民族记忆和维系犹太人身份认同的重要载体，被作为国家的法定节假日而隆重庆祝。犹太人的婚姻、教育、饮食等日常生活无不与犹太教息息相关。尤其是随着以色列经济取得巨大成就，人民物质生活富裕的同时，一些不良现象和弊端也随之出现，如贫富差距、贪污腐败、拜金主义、道德沦丧、价值观念混乱等也使许多犹太人感到困惑和痛苦。犹太教在节制人对物质利益的过度追求、保证社会公平正义等方面给予了心理的安慰，在维护社会稳定等方面发挥了重要的作用。

---

① 劳伦斯·迈耶：《今日以色列：一个不安宁国家的画像》，钱乃复、李越、章蟾华译，新华出版社，1987，第 355 页。

② 参见黄陵渝《当代犹太教》，东方出版社，2004，第 165 页。

③ 参见张倩红《以色列史》，人民出版社，2014，第 263 页。

在当今以色列社会，宗教与世俗之间在很多方面会不可避免地发生矛盾，但大体上维护了一种平衡。政治与宗教分离，互不干涉，也就是人们通常所说的"上帝的归上帝，恺撒的归恺撒"。国家与宗教各司其职，为以色列的繁荣发展和社会稳定做出了重要的贡献。总体来说，尽管犹太教在以色列的政治、教育以及法律等领域扮演着重要的角色，犹太教也时常干预国家的政治和公共生活，但犹太教从未控制国家机关，政教分离和以色列世俗国家的属性也从未发生改变，成为以色列区别于中东地区众多政教合一国家的鲜明特色，这也是文化犹太复国主义在处理犹太教问题上留给犹太民族后人的最重要贡献。

原文发表于《世界民族》2018 年第 2 期。

比罗比詹计划始末

马丹静

（河南大学历史文化学院）

摘　要：比罗比詹计划是 20 世纪上半期苏联犹太人在政府的支持下和外国犹太组织的帮助下在苏联远东地区建立犹太民族家园的计划。它的提出是为了转移犹太人对巴勒斯坦的热情、解决苏联国内的犹太问题并加强苏联在远东的现实存在。从实施效果上看，苏联政府并没有实现它的预期目的。恶劣的生存条件、敏感的地理位置使比罗比詹很难吸引并留住犹太移民，政府准备的不足、政策的多变也使该计划屡屡受挫。本文主要研究比罗比詹计划的由来、实施情况，以及失败原因，在此基础上对整个计划做出一些客观评价。

关键词：比罗比詹计划　犹太人　苏联政府　农业定居

比罗比詹位于苏联远东南部，阿穆尔河（中俄界河黑龙江）沿岸，面积 36000 平方公里。这个地区原是中国土地，后来被沙俄政府通过《中俄瑷珲条约》强行割占。20 世纪以前，沙俄对比罗比詹的开发活动一直未获成功。直到 1928 年，苏联政府选择比罗比詹作为官方犹太垦殖地，犹太人开始有组织地移民比罗比詹。1934 年，苏联政府将比罗比詹改名为犹太自治州，将位于比罗河沿岸、西伯利亚铁路线上的比罗比詹市定为自治州首府。至此，在比罗比詹建立犹太民族家园的计划开始全面展开。

一　苏联政府支持比罗比詹计划的原因

（一）解决犹太问题，缓解传统犹太居住区的经济危机

犹太问题是困扰俄国社会的顽固性问题，十月革命后，尽管苏维埃政

府废除了沙皇时期限制犹太人的法令，但没有从根本上解决犹太问题。革命、内战和战争期间的反犹、屠犹行为给栅栏区①的犹太经济造成严重破坏。3 万犹太人在 1918～1921 年的屠犹事件中丧生，12 万犹太人死于屠杀造成的创伤或疾病，50 万犹太人无家可归，成千上万的犹太儿童流离失所。②1921 年开始的新经济政策虽然有助于整个国家的经济复苏，但不能挽回犹太经济的衰落之势。在工农掌权的社会主义社会，商人、手工业者居多的犹太人继续在政策上遭受歧视。1918 年宪法剥夺了从事非生产性行业的人的公民权利。除犹太商人、神职人员和靠接杂活为生的 Luftmenschen（没有明确职业的人）外，雇佣一个或多个学徒的犹太手工业者也被归入 lishentsy（被剥夺权利者）之列。他们没有选举权，被排除在医疗和社会服务之外，他们的孩子也不能到国立学校上学。③ 1925～1926 年，81.5% 的乌克兰犹太人成为被剥夺权利者。在整个苏联范围内，将近 100 万犹太商人被剥夺选举权。④

对这些人来说，革命不仅没有给他们带来平等的民事权利，反而剥夺了他们的谋生手段。在国家对物资和贸易的垄断下，大批犹太人失去生活来源。1923 年是犹太人失业人数最多的一年。据调查，这一年犹太小镇的经济状况比第一次世界大战前，甚至战争期间都要糟糕。日托米尔镇位于乌克兰首都基辅附近，这里 40% 的人口是犹太人。到 1922 年，日托米尔镇 62% 的犹太制鞋匠和 49% 的犹太裁缝没有工作。白俄罗斯戈梅利地区的

---

① 18 世纪后半期，随着俄国一点点吞并波兰领土，在这些土地上生活的犹太人也被接收过来。为了限制犹太人的存在，沙皇叶卡捷琳娜二世在帝国西部边境建立栅栏区，规定犹太人只能在栅栏区居住，不能随意出入栅栏区。此后一个世纪，除个别宫廷犹太人和技术人员外，很少有犹太人可以在栅栏区外居住或从事贸易活动。一战开始的前几个月，政府因怀疑犹太人的忠诚而有目的地将战区的犹太人驱赶到栅栏区。这期间，50 多万犹太人大规模进入栅栏区。1915 年，为了解决栅栏区的拥挤问题，政府不得不允许犹太人向内陆迁移，至此犹太栅栏区名存实亡。布尔什维克政权建立后彻底取消了对犹太人的居住限制。

② Zvi Gitelman, *A Century of Ambivalence: The Jews of Russia and the Soviet Union*, 1881 *to the Present*, Indiana University Press, 2001, p. 70.

③ Yehuda Bauer, *My Brother's Keeper*, *A History of the American Jewish Joint Distribution Committee*, *1929-1939*, The Jewish Publication Society of America, 1974, p. 61.

④ Allan Laine Kagedan, *Soviet Zion: The Quest for a Russian Jewish Homeland*, Macmillan Press, 1994, p. 12.

情况更为严重，这里 70% 的失业者是犹太人。[①] 1925 年，当共产党犹太局（Evsektsiia）[②] 决定在犹太小镇建立苏维埃并考虑给这里的劳动人民与农村劳动者一样的权利时，它发现犹太小镇已陷入经济崩溃、极端贫困和悲观绝望的泥潭中。[③] 20 年代中期，将近 100 万犹太人没有稳定的收入来源；到 20 年代末，新经济政策快结束时，仍有 1/2 ~ 3/4 的犹太青年被排除在教育和职业框架之外。[④]

前栅栏区的经济状况迫使犹太人向栅栏区外的大城市迁移。一战前，只有 30 万 ~ 40 万犹太人在栅栏区外居住，到二战前夕，将近 130 万犹太人定居栅栏区外。[⑤] 在现代工业无法吸纳更多的人口时，进入城市的犹太商人重操旧业，加入黑市贸易行列，这不仅给国家经济带来损失，还引发了城市居民的反犹主义。为了一劳永逸地解决犹太问题，政府决定改变犹太人的阶级属性，将他们从对经济和社会造成破坏的小资产阶级转变成具有生产力，并为社会主义做贡献的农民。从 1922 年起，政府就在有意识地将前栅栏区贫困的犹太人引向农业领域，它将白俄罗斯、乌克兰和克里米亚几十万英亩的土地分给犹太人耕种。然而，犹太人在克里米亚和乌克兰的垦殖活动引起当地人民的强烈反应。为了平息土著居民的反犹情绪，苏联政府开始为犹太人寻找无主的或人口稀少的土地，最终将目光转向了比罗比詹。

（二）打击犹太复国主义，转移苏联犹太人对巴勒斯坦的热情

作为一场旨在将苏联的一个民族迁移出去的运动，犹太复国主义运动在苏联并不受政府的欢迎。然而，20 世纪 20 年代初，苏联政府对境内犹太复国主义运动的态度可以说相当克制，有时甚至称得上宽容。这一方面

---

① Allan Laine Kagedan, *Soviet Zion*: *The Quest for a Russian Jewish Homeland*, p. 11.

② 共产党犹太局 1918 年 10 月成立，它的主要职能是处理与犹太人有关的经济和文化问题，在犹太人中宣传社会主义，快速实现犹太人的现代化和苏维埃化。

③ Zvi Y. Gitelman, *Jewish Nationality and Soviet Politics*: *The Jewish Sections of the CPSU*, *1917 – 1930*, Princeton University Press, 1972, p. 357.

④ Ziva Galili and Boris Morozov, *Exiled to Palestine*: *The Emigration of Zionist Convicts from the Soviet Union*, *1924 – 1934*, Routledge, 2006, p. 3.

⑤ Mordechai Altshuler, *Soviet Jewry on the Eve of the Holocaust*, *A Social and Demographic Profile*, Ahva Press, 1998, p. 15.

归功于犹太复国主义组织与苏联政府之间不存在直接的利益冲突，另一方面归功于苏联政府对世界犹太舆论的顾忌。这一状况一直持续到 20 年代中期，在政府的纵容[①]下，青年犹太复国主义运动获得长足发展并不停地为自己的敌人共产党犹太局制造麻烦。犹太复国主义组织在犹太小镇中非常有影响。它经常利用小镇青年，特别是小镇的姑娘们对犹太局发起的会议进行捣乱，这使犹太局在民众中的宣传活动屡屡受挫。[②] 苏联法律规定，18 岁以下的年轻人不能被投入监狱，这为青年犹太复国主义运动的发展提供了契机。这个时期，青年犹太复国主义运动获得发展的另一个原因是犹太小镇的贫困和失业问题，没有工作、没有生活来源的犹太青年因为出身原因既不能加入共青团组织，也不能享受政府提供的各种福利。处于社会边缘的他们很容易受犹太复国主义运动吸引，有的只是为了找到一个容身之地，有的则贪恋犹太复国主义运动提供的目标和归属感。正如犹太局官员所说，小镇经济的衰败已不只是经济和社会问题，还是严重的政治问题，因为糟糕的经济形势很可能被共产主义的敌人利用实现其政治目的。

1925 年秋，乌克兰 GPU（国家政治保卫局）副主席爱德华·卡尔森在给乌克兰共产党中央委员会书记拉扎尔·卡冈诺维奇递交的秘密备忘录中写道：

> 如今，我们面临的形势相当严峻：我们反犹太复国主义运动的行政手段并没有起到作用，因为犹太复国主义力量正在犹太民众中快速崛起，其中占主导地位的是青年人。
>
> 毫不夸张地说，乌克兰没有一个犹太人口集中的地区没有犹太复国主义组织或据点，它们活跃在地方生活的方方面面，它们对当地人民的影响和领导权威超过共产党组织和政府机构。[③]

---

① 这个时期呼吁打击犹太复国主义运动的是共产党犹太局和苏联安全机构，而地方政府往往能够容忍犹太复国主义运动并给予它一定的合法性，此外，犹太复国主义者也能在苏联高层领导人中找到庇护。

② Zvi Y. Gitelman, *Jewish Nationality and Soviet Politics：The Jewish Sections of the CPSU, 1917 – 1930*, p. 289.

③ Henry Kittredge Norton, International Aspects of the Chinese Eastern Railway, *Annals of the American Academy of Political and Social Science*, Vol. 152,（Nov. , 1930）, pp. 37 – 38.

来自安全部门的报道使苏联政府开始关注犹太复国主义问题，它可以容许犹太复国主义获得一定的发展，但这种发展绝不能威胁到它的统治秩序。比罗比詹计划的提出不乏打击犹太复国主义运动的目的，苏联政府认为，以政府的名义赋予犹太人土地不仅能够转移他们对巴勒斯坦的热情，还能赢得世界犹太人的好感。这不管从政治角度考虑还是从宣传角度考虑都对苏联十分有利。

（三）巩固远东地区的国防安全，拉动比罗比詹的经济发展

苏联选择比罗比詹作为犹太垦殖地还与当时的国际形势有关。20 年代后期，中、日、苏三国在中东铁路和南满铁路路权问题上冲突不断。苏联既要提防日本的崛起，又要防备中苏交界地区中国移民的不断增多。清朝初年，为了保持满族人的人参收益，保护清朝王室的御用猎场，清政府在辽河流域和今吉林部分地区修筑柳条边①，禁止汉人进入东北和内蒙古。这一政策直接导致清朝后期东北一带人烟稀少，后来沙俄轻而易举地进入黑龙江以北和乌苏里江以东地区，割走了中国 100 多万平方公里的土地。民国时期，军阀张作霖和张学良父子用火车将大量中原人运进东北，东北地区的人口开始快速增长，到 1930 年，东北三省的人口已达 2600 万。② 作为边境省份，比罗比詹经常出现越过阿穆尔河而来的中国人，这一形势使苏联领导人感到忧虑。特别是 1927 年国共合作破裂后，南京国民政府同苏联的关系逐步恶化，苏联一方面要应对日渐脱离控制的中国政府，另一方面要提防对苏联远东省份虎视眈眈的日本。所以，苏联选择比罗比詹作为犹太垦殖地更多地出于战略安全考虑，面对日本的军事威胁和中国的人口增长，苏联不得不加强它在远东的现实存在。

另外，苏联将比罗比詹划给犹太人还存在着利用外国资本拉动地区经济发展的考虑。比罗比詹盛产林木和矿产资源，但苦于没有充足的人力、物力对其进行开发。苏联政府认为，比罗比詹项目能够为苏联吸引到更

---

① 柳条边，又称盛京边墙、柳城或条子边，它是以明辽东长城为基础在辽宁和内蒙古修建的一道壕沟，沿壕植柳，所以称柳条边。

② Henry Felix Srebrnik, *Jerusalem on the Amur, Birobizhan and the Canadian Jewish Communist Movement, 1924 – 1951*, McGill – Queen's University Press, 2008, p. 313.

多的外国资本，美国犹太联合农业公司（Agro – Joint）在克里米亚的活动已使它看到希望。如果苏联允许犹太人在比罗比詹建立共和国，实现犹太人两千年的复国梦想，那么这一项目必然得到世界犹太人的支持。1926 年，苏联中央执行委员会主席、犹太农业垦殖运动的主要支持者米哈伊尔·加里宁告诉《消息报》（Izvestia）记者："移民、安顿工作需要很多钱，而这些钱可以在国外募捐，犹太人肯定会出钱的。"共产党犹太局书记迪曼施泰因也称："具有国际影响的犹太人能够成为莫斯科的重要盟友。"①

二 比罗比詹计划的提出

比罗比詹计划的提出与 20 世纪 20 年代苏联政府按照领土原则解决犹太问题的努力是分不开的。为了支持犹太人的垦殖活动，苏联政府曾将大块大块的土地划给犹太人耕种。而随着乌克兰和克里米亚垦殖活动的成功，犹太人开始设想在这些土地上建立犹太民族家园。1923 年，苏联农业政策专家亚伯拉罕·布拉金和著名记者米哈伊尔·科利佐夫联合出版名为《苏联犹太民众命运》的小册子，他们在小册子中提到在乌克兰南部、克里米亚北部和高加索北部建立犹太共和国的想法。1923 年 12 月，政治局接受布拉金提出的在克里米亚建立犹太自治州的建议，但 1924 年 2 月，在农业部委员 A. P. 斯米尔诺夫的劝说下，政治局又收回了这一决定。② 1924 年 8 月和 1925 年 1 月，苏联政府先后建立 KOMZET（犹太劳动者土地定居委员会）和 OZET（在苏联土地上安置犹太劳动者协会）两个组织指导犹太人的垦殖工作。③ 随着大规模垦殖运动的开展，在克里米亚建立犹太共和国的想法再次浮出水面。这一想法得到 OZET 主席尤里·拉林、亚伯拉罕·布拉金和一些苏联领导人的支持。1926 年 11 月，苏联中央执行委员

---

① Henry Felix Srebrnik, *Jerusalem on the Amur*, *Birobizhan and the Canadian Jewish Communist Movement*, *1924 – 1951*, p. 16.

② Jonathan L. Dekel – Chen, *Farming the Red Land*, *Jewish Agricultural Colonization and Local Soviet Power*, *1924 – 1941*, Yale University Press, 2005, p. 45.

③ KOMZET 主要负责招收、安置犹太垦殖者；OZET 是犹太垦殖事业的宣传机构，它主要负责在国内外为苏联犹太农业垦殖争取资金和支持。

会主席加里宁在 OZET 大会上发表演讲，他不仅支持犹太人在克里米亚建立犹太自治体，还鼓励犹太人通过农业定居保持自己的民族性。然而，克里米亚计划很快破产，主要是因为它在最高领导层中遭到抵制。OZET 会后不久，斯大林明确告诉犹太局秘书亚历山大·切梅里斯基，犹太人可以拥有自己的土地，但不是克里米亚。[①] 这个时期，苏联领导人已经将目光转向远东地区，最终选择比罗比詹作为犹太垦殖地。1928 年 3 月，苏联中央执行委员会正式通过在比罗比詹建立犹太民族共同体的决议。值得注意的是，提出比罗比詹计划的不是犹太人，而是苏联农业部和国防部。当时的犹太组织大多反对这一计划，尤里·拉林等人认为比罗比詹气候恶劣，土壤不适合耕种，另外，距离犹太人口中心遥远。[②] 共产党犹太局也不赞同这一计划，一些犹太局成员仍执着于克里米亚，而白俄罗斯的犹太局领导则通过呼吁增加白俄罗斯共和国的犹太移民来显示他们对该计划的"具有建设性的抗议"。[③]

三 比罗比詹计划的实施情况

（一）1928～1959 年犹太人向比罗比詹的移民状况

1928 年夏，654 名犹太移民在政府的资助下来到比罗比詹。很快，他们发现这里的状况与政府的宣传相距甚远。首先，比罗比詹道路不畅、沼泽连片，犹太移民需要经过艰难跋涉才能到达政府安排的定居点。其次，政府并没有为他们提供像样的住房、食物和工作条件。一些情况下，犹太定居者不得不在户外露宿，因为他们的居住区还没有被清理出来。而一心想成为农民的犹太人发现，政府分给他们的土地并不适合耕种，因为这里的土地既没有经过仔细调查也没有被排干水分，有些定居点甚至缺乏建筑

---

① Nora Levin, *The Jews in the Soviet Union since 1917*, *Paradox of Survival* (Vol. Ⅰ), New York University Press, 1988, p. 149.

② 犹太人多在苏联西部边境的栅栏区和莫斯科、列宁格勒、基辅、明斯克等大城市居住，而比罗比詹距离莫斯科就有 5000 英里。

③ Benjamin Pinkus, *The Jews of the Soviet Union: The History of a National Minority*, Cambridge University Press, 1988, p. 73.

用的木材和饮用水。此外，比罗比詹的医疗条件落后，基本的医疗设施通常离定居地几十英里远。

比罗比詹的艰苦条件使许多犹太移民望而却步。1929 年，只有 1000 名犹太人来到这里并有相当一部分人离开。1930 年，比罗比詹犹太人的数目达到 1500 人，占总人口的 8%（37000）。1931 年，政府呼吁犹太退役军人前往比罗比詹。这显然是受远东局势影响，九一八事变后，日本占领中国东北，在那里建立伪满洲国。这一年 3231 名犹太人来到比罗比詹。1932 年，移民人数达到 14000 人，但离开的人数也急剧增加。其中有 870 名来自国外的犹太移民，他们中 500 人因忍受不了比罗比詹的恶劣气候和艰苦环境，于第二年离开。[①] 1933 年，3005 名犹太人移民比罗比詹，这一年，离开比罗比詹的人数比移民过来的人数多。1934 年，5267 名犹太人移民过来。1935 年，8344 人来到比罗比詹，其中包括 820 名非犹太人。1935 年底，比罗比詹犹太人的数目达到 14000 人，占总人口的 23%。这是该地区犹太人口所达到的最高比例。

1936 年，6758 名移民到达比罗比詹，但许多人很快离开。1937 年，苏联政府将运送犹太人到比罗比詹的任务交给秘密警察，这一年，犹太自治州的大部分领导因被指控为民族主义者和外国间谍而遭到逮捕，在大清洗的阴影下，只有 3000 多名犹太人移民比罗比詹。[②] 1938 年，KOMZET 和 OZET 等垦殖组织先后被政府关闭严重影响了移民活动和比罗比詹的发展。1940 年，910 个犹太家庭移居犹太自治州，他们大部分来自被苏联吞并的波兰和波罗的海国家。[③] 苏德战争爆发后，犹太移民活动基本上停了下来。

战后，苏联政府决定恢复向比罗比詹的移民活动，影响它做出决定的因素有：乌克兰当地居民与返乡犹太人之间的冲突、比罗比詹急需补充新的人口、转移苏联犹太人对犹太复国主义和以色列的关注。另外，苏联政

① Alexander Ivanov, "Facing East: The World ORT Union and the Jewish Refugee Problem in Europe, 1933 - 38," *East European Jewish Affairs*, Vol. 39, No. 3, (Dec., 2009), p. 374.

② Lionel Kochan (editor), *The Jews in Soviet Russia since 1917*, Oxford University Press, 1978, pp. 73 - 74.

③ Mordechai Altshuler, *Soviet Jewry on the Eve of the Holocaust*, p. 34.

府一直想向全世界证明犹太问题在苏联找到了解决途径，苏联领导人还希望利用恢复犹太移民一事争取犹太世界和西方大众的支持。

从 1945 年开始恢复移民到 1946 年年底，移民一直处在无组织的状态并且人数很少。1946 年 10 月，政府开始用火车专列运送犹太人到比罗比詹。1947～1948 年，12 列火车将 6500 名犹太人送到比罗比詹。这两年通过这种方式移民比罗比詹的犹太人有大约 1 万人。1948 年年底，苏联境内再次掀起反犹运动，比罗比詹也未能幸免。① 这次遭到清洗的主要是比罗比詹的公务员、作家和艺术家。

1949 年上半年，用火车专列运送犹太移民的活动仍在进行，尽管数量有所减少。但后来（主要是 1952 年和 1953 年早期），犹太自治州逐渐成了犹太经济犯的流放地，他们被送到这里进行劳动改造。另外，在斯大林去世前几个月，苏联欧洲部分的犹太人将被迁徙到比罗比詹的谣言甚嚣尘上。②

1959 年的人口普查显示比罗比詹共有 14269 名犹太人，占总人口（162856）的 8.8%。其中 83.9%的犹太人住在城市，16.1%的犹太人住在农村。③ 至此，在比罗比詹建立犹太民族家园的计划基本上宣告失败。赫鲁晓夫在同法国记者瑟奇·格鲁萨尔的访谈中也承认了这一点，他说比罗比詹计划失败的原因是犹太人不遵守集体工作、不喜欢组织纪律，他们总是乐衷于流散生活，他们是个人主义者。④

（二）外国犹太组织的参与和贡献

考虑到比罗比詹的地理位置和自然条件，犹太慈善组织对比罗比詹计划的热情和态度不一。苏联犹太垦殖运动的主要支持者美国犹太联合农业

---

① 1948～1953 年，苏联境内掀起大规模反犹运动，从 1948 年底的"犹太反法西斯委员会案"到 1953 年初的"医生间谍案"，犹太文化机构被政府关闭，犹太民族文化精英大多遭到清洗。斯大林在去世前曾有将犹太民族遣送到西伯利亚的想法。

② Benjamin Pinkus, *The Soviet Government and the Jews, 1948 - 1967, A Documented Study*, pp. 372 - 373.

③ http：//www. jewishvirtuallibrary. org/jsource/judaica/ejud_ 0002_ 0003_ 0_ 03013. html.

④ Benjamin Pinkus, *The Soviet Government and the Jews, 1948 - 1967, A Documented Study*, p. 374.

公司和犹太垦殖协会（Jewish Colonization Association）对比罗比詹计划持中立态度。世界 ORT 联盟（World ORT Union，简称 WOU）[1] 直到希特勒上台后才对比罗比詹产生兴趣，它的最初目的是将受纳粹迫害的德国犹太人转移到比罗比詹。

1934 年 2 月底，ORT 联盟中央委员会同意将比罗比詹置于 ORT 在苏工作安排的中心位置。除 1933 年中期动工的单板工厂外，ORT 还计划建立一个锯木厂并组织编篮作坊，增加 ORT 在比罗比詹工业中的投资比重。到 1935 年早期，ORT 联盟将它为苏联工作筹资的最大份额用在发展犹太自治区上。1936 年上半年，对比罗比詹的投资占 ORT 总支出的 48.7%。这两年间，ORT 为比罗比詹建造了胶合板厂、家具厂、锯木厂、大理石厂、雪松油厂、砖厂、木材化工厂、制衣厂和缝纫用品厂。这些工厂为超过 1500 名犹太定居者提供了工作。[2] 除投资工业外，ORT 还为比罗比詹的农民提供直接帮助。它为农民提供拖拉机等农用机器，挑选鲜花和蔬菜种子，帮助他们战胜破坏性极大的昆虫。1935~1936 年，ORT 模范农场的耕作方法成为其他农场效仿的对象。[3]

除 ORT 外，另一个为比罗比詹工程做出突出贡献的犹太慈善组织是 ICOR[4]。ICOR 是 1924 年 12 月成立的帮助苏联犹太人实现农业定居的美国组织。与联合农业公司和犹太垦殖协会对比罗比詹的谨慎态度相比，ICOR 从一开始就大力支持比罗比詹计划。1928 年，ICOR 停止在克里米亚的工作，将精力转移到比罗比詹。1928 年年底，苏联政府同意给 ICOR 在比罗比詹开发新土地、建立集体农场、工厂，以及组织各种形式的文化援助的

---

① ORT，全称"在俄国犹太人中推广手工业和农业工作协会"（The Society for the Promotion of Handicrafts and Agricultural Work among Jews in Russia），它是 1880 年 4 月由俄国犹太银行家、实业家投资兴建的犹太慈善组织。后来，随着俄国犹太人移民美国和西欧国家，ORT 利用俄国犹太移民的关系在纽约和欧洲大、中城市建立分支。1921 年 8 月，世界 ORT 联盟在柏林成立，统一管理 ORT 在世界各地的工作。

② Alexander Ivanov, Facing East: The World ORT Union and the Jewish Refugee Problem in Europe, 1933 – 38, p. 376.

③ Leon Shapiro, The History of ORT, A Jewish Movement for Social Change, Schocken Books, 1980, p. 157.

④ ICOR 是 Yidishe Kolonizatsye Organizatsye in Ratn – farband 的音译缩写，意思是苏俄犹太垦殖组织。

权利。1930~1933年，ICOR主席查尔斯·孔茨亲自驻守比罗比詹指导该组织的工作。这个时期，ICOR在美国犹太人中筹资30万美元，为比罗比詹购买了美国制造的森林清理机器、拖拉机、挖土机、柴油机、筑路机械、孵化器、卡车、汽车、装罐机械以及建立木材厂的全套装备。1933~1938年，ICOR的活动主要集中在文化领域，给比罗比詹安装现代印刷装置、开画廊和图书馆、分发意第绪语打字机。[1]

四　比罗比詹计划失败的原因探析

（一）比罗比詹的自然条件恶劣，政府和犹太人都没有为比罗比詹的艰苦生活做好准备。

首先，中央和地方政府并没有为大量吸收犹太移民做好准备。苏联政府既没有为犹太人定居比罗比詹制定详细的规划，也没有为这个项目投入足够的人力、物力。1929年，陪同美国集资组织到比罗比詹参观的苏联记者维克多·芬克描述了他所看到的移民状况。在提克宏卡亚（Tikhonkaia）火车站（比罗比詹市的前身），犹太移民住在临时搭建的营房里，这些营房的条件简陋到"连监狱都自愧不如"。尽管营房只是移民被送到定居地之前的临时住所，但许多犹太人在这里待了两到三个月，因为他们的目的地还没被整理好或者没有办法越过一个个沼泽地到达政府划给他们的居住区。也有人因为定居地工作和生活条件太过恶劣而回到提克宏卡亚。例如，一些移民跋涉三十英里来到政府分给他们的土地，发现他们连基本的饮用水都无法获得。许多家庭很快用完分配给他们的食物、补给物和贷款，陷入赤贫状态。乞讨的人数激增，一些女人为了生存而成为妓女。芬克总结说，造成这些问题的原因是政府对如何吸纳移民缺乏规划。用他的话说："比罗比詹的垦殖活动是在没有准备、没有计划、没有经过调查的情况下进行的，所有的不幸都源于行动的仓促。"[2]

---

[1]　Nora Levin, *The Jews in the Soviet Union since 1917*, p. 292.

[2]　Robert Weinberg, *Stalin's Forgotten Zion: Birobidzhan and the Making of a Soviet Jewish Homeland, an Illustrated History, 1928–1996*, University of California Press, 1998, pp. 24–25.

地方官员在接受、安置移民方面也准备不足。由于政府通知比较晚，1928 年夏，当第一批移民来到阿穆尔河沿岸的大米种植园时，种植园的工作人员几乎没有为他们做任何准备。定居者不得不睡在户外，直到帐篷从哈巴罗夫斯克运来，住宅区建好为止。最近的医疗设施在种植园 20 英里外，并且缺乏基本的医疗设备和日常用品。① 此后 10 年，移民的持续涌入不断考验着地方政府的工作能力。人员缺乏、供应不足、设备有限，再加上糟糕的规划，负责犹太移民安置的地方机构往往不能完成政府交托的任务。

另外，犹太移民也没有为比罗比詹的工作和生活做好准备。来比罗比詹的犹太移民大部分没有任何农业生产经验。据 KOMZET 报道，1932 年前6 个月移民比罗比詹的 6200 名犹太人大部分来自乌克兰和白俄罗斯的大、中城镇，他们之前的职业是铁匠、木匠、锡器匠和裁缝，很少有人当过农民。② 1935 年来比罗比詹的乌克兰犹太人中 26.6%（962 人）是建筑工人、6.1%（223 人）是裁缝和制鞋匠、4.7%（171 人）是装配工和铁匠、4.4%（159 人）是木材工人，没有人当过农民。③ 这一状况有政府的原因也有犹太人自己的原因。毕竟，普通犹太农民不会舍乌克兰的肥沃土地而选择贫瘠的比罗比詹。来这里的多是怀有民族主义梦想的犹太人。他们既想保持自己的民族性，又想改变自己的阶级出身。而比罗比詹计划的指导方针是将小资产阶级出身的犹太商人、店主、失业人员转变成具有生产力的苏联公民。所以，政府关心的是栅栏区贫困的、没有工作的犹太人，而不是已属先进阶级并过上定居生活的犹太农民。另外，致力于改造犹太人，实现犹太经济转型的苏联政府完全低估了这种转型的困难程度。直到比罗比詹计划开始几年后，政府人员才意识到培训犹太人的重要性。正如一位观察家所说："建设比罗比詹最重要的问题是这里的骨干人员没有技术、没有经过培训，也没有为比罗比詹的工作和生活做好准备。尽管比罗比詹官员

① Yaacov Ro' I (ed.), *Jews and Jewish Life in Russia and the Soviet Union*, FRANK CASS, 1995, p. 92.

② Robert Weinberg, *Stalin's Forgotten Zion: Birobidzhan and the Making of a Soviet Jewish Homeland, an Illustrated History*, 1928 – 1996, p. 28.

③ Lionel Kochan (editor), *The Jews in Soviet Russia since 1917*, p. 74.

试图对刚到的移民进行培训，但他们也注意到只在这里培训是不够的，在移民来比罗比詹之前就应该进行类似的学习。"①

（二）工业化时期政府对犹太移民的政策缺乏连续性

比罗比詹计划确立之时正值第一个五年计划开始之际，工业化的潮流很快动摇了政府通过农业解决"犹太问题"的决心。到 30 年代早期，实现犹太人农业定居的目标已被政府加快比罗比詹经济多样化发展的决定所冲淡。

政府在 1932 年和 1933 年的经济规划中承认"比罗比詹地区不能被认为是单一的农业区"，一位参与制定 1932 年政府经济规划的官员说：

> 早期定居者是专为农业招募的，但今年比罗比詹的工业发展占主导地位，它的许多行业都需要熟练工人。

迪曼施泰因也在 1931 年后期写道：

> 比罗比詹最重要的一个特点是它不仅是一个农业区，还拥有成为远东工业中心的必要条件，特别是在重工业方面。

1932 年和 1933 年的档案验证了这种转变。经济规划师指出这两年比罗比詹的工业部门需要增加 29935 人，农业部门需要增加 18882 人。1932 年前 6 个月的统计数字表明，在工、农业领域找到工作的 4531 名犹太人中，1982 人（44%）在集体农场或国家农场工作；2549 人（56%）受雇于工业部门。1933 年，来比罗比詹的 2876 名新移民中 1061 人（37%）进入农业领域，其他人分别在工业部门、服务部门和政府机关中任职。这一趋势一直持续到 30 年代末。②

政府政策的多变还表现在对非犹太人移民比罗比詹的态度上。一开始，苏联政府禁止非犹太人移民比罗比詹，致力于将比罗比詹建设成纯粹的犹太定居地。然而，在犹太人屡屡完不成移民目标后，为了巩固远东边

---

① Yaacov Ro' I（ed.），*Jews and Jewish Life in Russia and the Soviet Union*，p. 94.
② Yaacov Ro' I（ed.），*Jews and Jewish Life in Russia and the Soviet Union*，p. 93.

疆地区，苏联政府开始欢迎不用政府负担旅费的非犹太人的到来。伴随工业化而来的是全国各地用工需求的增长，比罗比詹也不例外。由于自治区劳动力短缺严重，地方官员急于让有能力的人进入，而不在乎他们的民族身份或宗教背景。于是，犹太自治州中外族人的数目很快超过犹太人。到1939 年，犹太人只占犹太自治州人数的 17%，而且大部分住在城市和乡镇。所以，犹太自治州一直名不副实，比罗比詹计划既没有使犹太人大量移民比罗比詹，也没有使犹太人过上定居生活。

（三）比罗比詹对犹太组织和犹太人来说缺乏吸引力

前面已经提到，比罗比詹计划从一开始就没有得到犹太组织的支持。OZET 领导人尤里·拉林在 1932 年去世前一直公开反对比罗比詹计划。共产党犹太局也因比罗比詹计划而发生分裂，直到 1930 年仍有人支持克里米亚，而白俄罗斯犹太局则支持犹太人在白俄罗斯的垦殖活动。这个时期，克里米亚和乌克兰的垦殖活动仍在如期进行，很少有人会舍克里米亚优越的自然条件而选择贫瘠的比罗比詹。而 KOMZET 在招募移民方面也不能两头兼顾，尽管政府已经将重心放到比罗比詹，但许多人在心理上更倾向于克里米亚和乌克兰。另外，比罗比詹距离犹太人口中心遥远，对向这个陌生的、令人生畏的地方移民，犹太人基本上持谨慎态度。1928 年 4 月，《埃姆斯》（Emes）报的一名记者抱怨道："很容易让犹太人赞同比罗比詹，却很难让他们移民过去。"[1] 更重要的是，犹太人和比罗比詹之间缺乏民族、历史和感情上的联系，这是比罗比詹最终输给巴勒斯坦的一个重要原因。

总的来说，条件恶劣、准备不足、国家政策缺乏连续性等一系列因素导致比罗比詹计划最终归于失败。也许它从一开始就注定要失败。苏联决策集团中支持比罗比詹计划的主要是农民出身的布尔什维克领袖加里宁，只有他一直宣扬犹太民族主义、号召犹太人移民比罗比詹。1934 年，加里宁在犹太自治州的成立仪式上说，自治州的建立将赋予犹太人民族特征，而自治州的存在将使犹太文化获得更好的发展。他继续呼吁犹太人向比罗

---

[1] Lionel Kochan (editor), *The Jews in Soviet Russia since 1917*, p. 72.

比詹移民。他说，如果每年有 4000 名犹太人移民过来，那么十年后比罗比詹的犹太人数将相当可观。如果有 10 万犹太人在这里定居，那么苏联政府将考虑在这里建立一个犹太共和国。

不是所有人都同意加里宁的看法，事实上，政治局很多成员称加里宁的比罗比詹计划为"奇思妙想"。1936 年年底，斯大林对加里宁等人建立犹太共和国的想法做出回应。他在"关于苏联宪法草案"的著名演讲中谈到自治州成为苏维埃共和国的必要条件，其中之一是人口不能少于 100万。[①] 按加里宁的设想，比罗比詹要想成为犹太共和国至少需要 250 年。因此，斯大林从一开始就宣告了比罗比詹计划的破产。

结　语

比罗比詹计划是在 20 世纪 20 年代苏联相对宽松的政治环境中，在各种政治因素、经济因素和安全因素的综合作用下提出的建立犹太民族家园的计划。它的诞生具有一定的偶然性，它的发展具有很大的时效性。民族主义一直是苏联政治的敏感话题，比罗比詹计划始于苏联民族主义蓬勃发展的时期，终于苏联民族主义遭到迫害的时期。民族自决和政治自由的消失决定了比罗比詹计划的无疾而终。比罗比詹计划的时效性还体现在经济方面，30 年代苏联经济重心的转移造就了比罗比詹从农业定居点向工业中心的转变，这种转变冲淡了比罗比詹的犹太性质，加速了比罗比詹计划的夭折。尽管苏联政府在 20 世纪 30 年代以后以"民族的监牢"著称，但它在 20 年代对少数民族发展的扶持应该得到肯定。不管它是否诚心支持比罗比詹计划，计划存在的本身证明了苏联政府为实现民族平等、提高犹太民族地位所付出的努力，对此我们应该给予肯定。

原文发表于《首都师范大学学报》（社会科学版）2012 年第 2 期。

---

① Lionel Kochan（editor），*The Jews in Soviet Russia since 1917*，p. 75.

第四编　以色列研究

"一带一路" 视角下的中国与以色列关系

肖　宪

（云南大学国际关系学院）

摘　要：以色列的区位独特，社会稳定，经济繁荣，科技发达作为"一带一路"沿线一个重要的节点国家。对于中国实施"一带一路"倡议来说，以色列具有难以替代的地缘政治和地缘经济价值，可以发挥重要支点作用，是中国应该主动与之加强交往的合作伙伴。60 多年来，中以关系经历了复杂和曲折的发展历程。近年来，两国关系发展顺利，双方开展了大量经贸、科技、教育和文化方面的合作，但双边关系仍有较大的提升空间。中国应以"一带一路"倡议为契机，进一步加强中以在基础设施建设、经贸往来、人文交流和其他各方面的合作。

关键词：中以关系　一带一路　基础设施建设　人文交流　经贸合作

虽然从国土面积、人口、资源等要素来看，以色列只是一个小国，但它是一个公认的"科技大国"、"军事大国"、"外交大国"、"经济大国"和"教育大国"。以色列还由于其独特的地缘战略位置、与美国长期保持的特殊关系，以及作为世界上唯一的犹太民族国家与全球犹太人的密切联系，因而在国际事务中发挥着与其面积和人口不成比例的重要影响。中国和以色列分别位于亚洲大陆东西两端，60 多年来两国关系经历了复杂和曲折的发展历程。在今天中国提出的"一带一路"战略中，以色列作为中东地区一个重要的沿线节点国家，与中国的关系也格外引人注目。本文拟从"一带一路"的视角来讨论中以关系以及这一关系的未来发展走向。

一 中以关系的历史回顾

以色列是中东地区最早承认中华人民共和国的国家，但也是该地区最后一个同中国建交的国家。新中国成立后100天，即1950年1月9日，以色列就决定承认新中国。中国对此表示了感谢，并表示希望尽快正式与以色列建立外交关系。然而，由于随后朝鲜战争的爆发，以及以色列国内亲美派的反对，以色列当局在同中国建交的问题上犹豫不决，一度采取观望态度，从而使中以两国失去了在50年代早期建立外交关系的机会。

朝鲜战争结束后，中以双方又为建交进行了多次接触。然而，后来在1955年的万隆会议上，周恩来总理在接触了埃及总统纳赛尔等阿拉伯国家领导人，并对中东形势有了更多了解之后，决定优先发展同阿拉伯国家的关系，在巴勒斯坦问题上采取支持阿拉伯国家的态度。尽管此时以色列已决定同中国建交，并正式致函中方，但是为时已晚。[①] 1956年5～9月，中国先后同埃及、叙利亚、也门建立了外交关系。在1956年10月的苏伊士运河战争中，中国采取了坚决支持埃及的立场，中断了同以色列的一切接触，并公开批评以色列对阿拉伯国家的政策。从此，中以关系进入了一个长达30年的"冻结时期"。

虽然以色列在1971年10月第26届联大关于驱逐台湾、恢复中国合法席位的表决中投了赞成票，但中国并没有改变亲阿反以的政策。然而，中国的态度却与一些激进的阿拉伯国家不同，不赞成"把以色列扔到大海里"的口号，也明确反对巴解组织中一些派别对以采取劫持飞机、杀害人质的做法。当1977年10月埃及总统萨达特主动访问以色列并寻求和平解决中东问题时，中国也给予了肯定和支持。而以色列方面也一直坚持承认中华人民共和国，始终未同台湾当局发展关系。到80年代初，中国开始实行改革开放，在对外政策方面也做了较大的调整，与越来越多的国家建立了正常的外交关系。在这样的形势下，中国同以色列的关系逐渐开始解冻。

---

① 殷罡：《中国与以色列关系60年述评》，《西亚非洲》2010年第4期。

自 20 世纪 80 年代中期开始，中国和以色列之间的民间往来逐渐增多，双方通过民间交往在经济和技术方面开展合作。中国从 1982 年起就开始允许以色列学者以个人身份来华访问。1985 年 6 月，一个以色列经济界人士代表团访问了北京，一个中国农业专家代表团也访问了以色列。在民间交往日益增多的情况下，中、以之间具备了建立官方联系的条件。1987 年后，中、以官员在巴黎、纽约等地进行了多次接触。根据双方达成的协议，1990 年年初，中国国际旅行社在特拉维夫建立了办事处，以色列也在北京开设了以色列科学及人文学院联络处。由于这两个机构均享有外交权，中、以之间此时已建立了事实上的领事关系。

1991 年马德里中东和平会议召开后，中以建交已水到渠成。1992 年 1 月 24 日，以色列副总理兼外交部部长戴维·利维在北京同中国外长钱其琛签署了两国建交公报，宣布中以建立大使级外交关系，揭开了中犹两个民族和中以两个国家关系的新篇章。由于中、以早在 1950 年就已相互承认，因此有人说，中以建交是"一个推迟了 42 年的行动"①。

中以建交后，两国关系发展迅速。在政治上，双方高层互访频繁。以色列总统赫尔佐克（1994 年）、魏茨曼（1999 年）、卡察夫（2003 年）和佩雷斯（2008 年、2014 年），总理拉宾（1995 年）、内塔尼亚胡（1998 年、2013 年）、奥尔默特（2007 年）以及利维、沙洛姆、巴拉克等高级领导人相继访华。中国的全国人大常委会委员长李鹏、国家主席江泽民分别于 1999 年和 2000 年访问了以色列，李岚清、温家宝、钱其琛、唐家璇、杨洁篪、刘云山、张高丽、刘延东等中国高层领导人也先后访以。这既表明了中以双方对两国关系的重视，也反映出这一双边关系发展的顺利。

早在中以建交前，以色列就在香港设立了总领事馆，专门负责对华联络工作。两国 1992 年建交后，以色列除了在北京建立了大使馆外，并于 1994 年在上海设立了总领事馆，2009 年又在广州设立了总领事馆，2014 年在成都也开设了总领事馆。一个只有 800 多万人口的小国家，在中国除了在首都北京有大使馆之外，还在其他城市设立了 3 个总领事馆，这一方

---

① 江纳森·高斯坦：《中华民国、中华人民共和国与以色列，1911～2003 年》，载高斯坦主编、肖宪译《中国与犹太—以色列关系 100 年》，中国社会科学出版社，2006，第 2 页。

面说明以色列对中国的重视，另一方面也表明了中以关系的密切和人员往来的频繁。

由于双方经济有较强的互补性，20多年来，两国签署了多个经贸协议，贸易额增长迅速。1992年中以建交时贸易额仅为5000万美元，1996年为4亿美元，2005年为30亿美元，2010年为50亿美元，而到2014年时双方的贸易额已达110亿美元。① 中国现为以色列在亚洲的第一大贸易伙伴和仅次于美国的全球第二大贸易伙伴。中国公司在以色列承建了多项工程，在以中国劳工一度接近4万人。以色列农业科技发达，农业是两国最早开展的合作领域之一，双方在北京、山东、陕西、云南及新疆等地建立了农业培训、花卉种植、奶牛养殖、节水旱作等示范基地。两国间文化、教育、体育等方面的交往与合作也在不断扩大。

尽管中以关系总体发展顺利，而且两国间既没有历史遗留问题，也没有直接的利益冲突，但中以关系的发展却往往会受到第三方的影响。例如，中国与以色列的关系就常常受制于以色列与美国的关系，中以关系也会受到中国与阿拉伯国家关系、中国与伊朗关系的影响。这方面一个典型的例子就是2000年7月的"预警机事件"。

以色列的军工科技享誉世界。早在建交前，中国就同以色列开展了一些军工技术方面的合作，加速了中国国防现代化的进程。建交后，中以军事技术合作又有新的提升。90年代后期，中国同以色列达成协议，以色列将向中国提供一套价值2.5亿美元的"费尔康"（Phalcon）预警机系统。但随后美国即向以色列施压，称如果中国获得"费尔康"预警机将损害美国的战略利益；它威胁说如果以色列执意向中国出售这些装备，美国将减少每年向以色列提供的援助。在美国的强大压力下，2000年7月以色列单方面取消了向中国出售该预警机系统的合同。尽管以色列政府后来正式向中国进行了道歉，退还了预付款，并给予了赔偿，但这一事件还是给中以关系带来了很大伤害。本来2000年4月中国国家主席江泽民访问了以色列，双方关系正处在一个很好的时期，这一事件使中以关系在其后几年一

---

① 见中国外交部网站，2015年7月1日，http：//www.fmprc.gov.cn/web/gjhdq_ 676201/gj_ 676203/yz_ 676205/1206_ 677196/sbgx_ 677200/。

度陷入低谷。2004 年 12 月，同样是在美国的压力下，以色列未按合同为10 年前出售给中国的一批军用 "哈比" 无人机（IAI Harpy）进行技术升级。①

中以关系除了深受美国影响之外，也会受到中国与阿拉伯国家和伊朗关系的影响。长期以来，中国一直同阿拉伯国家保持着友好关系，也正是在阿以关系逐渐改善的背景下，中国才与以色列实现建交的。中国一直支持巴勒斯坦人争取合法的民族权利，这一立场是不会改变的，当然中国同时也支持巴以和平进程。如何平衡地处理好同阿拉伯国家（包括巴勒斯坦）和同以色列的关系，一直是中国中东外交的一个重点和难点。当阿以（巴以）关系紧张时，中国就不可能放手同以色列开展交往，而且还必须表明自己的态度。同样，伊朗也是影响中以关系的一个重要因素。伊朗和以色列都视对方为本地区最主要的威胁。中国同时与伊朗和以色列都保持着良好关系，这种三角关系有时固然有利于中国发挥某种独特的协调作用，但也会影响中国与其中一方关系的进一步发展。这种情形在伊朗核问题上表现得十分明显，以色列很看重中国对伊朗的影响力，一直力图说服中国参与对伊朗施压，以迫使其放弃核计划。

二　近年来中以经贸合作和人文交流

中以两国经济互补性强、发展快，贸易额逐年增长。1992 年中以建交时贸易额仅为 5000 万美元，到 2005 年双边贸易额达到了 30 亿美元，而到2013 年已突破 100 亿美元大关。据中国海关统计，2014 年中以双边贸易继续保持稳步发展，进出口总额为 110 亿美元，同比增长 0.5%。一直以来，以色列对中国出口以高科技产品为主，包括电子、光学产品、农业技术等；而中国则向以色列市场提供受欢迎并具有竞争力的原材料、轻纺产品和消费品等。

随着中以贸易水平的提升，贸易结构也在不断优化，从以电子、钻

---

① Yitzhak Shichor, "The US Factor in Israel's Military Relations with China," http：//www. aca-demia. edu/280877/.

石、化工等传统产品贸易，不断向高科技、新能源、生物技术、现代医药等方向发展转变，产品结构呈现多样化态势。以 2013 年为例，以色列向中国出口的商品结构为：计算机、电子和光学产品占 52.5%，化学和化工产品占 20.5%，其他经济产品为 15%，钻石产品为 7.2%，机械设备为 4.8%；中国向以色列出口的商品主要有钢材、铜材、小轿车（包括整套散件）、煤等。中国的荣威汽车、长城皮卡、中兴智能手机等高附加值产品成功进入以色列市场，联想笔记本电脑等成为当地同类商品的畅销品牌，占据了约 1/4 的市场份额。[①] 中以之间服务贸易发展势头良好，2014 年前 3 季度，双边服务贸易额 5.1 亿美元，其中中国服务出口 2.8 亿美元，进口 2.3 亿美元，主要集中在旅游、运输、咨询等领域。[②]

在中东地区的 22 个国家中，2014 年中国同以色列的 110 亿美元双边贸易额排在中国同沙特、阿联酋、伊朗、伊拉克、土耳其、阿曼、埃及的贸易额之后，名列第八位，但排在前面的或是中东的人口大国，或是中国从其大量进口石油的国家。[③] 而以色列是一个既没有石油，人口也只有 800 多万的小国家，中以之间一年能有 110 亿美元的贸易已很可观。[④] 虽说中国现已是以色列在亚洲的第一大贸易伙伴，也是其全球第二大贸易伙伴，但中以之间的贸易水平仍有一定的提升空间。中国同以色列的贸易额现仍不到以色列对外贸易总额的 10%，只有以色列对欧洲贸易额的三分之一，对北美的四分之一。[⑤] 另外，中以贸易仍一直存在着较大的逆差。以 2014 年为例，双边的 110 亿美元贸易额中，中方出口占 70%，而以方出口只占 30%。长期存在这样大的贸易逆差也不利于双边贸易的健康发展。

---

① 张倩红主编《以色列发展报告（2015）》，社会科学文献出版社，2015，第 315 页。
② 《2014 年中以双边贸易情况》，中华人民共和国商务部网站，2015 年 5 月 26 日，http://www.mofcom.gov.cn/article/tongjiziliao/fuwzn/swfalv/201505/20150500985318.shtml。
③ 张进海、段庆林等主编《中国—阿拉伯国家经贸关系发展报告（2015）》，黄河出版传媒集团，2015，第 11 页。
④ 王明亮：《关于中国学术期刊标准化数据库系统工程的进展》，1998 年 8 月 16 日，http://www.cajcd.cn/pub/wml.txt/980810-2.html。
⑤ 就单个国家而言，中国是以色列仅次于美国的第二大贸易伙伴。欧盟和美国仍是以色列最主要的贸易伙伴，2013 年欧盟和美国分别占以色列外贸总额的 33% 和 20%，而中国仅占以色列对外贸易总额的 8.5%。

2015 年 3 月，李克强总理在《政府工作报告》中专门谈到要"推动与海合会、以色列等自贸区谈判"。在政府工作报告中特别提到以色列，表明中国政府对同以色列开展经贸合作的重视。3 月底，中国商务部发言人称，中国和以色列已完成自贸区联合可行性研究，结论积极，双方将在年内启动自由贸易区谈判。[①]

近年中以经济合作的一个新趋势，是中国资本开始涌向以色列。 10 年前，中国海外投资主要以保障自然资源供应为目的，因此以中国的能源和矿产公司与非洲和拉丁美洲国家合作较多。但现在，中国海外投资越来越多地瞄准品牌和技术领域，而这正是以色列的优势所在。以色列有不少全世界著名的跨国公司，有一些工业园区和高科技孵化区，加上劳动力素质高，资本和金融市场发展成熟，具有吸引投资的优势。中国现已成为以色列高科技企业的资金来源国之一，百度、奇虎 360、联想、平安等著名科技公司都纷纷向以色列的科技投资基金注资。2013 年 5 月，中国复星医药公司以 2.2 亿美元收购了以色列飞顿激光（Alma Lasers）公司 95% 的股权。中国在以色列最大的一笔投资来自中国光明食品集团，该公司 2015 年 4 月以 25 亿美元收购了以色列以乳制品为主的特努瓦（Tnuva）食品公司。[②]

以色列国土面积虽小，但它是一个创新强国，其研发投入占 GDP 的 4.5%，长期位居世界第一，全球创新排名第 3 位。2013 年 5 月以总理内塔尼亚胡访华时曾表示，以方愿意动员商界、科技界人士把"方向盘"转向中国，把以色列建设成为中国的"研发实验室"。[③] 中国也非常看重以色列的科技创新能力。2014 年 5 月，中国刘延东副总理访问以色列，参加了以色列首届创新大会，并在《耶路撒冷邮报》发表《让中以科技创新合作之花更加绚丽》的署名文章。2015 年 1 月，"以中创新合作联合委员会"第一次会议在北京举行，双方签署了《中以创新合作三年行动计划》，其中包括成立中以创新合作中心，成立中以"7 + 7"大学研究

① 新浪财经网，2015 年 3 月 17 日，http://finance.sina.com.cn/world/20150317/15272174-1019.shtml。

② 张倩红主编《以色列发展报告（2015）》，第 319 页。

③ 付丽丽：《携手创新合作共赢》，《科技日报》2015 年 2 月 2 日，第 1 版。

联合会，2015～2019 文化合作行动计划，启动"中以常州创新园"建
设等。①

中以旅游合作空间广阔。旅游合作既是经济合作，又是文化交流。中
以建交后，随着 1993 年以色列航空公司开通特拉维夫至北京的国际航线以
及 1994 年中以两国签署旅游合作协定，到中国来旅游的以色列人络绎不
绝，但当时前往以色列的中国游客却不多。旅游业是以色列的一个重要产
业，每年要接待 300 多万外国游客。2005 年 6 月，中方宣布将以色列列为
中国公民出境旅游目的地国，2013 年 6 月，以方宣布接受办理非旅行社代
理的个人旅游签证，越来越多的中国人也开始走向以色列。中国游客对于
以色列表现出很高的热情，特拉维夫、耶路撒冷、死海、海法、埃拉特等
地都是他们青睐的观光地点。十年前每年访问以色列的中国游客只有三四
千人，而到 2014 年中国赴以人数已超过 3 万人，比 2013 年增长了 30%。②
以色列航空公司由特拉维夫直飞北京的往返航班由原来的一周两班改为
现在的一周三班，香港直飞往返特拉维夫航班也增加为每周六班。中国
海南航空公司也宣布将于 2016 年 4 月开通北京至特拉维夫直航航线，每
周三个航班。以色列旅游部驻中国办事处首席代表周毅（Jonathan Ben-
tal）2014 年 8 月称，以色列的目标是在三年内，中国赴以旅游人数达到
10 万人次。

教育是中以人文合作的一个重点领域。从 1993 年起两国政府就开始互
换留学生，2000 年，两国教育部签署了《中国－以色列教育合作协议》，
涉及互派留学生、学术交流、语言教学、互认学历学位等方面。以色列的
七所大学都具有较高的教育和科研水平，而且都用英语教学，是中国学生
出国留学的热门选择之一。中国赴以的各类留学进修人员迄今已有 3000
多人次。近年来，在以色列学习的中国留学生一直保持在 300 多人；而
以色列在中国学习的留学生也有 100 多人，其中绝大部分为自费来华学
习。以色列政府为加强与中国的教育合作，从 2012 年起每年拨款 4000

---

① 刘延东：《让中以科技创新合作之花更加绚丽》，中国驻以色列大使馆，2014 年 5 月 18
日，http://www.fmprc.gov.cn/ce/ceil/chn/gdxw/t1157065.htm。
② 《以色列签证新政实施在即 中国赴以人数增长超 30%》，人民网，2014 年 12 月 16 日，
http://travel.people.com.cn/n/2014/1226/c41570－26282777.html。

万谢克尔（约 7200 万元人民币）向中国提供 250 个奖学金名额。随着近年以色列兴起的"中国热"和"汉语热"，2010 年以色列教育部决定将中文列入大学和中小学课程，一些高校也纷纷建立中文系、东亚系和中国研究机构。2007 年和 2014 年，特拉维夫大学和耶路撒冷希伯来大学在中国帮助下先后开办了孔子学院。目前以色列注册学习汉语的人数仅次于英语。① 中国的北京大学、上海外国语大学两所高校也开设了希伯来语专业。

中国香港的李嘉诚基金会 2013 年 9 月宣布，将捐资 1.3 亿美元给以色列理工学院，帮助其在广东汕头创办"广东以色列理工学院"（TGIT），以推动中国在工程、科学和生命科学等领域的教育、研究和创新。这是中以教育合作的一个大项目，也是以色列大学有史以来获得的最慷慨的资助之一。广东省和汕头市也将出资 9 亿元人民币（合近 1.5 亿美元）及 600 多亩土地，支持 TGIT 的建设。以色列理工学院是一所享誉世界的著名高校，被称为"以色列的麻省理工"，出过 3 位诺贝尔奖获得者。2015 年 12 月，广东以色列理工学院建设正式启动，以色列前总统佩雷斯、广东省委书记胡春华以及李嘉诚先生、双方大学校长等出席了启动仪式。该项目 2015 年4 月已获得中国教育部正式批准，一期于 2016 年年底建成并招生，二期预计 2018 年建成。

中以文化交流内容丰富、底蕴深厚。1993 年中以两国签署了《文化合作协定》，后又 6 次签署年度执行计划，有力推动了双方在文化、艺术、文物、电影、电视、文学等领域的交流与合作。以色列的音乐、艺术在国际上有很高的知名度，以色列芭蕾舞团、基布兹现代舞团、爱乐乐团、室内乐团、青年爱乐乐团等都先后来华演出。以色列还首次以自建馆的形式参加了 2010 年上海世博会。2007 年在以色列举行了"中国文化节"，2009年举行了"感知中国·以色列行"大型文化交流活动，近年来在以举办"欢乐春节"主题文化交流活动，都受到以色列民众的广泛欢迎。2012 年为纪念中以建交 20 周年，双方也合作举办了一系列大型文化交流活动。截

① 张倩红主编《以色列发展报告（2015）》，第 294～296 页。

至 2014 年，中以两国间共有 19 对省市结成友好省市。①

中华民族和犹太民族都有悠久的历史和灿烂的文化，都对世界文明的发展做出过巨大的贡献。更值得一提的是，古代曾有一些犹太人沿丝绸之路来到中国，长期生活在开封等地，并最终同化于中华民族。近代有一些犹太人从英国殖民地或者从俄国来到中国，生活在上海、哈尔滨、沈阳、天津等城市里，人数多达 2 万 ~ 3 万人。在第二次世界大战期间，又有近 3 万名犹太难民为逃避纳粹的迫害，从欧洲来到中国上海，直到战后才陆续离去。②

这些犹太人有的在中国生活了数年，有的长达数十年。后来他们中一些人去了美国和欧洲，也有很多人去了以色列。因此，以色列和世界各地的犹太人对中国，尤其是对上海、哈尔滨怀有特殊的感情。担任以色列总理多年的奥尔默特，其父母都出生在哈尔滨，其祖父的墓地也在哈尔滨。以色列还成立了一个"前中国犹太人协会"，成员既有当年在中国的犹太人，也有他们的子女和后代。中国改革开放后，他们纷纷前来上海、哈尔滨参观当年犹太人生活的原址。上海市也将虹口区提篮桥地区列为"犹太历史风貌保护区"，修建了纪念碑，并把原来的一个犹太会堂建成"上海犹太难民纪念馆"。

"犹太人在上海""犹太人在哈尔滨"成了中以友好的象征和品牌，不仅出版了许多图书、画册，还拍摄了一些影视作品，并在中国、以色列和其他国家举办过多次展览。包括总统魏兹曼，总理拉宾、佩雷斯、内塔尼亚胡、奥尔默特等人来华访问时，一般都要到上海参观犹太人旧址。2015 年 8 月，在中国人民抗战胜利暨世界反法西斯战争胜利 70 周年之际，以色列驻上海总领馆制作了一部宣传短片《谢谢上海》，以表达以色列人民对中国人民最真挚的感谢。在宣传片的最后，以色列总理内塔尼亚胡亲自向中国人民表达感激之情："我们永远感谢你们，永远不会忘记这段历史。"

---

① 见中国国际友好城市联合会网站，http://www.cifca.org.cn/Web/Index.aspx。
② 潘光、王健：《犹太人与中国》，时事出版社，2010，第 16 ~ 34 页。

三　"一带一路"倡议下的中以合作

中国 2013 年年底提出"一带一路"倡议后，以色列一开始并没有表态。① 2014 年 10 月，作为实施"一带一路"战略的举措之一，中国发起成立了亚洲基础设施投资银行（简称亚投行），印度、新加坡等 21 个国家成为首批意向创始成员国，后又有英、法、德、俄等多个国家申请成为创始成员国。而美国、日本则明确表示反对加入亚投行，以色列或许受此影响，观望了一段时间，最后还是选择加入亚投行。申请作为创始成员国加入亚投行的截止时间为 2015 年 3 月 31 日，以色列是最后申请加入的 7 个国家之一。2015 年 3 月 31 日，以色列总理内塔尼亚胡正式签署了申请以创始成员国身份加入亚投行的申请，成为 57 个创始成员国之一。以色列外交部在一份声明中说，以色列意识到了加入这样一个亚洲国家间组织的重要性，因而由外交部发起了申请加入亚投行的程序。加入亚投行，表明了以色列积极响应中国"一带一路"倡议的态度。

2015 年 5 月 28 日，以色列交通部部长伊斯莱利·卡茨在授予中国上港集团海法新港码头 25 年特许经营权签约仪式上对中国的"一带一路"倡议给予了高度评价，他说"一带一路"倡议有助于改善区域基础设施，促进区域经济发展，以色列乐于和中国加强"一带一路"方面的合作。卡茨还说，以色列目前处在基础设施建设快速发展阶段，正在建设新的机场、码头、铁路和公路，每年投资额约 40 亿美元，他相信以－中基建合作潜力巨大，将惠及双方。② 这可以说是以色列官方对中国"一带一路"倡议最为正式的积极表态。

以色列地处欧亚非三大洲接合部，西面和南面分别濒临地中海和红海亚喀巴湾，无论是"一带"还是"一路"这里都是重要节点。"一带一路"建设的重点和优先领域是基础设施的互联互通，中国和以色列在此方

---

① 2013 年 9～10 月，中国国家主席习近平分别在哈萨克斯坦和印度尼西亚发表关于"一带一路"的讲话，标志着中国正式对外提出"一带一路"倡议。

② 《中以"一带一路"合作添硕果》，新华网，2015 年 5 月 29 日，http：//news. xinhuanet. com/fortune/2015－05/29/c_ 1115451333. htm。

面已经开展了令人瞩目的有效合作。2014～2015 年，中国公司先后获得以色列两个重大基础设施建设项目。

一是中国港湾工程公司 2014 年 6 月中标以色列南部阿什杜德的新港建设项目。阿什杜德新港口项目是以色列最大的投资项目之一，总投资额为 33 亿新谢克尔（约合 9.3 亿美元），也是中国企业在境外承揽的最大的港口建设项目之一。中国港湾工程有限责任公司以较低的报价通过公开竞标，击败另外三家公司获得该项目。该港口项目工程主要内容包括建造 1200 米港口码头，2800 米防波堤，以及进场道路和仓库、办公区等附属工程。工程合同竣工时间为 2022 年，港口建成后，预计吞吐量为 100 万标准集装箱，将成为以色列南部最重要的港口。以总理内塔尼亚胡、财政部部长拉皮德、交通部部长卡茨、阿什杜德市市长拉斯里，以及中国驻以大使高燕平等出席了 9 月底的协议签字仪式和 10 月 30 日的开工典礼，可见以方对此工程的重视。①

二是上海国际港务集团（简称"上港集团"）获得海法新港码头为期 25 年的特许经营权。2015 年 3 月，上港集团接到以方通知，该集团在有四家公司参与的竞标中胜出，成功获得海法新港码头为期 25 年的特许经营权。5 月 28 日，以色列港口发展及资产公司与上港集团在特拉维夫正式签署协议。根据协议，新港基础部分由一家以色列公司负责完成，中方将负责码头的后场设施建设、机械设备配置和日常经营管理。海法新港建设预计于 2020 年完成，全部建成后码头岸线总长 1500 米，设计年吞吐能力 186 万标准集装箱。码头总占地面积 78 公顷，前沿最大水深 –17.3 米，具备接卸世界最大集装箱船（19000 标准集装箱船）的能力，将是以色列最大的海港。上港集团预计将投入 20 多亿美元，将海法新港打造成一个面向全球的国际货运中心。②

而更令人关注的是从特拉维夫到埃拉特的高速铁路项目，即所谓的"红海—地中海高铁"（Red – Med High – speed Railway）项目。

---

① 《中国为以色列建南部最重要海港》，新华网，2014 年 10 月 5 日，http：//news. xinhua-net. com/world/2014 – 10/05/c_ 127065105. htm。

② 《上港获以色列第一大港经营权》，环球网，2015 年 3 月 28 日，http：//finance. huanqiu. com/roll/2015 – 03/6034396. htm。

以色列的经济和人口中心在海法—特拉维夫—阿什杜德一线的地中海沿岸地区，而其最南端是濒临红海的城市埃拉特，中间被荒凉而狭长的内格夫沙漠分隔开来。早在 20 世纪 70 ~ 80 年代，以色列就在考虑修建一条将特拉维夫与埃拉特连接起来的铁路，但由于资金、技术等各种原因一直未能实现。进入新世纪后，这条被称为"红海—地中海"的铁路项目正式被纳入以色列政府的发展计划。计划中的特拉维夫至埃拉特港高速铁路项目全长约 350 公里，其中比尔谢巴以南的 260 公里需要新建，设计时速为 250 公里/小时。建成后，从特拉维夫到埃拉特只需要 2 个小时，而现在用汽车运输则需要 5 个小时。

对于以色列来说中，这是一条具有经济和战略双重意义的铁路。从经济意义来看，这条铁路有利于南北交通，可以加速南部（内格夫）地区的开发；最南端的埃拉特也将从现在只有 4.8 万人口的小城市，发展成为一个有 15 万人口的中等城市。[①] 而这条铁路更主要是其重要的战略价值。建成后，来自印度洋的货物将可从红海的埃拉特港上岸，经铁路运输到地中海的阿什杜德港或海法港，这样就可以绕开苏伊士运河，不但能缩短运输时间，而且还可避免依赖苏伊士运河的安全风险。所以对于以色列（以及世界其他国家）来说，这是一条打通欧亚大陆、连接地中海和红海的陆上通道。有评论甚至称其为"陆上的苏伊士运河"。以色列总理内塔尼亚胡将其确定为"国家优先发展的项目"。以色列内阁会议于 2012 年 2 月 5 日正式通过了修建"红海—地中海"高铁计划。[②]

据以方的资料，修建这条铁路将要架设总长度达 4.5 公里的 63 座桥梁，开凿总长度达 9.5 公里的 5 段隧道，总预算为 80 亿 ~ 130 亿美元，预计用 5 ~ 6 年时间完成。以色列希望通过国际合作来投资建设这条铁路。"红海—地中海"高铁项目公布后，已先后有印度、西班牙等 10 个国家表示对这一合作项目有兴趣。[③] 然而，到目前为止，真正同以色列方面进入

---

① Nadav Neuman，"Regional Committee Approves Tel Aviv – Eilat Railway Route，"*Globes*，February 11，2013，http：//www. globes. co. il/en/article – 1000821581.

② Herb Keinon， "Cabinet Approves red – med Rail link，"*The Jerusalem Post*，February 5，2012，http：//www. jpost. com/National – News/Cabinet – approves – Red – Med – rail – link .

③ "High – Speed Railway to Eilat，"*Wikipedia*，November 25，2015，https：//en. wikipedia. org/wiki/High – speed_ railway_ to_ Eilat.

实质性协商的只有中国。早在 2011 年 9 月以色列交通部部长伊斯莱利·卡茨访问中国时，就与时任中国交通运输部部长的李盛霖讨论并达成了双方在交通基础设施领域开展合作的初步协议。2012 年 7 月，卡茨再次访问中国时，与中方签署了一项具有战略意义的合作备忘录，其中就明确包括了双方将就"红海—地中海"高铁项目开展合作的内容。以色列总理内塔尼亚胡也表示欢迎中国参与"红海—地中海"铁路建设。① 对以色列来说，中国参与也就意味着中国的银行和投资公司将为该项目投资，中国有成熟经验和技术的铁路建设公司也将负责项目工程。由于"红海—地中海"高铁项目意义重大，许多普通以色列人对其都非常关注，也对中国的参与充满期待。②

"红海—地中海"铁路对于中国来说同样也具有重要的战略意义，它将使中国的货物能够更加便利地抵达北非和欧洲，而苏伊士运河航线将不再是唯一的途径。现在中国大部分从非洲进口的石油均需经苏伊士运河运往中国，与非洲、欧洲的进出口商品也必须经过这一"咽喉"要道，每年都有上千艘中国船只通过苏伊士运河。而近年来由于埃及的局势不稳，已使中国经苏伊士运河的运输线路受到影响。2013 年 8 月底就发生了在苏伊士运河对中国的"中远亚洲"号货轮进行恐怖袭击的事件。③ 从经济角度来看，承建这一项目也有助于中国的资本、技术和企业走出去，并可为中国劳动力提供海外就业机会。因此对于中以双方来说，"红海—地中海"铁路都应该是一个互利双赢的合作项目。就此意义而言，前面谈到的阿什杜德港项目和海法新港项目都可以看作是"红海—地中海"铁路的前期工作。

在"一带一路"战略中，中国与以色列的另一重要合作领域是农业。双方对此都有共识，2014 年 6 月，中国农业部与以色列农业部在耶路撒冷

---

① "China's Silk Road Strategy: A Foothold in the Suez, But Looking to Israel," *China Brief*, Vol 14, Issue 19, October 10, 2014, http://www.jamestown.org/programs/chinabrief/single/.

② 笔者 2014 年 6~7 月在以色列本－古里安大学做访问学者时，有多位以色列学者、媒体人士和普通市民都曾主动同笔者谈论此项目，并对中国参与建设表示期待。

③ 《埃及局势影响苏伊士运河安全》，新华网，2013 年 9 月 3 日，http://news.xinhuanet.com/world/2013－09/03/c_125305354.htm。

签署了合作纪要,将双方的农业合作纳入"一带一路"战略合作框架。①
中国国务院副总理汪洋 2014 年 11 月访问以色列时也强调,中以农业合作
潜力巨大,要发挥互补优势,深化双方的农业合作。如果说中以在基础设
施建设领域的合作是中国向西"走出去"的话,那么双方在农业领域的合
作就是中国将以色列向东"请进来"。

以色列的农业科技世界领先,农业是中以最早开展合作的领域之一,
包括建立培训中心、举行研讨会、建立示范项目、组团互访等形式。早在
1993 年双方就在北京农业大学成立了中以农业培训中心,在北京郊区建立
了示范农场,在山东、陕西、云南及新疆等地建立了农业培植、花卉种
植、奶牛养殖、节水旱作农业示范基地。近几年来,中国多个省市纷纷派
代表团进行农业考察,并与以色列建立了有具体项目的农业合作关系。②
重点是中国学习和引进以色列的农业节水灌溉技术、栽培和良种培育技术
以及畜牧养殖技术等。中国借鉴和依托以色列技术,在节水灌溉领域开发
了一些适合中国国情的低成本、高效率的产品,如在新疆实施了"中国 –
以色列旱作农业示范"合作项目;在栽培技术方面研发适合中国的低成
本、高产出的蔬菜和花卉栽培技术,如在福建的"中以合作示范农场"综
合项目,引进作物现代设施栽培、水产设施养殖、精准施肥等技术;在畜
牧养殖技术方面,开发了适合本地奶牛特点的养殖技术,节约成本并提高
了奶产品的质量和产量,如黑龙江与以色列就开展了奶牛养殖和乳制品生
产技术的合作。中国与以色列的农业科技合作项目之多、涉及省市之广,
超过了中国与其他任何国家的合作。

以色列的水资源极其缺乏,但它通过技术创新管理水、生成水、保护
水、利用水,彻底解决了用水问题,是全世界用水技术最先进的国家。除
了农业节水灌溉技术外,以色列的污水处理、海水淡化技术也非常先进和
实用。中国也是一个严重缺水的国家,尤其是近年来城市化快速发展导致

---

① 《中以农业合作纳入"一带一路"》,《科技日报》,2014 年 6 月 16 日,http://www. woke-ji. com/shouye/guoji/201406/t20140616_ 749978. shtml。

② 包括北京、天津、上海、广东、江苏、安徽、福建、浙江、山东、四川、重庆、湖北、湖南、贵州、云南、海南、陕西、山西、河北、宁夏、新疆、黑龙江、辽宁等省区市。参见张倩红主编《以色列发展报告(2015)》,第 329 页。

了缺水状况日益严峻，因此在水资源利用方面中国与以色列也有广泛的合作空间。2013 年 5 月以色列总理内塔尼亚胡访华时，双方达成的合作协议之一就是以色列将帮助中国实施"水技术示范城"项目。双方经过考察比较，选定中国山东省寿光市为以色列水技术示范城，并在 2014 年 11 月以色列经济部部长贝内特访华时正式启动。寿光市将结合运用以色列的脱盐、污水治理、灌溉、供水和污水净化等技术，探索高效用水、节约用水、污水处理、水循环利用的新模式，并在试验取得成功的基础上加以推广和复制。① 实际上，以色列的海水淡化技术已在一些中国沿海城市得到应用，缓解了这些城市的淡水供应问题。

中以在"一带一路"框架下的合作，正如以色列总理内塔尼亚胡 2013 年 12 月在耶路撒冷与中国外交部部长王毅举行的联合记者会上所说的："我们的力量形成互补。中国有巨大的工业影响力和全球影响力，以色列则在所有高科技领域都有先进的技术。"②

四 几点思考

根据中以关系 20 多年来的发展情况，以及近年来中东地区局势的变化，尤其是从中国提出"一带一路"战略倡议的视角，来探讨中国－以色列关系及其未来的发展走向，笔者做出以下几点分析和思考。

1. 在中国的"一带一路"建设中，以色列具有重要的地缘政治和地缘经济价值。从地理区位来看，以色列地处亚、非、欧三洲交通要冲，既扼守着海上运输咽喉苏伊士运河，又可从陆上连通红海和地中海。以色列作为"一带一路"沿线一个重要的节点国家，无论是陆上的"丝绸之路经济带"，还是海上的"21 世纪海上丝绸之路"，都将穿越和交汇于此。

作为一个中东国家，以色列民主制度完善、法制健全、经济繁荣、社会稳定、教育发达、科技领先，并具有显著的人才优势。尤其是近年来中

---

① 《山东寿光市成以色列水技术示范城》，《科技日报》2014 年 11 月 28 日，http：//digital-paper. stdaily. com/http_ www. kjrb. com/kjrb/html/2014 - 11/28/content_ 284863. htm。

② 《中国竞标以色列大工程，美国恐怕又要来搞乱》，凤凰网，2014 年 3 月 29 日，http：//www. 360doc. cn/article/2799607_ 364692069. html。

东地区发生剧烈变化，因"阿拉伯之春"、伊斯兰极端势力崛起而出现大面积动荡，并引发波及欧洲的难民潮，更加凸显出以色列在该地区"一枝独秀"的特殊地位。因此，对于中国实施"一带一路"战略来说，以色列无疑具有难以替代的地缘政治和地缘经济价值，可以发挥重要的战略支点作用，是中国应该主动与之加强交往的战略合作伙伴。中国要以"一带一路"倡议为契机，进一步提升中以经贸往来、人文交流和其他方面的合作。

2. 中以两国彼此欣赏、相互需要，双方合作具有良好的前期基础和巨大的发展潜力。如前所述，由于二战期间中国曾收留过数万犹太难民，因此在以色列无论是官方还是民间，都对中国比较友好。相比西方发达国家，以色列很少对中国的政治制度和意识形态进行批评。[①] 两国建交以来，几乎以色列历任总统、总理都访问过中国。而在中国，社会各界对犹太民族也普遍怀有好感，对以色列国家能在逆境中取得令人瞩目的发展成就感到钦佩。近年来中以双边关系不断升温，两国合作的水平与层次也达到了空前高度。

中国提出"一带一路"倡议以来，以色列朝野都表现出了强烈的兴趣，表示希望加强同中国的合作，参与"一带一路"建设。特别是双方在推进"红海—地中海"铁路项目方面的默契合作以及以色列加入亚投行，标志着以色列主动与中国"一带一路"倡议进行对接，以期未来实现互利双赢。以色列看重的是中国巨大的经济规模和市场潜力，作为联合国常任理事国在国际事务中的重要影响力，以及中国式发展道路对解决中东问题的前景[②]；而中国看重的则是以色列在许多领域中领先世界的高科技和创新能力，与欧美广泛的商业联系，以及独特而重要的地理位置。

在"一带一路"提出的"五通"建设内容中，中以可以重点加强在"设施联通"和"民心相通"方面的合作，即加快推进"红海—地中海"

---

① 见沙洛姆·所罗门·瓦尔德《中国和犹太民族：新时代中的古文明》（战略报告），张倩红等译，大象出版社，2014。

② 2014 年 4 月以色列总统佩雷斯访华时谈到中国独特的发展模式对解决中东地区的贫穷、失业、教育和科技落后等许多问题都有着极大的启示作用，他将与中方探讨如何利用中国经验帮助中东解决贫困和实现和平的问题。见《光明日报》2014 年 4 月 9 日，第 8 版。

铁路项目和与之相配套的港口项目的建设，同时加强双方在科技、教育、文化、旅游等方面的人文交流，尽快落实 2015 年达成的一系列交流协议。① 在"贸易畅通"和"资金融通"方面，双方也完全可以在现有基础上大幅度提升合作水平。

3. 中以两国间既没有历史遗留问题，也没有直接的利害冲突，但双边关系有时会因第三方而受到影响，尤其是在一些涉及政治、军事和安全的问题上更是如此。例如，中以军事技术合作就曾受到美国的严重插手和干预，"阿拉伯因素""伊朗因素"也不时会对中以关系产生影响。然而，从近两年的情况来看，这种"第三方影响"的作用正在下降。尽管一直以来美国是以色列最重要的盟友，维护以美关系也是以色列外交的重中之重，但近来以美关系却出现了较严重的裂痕。以色列在对外关系上加快了"向东看"和"融入区域"的步伐。一位以色列分析家认为，现在以色列不再需要"保护者"，而需要的是"合作伙伴"，它希望从一个"被保护的国家"变成一个"融入区域的国家"。②

近年阿拉伯世界发生剧烈动荡，阿拉伯国家四分五裂，对以政策早已各自为政，也无意插手巴勒斯坦事务。而巴、以双方都与中国保持着较好关系，都期待中国能在和平进程中发挥更大作用，2013 年 5 月甚至出现了巴、以领导人几乎同时访华的情况。同样，随着伊朗核协议的达成，中国－伊朗和中国－以色列两组关系也已不再像以前那样水火不相容了。由于"第三方影响"越来越小，现在是加快发展中以关系的较好时机。当然，中国在发展同以色列的关系时，也要注意处理好与其他各方的关系。如中以在

---

① 2015 年 1 月，中以双方在科技、教育、文化方面达成了《中以创新合作三年行动计划（2015～2017）》《中国科技部与以色列国经济部关于共建中以创新合作中心的联合声明》《中国科技部与以色列国科技部关于深化科技合作的谅解备忘录》《中国教育部和以色列高教委关于组建 7 + 7 研究性大学联盟的联合声明》《中国留学基金委与以色列高教委合作协议》《中国和以色列文化合作协定 2015 年至 2019 年执行计划》等多项协议。见中国外交部网站，http://www.fmprc.gov.cn/web/gjhdq_676201/gj_676203/yz_676205/1206_677196/sbgx_677200/，2015 年 7 月。

② 例如，2015 年 3 月以色列总理内塔尼亚胡受美国国会邀请访美，在国会讲话批评奥巴马政府，奥巴马则拒绝与其会面。见《美以关系降至冰点》，《中国青年报》2015 年 3 月 4 日，第 4 版；Jean - Michel Valantin, "China, Israel, and the New Silk Road," June 8, 2015, https://www.redanalysis.org/2015/06/08/china - israel - new - silk - road/。

"红海－地中海"铁路项目开展合作时，可以让约旦、埃及等国参与、受益，同时也要提防美国再来搅局。

4. 尽管以色列政局和社会总体稳定，但对以投资、开展合作也并非没有风险，机遇总是与挑战并存。首先，目前同以色列开展经济技术合作的最大风险仍来自其外部环境，巴以冲突短期内难以解决，暴力冲突和恐怖活动时有发生。中东局势的复杂性，和平进程的长期性、曲折性和不稳定性，以色列在未来较长时期仍难以完全融入中东地区，其安全环境不可能有根本性改善。其次，由于以色列在政治、经济和安全等方面严重依赖美国，在"向东看"和同中国开展合作时，仍然会看美国的脸色，尤其是那些涉及政治、军事和安全的项目。所以，中国在同以色列打交道时，仍然不能忽略"美国因素"，避免当年的"预警机事件"重演。再次，从经济角度来看，以色列经济规模有限，自然资源匮乏，对外依存度高，容易受国际市场、价格波动的影响；以色列虽然是市场经济国家，但也存在着官僚主义、效率低下以及规章制度不透明等问题；以国内自由度大，工人罢工运动频繁，经常以游行、示威方式来表达自己的诉求，容易使一些合作项目受影响。

5. 促进中以人文交流，增进双方相互了解；加强对以研究，纠正认知偏差。"一带一路"倡议并非只发展经济，人文交流、民心相通亦是其中应有之义。虽然近年来中以之间开展了大量的人文交流，也取得了很好的效果，但仍有很大的拓展空间，两国民众仍存在着一些对彼此的错误认知。就中国民众而言，正如有学者分析的那样，一些人只看到以色列的"占领者形象"和强硬姿态，而看不到这个弹丸之国严峻的安全形势与急切的安全诉求；一些人更多地看到战乱不止、动荡不安的以色列，而忽略其民主政治、经济繁荣和社会稳定的良好形象；一些人只看到美以特殊关系，简单地把以色列归纳为美国的"仆从"，而忽略了以色列作为一个民族国家的独立性与自主性，忽略了美以关系中的利害纷争。① 同时，国内也有一些人过分美化以色列，夸大它的成就和能力，夸大它对中国的感恩和友好。这些认知偏差，都应通过对以色列客观、深入的研究来加以纠正。

---

① 张倩红主编《以色列发展报告（2015）》，第 344 页。

附记：

早在 2006 年，我就通过河南大学犹太研究所的张倩红教授认识了 Jerold Gotel 先生，后来因为彼此都很熟悉了，我们就叫他 Jerry。2008 年 7 月，由 Jerry 所在的伦敦犹太文化研究中心、欧盟大屠杀教育与研究行动委员会、以色列大屠杀纪念馆和云南大学国际关系研究院经过协商，共同在昆明举办了一期纳粹大屠杀教育暑期班。参加暑期班的学员都是来自全国各高校的青年教师和博士研究生，共有 80 多人。Jerry 从英国、美国、以色列和中国请了 8 位专家前来给学员们讲课，其中甚至还有一位当年纳粹大屠杀的幸存者。讲习班一共五天，通过课堂讲授、观看影片、分组讨论等形式，收到了非常好的效果。

讲习班的经费主要是 Jerry 筹集的，除了五天的食宿费用外，甚至还包括了学员们前来昆明的往返火车票。整个讲习班的日程和活动都是由 Jerry 和我商量决定的，由我的几位同事和学生安排执行的。在整个活动中，我看到了 Jerry 热情的工作态度、高度的敬业精神、深厚的专业知识，以及他对犹太民族、宗教和文化的挚爱和自豪，这一切都使我深受感动，也深受教育。此次活动之后，我们仍继续保持着联系。然而，2017 年年底，却传来了 Jerry 不幸去世的消息，使我感到既惊讶又悲伤。

现知道河南大学犹太研究所要出一本文集以纪念 Jerold Gotel 先生，我感到很有必要。2016 年我在《西亚非洲》发表了一篇《"一带一路"视角下的中国与以色列关系》，谨以此文纪念我的老朋友 Jerold Gotel 先生。

以色列宗教女性主义思潮及其影响[*]

张淑清

（鲁东大学历史文化学院）

摘　要： 以色列宗教女性主义思潮植根于 20 世纪 70 年代，深受美国犹太女权运动的影响，但后者在本质上是世俗主义的，而前者则努力回归犹太教本身，寻求在犹太律法的框架内表达女性诉求，并将女性的关切渗透到犹太价值中。她们要求给予正统派女性正规宗教教育，增加她们学习犹太经典的机会；呼吁给予女性更多的公共祈祷权和仪式领导权；呼吁解决阿古纳问题。该思潮促使以色列正统派犹太女性在受教育机会、学术领域、宗教以及婚姻地位等方面的改善不断超越传统的规范，从而改变了正统派女性的社会角色定位和社会形象，并在某种程度上重塑了犹太教。

关键词： 宗教　女权运动　以色列　宗教女性主义　阿古纳

以色列宗教女性主义[①]思潮植根于 20 世纪 70 年代，它深受美国犹太女权运动的直接影响，但其发展的脉络又是以色列独特现实的映照，比如以色列的宗教倾向、1973 年赎罪日战争、民族身份认同等因素，均使以色列的宗教女性主义思潮既有与美国犹太女权运动相同的关切，又有自己的特征和特殊诉求。进入 21 世纪后，国外学界对以色列女性主义及其发展进

---

* 本文系 2015 年度国家社科基金重大项目 "犹太通史"（15ZDB060）的阶段性研究成果。

① 20 世纪 70 年代，美国开启犹太女权运动，其主要目标是争取犹太女性在所有的公共领域获得与男子平等的参与权和话语权。1976 年，瑞塔·葛罗斯（Rita Gross）发表了《犹太语境中的女性上帝话语》（"Female God Language in a Jewish Context," *Davka* Magazine 17），被认为是第一篇在神学上使用女性化语言描述并探讨上帝女性形象的文章，犹太宗教女性主义由此而来。

行了一定探讨，研究成果并不多，但是深刻且具有批判性，论文集《以色列的犹太女性主义：一些当代视角》①便是该研究的集中体现。具体说来，拿玛·科尔曼（Naamah Kelman）对以色列女性主义 30 年的发展历程及其关注的焦点问题进行了分析②，雅埃尔·伊斯雷尔 - 科亨（Yael Israel - cohen）的专著③则探讨了现代正统派女性在面对传统观念与女性主义之间矛盾时的内心冲突，并提出可能化解矛盾的各种路径，莫舍·阿维塔尔（Moshe Avital）的专著④在阐释女性在犹太传统中的地位和作用的基础上，对犹太女性主义做了深刻评论。希伯来大学的露丝·罗德（Ruth Roded）对以色列犹太宗教女性主义与穆斯林宗教女性主义进行了比较研究⑤，巴尔 - 伊兰大学著名的他玛·罗斯（Tamar Ross）教授则对犹太宗教女性主义作了批判性的回顾与评析，她的著作⑥成为该领域的标志性成果。国内学界对此问题的讨论还不多见。本文拟通过分析以色列宗教女性主义思潮的缘起、发展脉络及其对以色列社会正统派女性生活产生的重要影响，透视以色列女性社会地位的变迁。

以色列宗教女性主义思潮的缘起与发展

如前所述，以色列宗教女性主义思潮缘起于 20 世纪 70 年代，它是以色列第二轮女权运动的重要组成部分。传统上，犹太女性在犹太教中的边缘化地位是世界范围内犹太女性在公共领域争取平等参与权和话语权的共

---

① Kalpana Misra & Melanie Rich eds, *Jewish Feminism in Israel: Some Contemporary Perspectives*, Brandies University Press, 2003.

② Naamah Kelman, "A Thirty - Year Perspective on Women and Israeli Feminism," in Rabbi Elyse Goldstein ed., *New Jewish Feminism: Probing the Past, Forging the Future*, Jewish Lights Publishing, Woodstock, Vermont, 2009, pp. 197 - 205.

③ Yael Israel - cohen, *Between Feminism and Orthodox Judaism: Resistance, Identity, and Religious Change in Israel*, Brill Academic Publication, 2012.

④ Moshe Avital, *The Role and Status of Women in Jewish Tradition: A Commentary on Jewish Feminism*, CreateSpace, 2014.

⑤ Ruth Roded, "Islamic and Jewish Religious Feminism: Similarities, Parallels and Interactions," *Religious Compass*, Vol. 6, Issue 4, April 2012, pp. 213 - 224.

⑥ Tamar Ross, *Expanding the Palace of Torah: Orthodoxy and Feminism*, Brandeis University Press, 2004.

有背景，从具体的实践层面来说，该思潮一方面深受美国犹太女权运动的影响，另一方面在以色列国内也有深厚的文化与社会背景。

第一，以色列国内独特的文化与社会背景孕育了宗教女性主义思潮。在以色列建国以前，巴勒斯坦的伊休夫内就已经出现了第一轮女权运动。当时的犹太女性积极争取摆脱传统的二元分工模式而进入公共领域，左翼女性则希望平等地参与先锋训练营、劳动队、基布兹、工人党和总工会的政治活动，同时能够保持女性的特质。该轮女权运动在 1919~1926 年以女性获得投票权而达到运动顶峰。

1948 年 5 月 14 日，以色列建国。该国建国时通过的《独立宣言》明确规定，所有公民不分宗教、种族或社会性别一律平等。但这仅仅是一份宣言，并不具有法律效力。以色列建国以后，又陆续颁布了一系列相关法律，涉及女性的权利地位，如 1949 年的《选举法》给予以色列所有的女性包括犹太人、穆斯林和基督徒选举和被选举的权利，女性可以参选议员甚至总理。以色列 1952 年颁布的《国籍法》规定：父亲或母亲是以色列国籍，孩子出生后则自动获得以色列国籍。1953 年，该国又颁布了《国民保险法》（*National Insurance Law*），旨在保障怀孕女性在整个怀孕期间不会被解雇，并规定 3 个月产假期间的津贴由国民保险机构支付，住院费用也由该保险机构支付；女性法定退休年龄为 60 岁，男性为 65 岁。根据 1954 年《妇女就业法》（*Employment of Women Law*）的相关规定，女性劳动者不能在夜间即晚 11 点到早 6 点之间被雇用。此外，1949 年的《兵役法》（*Defense Service Law*）规定，18~26 岁的未婚女性必须服 2 年兵役。该法于 1954 年和 1986 年被先后修订。事实上，早在以色列建国前，伊休夫中的女性就有参与犹太社团防卫的传统。在 20 世纪 30 年代和 40 年代，均有犹太女性投入到帕尔玛赫和哈加纳的战斗中。在第二次世界大战期间，更有 3000 名犹太女兵在英军中自愿服役。① 但今日以色列国防军中的女兵一般不参与作战，她们主要负责医疗、后勤保障和通讯等工作。

以色列的司法体系在现代司法体系中比较独特，它包括民事法庭和

---

① Annabelle Yuval, "The Israeli Woman," *Judaism*, No. 22, Spring 1973, p. 234.

宗教法庭，民事法庭处理大部分法律问题，宗教法庭即拉比法庭则对以色列犹太人的结婚和离婚事宜有绝对的裁决权。1953 年以色列议会颁布的《拉比法庭裁决（结婚和离婚）法》对此有明确阐释，其中第一部分规定："以色列犹太人的结婚和离婚事宜，要接受拉比法庭的裁决。"第二部分补充条款进一步申明："以色列犹太人的结婚和离婚事宜必须按照犹太宗教法执行。"[①] 值得注意的是，该项法律规定，男女双方必须信奉同一宗教，方可结婚；若双方信仰不同，则一方必须改宗另一方宗教，才可以结为合法夫妻。在以色列之外完成的民事婚姻、异教通婚以及同性婚姻在以色列被认可，但是在海外举行民事婚姻的夫妻也只能通过以色列的正统派拉比法庭才能离婚。在拉比法庭，妻子可以提出离婚，但是她的丈夫同意并给予其离婚文书，离婚方能最终生效，拉比法庭没有权利强迫男子给予妻子离婚文书，这导致在现实生活中阿古纳问题的继续存在，它是宗教女性主义思潮关注的重要问题之一。

女性问题在 1967 年第三次中东战争以前并未引起以色列社会的关注，或者说并不构成以色列的一个社会问题。根据雅艾尔·S. 费尔德曼（Yael S. Feldman）的研究，直至第三次中东战争和第四次中东战争（1973 年）期间，由于劳动力短缺以及女权运动的出现，女性地位问题才引起了公众的兴趣和讨论。在 1973 年赎罪日战争之后，随着来自美国的玛西亚·弗里德曼（Marcia Freedman）获得议会席位，女性问题第一次进入以色列公众视线。[②] 弗里德曼于 1967 年从美国移民以色列，她与心理学家玛丽琳·萨菲尔（Marilyn Safir）于 1970 年就已经在海法大学举办了关于女性主义的系列研讨活动，并以此为基础组建了女性自我意识提升小组。在 1972 年，与该小组相关的活动家们形成了以色列社会第一个激进的妇女运动（Nila-hem，希伯来语，意为"复兴社会的女性"），她们批评在男性主导的社会中女性所受的压抑，质疑女性在律法中的不平等地位，类似的组织此后在特拉维夫和耶路撒冷建立起来。

第二，犹太女性在传统社会中的附属地位是导致宗教女性主义思潮出

---

① https：//en. wikipedia. org/wiki/Agunah，2017 - 01 - 26.

② Yael S. Feldman，"From the Madwomen in the Attic to The Women's Room：The American Root of Israeli Feminism，" *Israel Study*，Vol. 5，No. 1，Spring 2000，p. 269.

现的最根本原因。在传统的犹太社会中，女性一直处于从属性地位。这种从属性地位由犹太律法所规范，并在犹太人生活的各个领域中都有所表现：在宗教生活中，犹太女性没有义务履行与时间相关的积极诫命，这意味着她们没有资格构成公共祈祷所需要的 10 人的法定人数（minyan），没有义务参加在犹太会堂中的祈祷以及对《托拉》的诵读和讨论，更没有资格和能力成为宗教领袖；在教育领域，犹太女性不能够和男子享有一样的受教育机会，不能够从事犹太经典《托拉》及《塔木德》的研究；在法律方面，犹太女性没有独立的法人地位，这突出地表现为：她们不能作证人，不能提出离婚。

因此，许多女权主义学者认为，"犹太传统系统性地将女性的声音排除在外；犹太机构主要由男性占据，并反映男性的关切和利益；许多传统的犹太经典几乎完全由男性撰写，包含着厌女式论述"①。而格鲁·格林伯格更是一针见血地指出："女性在此前所有世代里真实的社会地位是——她们是'第二性'——这在哈拉哈中作为宗教-伦理概念以许多细微的方式被编撰出来，而且对未来数代人依然起约束作用。"② 犹太女性在犹太律法和实践中的这种边缘化地位在很大程度上源于根深蒂固的社会性别偏见以及由此带来的传统二元对立分工，这使得犹太女性尽管在历史上发挥着重要的作用，但是我们听不到她们的声音，看不到她们关于自己历史的记述。

第三，以色列宗教女性主义思潮深受美国犹太女权运动的影响。犹太宗教女性主义思潮作为以色列第二轮女权运动的一个分支，同样受到了 20 世纪 70 年代美国犹太女权主义学者的影响。在美国的犹太女权运动中，发挥重要作用的是犹太女性学者，她们在对传统犹太律法和犹太历史进行重新审视和批判性研究的基础之上著书立说，揭示女性经验在犹太历史中的缺失以及犹太女性被男性撰写的犹太经典边缘化现象。在以色列，犹太宗

---

① T. M. Rudavsky, "To Know What Is: Feminism, Metaphysics, and Epistemology," Hava Tirosh - Samuelson, ed., *Women and Gender in Jewish Philosophy*, Bloomington and Indianapolis: Indiana University Press, 2004, p. 179.

② Glu Greenburg, *On Women and Judaism: A View from Tradition*, Philadelphia. J. P. S. 1981, p. 3f, quoted from Carey Glass Morris, "Jewish Women and Ecofeminism," *Bridges Association*, Vol. 5, No. 2, Winter 1995, p. 75.

教女权主义者主要从英语国家移民而来。[1] 她们英语流利，因此有机会接触到美国的犹太女权主义者及其著作，著名的拉结·阿德勒（Rachel Adler）、朱迪斯·普拉斯科（Judith Plaskow）等女性学者在 70 年代使用英语发表的文章[2]均产生了重要影响。美国正统派犹太女性学者布鲁·格林伯格（Blu Greenberg）在以色列则被称为犹太宗教女权主义者的"精神之母"。她于 1981 年出版著作，呼吁"运用新的方法在哈拉哈内部吸收和表达女性的关切，寻求将女性的关切渗透到犹太价值中"[3]。尽管她的著作并没有被翻译成希伯来语，但是她在其著作中所强调的犹太离婚法、女性在公共祈祷中的权利和义务、女性学习犹太律法的权利以及使她们能够成为律法顾问等等问题，构成了以色列宗教女性主义思潮的重要内容。

在 20 世纪 90 年代，拉结·阿德勒成为在以色列最著名的美国犹太宗教女性主义学者，因为她的著作[4]为宗教女性主义者提供了一个全面的跨学科研究方法，该书在出版十年之后被翻译成希伯来文。1997 年，关于正统派女性主义的第一次国际大会在纽约召开，有 7 位以色列女性赴会。作为对这次会议的一个回应，犹太正统派女性主义者联盟（JOFA Jewish Orthodox Feminist Alliance）成立，布鲁·格林伯格担任第一任主席，其宗旨是在犹太律法的框架内扩大犹太女性精神的、仪式的、智力的和政治方面的机会，其任务是倡导犹太女性在犹太律法的框架内尽最大可能有意义地参与犹太社团内部的家庭生活、犹太会堂、学习场所的活动。该联盟后来发展成一个国际性的联盟，在以色列的活动同样活跃。

正是在上述多重因素的促动下，以色列的精英知识女性开始质疑女性在犹太律法和公共机构中的不平等地位，而且意识到传统犹太社会的男权倾向是女性参与社会公共生活的主要障碍，她们也开始寻求改变。以色列

---

[1] Ruth Roded, "Islamic and Jewish Religious Feminism: Similarities, Parallels and Interactions," p. 215.

[2] Rachel Adler, "The Jew Who Wasn't There: Halacha and the Jewish Woman," *Davka*, 1971, pp. 7 – 11; Judith Plaskow, "The Jewish Feminist Conflict in Identities," in E. Koltun (ed.), *The Jewish Woman New Perspectives*, New York: Schocken, 1976.

[3] Blu Greenberg, *On Women and Judaism: A View from Tradition*, Philadelphia: Jewish Publication Society of America, 1981, p. 6.

[4] Rachel Adler, *Engendering Judaism: An Inclusive Theology and Ethics*, Philadelphia: Jewish Publication Society, 1998.

特殊的社会文化背景又使得正统派女性的地位问题更加凸显，宗教女性主义思潮由此产生。在弗里德曼的帮助下，以色列第一个由女性舒拉米特·阿洛尼（Shulamit Aloni）组建的聚焦人权、民权以及女性权利问题的左翼政党公民权利运动（Ratz）在1973年12月31日第八届议会选举中获胜，是此时女权运动繁荣发展的一个表现。但是，女性地位问题真正被提到国家议事日程上来则是在1975年，拉宾总理专门任命了一个委员会调查以色列女性的地位状况，但是该委员会撰写的相关报告直到1978年贝京任总理时才完成。该报告详述了以色列女性的法律地位、教育地位、在劳动力市场的地位、家庭地位以及在决策中心的地位，社会性别不平等的程度第一次成为许多女性以及男性关注的问题。在整个70年代，以色列的女权运动进一步发展，女权主义著述和翻译作品不断涌现，其中最有名的是莱斯利·黑兹尔顿（Lesley Hazleton）的《以色列女性：神话背后的现实》①和娜塔莉·雷恩（Natalie Rein）的《拉结的女儿：以色列女性》②，两部著作均描述了以色列女性的自我形象认知与女权主义者眼中以色列女性形象之间的差异。加拿大出生的以色列人泰西亚·巴特·奥伦（Tehiya Bat Oren）首次将美国女权主义著作翻译成希伯来语并于1975年出版。③在1977年，名为第二性（Hamin haSheni）的女权主义出版建立，专门翻译美国女权主义作品。在此期间，以色列陆续创办了女权主义期刊《曙光》（Noga）、受家暴女性庇护所和性侵危机中心，第二轮女权运动的发展达到高峰。可以说，弗里德曼以及其他的美国犹太女权主义者对以色列的女权运动做出了很大的贡献。

1986年，在耶路撒冷举行的"哈拉哈与犹太女性"国际学术研讨会使女性问题进一步引起社会的关注。1988年，"西墙女性"（Women of the Wall，简称"WOW"）的出现（后文详述）则彰显了犹太女性争取在耶路撒冷最中心最神圣的地方祈祷和阅读《托拉》的权利，构成了犹太宗教女性主义思潮的一项重要诉求，显示了她们争取参与公共宗教生活的意愿和

---

① Lesley Hazleton, *Israeli Women*: *The Reality behind the Myth*, New York, 1977.

② Natalie Rein, *Daughters of Rachel*: *Women in Israel*, Harmondsworth, UK, 1979.

③ Tehiya Bat Oren, *Shihrur HaIsah – le ' an?* [The Liberation of Woman] (Tel – Aviv, 1975) [Hebrew].

将仪式上的改变带到公共空间的努力。

1998 年 7 月 7 日，大约有 20 位女性聚集在私人家庭，准备建立一个名为"你的声音"（Kolech）的女性组织，即宗教女性论坛，以促进女性参与社团的活动，帮助解决女性的贫困问题，提升正统派公众对女性地位和需求的认知。该组织没有发表公开的声明，便开始领导正统派女性主义革命——在正统派社会建立新秩序的运动。[1] 该组织是以色列第一个也是最重要的主张平等主义的正统派女性组织，其创建者是哈拿·哥辖（Chanah Kehat）博士。其网站[2]除了有一个英文（Kolech）标识之外，全部使用希伯来语，目标就是遵守传统的正统派犹太教，争取性别平等。它除了为女性提供学习机会以外，还从 1999 年开始举办国际学术会议，每一次均吸引超过 1000 名参加者，其中大部分是受过高等教育的职业女性，其影响力日渐增加，"你的声音"宗教女性论坛在以色列几乎家喻户晓，成为今日以色列社会倡导宗教女性主义思潮最活跃的组织。

以色列宗教女权运动从 20 世纪 70 年代思潮涌动至依托女性组织提出具体的思想主张，走过了一段不平凡的历程，它将女性问题带入公众视野，而由于传统偏见的影响以及正统派犹太教在以色列的特殊地位，正统派女性的地位问题在以色列更为凸显。深刻揭示女性在犹太教和传统犹太社会中真实的地位，发掘女性的价值，构建犹太女性在现代世界和现代犹太教中应有的位置，不仅是美国犹太女权运动的基本诉求，也成为以色列宗教女性主义思潮的应有之义。

以色列宗教女性主义思潮的基本主张

1973 年和 1974 年，有数百名犹太女权主义者参加了在纽约城召开的第一届和第二届美国全国犹太妇女大会，探讨犹太女性的身份认同和需求，成立了犹太女权主义组织（1974 年 4 月），明确了犹太女权运动的双

---

[1] Margalit Shilo, "The First Decade of the Orthodox Women's Revolution in Israel," Rabbi Elyse Goldstein (ed.), *New Jewish Feminism: Probing the Past, Forging the Future*, Jewish Lights Publishing, Woodstock, Vermont, 2009, p. 229.

[2] Http://www. kolech. org. il, 2016 - 12 - 15.

重目标，即"犹太女性要在犹太人公共的、教育的和政治的所有领域得到全面、直接和平等的参与权"，而且"要在国内和国际的运动中发出犹太女权主义者的声音"[1]。以色列宗教女性主义思潮深受美国犹太女权运动的影响，但她们又有自己明确的特殊的诉求。

第一，要求给予正统派女性正规宗教教育，增加她们学习犹太经典的机会。宗教女性主义者认为，只有正统派女性接受和男子一样的正规宗教教育才能够带来其社会地位的改变。获取宗教知识是她们进行社会变化至关重要的一步，一旦女性掌握了宗教经典，现代正统派世界就不能够再将女性排除在权力之外。而且，越来越多的女性意识到，现在她们自己接触学习了宗教经典，他们因此可以在重塑犹太教的进程中发出女性的声音，有能力在新的领域发挥作用。

而在犹太教传统中，《托拉》学习一直被视为最重要的精神活动之一，对于犹太男子来说，学习《托拉》和祈祷上帝一样重要，甚至比祈祷还重要。但犹太女性没有学习《托拉》的义务，她们因此不能参与更严肃的经典文本的学习。犹太女性受教育机会的巨大改变发生在第一次世界大战前波兰的克拉科夫（Krakow）。1917 年，撒拉·施耐尔（Sarah Schenirer，1883－1935）为犹太女孩开办了"雅各之家"（Bais Yaakov），这是犹太历史上第一次为女孩开设宗教教育学校，被誉为"犹太女性教育史上一个重要的分水岭"[2]。此类学校迅速发展，到 1939 年，欧洲已经有大约 250 所"雅各之家"建立起来，其目标是为犹太女孩提供犹太律法学习机会，使她们能够以极大的热情完成《托拉》中的诫命，以增加其宗教虔诚。

在以色列，位于耶路撒冷贝卡（Baka）社区的佩莱赫（Pelech）是类似于"雅各之家"的第一所教授女孩学习《塔木德》的高中。它的雏形是出现在 1963 年的由拉比沙洛姆·罗森布鲁斯（Shalom Rosenbluth）和他的妻子在帕尔德·哈拿（Pardes Hannah）社区的一个宗教复国主义青年运动

---

[1] Paula E. Hyman, "Jewish Feminism Faces the American Movements," in Pamela S. Nadell ed., *American Jewish Women's History: A Reader*, New York University Press, 2003, p. 299.

[2] Naomi G. Cohen, "Women and the Study of Talmud," in Joel B. Wolowelsky ed., *Women and the Study of Torah*, Ktav/Rabbinical Council of America, 2001, p. 6.

俱乐部（Bnei Akiva）为女孩创办的学校，从一开始其教育内容就包括《塔木德》，这是以色列宗教教育体系的一个革命性变化。在"六日战争"以后，该学校迁到锡安山一座废弃的建筑中，因为面临经费和其他困难，在 1975 年濒临倒闭之时，杰出的犹太女权主义者爱丽丝·沙尔维（Alice Shalvi）教授志愿来到这里，并在接下来的 15 年里担任该校负责人。爱丽丝教授也因此被认为是佩莱赫女子宗教高中真正的创立者，她为以色列女孩接受犹太口传律法和女性地位的发展起到了开拓性的引领作用。今天以色列许多正统派女权运动的领导者毕业于这所学校。

1976 年，女性教育机构布鲁里亚（Michlelet Bruria）① 在耶路撒冷发起了女性学习口传律法的项目，最初的学生是从美国来到以色列学习的大学生。此后，该机构规模不断扩大，为以色列和其他国家各个不同年龄段的女性提供教育项目。在以色列至少有 20 多个类似的机构在其影响下发展起来。② 在以色列建立的许多其他的现代正统派女性托拉高等学习机构中，最著名的有 1988 年创立的马坦（Matan）和 1990 年创立的尼什马特（Nishmat）等。此类机构类似于犹太男子学习经典的高等教育机构耶希瓦（Yeshiva），为女性提供高中之后的课程。此外，这些大学生也开设了学习口传律法的教师培训班或者大学课程。这些机构的出现使得正统派女性能够前所未有地系统学习口传律法（包括《塔木德》），培训女性成为律法专家、教育工作者和女性社团领导者，重塑女性在犹太教中的地位。

当然，除了宗教女权主义者的努力之外，今天正统派女性能够接受正规的宗教教育还有其他现实因素的影响，比如主流文化对正统派女性接受犹太经典教育的态度发生了积极的变化；正统派权威也担心如果不为女性提供宗教教育，她们会更多地被世俗文化所吸引；培养女性使她们能够成为耶希瓦毕业的男性合格的精神伴侣；等等。③ 无论

---

① 该机构于 1986 年更名为林登鲍姆学院（Midresher Lindenbaum）。

② Tamar Ross, *Expanding the Palace of Torah: Orthodoxy and Feminism*, Brandeis University Press, 2004, p. 72.

③ David Berger, "An Exchange on Contemporary Jewish Education of Women," Joel B. Wolowelsky ed., *Women and the Study of Torah*, Ktav/Rabbinical Council of America, 2001, p. 115.

如何，女性被允许在专业机构中学习《托拉》和《塔木德》，为其宗教地位和社会地位的改变开启了智慧之门，这被誉为是以色列社会发生的一场真正革命。

第二，呼吁给予女性更多的公共祈祷权和仪式领导权。根据犹太教传统，犹太女性没有进行公共祈祷的义务。她们也不能被召唤来阅读《托拉》，不能带领大家诵读饭后的祝祷词，不能引领会众祈祷，不能和男子混合在一起进行祈祷。现代正统派女性主义者寻求改变上述女性在宗教生活中的边缘化状况。最典型的代表是宗教女性主义组织"西墙女性"。在 1988 年 12 月 1 日耶路撒冷召开第一届国际女性主义者代表大会期间，美国杰出的正统派女权斗士瑞夫卡·豪特（Rivka Haut）组织了 70 位参会女性手持《托拉》经卷到西墙前，重建派女拉比狄波拉·布林（Deborah Brin）带领大家进行了祈祷，这引起了西墙前极端正统派的愤怒。虽然犹太女性已经以个人的身份在西墙前默默地祈祷几个世纪的时间了，但是按照犹太教的规定，犹太女性群体此举被认为是对传统的挑战。在那里，她们受到了来自极端正统派（包括男性和女性）语言和身体上的攻击。会议结束以后，加拿大出生的学者、作家、活动家鲍娜·杰沃拉·哈伯曼（Bonna Devora Haberman）[①] 带领一群耶路撒冷女性继续在西墙前祈祷，并组建了"西墙女性"组织，为女性争取在犹太教最神圣的地方身披祈祷披巾、阅读《托拉》经卷并进行合法祈祷的权利。但是按照以色列的正统派传统，禁止女性在西墙前进行集体祈祷、触摸《托拉》经卷、戴祈祷披巾。因此西墙女性的做法引起了正统派犹太社团一些成员的不安和抗议。在 2009 年，发生了第一起女性因身披祈祷披巾而被逮捕的案例。

"西墙女性"的做法招致了以色列宗教事务部的反对、以色列极端正统派的不满和攻击以及以色列议会的一系列争论。为此，西墙女性向以色列最高法院申诉。以色列最高法院曾于 2002 年 5 月 22 日通过决议认为西墙女性在妇女的区域内集体祈祷和阅读《托拉》经卷是合法的，但是该决议遭到了极端政治派别包括沙斯党的激烈反对。以色列最高法

---

① 哈伯曼于 2015 年在耶路撒冷去世。

院重新审视了其此前通过的决议，并于 2003 年 4 月 6 日推翻了该决议。2005 年，一个 9 人法官小组以 5∶4 最终裁决"西墙女性"的行为不合法。尽管西墙女性在法庭败诉，但是她们每月初（新月节）依然在西墙前祈祷，其成员在每年的普珥节在西墙前阅读《以斯帖记》，在每一个阿布月初九阅读《耶利米哀歌》。在 2013 年 4 月，耶路撒冷地方法院支持早前的一项决定，即在西墙广场身披祈祷披巾的女性并没有违反当地习俗或者引起公众骚乱，因此不应该被逮捕。在地方法院决议和西墙女性在西墙广场无数次抗议之后，最高法院同意，在确定她们的祈祷和仪式没有违反当地习俗之后，给予女性在西墙前举行仪式的权利，但是西墙女性组织宣称她们的成员依然被禁止在西墙前手持《托拉》经卷进行祈祷活动。

经过宗教女性主义者一系列的抗议斗争，在 2016 年 1 月 31 日，以色列议会通过了一项计划，即在西墙前辟出一块新的区域，男女可以平等在那里祈祷，而且不受拉比法院的限制。虽然这一决定遭到了极端正统派的反对，总理内塔尼亚胡联合政府中一些极端正统派成员甚至威胁撤销此项计划，但是内塔尼亚胡认为，这是一个公正的有创造力的解决这一区域紧张问题的办法。① 毫无疑问，这对"西墙女性"组织来说是一个胜利，它给予守教女性在以色列最神圣的公共空间合法参与宗教仪式的权利，对于重新界定女性在犹太教中的价值至关重要。

犹太女性对于权利的争取不仅如此，还要求获得宗教仪式的领导权。其一，改变宗教委员会成员完全由男性担任的做法。宗教委员会主要负责为社团提供宗教服务，如沐浴仪式、礼定屠宰监管、丧葬仪式，等等。1988 年，在利亚·沙科迪勒的争取与努力下，她成功当选耶路海姆（Yeruham）地方宗教委员会成员。这是以色列女性第一次在负责宗教事务的市政机构中任职，是一个具有里程碑意义的事件。其二，女性与男性一样可司职犹太会堂领导。1992 年，拿玛·科尔曼（Naamah Kelman）成为以色列第一位被正式授职的改革派女性拉比，当时美国有线电视新

---

① "Netanyahu Facing Crisis As Haredim Vow to Quit over Western Wall Pluralism," *The Jerusalem Post*, March 7, 2016.

闻网（CNN）对此进行了报道，但是以色列《国土报》却对此只字未提。[1] 截至目前，以色列已经有少数女性被正统派拉比私人授职，最著名的有哈维瓦·尼尔·大卫（Haviva Ner David）和米米·菲戈尔森（Mimi Feigelson），但是她们还没有被主流正统派认可为拉比。哈维瓦在巴尔-伊兰大学获得博士学位，在 2006 年，她在特拉维夫被拉比阿尔耶·斯特利可夫斯基（Aryeh Strikovsky）博士授职，她撰写的《边缘生活：一个女权主义者通向传统拉比授职的历程》[2] 记录了自己成为拉比的精神历程。米米·菲戈尔森则是正统派犹太教中的一个有争议的人物。她出生于美国，8 岁移居以色列，15 岁开始和拉比施罗默·卡尔巴赫（Shlomo Carlebach）学习，并于 1994 年由其授职。她被称为导师（Reb，意第绪语，是对老师的一个尊称）而不是拉比（Rabbi）。[3]

自从 20 世纪 90 年代末以来，美国一些现代正统派犹太会堂也已经为女性设置了会众领导职位，她们承担与男性拉比相同的工作，但是每一个会堂有一个不同的称呼——社会学者、会众领导助理、教育工作者、精神导师，等等。事实上，无论美国还是以色列，被授职的正统派女性不能直接称为拉比，这不是头衔的问题，它恰恰说明，无论使用拉比（Rabbi）任何变化形式的词汇来表示女性拉比，授职女性拉比在正统派中还没有被真正接受。要打破传统的社会等级规范从而接纳女性在公共领域中地位的实质性变化，对于正统派犹太教来说，任重而道远。

第三，呼吁解决阿古纳问题。"离婚权利的不平等也是今日以色列女性面临的最严重的歧视。"[4] 在历史上，阿古纳指的是由于丈夫参军、外出旅行或者经商等原因没有回来，因此不能给予其离婚文书而导致被束缚在

---

[1]　Rabbi Naamah Kelman，"A Thirty Year Perspective on Women and Israeli Feminism," Rabbi Elyse Goldstein（ed.），*New Jewish Feminism：Probing the Past，Forging the Future*，Woodstock，Vermont：Jewish Lights Publishing，2009，p. 205.

[2]　Haviva Ner David，*Life on the Fringes：A Feminist Journey Toward Traditional Rabbinic Ordination*，Ben Yehuda Press，2014.

[3]　"A Woman with the Title 'Reb'," *The Jewish Daily Forward*，26 June 2009，Retrieved 29 October 2014.

[4]　Karin Carmit Yefet，"Unchaining the *Agunot*：Enlisting the Israeli Constitution in the Service of Women's Marital Freedom," *Yale Journal of Law and Feminism*，Vol. 20，Issue 2，2008，p. 451.

婚姻中的女性。阿古纳问题的产生首先源于传统犹太律法，按其规定，男子掌控离婚绝对的主导权，只有犹太男子将离婚文书递到妻子手中，离婚才真正生效。以色列建国以后，通过立法规定犹太人的结婚和离婚事宜均由拉比法庭按照犹太律法裁决。在拉比法庭，妻子可以提出离婚，但是必须有丈夫的离婚文书，离婚方能最终生效。犹太男子或为逼迫妻子放弃孩子的监护权，或在财产分割过程中向其索取一笔高额钱财，而拖延给妻子离婚文书，置其于阿古纳的境地，但是拉比法庭没有权利强迫犹太男子离婚。阿古纳问题还是一个真实的难以解决的社会问题，阿古纳一般要等 1 年到 5 年不等，当然有的也会拖几十年。今天，阿古纳问题之所以依然存在，因为无论犹太教如何变迁，但是正统派犹太教律法也无法轻易改变。律法学家认为他们不是律法的制定者，他们只是律法的解释者。

在宗教女性主义者的积极努力下，以色列社会也在积极地采取措施试图解决阿古纳问题。1995 年，以色列议会给予拉比法庭额外的法律权限，拉比法庭被允许根据法律 ［Rabbinical Courts Law（Enforcement of Divorce Rulings）］ 采取各种措施促使男子给予妻子离婚文书，包括吊销其驾照、冻结其银行账户、吊销其护照以阻止其去国外旅行、监禁等。但是女性团体代表认为，1995 年的法律并没有起到很大的作用，因为法庭仅在不足 2% 的案例中使用这些措施，而且这些措施并不能从根本上解决阿古纳问题。

阿古纳问题在 2016 年有了新进展。根据 2016 年 11 月 15 日《以色列时报》报道，以色列司法部明确阐明，以色列男子如果拒绝给妻子出具宗教离婚文书，将被起诉并面临监禁。司法部长沙伊·尼赞（Shai Nitzan）颁布法令，允许民事法庭起诉并惩罚那些拉比法庭已经判决离婚但是却拒绝提供给妻子离婚文书的男子。这是因为以色列《刑法》第 287 条已规定：如果拉比法庭判决要求丈夫给予妻子离婚文书，拒绝者将接受调查并因无视判决而接受审判；如果一个男子被发现违背判决而拒绝给妻子离婚文书，将被判决监禁。①

---

① "Israeli Men Could be Jailed for Refusing Divorce," *The Times of Israel*, Friday, November 15, 2016.

尽管这依然没有从根本上解决阿古纳问题，也未能从根本上改变女性在法律上的无助地位，但却是以色列社会解决阿古纳问题迈出的至关重要的一步，显示了以色列社会对阿古纳问题的关切和解决该问题的决心，也是宗教女性主义者的一个暂时性胜利。

综上，随着以色列宗教女性主义思潮的传播及其社会实践，正统派女性开始越来越多地学习《托拉》和《塔木德》，这是纠正社会改变对女性歧视和偏见的最重要前提，也使得她们有意愿并有能力更多地参与公共宗教生活和其他社会生活，从而使其社会地位尤其是在婚姻生活中的弱势地位开始扭转，宗教女性主义思潮改变了以色列正统派女性的生活。

以色列宗教女性主义思潮的影响

以色列宗教女性主义思潮在吸收借鉴美国犹太女权运动的理论和模式的基础上，在实践中为女性争取平等受教育并参与宗教和其他社会生活的机会，使得正统派女性开始质疑犹太社团的父权制结构特征，在某种程度上带来了权利平衡的打破，不可避免地导致以男性为中心的精神和宗教生活发生变化。宗教女性主义思潮对以色列正统派女性自我形象的认知以及社会地位的改善、对当代以色列犹太教以及犹太社团的发展均具有重要的影响。

第一，改变了正统派女性的社会角色定位和社会形象。在宗教女性主义思潮的引领下，当今以色列的正统派犹太人社会已能够包容女性接受正规宗教教育，已经有越来越多的女性开始学习口传律法，参与犹太社团和会堂里的各项活动。在以色列，具有平等主义色彩的犹太会众建立起来，其中最著名的是希拉哈·达沙（Shira Chadasha）。它于2002年建立于耶路撒冷，其中女性可以参与公共的仪式，包括周五晚上迎接安息日到来的仪式（Kabbalat Shabbat），将《托拉》经卷从约柜中移出的仪式，星期六上午为全体会众阅读《托拉》，等等。这是以色列第一个女性和男子平等参与公共宗教仪式的会众，这种模式已经被20多个分布于以色列、美国、加拿大、欧洲和澳大利亚的犹太会众所模仿。

不仅如此，施罗默·瑞斯金（Shlomo Riskin）拉比率先倡议允许女性成为拉比律师（to'anot），经以色列大拉比院同意，1990 年，培训女性学习犹太律法、婚姻咨询和谈判技巧的机构成立，女性可通过培训，然后参加由拉比院举办的考试，获得拉比律师资格。今天，女性拉比律师通常在以色列拉比法庭参与离婚谈判事宜，帮助欲离异女性在犹太律法框架内进行谈判，为其争取合法权益。1997 年，耶路撒冷女性托拉学习中心尼什马特开始培训女性成为犹太律法顾问（yo'etzet halakhah），解答有关犹太洁净仪式的问题，包括经期不洁净法以及其他的与性生活和女性健康有关的律法问题，这些一般是女性不愿意和男性拉比讨论的问题。在以色列，女性要成为律法顾问需要在女性托拉高级研习中心学习两年时间，接受心理学和女性健康方面的培训。自从 2000 年第一届学生从尼什马特毕业以来，已经有近百位女性成为犹太律法顾问。这些女性在以色列的犹太社团和北美的犹太社团工作，通过电话和网络解答全世界犹太女性提出的关于家庭洁净法、生育、青少年性教育方面的问题。

以色列正统派女性不断获得新的社会角色，包括担任拉比、教育工作者、赞礼员、社区领导、祈祷主持者，在拉比法庭讨论案例，以及就犹太律法问题提供咨询。2015 年，珍妮·罗森菲尔德（Jennie Rosenfeld）成为以色列第一位女性正统派精神顾问，① 一些犹太女性因此正在发挥着从前男子才能发挥的作用，从而实现了某种程度上"性别角色的转换"。这不仅提高了犹太女性的自我认同感，而且使人们更多地感知到了她们的存在及其在宗教和社会生活中身份和地位的积极改变，听到了她们的声音，从而开创性地重塑了犹太女性的形象。

表面看，女性担任拉比、律法顾问、宗教委员会成员等是反传统的，是对犹太男子在宗教以及各公共领域中的垄断权发起的挑战，从而颠覆了传统的"公共－私人"二元结构下的男女角色定位，这种变化甚至已经超出了女性主义者所能想象的范围。她们可以离开家庭外出追求自己的职业和完全的经济独立，实现自我价值的满足和自由选择，今日以色列社会正统派女性所发挥的作用和所体现的价值不断超越传统的范畴，对男性主导

---

① Jeremy Sharon, "Orthodox Woman Appointed to Serve as Communal Spiritual Leader in Efrat," *The Jerusalem Post*, Jan. 15, 2015.

的社会结构是一种冲击，但是并没有建立一种新的社会性别概念和家庭模式。无论官方机构对女性角色和地位的转变持何种态度，不可否认的是，传统上认为女性没有足够的智力水平研习律法进而裁决律法问题的"偏见"已经不合时宜，认为女性在宗教生活中只能居于第二等级地位的观点也正面临着前所未有的挑战。犹太社团同样需要女性精神领导者，事实上，正统派女性在犹太社团中所从事的各种工作已经构成当代犹太生活的一个重要组成部分，从而开创性地重塑了犹太社会生活愿景。

第二，不仅改变了犹太女性的生活，而且在某种程度上重塑了犹太教。在过去几十年的时间里，以色列相当数量的《托拉》和《塔木德》学习机构的开设，使正统派女性能够在专业的机构中学习犹太经典，涉足从前完全由男子主导的领域。1998 年出版的《犹太律法著述论文集》是犹太女性第一次撰写具有跨时代意义的犹太律法方面的著作。[①] 从事《塔木德》高等研究的女性能够运用科学的方法理解《托拉》，这在她们注解《圣经》的著作[②]中体现出来。女性开始成为伟大的《塔木德》学者、教授《托拉》和《塔木德》的导师以及律法专家，从而在学术领域和教育生活中发挥着自己特殊的作用，打破了传统犹太教中男子掌控绝对话语权的局面。

正统派女性能够阅读犹太经典、解读犹太经典被认为具有革命性的意义，这意味着女性学者现在能够运用自己的阅读和分析技巧来批评、讨论和改变以男性为中心的宗教知识，并且带有女性特有的视角和经验。[③] 在犹太律法著述方面，目前以色列两位杰出的女性学者具有代表性。一位是最负盛名的马尔卡·普特科夫斯基（Malka Puterkovsky），她在巴尔－伊兰大学获得犹太历史与哲学学士学位，在特拉维夫大学获得塔木德硕士学位。她是一所女性宗教学习机构的负责人，教授女性学生学习《塔木德》，

---

① Micah D. Halpern & Chana Safrai（eds.），*Jewish Legal Writings by Women*，Jerusalem：Urim Publications，1998.

② Susan Handelman & Ora Wiskind – Alper，*Torah of the Mothers*：*Contemporary Jewish Women Read Classical Jewish Texts*，New York：Urim，2000.

③ Deborah Shubowitz，"Centripetal and Centrifugal：Tensions in the Religious Scholarship of Orthodox Jewish Women,"*Berkeley Journal of Sociology*，Vol. 54，*Knowledge Production and Expertise*，2010，p. 60 .

为众多守教的犹太人解答犹太律法问题。在 2014 年，她出版《追随她自己的道路——来自哈拉哈和道德视角的生命挑战》①，这是以色列第一本由正统派犹太女性出版的答问著作，引起了媒体广泛的关注。她的具有颠覆传统性的律法裁决包括：女性在每日晨祷时有戴祈祷披巾的权利，女性有为逝去的亲人念诵祈祷词（kaddish）的权利，妇女有使用避孕措施的权利，等等。在 2015 年耶路撒冷赫茨尔山举行的独立日官方纪念仪式上，她是 14 位被邀请点燃火炬的以色列人之一，仪式组委会高度认可其作为女性学者在犹太律法领域中开拓性的影响力。与马尔卡·普特科夫斯基齐名的另一位有影响力的女权主义犹太女性学者是巴尔－伊兰大学的洛尼特·伊莎（Ronit Irshai），她通晓古典拉比文献、现代哲学和社会性别理论，是用女性主义视角进行律法释经的开拓者。她在其著作《生育和犹太律法：关于正统派答问的女权主义视角》② 中，开篇即指出：犹太律法完全是男性的作品，男性拉比仅强调女性的生育价值而牺牲其作为人的价值，这导致当时的哈拉哈作品不承认女性的独立人格。

那么，女性主义者从不同的视角致力于从哲学和神学的角度批评宗教传统，挑战宗教文本的父权制话语以及将女性排除在特定仪式之外的做法，会削弱现代正统派犹太教吗？答案是否定的。事实上，发掘女性的创造力，开启她们的智慧，以及扩大其对犹太社团生活的参与程度和范围，可以充分发挥其价值，且通过女性对犹太经典独特的理解以及对犹太社团公共生活的更多参与，对犹太教的发展会起到更有益的促进作用。正如舒斯特曼以色列研究中心（Schusterman Center for Israel Studies）主任大卫·艾伦松（David Ellenson）教授所言："普特科夫斯基和伊莎活跃地参与了重塑我们这个时代以色列犹太信仰和实践的轮廓和实质内容的过程，她们认为自己担负延续犹太性和犹太精神的责任，她们和其他人（女性主义者）一道正在开启当代以色列犹太教富有活力和令人激动的新愿景。"③ 宗

---

① Malka Puterkovsky & *Mehalechet Bedarka*, *Following Her Own Path – Life Challenges From a Halachic and Moral Perspective*, *Yediot Ahronot Books*, 2014.

② Ronit Irshai, *Fertility and Jewish Law*: *Feminist Perspectives on Orthodox Responsa Literature*, Brandeis University Press, 2012.

③ David Ellenson, "New Era for Israeli Jewish Religious Feminism," https://www. brandeis. edu/israelcenter/newsEvents/newsletter1 Ellenson. html, 2016 – 12 – 28.

教女性主义思潮及其实践注定将对以色列社会发展继续产生进一步的
影响。

原文发表在《西亚非洲》2017 年第 4 期。

附记：

本文在撰写的过程中，得到了杰瑞先生的无私帮助，尤其是关于阿古
纳问题，他为我提供了很多最新的资料和信息，包括链接和 pdf 文档。谨
以此文表达对杰瑞先生的真诚感谢和深切缅怀。

以色列议会选举制的特点

雷 钰

（西北大学文博学院教授）

摘 要：本文①认为，以色列虽实行西方式的议会民主制，但其选举制度与英、美等西方国家相去甚远，特点鲜明。以色列议会选举采用单一选区比例代表制度，即全国为一个选区，以政党或集团为单位参加竞选，然后根据各党派在全国范围所得总票数，按比例分配议席。其结果是，各政党或联盟从未获得单独组阁所需半数以上的议席（61席），均不能单独组阁，必须组成联合政府。以色列议会选举制是造成国内党派滋生和政坛混乱的主要根源，它为代表少数人利益的小党充斥以色列政坛提供契机，中小党派的"剩余能量"和"超常影响力"又激励了中小党派的产生，导致恶性循环。

关键词：以色列议会 比例代表制 单一选区 联合政府

议会选举制度是西方民主政治的基础，通过定期安排的竞选来组建政府被视为民主的最低标准。20世纪以来，人们对议会选举制的关注已从普选权问题转向选举程序安排所引起的诸多具体问题，而以色列的议会选举制则是一个值得研究的个案。

1948年以色列建国后，一直实行西方式"三权分立，相互制衡"的议会民主制。该国为一院制议会（Knesset），是国家最高权力机构，拥有立法权，负责批准内阁成员的任命、监督政府工作以及选举总统和议长。议

---

① 西北大学中东研究所黄民兴教授对本文提出了宝贵的修改意见，谨致以诚挚的谢意。

会设有 120 个席位，议员任期 4 年①，但可提前大选。议会解散后，在中央选举委员会的主持下，通过单一选区比例代表制的方式，在 90 天内选举产生新一届议会。议会选举向来是以色列举国上下的头等大事，直接关系到以色列政局的变化以及中东形势的走向，从而引起国际社会的高度关注。尽管许多以色列政治家认为："以色列是西欧议会制国家体系的一部分，但以色列政治在许多方面都与西欧截然不同。"② 鉴于此，从选举制度、实际操作和选举结果等方面来剖析以色列议会选举制的特点，不仅对研究以色列议会选举制度，而且对全面深入了解以色列政治也有助益。

一 比例代表制

议会选举制大致分为两种类型：多数选举制和比例代表制。在全球范围内，以色列是"不折不加地采用比例代表制的唯一国家"。③ 俄罗斯、德国、日本、瑞士、意大利、芬兰、瑞典、巴西、印度和哥斯达黎加等国仅部分地采用比例代表制，属于混合选举制（混合代表制）。例如，瑞士宪法规定：参议院选举实行多数选举制，各州选出 2 名参议员；众议院选举采取比例代表制。意大利 1993 年的选举法规定，75% 的参议员以多数选举制产生，其余的则采用比例代表制。

显然，比例代表制是以色列议会选举制的一大特点。以色列之所以采取这种选举制度是由其特殊的历史背景决定的。两千多年来的犹太民族史是一部向外分散、向内聚合的历史。犹太人经历过四次大流散，散居于世界各地。由于深受居住国的影响，在犹太人中间形成了错综复杂的社会政治概念，如同化主义、自由民族主义、领土主义、社会主义和犹太复国主义等。然而，犹太复国主义事业的成功则必须得到全世界犹太人的支持，广泛吸收其团体组织。相形之下，只有比例代表制才能满足各地犹太人的

---

① 新一届议会选举在上一届议会行将结束时，即在第 4 年的犹太教历 8 月的第三个星期二举行。

② Gregory S. Mahler, *The Knesset*, Fairleigh Dickinson Univ Press, 1981, p.34.

③ 劳伦斯·迈耶：《今日以色列：一个不安定国家的画像》，钱乃复、李越、章蟾华译，新华出版社，1987，第 187 页。

需求，它兼容并蓄，求同存异，可充分体现其强烈的参政意识和丰富多彩的思想理念。因此，世界犹太复国主义大会和巴勒斯坦的犹太人自治机构（伊休夫）相继采用比例代表制度。该制度的采用极大地推动了犹太复国主义事业的蓬勃发展，同时也促成党派团体的滋生。到以色列建国前夕，巴勒斯坦已呈现出十多个党派并存的局面，而众多党派的产生和发展壮大反过来又促使比例选举制的确立。①

1948 年 5 月 14 日，以色列国诞生。新生的以色列国在英国委任统治之后无暇经历一个有序的过渡阶段，只能最大限度地继承伊休夫的政治制度和组织机构。此外，多党并存的局面使以色列也别无选择，"比例选举制就注定成了最合乎情理的选举方法"。② 1948 年 11 月，以色列临时政府颁布"选举法令"，规定议会选举采取比例代表制。1958 年，议会正式通过《基本法：议会》，以色列议会选举制度正式确立，继续实行比例代表制。

根据选举法，大选结束两周后，中央选举委员会在政府公报上正式公布选举结果，并根据各政党得票的多少按比例分配议席。③ 各政党应得议席数的大致计算方法是：议席总数（120）×某党的得票率。如果某党在大选中获得了总票数的 26%，那么它应在议会中分得 31（120×26%）个议席，即该党候选人名单上的前 31 人将成为议员。④ 1973 年后，对于粗略计算分配后还剩余的议席，采用有利于大党的《巴德－奥夫修正案》。依据此案，中央选举委员会在分配 1973 年第 8 届大选的剩余议席时，优先考虑只剩下 500 张选票的大党，而不去理会尚余近万张选票的小党。⑤

比例代表制最大的优点是，代表席位的分配尽可能接近选票分布的比例，从而使各党派最大限度地分得议席。这不仅给那些怀有政治理想的人士带来希望，体现出一定的民主性和自由性，同时也激发了广大选民的政

① 雷钰：《试析以色列比例选举制的形成》，《西亚非洲》1997 年第 3 期。
② 纳达夫·萨弗兰：《以色列的历史和概况》，北京大学历史系翻译小组译，北京人民出版社，1973，第 191 页。
③ 信息技术时代，大选结果揭晓得越来越快。以色列第 18 届议会选举投票于 2009 年 2 月 10 日早上 7 时开始，至晚上 10 时结束，次日凌晨大选的初步结果即揭晓，而正式结果到 2 月 18 日才公布。
④ Gregory S. Mahler, *The Knesset*, p. 44.
⑤ Gideon Doron and Michael Harris, *Public Policy and Electoral Reform: The Case of Israel*, Lexington Books 2000, p. 69.

治热忱和参政议政的积极性。尤其是在建国初期，"以色列的投票率高居不下，一般都超过80%"①。1948年第一届议会大选，投票率竟高达86.9%。与此相反，投票率低下已成当今西方政坛的一大隐患。一些对大选态度冷淡的选民认为，议会选举的主动权由大党掌控，选民无权改变选举制度和决定候选人，但他们可以用拒绝投票或投无效选票的方式来表明其立场。为了提高投票率，澳大利亚、新加坡、丹麦等国实行强制投票制度，对无故不参加投票的选民予以惩罚。反之，有的国家则采取奖励措施吸引选民投票。尽管近年来以色列的投票率呈下降趋势，第17届大选的投票率仅为63.2%，创历史新低②，但仍高于美国等西方国家。

　　然而，比例代表制也给以色列政坛造成议席分散、党派林立的严重后果。就选举制度本身而言，没有任何因素促成政党间的合并，或是制约政党内部的分裂。"政党的分立不曾使它们有所损失，即使有的话也是微不足道。"③ 事实上，党派分立给小党提供了参政的机会，其主要原因是以色列分配议席的起点（即"马哈绍姆""门槛"）过低，容易"逾越"。由于"逾越者"甚众，小党派获得议席的机会较多，这更刺激了新党的产生以及老党内部的分裂，从而给以色列政治造成负面影响。1951年，"马哈绍姆"从0.83%提高到1%，直到1992年第13届大选前才增至1.5%。④ 1951～1988年的历届议会大选，某党派只要在获得1%的选票后即可在议会中分得席位，因此历届议会里都只占1个席位的小党（1961年第5届议会例外）。"马哈绍姆"升至1.5%后，第13～16届议会中的政党至少拥有2个席位。⑤ 2006年第17届大选时，"马哈绍姆"又提高到2%，即党派或团体进入议会必须获得62742张有效选票，可拥有3个席位。⑥ 尽管如此，以色列的议席分配起点还是低于其他采用比例代表制的国家。例

---

① David M. Zohar, *Political Parties in Israel*, Praeger Publishers, 1974, p. 58.

② 新华社耶路撒冷2006年3月29日电。

③ 胡盛仪等：《中外选举制度比较》，商务印书馆，2000，第261页。

④ Michael Gallagher and Paul Mitchell ed., *The Politics of Electoral Systems*, Oxford University Press, 2005, p. 337.

⑤ Samuel Sager, *The Parliamentary System of Israel*, Syracuse University Press, 1985, pp. 226 – 236.

⑥ "Elections Results," http://www.knesset.gov.il/elections17/eng/results/Main _ Results _ eng. asp.

如，在德国，只有得票超过总选票数 5% 的政党或政党联盟才能参加全国选区议席的分配，否则无立足之地。"这就减少了进入议会的政党数目，促使两大政党轮流联合第三者组阁执政的格局得以巩固下来。"①

二　候选人名单制

以色列的政治制度建立在多党制的基础上，以政党为单位参加竞选，各党要向中央选举委员会提交候选人名单，选民投候选人的票。在议会中已占有议席的政党直接取得参选资格，其他党派团体以及个人，只要能征集到 2500 名选民的签名支持，并缴纳 12000 美元的保证金后，即可向中央选举委员会提交候选人名单。若能在议会中赢得席位，政府则退还保证金，并承担其竞选经费，每个席位的代价大约是 10 万美元。

与以色列相比，日本国会选举的"门槛"就高多了，旨在控制参与国会竞选的党派数量。日本在 11 个大选区中采用比例代表制，但对参加选举的政党严加限制。一个政党只有拥有 5 名国会议员或拥有该大选区 20% 的议员，并在最近一次选举中获得 2% 以上的选票才有资格提交候选人名单。

各党派团体的候选人名单提交后，以色列中央选举委员会要严格审查各党的纲领及候选人资格，其主要依据是《基本法：议会》和 1985 年议会通过的修正案。具体规定是：一个党，假如它的宗旨或行动，不管是明白无误还是含糊不清，包含以下各项之一者，均不得参加议会选举：

（1）否定以色列国作为犹太人的国家的存在。

（2）否定以色列国的民主性质。

（3）煽动种族主义。

以色列的选举法对候选人资格限制极其严格。根据 1955 年的《议会选举法》第 3、4 项，《基本法：议会》第 7 项，以及 1959 年颁布的新《议会选举法》的部分条款，下列人员不得列入候选人名单：

（1）担任国家高级职务的官员：总统、两位犹太教大拉比、国家审计长和以色列国防军总参谋长。

---

① 梁琴、钟德涛：《中外政党制度比较》，商务印书馆，2000，第 85 页。

（2）各级法院的法官，包括拉比和其他宗教法庭执法人员。

（3）各种神职人员，如职业拉比、牧师等。

（4）正规军的军官和高级文职人员。

但上述人员若在大选前100天辞职，即可参加竞选。拉宾、沙龙、巴拉克等人便是按此规定，辞去军职后参加大选的。除此之外，凡年满21周岁的公民均有被选举权。

候选人名单由各党派自行决定。候选人名单的制定至关重要，它直接关系着各党在大选中的形象以及党内的团结和稳定。一般情况下，各大党的候选人名单由以下三部分构成：

（1）"安全"位置。候选人名单上比较靠前的位置，大致相当于某党在此届议会的席位数，保守的估计方法是再减去此数的10%。那些对公众具有吸引力的大人物总是占据最"安全"的位置。

（2）"边缘"位置。介于某党在此届议会的席位数±10%之间，即难以预测的"边缘"位置。

（3）"象征性"位置。排于此位的候选人不大可能进入议会，它只被视为一种荣誉，是提拔党员干部的表现。①

在以色列，参加竞选的大党往往都是由几个党派组成的联盟，如工党联盟和利库德集团等。在政党联盟内部，各党派都极力使本党最优秀的党员占据"安全"位置。每个"安全"位置都意味着激烈的争夺和讨价还价，最终成为党派间妥协的产物。在排列"边缘"位置时，各党的争夺也毫不逊色，因为当选与否就在此间徘徊，十分关键。例如，利库德集团在1973年第8届议会大选中获得39个议席，那么候选人名单上的第35～43位候选人就属于"边缘"位置。当排到第36位和37位候选人时，国家党和自由中心党的争夺异常激烈，几乎使整个集团陷于瓦解。对于那些在竞选中难以获胜的小党联盟来说，情况就更加复杂，甚至会就候选人名单上的同一位置达成协议，轮换当议员。例如，第8届议会期间，一位信仰妥拉阵线的议员辞职就是为了履行此类协议。②

---

① Gregory S. Mahler, *The Knesset*, p. 45.

② Gregory S. Mahler, *The Knesset*, p. 44.

各党派的候选人名单确定后，提交给中央选举委员会，经审查后方可生效。中央选举委员会负责监督选举过程、处理选举纠纷以及制裁选举中的违法活动，以法律手段来确保选举的公正、公平和合理。

投票日为法定假期，各投票站同时开放。在投票间里，整齐摆放着 30 种左右代表各党派候选人名单的选票。这些选票像是"名片"，上面印着代表各党派的希伯来语（或阿拉伯语，或双语）缩写字母，下方小字是该党的全称，1992 年以来，规模较大的党派团体还要印上领袖的名字。选民到投票站后，先领取一个不透明的信封，再进入投票间选出一张"心仪的名片"，装入信封，投进票箱即完事。① 如果误将几张同样的选票装入一个信封，也算作一张有效选票。

从选举流程来看，选民行使选举权的主要依据是候选人名单，无权改动名单上的顺序或是添加其他候选人。对于各党派而言，这不仅需要突出候选人的个人名望和影响力，而且更重要的是必须表明该党所代表的阶层和利益集团。在竞选前，各党派除了拟定一份最大限度地被选民接受的候选人名单外，还要起草一份完整的、具有感召力的政纲。在这个意义上，比例代表制被称为"思想的投票制"，而宣扬个人作用的多数选举制则被看作"人物的投票制"。比例代表制使政党具有浓厚的集体性和思想性，有助于建立组织严密、纪律严明的政党。一些个人的、散漫的、缺乏组织纪律性的小党派往往会被淘汰，客观上对政党数目起到一种限制作用。因此，"比例代表制促使多党制的产生，但也不会出现政党多至无数的局面"②。在以色列，历届议会的政党数目比较稳定，保持在 10 个左右，真正能长期生存下来的也只有工党联盟、利库德集团和宗教类型的政党等。

然而，比例代表制的集体性质使政党居于重要甚至垄断地位，候选人必须服从政党的组织领导，这严重影响其独立性。候选人能否当选议员一方面取决于他（她）的政党在大选中获得议席的数量，另一方面取决于他（她）在候选人名单上的位置，这与他（她）在党内的资历、对党的忠诚、同政党领袖的关系等因素密不可分。如今，为了适应形势的发展和民主政

---

① Michael Gallagher and Paul Mitchell ed. , *The Politics of Electoral Systems*, p. 337.

② 胡盛仪等：《中外选举制度比较》，第 262 页。

治的需要，一些政党在拟定候选人名单方面有所改进。一旦进入议会，议员的政治生命仍与其政党息息相关。如果某个议员站在选民的立场上，过于直率地批评指责本党的政策或领导人，那么，他（她）在下届的候选人名单上名次很可能会下降，或者被取消资格。在这种情况下，候选人名单制势必产生一些非常严重的副作用。议员可以将选民乃至国家的利益置于脑后，只对其所属的政党负责。以色列议员与选民严重脱节，他们与选民没有多少直接的利害关系，不受选民的约束和监督，缺乏政治责任心，其结果是以色列的选民未能直接参政。事实证明，这有悖于议会选举的宗旨，偏离了民主的轨道。因为，选举是享有政治权利的本国公民通过投票方式，选出按照选民的意愿、代表选民的利益来行使国家公共权力的人。就此而言，以色列的议会选举制远没有选区多数选举制民主。选区多数选举制是具有个体性质的选举制度，候选人以个人身份提名竞选，选民将选票投给具体的候选人。当选后，议员必须与选民保持联系，听取意见，在议会和其他活动中优先考虑选民的意愿，甚至不惜采取与本党相悖的立场。

三　单一选区制

划分选区是议会选举的重要环节，选区本身与选举结果密切相关，并成为党派争夺的焦点之一。早在 18 世纪下半叶，美国马萨诸塞州州长 E. 詹尼就发现，通过操纵选区边界可以影响选举结果。他提出，应将反对党的选票集中到少数选区，而将本党能取胜的其他地区划为更多的选区，从而争得更多的选票和议席。这就是所谓的"詹尼满得选区划分法"，它对美国国会选举产生过相当大的影响。西方各国十分注重对选区划分的研究，并形成多种相关的理论和方法。各国大多采用以地域划分选区的方式，但由于在政治、经济、文化、宗教传统等方面存在差异，具体运作时则各不相同。

与上述选区制明显不同的是，以色列的议会选举实行单一选区制，全国是一个统一的大选区。以色列大选采取的是比例代表制，这种制度本身就要求设立大选区，"选区越大，比例代表制的优点就越明显，最理想的情况是把全国变成一个选区"①。将全国范围当作一个选区最符合按比例分配议席的要求，可以避免划分多个选区后选区之间存在的分配偏差问题。此外，以色列实际控制面积约为 2.5 万平方公里②，单就此面积而言，把它划作一个选区完全行得通。

以色列全国被划作一个选区后，议员在全国范围内直接选出。各党派在全国范围内所得的选票一旦超过"马哈绍姆"就能获得议席。社会上有多少特殊利益集团，大选中就会出现多少党派。尽管小党、新党无法与大党、老党相匹敌，但在全国范围内总能找到一定数量的支持者，从而在议会中占据席位。在这种制度的刺激下，以色列参加大选的党团数量颇多，多达 33 个（2009 年第 18 届议会大选）③，最少时也有 14 个（1961 年第 5 届议会大选）。在历届议会里，政党的数量都不下 10 个，最多时有 15 个（第 2、11、12、15 届议会）政党。④

那些来自各阶层的少数选民，或是对某些问题特别关心的特殊利益集团在议会中拥有席位，得到直接参政的机会，能够及时表达选民的各种观点和主张，从而最大限度地体现了以色列的议会民主。例如，1988 年第 12 届议会大选期间，阿卜杜勒·瓦海卜领导的阿拉伯民主党提出"阿拉伯的选民、阿拉伯的候选人"的口号，主张通过议会斗争，为以色列的阿拉伯人争得与犹太人平等的权利，为建立巴勒斯坦国而努力。阿拉伯民主党在大选中赢得 27012 张选票，占总票数的 1.2%，分得 1 个议席。⑤ 这是代表以色列阿拉伯人利益的党派首次进入议会，此后从未间断，最多时拥有 5 个议席。

与以色列单一选区比例代表制截然不同的是，选区多数选举制往往使得票总数与最终所获席位数之间出现偏差，即一个政党所得的代表席位数目比例大于或小于它所得到的选票数目比例。前者被称为"超额获得席位"，后者则被称为"超额损失席位"。当然，在实际选举中，二者的概率

---

① 杨柏华、明轩：《资本主义国家的政治制度》，世界知识出版社，1984，第 114 页。
② 高树茂主编《世界知识年鉴 2007/2008》，世界知识出版社，2008，第 237 页。
③ 参加 1981 年第 10 届、1999 年第 15 届和 2006 年第 17 届大选的党派数量均为 31 个。
④ Michael Gallagher and Paul Mitchell ed., *The Politics of Electoral Systems*, p. 343.
⑤ "Knesset Elections Results," http://www.knesset.gov.il/description/eng/eng_mimshal_res12.htm.

大致相等，或许会在不同的选区之间互相抵消，但从理论上讲，这种情况毕竟是偏离了选民的意愿。一些参加竞选的党派在各个选区内竞选，选民在各自选区内投票，各选区中得票最多的人当选，即"胜者全得"的相对多数选举制。这样，在全国范围内，势必会出现候选人未获得多数选民支持而当选的现象。这在美国总统选举中表现得比较突出，例如杜鲁门、肯尼迪、尼克松、克林顿和布什等多位总统都是如此当选的。

由此可见，选区多数选举制有时并不能如实反映各政党和候选人之间的力量对比关系，甚至不能充分体现选民的意愿。尽管小党在各选区都可能找到支持者，但与选民基础雄厚、政治经验丰富和资金来源广泛的大党比较则相形见绌，难以在范围较小的选区里取得多数选票，从而无法进入议会。议会一般只是少数大党的天下，而且很容易出现一党独家拥有半数以上议席的局面，无须组建联合政府。

四　联合政府制

在议会制国家，议会选举中获得多数议席的政党或政党联盟拥有组阁权。由于各国的政治经济形势、历史文化传统千差万别，组阁方式也不尽相同，主要有单独组阁和联合组阁两种形式。

英国是一党单独组阁的典范。英国长期实行两党制，由下议院中拥有绝对多数议席的第一大党组阁。内阁首相由该党领袖担任，以党的领袖和政府首脑的双重身份来挑选内阁成员和各部大臣，其结果是全部或大多数内阁成员均为本党议员，体现了党政的统一。内阁名单需在议会通过，并经国王批准。通常，首相在内阁中处于高度集权的地位，对内阁成员的调整、更换或内阁改组具有决定权。尽管如此，英国内阁还是要受到选民和在野党的制约。当民众对首相和政府表示不满时，反对党便利用这一时机制造社会舆论，甚至说服执政党内部的议员"倒戈"。反对党如果在议会里占据多数，就能通过对内阁的不信任案。在这种情形下，首相及内阁要么辞职，要么请求解散议会，提前大选。为防患于未然，平息党派间的对抗，保持政局稳定，首相一般会在不改变本党的格局下挑选一部分反对党人士入阁，以形成党派间的平衡，并且注意听取甚至采纳反对党的意见。

这种一党单独组阁、工党和保守党轮流执政的政治模式，对英国长期保持政治稳定、社会繁荣产生巨大的促进作用。

相反，以色列的单一选区比例代表制使以色列政坛呈现出纷纭复杂的景象。党派间围绕竞选和入阁而聚散变化，议会里党派林立，议席分散，无一政党或团体在议会中拥有单独组阁所需的半数以上的简单多数议席（61 席），从而形成多党联合执政而不是一个大党单独组阁的局面。工党在1969 年第 7 届大选中赢得 56 个议席，取得以色列议会选举史上最大的胜利，但仍未超过议会中的半数议席，不能单独组阁。

通常情况下，在大选正式结果公布后一周内，总统将根据与议会各党派代表协商的结果，授权新议会中最大政党或其他"处境较好"政党的领袖在 42 天内组建新一届政府。组阁成功后，组阁者自然成为总理。如果组阁失败，总统将任命其他议员在 28 天内继续组阁。若依然未果，则需提前大选。

组阁是以色列政治的重要组成部分，与政府的决策和统治能力密切相关。除工党联盟和利库德集团共同组成联合政府外，通常都是工党联盟或利库德集团（或前进党）联合若干政见相近、利益相投的小党组建左右翼执政联盟，形成"一党为主，多党联合"的模式。组阁成功后，新任总理领导新政府在议会宣誓就职。

为了维护政局稳定，新内阁一般不排斥上届政府的基本政策，并保持一定的连续性，从而避免或减少了轮流执政可能引起的震荡。纵观当代以色列的政治历程，左右翼联合政府的交替上台执政还是相当规范和平稳的。在执政联盟内部，既要体现执政大党的意志，又要采纳友党的一些政策主张，达到联合政府内部的利益平衡，从而保障内阁的稳定运行。同时，各党领袖或骨干各司其职，极力维护本党的利益，各党相互监督和制约，从而有效地防止一党专制以及个人独揽大权，有利于发挥以色列的议会民主。但是，联合政府的缺陷亦相当突出，集中体现在以下两个方面。

一方面，以色列总理难当。漫长艰难的组阁是新总理面临的第一个严峻考验。法律上，总理在组阁时享有最高权威，但事实不尽然。为了凑够组成内阁所需的半数以上的支持议席，总理必须分别与有望入阁的政党谈判，就新政府施政纲领的各个细节达成协议。参与谈判的政党趁机对新总理施加压力，抬高要价，以获得最大利益，否则谈判必然破裂，使组阁失败。这种事例屡见不鲜，不胜枚举。

2008 年 9 月，利夫尼接替奥尔默特成为前进党主席，随即受权组建新政府，并分别与议会第二大党工党和第三大党沙斯党谈判。10 月中旬，前进党与工党达成初步组阁协议。10 月 24 日，沙斯党要求利夫尼承诺在耶路撒冷地位问题上不向巴方妥协，并且将社会福利预算提高 2.7 亿美元。在遭到拒绝后，沙斯党 10 月 24 日宣布退出入盟谈判，致使利夫尼的组阁努力遭遇重大挫折。尽管如此，利夫尼仍有可能组建一个执政基础相对薄弱的新政府，但她与幕僚举行磋商后决定终止组阁谈判，不再接受部分党派的"政治勒索"，不愿为此损害以色列的财政和政治前景。10 月 26 日，利夫尼与佩雷斯总统会面后公开宣布：她组建新政府的努力失败，建议提前举行大选。次日，佩雷斯总统宣布，停止组阁进程，将原定于 2010 年举行的议会选举提前至 2009 年 2 月 10 日。在新政府组成之前，因腐败风波而被迫辞去总理职务的奥尔默特将以看守内阁总理身份执政。

在组阁谈判中，部长职位的分配问题尤为突出，至关重要。对于友党提出的部长人选，总理一般都得照单接纳，然后因人设岗。除外交、国防、财政等几个大部外，内政、警察、宗教事务等部的设置经常是根据组阁的需要而定。在部长人选不能安排妥当时，或由于其他政治原因，总理则任命多名不管部长和副部长，形成机构臃肿、人浮于事的局面。例如，2009 年 3 月 31 日晚，以色列第 18 届议会投票表决同意内塔尼亚胡出任总理，并通过由其提名的以色列第 32 届内阁成员名单。该内阁由利库德集团、"以色列是我们的家园"、工党、沙斯党和犹太人之家党组成，由于要为众党派领袖安排职务，内塔尼亚胡只得把部长人数增至 33 名，外加 9 名副部长，组成以色列历史上规模最大的一届政府。

在内阁里，部长几乎只对本党负责，将国家和选民的利益置于脑后，导致政党化的官僚主义盛行。1968 年颁布的《基本法：政府》规定：部长可由非议员担任，但绝大多数部长仍是议员。1981 年后，总理有权撤换部长，但若要免去友党的部长，势必会导致内阁危机。内阁实际上成了各党派争权夺利的工具，部长们的权力大、独立性强，他们所控制的部相当于一个个半独立的政府分支机构。部长们根据本党利益至上的原则行事，不遗余力地为其政党工作，而不顾及选民和国家的利益，缺乏政治责任心。他们经常在一些重大的、有争论的问题上与总理唱对台戏，阻挠国家政策的执行，甚至不惜泄漏国家机密，造成无可挽回的政治影响。1957 年，本 - 古里安总理曾竭力主张制定一些原则，防止泄漏国家机密，但遭到部分内阁成员的反对，第 7 届政府也因此而解散。

错综复杂的利益冲突与协调工作自始至终都在磨炼着总理的耐性。由于联合执政的需要，总理不得不妥协让步，甚至委曲求全。在政府工作中力求平衡，迁就中小党派，放弃政治纲领中的长远目标。从长远观点来看，执政党的政策总是围绕着这个党的基本纲领或左或右，不断调整。在重大问题上，总理既要考虑左翼的要求，又要顾及右翼的利益；既要照顾现实政治的需要，又不能伤害人们的宗教情感。因此，总理在重大问题上的决策能力就要受到影响，实用主义的成分较多。

另一方面，内阁危机频仍。政府任期为 4 年，但议会可以通过不信任案提前解散政府。通常，参加联合政府的所有党派的议席加在一起刚好超过议会总席位的半数，任何一方的退出都可能导致内阁危机。在此以第 16 届议会的提前解散为例，可见一斑。

2005 年 11 月 9 日工党举行党内选举，佩雷茨击败工党元老佩雷斯当选为主席。20 日，工党中央委员会以压倒多数通过决议，退出利库德集团领导人沙龙领导的联合政府。工党的退出使沙龙内阁在议会中无法拥有超过半数的支持率，因为在第 16 届议会里，利库德集团占有 40 席，工党 19 席。于是，21 日沙龙总理请求总统解散议会，并同时宣布退出利库德集团，另组建前进党。当晚，以色列议会以压倒多数通过自行解散法案。23 日，以色列总统卡察夫与议长里夫林磋商后，签署了解散第 16 届议会的法令，并将原定于 2006 年 11 月的大选提前至 2006 年 3 月 28 日举行。

为了维持内阁的"生存"，总理必须向入阁的友党让步，即使那些代表少数人利益的小党也不容忽视。组阁的大党对小党的依赖性越强，后者就越有机会对前者施加压力。例如，宗教党派（主要是全国宗教党）所占议席从未超过 15%，但在内阁中的作用远远超过其政治实力，处于"一两拨千斤"的特殊地位，甚至决定内阁的"生死存亡"。由于宗教问题（诸如犹太教教育、安息日法、领土问题、反对养猪等）的纠纷而导致的内阁危机却最多，以色列第一届政府就是因为犹太教教育问题而解散的。因为，工党联合政府的基本模式是，"世俗的社会民主主义者与正统的宗教势力结成联盟，在社会问题和经济问题上占有中心地位，如果条件许可，再在接近的左派或者右派增选些代表"①，宗教党派一直都在内阁中起着举足轻重的作用。

总之，以色列联合政府是一个十分脆弱、充满矛盾的联合体，任何对政治现状的改变都极有可能引起内阁危机。由于宗教、外交、领土、经济以及党内斗争等问题的纠纷使以色列内阁危机频仍，大多数内阁都比较"短命"，其中最短命的当数第四次中东战争后梅厄组建的第16届政府（1974年3月10日至1974年6月3日），在任不足3个月。以色列建国后共有18届议会，却组建了32届政府，只有第15届梅厄政府（1969年12月15日至1974年3月10日）和第18届贝京政府（1977年6月20日至1981年8月5日）完成4年任期。联合政府的脆弱性严重削弱了总理的决策能力，使总理难以制定明确的、果敢的、始终如一的政策，从而使以色列的行政管理缺乏一个真正的领导中心。各届议会通过的法律以及各政府所执行的政策实际上都是大小党妥协的产物，严重影响了国家的正常发展，甚至连一部反映大多数公民意愿的宪法都难以制定。

综上所述，以色列的议会选举制度具有非常鲜明的特点，是造成以色列党派滋生和政坛混乱的主要原因。它为代表少数人利益的小党充斥以色列政坛提供契机，而"中小党派的'剩余能量'和'超常影响力'反过来又鼓励了中小党派的产生"②，从而导致恶性循环。因此，以色列的议会选举制度一直都备受争议，对它的争论一点也不比宪法问题少。③ 建国伊始，本-古里安总理就率先提出改革选举制度④，他向往英国式的选举制，希望看到以色列的两党制。⑤ 他认为多数选举制的优势在于：（1）冲淡以色列过于强烈的党派政治气氛，拉开议员与政党的距离，使议员直接面向

---

① 诺亚·卢卡斯：《以色列现代史》，杜先菊、彭艳译，商务印书馆，1997，第309页。
② 徐向群、余崇健：《第三圣殿——以色列的崛起》，上海远东出版社，1994，第160页。
③ Samuel Sager, *The Parliamentary System of Israel*, p. 63.
④ Gideon Doron and Michael Harris, *Public Policy and Electoral Reform: The Case of Israel*, p. 57.
⑤ Samuel Sager, *The Parliamentary System of Israel*, p. 63.

选民，对选民负责。议员的荣辱沉浮取决于选民对其支持与否，从而增强议员的责任感。（2）抑制小党派的滋生，减少小党派的席位，削弱其影响，进而确立两党制，以保证政府的稳定以及负责的反对派的形成，同时形成互相监督制约的机制。但毫不奇怪，小党的发言人反对这一设想。①

第四次中东战争后，以色列政坛要求改革选举制度的呼声再次高涨。然而，正是出于选举制自身的原因，任何直接或间接危害到小党利益的改革措施在议会里都难以通过。以色列建国后，最大的改革举措是 1992 年议会通过的《政府法》，确立总理直选制的新选举法，旨在"加强总理的统治能力，进而巩固以色列民主"②。1996 年、1999 年和 2001 年以色列举行了三次总理直选。但事与愿违，新选举法不仅没有加强总理的权力，维护政府的稳定，反而使以色列政坛更加纷乱。③ 因此，2001 年 3 月 7 日，议会表决废除总理直选制，恢复 1968 年《选举法》中有关总理的规定。十年改革，一场闹剧。从 2003 年 1 月 28 日举行的第 16 届议会选举起，以色列大选又回到原有轨道。在现有格局下，以色列议会选举制的诸多问题依然存在，对其社会政治等各个层面仍会产生深远的影响。但毋庸置疑，在以色列，独特的议会选举制具有相当雄厚的基础，比较符合其国情，而且已深入人心，因此才能延续至今，独树一帜。

原文发表于《世界历史》2010 年第 3 期。

---

① 诺亚·卢卡斯：《以色列现代史》，第 276 页。
② Gideon Doron and Michael Harris, *Public Policy and Electoral Reform：The Case of Israel*, p. 72.
③ 雷钰：《以色列总理直选制的兴废》，《西亚非洲》2004 年第 1 期。

族群政治视野下的埃塞俄比亚犹太人移民

胡　浩* 于金金*

（河南大学以色列研究中心）

摘　要： 在大规模移居以色列之前，埃塞俄比亚境内生活着大约 3 万名犹太人，他们自称为贝塔以色列人，关于他们的起源和种族属性存有不同说法。80 年代中期以来，以色列政府分别通过"摩西行动"、"所罗门行动"和"鸽翅行动"将几乎全部的埃塞俄比亚犹太人接回以色列。由于种族、历史、宗教等方面的原因，回归后的埃塞俄比亚犹太人在融入以色列主流社会进程中遭遇种种障碍，在政治、经济、社会地位等方面均处于劣势，成为犹太人内部的一个相对边缘的群体。尽管埃塞俄比亚犹太人社团进行了积极的努力和抗争，以色列政府也致力于改善其生存状况和社会地位，但由于传统上阿什肯纳兹犹太人社团的强势地位以及以色列社会存在的顽固的种族偏见，埃塞俄比亚犹太人在族群认同和国家认同方面仍然面临着深刻的矛盾和困境。

关键词： 埃塞俄比亚犹太人　移民　以色列　社会融合　族群政治

现代以色列是一个十分典型的移民国家，其人口大部分是由犹太移民及其后裔构成的。自 1948 年建国以来，以色列共接纳了来自 80 多个国家和地区的 300 多万移民，该国人口已由建国初期的 65 万人增加到大约 820 万人[①]。以色列前总理梅厄夫人曾说过："没有移民我们何来国家？"应该说，移民

---

* 胡浩（1982 ~ ），男，安徽桐城人，哲学博士，河南大学以色列研究中心副教授。

* 于金金（1990 ~ ），女，河南驻马店人，以色列本 - 古里安大学、河南大学以色列研究中心硕士。

① 这一统计数据截止的日期是在以色列建国 66 周年纪念日（2014 年 5 月 14 日）前夕（2014 年 5 月 1 日），参见以色列中央统计局网站，http://www1. cbs. gov. il/reader/ne-whodaot/hodaa_ template. html? hodaa = 201411111。

给以色列带来了巨大的生机和活力，对以色列国家的建设和发展做出了重要贡献。不过，随着大量移民的进入，以色列社会从经济地位、文化素养以及思想观念上越来越明显地分裂为三大群体：西方犹太人、东方犹太人、阿拉伯与其他少数民族。不同群体的分化与游离成为以色列国家所面临的主要社会问题①，对构建现代以色列的民族认同和国家认同也产生了负面影响。埃塞俄比亚犹太人属于东方犹太人的重要一支，20 世纪 80 年代中期以来，在以色列政府的帮助下，开始大量移居以色列。不过，在成为以色列公民后，面对陌生的环境，埃塞俄比亚犹太人经历了艰难的融入进程，长期以来受到其他族群的歧视，不为主流社会所真正接纳。作为黑犹太人和东方犹太人的代表，埃塞俄比亚犹太人的经历和遭遇实际反映了以色列社会非常复杂的族群关系和族群矛盾。本文拟在梳理埃塞俄比亚犹太人的历史和移民状况、追述其重归以色列故土后的社团生活的基础上，揭示族群政治背景下埃塞俄比亚犹太人所面临的认同困境。

一 埃塞俄比亚犹太人的历史及移民状况

埃塞俄比亚犹太人被当地人称为法拉沙人（Falashas），相当于流亡者或移民者，他们称自己为贝塔以色列人②，自认为亚伯拉罕、以撒和雅各的后代。③ 在大规模移居以色列之前，埃塞俄比亚境内生活着大约 3 万名法拉沙人④，他们是世界上唯一的黑皮肤犹太人。⑤ 有关他们的起源，目前

① 张倩红：《以色列史》，人民出版社，2008，第 254～255 页。
② Beta Israel，来源于希伯来语בֵּיתָא יִשְׂרָאֵל，英语译为"house of Israel"，意为"以色列之家"，"贝塔以色列人"就是指以色列家族的后裔。
③ Isaac Landman, ed., *The Universal Jewish Encyclopedia*, KTAV Publishing House, 1969, p. 234.
④ 关于埃塞俄比亚犹太人的精确数字不得而知。18 世纪初，苏格兰旅行者詹姆斯·布鲁斯（James Bruce）估计当时约有 10 万法拉沙人，而传教士亨利·斯特恩（Henry Stern）在 19 世纪中叶估计有 25 万法拉沙人。20 世纪初，法国教授雅克·费特罗维奇（Jacques Faitlovitch）声称有 5 万法拉沙人，但根据之后不久到达埃塞俄比亚的 R. 哈伊姆·内厄姆（Hayyim Nahum）的说法，当时只剩下大约 7000 名法拉沙人。1949 年，沃尔夫·莱斯劳（Wolf Leslau）估计当时的法拉沙人在 1.5 万到 2 万人之间。而据称 1969 年，法拉沙人的数量在 2.5 万到 3 万人之间。参见 *Encyclopedia Judaica*, Vol. 6, Jerusalem, Israel：Keter Publishing House Ltd., 1972, p. 1145。
⑤ 但文：《犹太黑人——法拉沙人》，《世界知识》1985 年第 8 期。

尚不清楚，因为在历史上他们与分散在世界各地的其他犹太人联系甚少。一种说法认为他们的祖先是古代以色列出埃及时流浪的，后来丢失的一个叫但（Dan）的希伯来部落。另一种比较流行的说法是，法拉沙人是示巴女王为所罗门所生之子孟尼利克一世的后裔。根据他们的传说，其祖先是那些陪同孟尼利克一世带着约柜来到埃塞俄比亚的古以色列人。还有一种说法认为，公元初，犹太人流亡各地时来到埃塞俄比亚的阿高人地区。一部分阿高人接受了犹太教，并被这些外来犹太人同化。此后，他们从阿高人中分化出来，自称"克曼特人"，该部落可能在第二共和国时期皈依了犹太教。而周围信奉基督教的各民族称之为"法拉沙人"，在阿高语中意为"黑色犹太人"。也有人推测他们可能是来自东南阿拉伯半岛犹太定居者的后裔，即公元前 586 年，在第一圣殿被毁后，一部分犹太人逃离以色列去了埃及，后来定居在埃塞俄比亚，法拉沙人是这些人的后代[①]；或者他们可能是在公元前 659 年为抗击努比亚保卫埃及而在埃利潘蒂尼岛屯居的犹太商人的后代，在公元 4 世纪基督教成为罗马帝国国教后，他们遭到迫害，逃到塔纳湖以北贡德尔省山里的 488 个村庄与 2 个城镇中。[②] 不过，绝大多数现代犹太学者相信，埃塞俄比亚犹太人的起源在于从阿拉伯半岛渗入埃塞俄比亚的闪米特和犹太文化的影响，而非实际的移民。[③]

　　根据埃塞俄比亚编年史记载，在阿克苏姆王国的埃赞那皇帝于公元 330 年皈依基督教之前，犹太教在埃塞俄比亚境内得到广泛传播。但王国基督教化之后，那些仍然信奉犹太教的人受到迫害并开始从沿海区域撤退至纳塔湖北部山区，这些人专注于自己的宗教并在社团领袖的领导下保持着政治上的独立。[④] 法拉沙族群自此形成并逐渐发展壮大，公元 7~8 世纪被认为是这个犹太文化种族集团自治时期，他们使用阿高语，与阿高人关系密切，并在 10 世纪阿高人反对阿克苏姆王国的起义中发挥了重要作用。他们在女王朱迪特的率领下，俘获了基督教国王，并焚毁了基督教教堂。

---

① 阿伦·布雷格曼：《以色列史》，杨军译，东方出版中心，2009，第 216 页。
② 徐新、凌继尧：《犹太百科全书》，上海人民出版社，1993，第 494 页。
③ 埃利·巴尔纳维主编《世界犹太人历史：从〈创世纪〉到二十一世纪》，刘精忠等译，黄民兴校注，中国人民大学出版社，2007，第 266 页。
④ *Encyclopedia Judaica*, vol. 6, Jerusalem, Keter Publishing House Ltd., 1972, p. 1143.

之后，由于基督教和伊斯兰教势力的持续入侵，法拉沙人在埃塞俄比亚的生存和自治受到严重威胁。1270 年，自称是古代阿克苏姆王朝后裔的基督教精英重建了对埃塞俄比亚的统治，并决定镇压据称与埃塞俄比亚东南边境穆斯林王国关系密切的法拉沙人。在阿姆达国王（1314～1344）、以撒克国王（1412～1427）、雅各布国王（1434～1468）统治时期，都曾对法拉沙人进行较大规模的征服活动，基督教教堂在法拉沙人居住区广泛建立，很多法拉沙人被强迫改宗。[①] 16 世纪时，基督教国王萨尔撒·丹克尔（1563～1597）对法拉沙人大举挞伐，相继摧毁了法拉沙人的几个堡垒，杀死了 3 万多名法拉沙士兵。[②] 1616 年，苏斯尼约斯国王对法拉沙人再次发动进攻，拒绝接受洗礼的法拉沙人遭到屠杀，很多人被变卖为奴隶。此后，法拉沙人口锐减，被剥夺了大片土地，逃进荒凉的山地，社团自治和独立也由此走向终结。[③]

近代以来法拉沙人主要居住在埃塞俄比亚西北诸省，特别是塔纳湖一带的广大农村中，他们与非犹太人分开居住，在自己的村庄设置围墙，防御非犹太人，不允许非犹太人进入其中。法拉沙人曾建学校供年轻人学习《圣经》和其他宗教典籍，但在 19 世纪 30 年代教育设施遭损毁后，穷困使他们无力重建这些机构。因此法拉沙人的文盲程度很高。他们的职业主要集中在农业和体力劳动方面。[④] 其男子大部分务农畜牧，个别人以织布、打铁为生，妇女制陶。他们同绝大多数埃塞俄比亚人一样，生活水平很低。作为一个少数民族，他们的政治地位更低，历史上一直受到歧视和不公正对待，曾多次受到当权者迫害，甚至被剥夺拥有土地的权利。[⑤]

18 世纪以来，伴随着西方殖民主义运动的兴起，西方探险家、传教士等陆续进入埃塞俄比亚，法拉沙人开始为外界所了解，西方犹太人也开始同埃塞俄比亚犹太人进行接触。但在许多年中，对于法拉沙人是否属于真正的犹太人问题，存在很大争议，尤其是在不同的犹太宗教权威之间。早

---

① *Encyclopedia Judaica*, Vol. 6, Jerusalem, Keter Publishing House Ltd., 1972, pp. 1143 - 1144.

② 但文：《犹太黑人——法拉沙人》，《世界知识》1985 年第 8 期。

③ *Encyclopedia Judaica*, Vol. 6, Jerusalem, Keter Publishing House Ltd., 1972, p. 1144.

④ Isaac Landman, ed., *The Universal Jewish Encyclopedia*, Vol. 4, p. 235.

⑤ 黄陵渝：《非洲的犹太人和犹太教》，《西亚非洲》2003 年第 2 期。

在 16 世纪初，当被问到法拉沙人的犹太性时，埃及大拉比阿比·兹姆拉宣布，这些人是犹太人。1908 年，45 个国家的大拉比承认法拉沙人是犹太同胞。① 1934 年，第一批埃塞俄比亚犹太人随意大利厄立特里亚省的也门犹太人来到巴勒斯坦并定居此地。1948 年以色列建国后，埃塞俄比亚犹太人给以色列、欧洲和美洲的犹太人写信求援，但是没有回音。从 1963 年到 1975 年，有一批规模较小的法拉沙人移民以色列。这批移民主要是在以色列学习或者通过旅游签证来到以色列，之后就非法滞留在这个国家。以也门裔犹太人奥瓦迪亚·哈兹（Ovadia Hazzi）为首的一些以色列人认可他们的犹太性，并组织协会帮助他们在以色列社会获得正常地位。② 1973 年，哈兹正式向以色列的塞法迪大拉比奥瓦迪亚·约瑟夫（Ovadia Yosef）提出了埃塞俄比亚犹太人的犹太性问题，这位拉比援引 16 世纪的一份拉比裁决，正式承认法拉沙人是古以色列人十二支族之一"但"族（公元前 8 世纪为亚述人俘虏的以色列十大部落之一）的后裔，同时提出他们必须重新"皈依"犹太教，因为他们并未遵守犹太教的全部礼仪。1975 年，以色列阿什肯纳兹大拉比什洛莫·格伦对法拉沙人说："你们是我们的兄弟，你们和我们有着共同的血脉，你们的确是犹太人。"③ 随后，以色列内阁委员会宣布《回归法》④ 适用于法拉沙人，法拉沙人开始移居以色列国。1977 年以色列总理梅纳赫姆·贝京鼓励采取行动大规模接回法拉沙人。1984 年到 1985 年，埃塞俄比亚爆发严重旱灾，国内局势恶化，以色列政府实施"摩西行动"，以大规模空运方式，将上万名法拉沙人接回以色列。⑤ 该行动目标是将 8000 多名埃塞俄比亚犹太人从苏丹首都喀土穆经由比利时空运至以色列。于是，数千名埃塞俄比亚犹太人先徒步逃往苏丹的难民营，然后陆续搭乘飞机离境。但是媒体报道此事后，阿拉伯国家向苏丹施加压力，要求停止空运。近 1000 名埃塞俄比亚犹太人因此被留了下来，他们与仍然在非洲的家人失散。后在美国压力和经济援助的双重刺激下，到 1985

---

① 阿伦·布雷格曼：《以色列史》，杨军译，第 216 ~ 217 页。
② See http：//en. wikipedia. org/wiki/Ethiopian_ Jews_ in_ Israel.
③ 阿伦·布雷格曼：《以色列史》，杨军译，第 217 页。
④ 1950 年 7 月 5 日颁布，该法把居住在以色列之外的犹太人称为"流散中的犹太人"，把移民以色列表述为"回归自己的祖国"，这样就赋予了每个犹太人移民以色列的权利。
⑤ 穰生编译《秘密逃亡之旅——摩西行动的故事》，《世界博览》1987 年第 5 期。

年 3 月 22 日，这近 1000 名犹太人终于从苏丹经由西欧国家被转运至以色列。1991 年，埃塞俄比亚内战期间，总统门格斯图在美国许诺给予 3500 万美元援助并力促政府与反对派和谈，以色列向埃政府提供了包括 100 辆 T-55 坦克以及埃空军所急需的零配件在内的军事援助后，同意以色列将聚集在首都亚的斯亚贝巴的犹太人空运回国。1991 年 5 月，以色列政府实施了"所罗门行动"，动用 40 架飞机在 36 小时内将 1.4 万多名犹太人转移到以色列。[①] 在"摩西行动"和"所罗门行动"中，有总数达 2.5 万的埃塞俄比亚犹太人被接到以色列。在此之后，埃塞俄比亚境内还生活着 500 多名外国犹太侨民，在首都亚的斯亚贝巴还有一个独立的犹太人社区。[②] 2011 年 7 月，以色列政府决定实施代号为"鸽翅行动"的救援计划，旨在将留在埃塞俄比亚的最后一批大约 7500 名犹太人空运回以色列。因为甄别程序需要较长的时期，根据计划和安排，政府每月接运 200 名犹太人，耗资约 450 万美元，计划于 2014 年 10 月结束。不过，在以色列政府的积极努力下，该计划最后提前完成。2013 年 8 月 29 日，当载有 450 名埃塞俄比亚犹太人的飞机在以色列特拉维夫机场着陆时，代号为"鸽翅行动"的救援接运海外犹太人的行动宣告圆满结束。以色列犹太事务代理组织主席纳坦·夏兰斯基（Natan Sharansky）在"鸽翅行动"的庆功仪式上总结说："这是一个历史时刻。该时刻从'摩西行动'开始，接下来的是'所罗门行动'，而高潮是'鸽翅行动'……通过大家的共同努力，我们正在书写埃塞俄比亚犹太人历史的最后一页。"[③]

埃塞俄比亚犹太人经三次大规模的救援行动最终完成回归，在以色列移民史上具有重要意义，它不仅充实了以色列的犹太人口，还给以色列族群增添了多元性色彩。不过，这些本来过着中世纪般生活的黑皮肤的乡下人，突然被带进了由欧洲犹太人建立的高度现代化的社会，初时受到相当的歧视，面临诸多挑战。30 多年来他们在以色列学习、适应、奋斗的过程是一次大规模的、活生生的，社会学、心理学和人类学的实验，也是真正

---

① Stephen Spector, *Operation Solomon：The Daring Rescue of the Ethiopian Jews*, Oxford University Press, 2005, p. 2.

② 李毅夫、赵锦元主编《世界民族常识》，中国青年出版社，1988，第 341 页。

③ 徐新：《揭秘以色列鸽翅行动始末》，《国际先驱导报》2013 年 9 月 25 日。

地"游走于文明之间"①。

二 重回故土后的社团生活

以色列政府在如何让埃塞俄比亚犹太人迅速融入以色列社会方面做出了很大努力，当局为安置这批移民采取了多方面的措施，积极加以应对。首先，为了迎接新移民的到来，以色列政府专门设立了融合基地和学习中心进行接待。② 20 世纪 80 年代中期，当第一批埃塞俄比亚犹太移民刚刚到达时，以色列国内就设置了多处融合基地，将近 3/4 的埃塞俄比亚犹太人安排在基地居住。如设立在贝尔谢巴的基地就生活着 500 多名埃塞俄比亚犹太人，有大约 40 名犹太办事处工作人员对他们予以指导。③ 政府还向每个移民发放一笔钱，鼓励新移民到一些专门遴选出来的不发达城镇，如阿夫拉、伽特、阿什克伦、马拉奇、内提沃特、奥法基姆等地，以及其他一些正在发展中的城镇生活定居。④ 其次，政府为新移民提供语言和生产技能方面的培训。在以色列，新移民融合的第一步也是至关重要的一步就是学习希伯来语，以色列政府在帮助埃塞尔比亚犹太人克服语言障碍方面做了大量工作。由政府设立的、专门为来自世界各地的犹太移民提供希伯来语培训的语言学习中心接收了大批埃塞俄比亚犹太人。而且，以色列教育部门也注重在教材中加入埃塞俄比亚犹太人的历史和传统，让其他犹太社团更加了解这群神秘的同胞，以此来增强埃塞俄比亚犹太人的自豪感。在部队中，这些来自东非的犹太人也会听到讲述自己祖先历史的讲座。主流媒体也加大了对埃塞俄比亚犹太人的宣传。

不过，在经历了短暂的礼遇和接触新环境的兴奋期之后，埃塞俄比亚犹太人发现以色列并不是他们梦想中的"耶路撒冷"，尽管他们的生

---

① 参见《埃塞俄比亚犹太人》，光明网读书频道，http：//reader. gmw. cn/2011 – 09/29/content_ 2717723. htm#。

② Brian Weinstein，"Ethiopian Jews in Israel：Socialization and Re – Education," *The Journal of Negro Education*，Vol. 54，No. 2，p. 213.

③ Brian Weinstein，"Ethiopian Jews in Israel：Socialization and Re – Education," *The Journal of Negro Education*，Vol. 54，No. 2，p. 216.

④ 阿伦·布雷格曼：《以色列史》，杨军译，第 218 页。

活水平相比之前得到了提高，可是，如同在埃塞俄比亚一样，他们成为以色列社会的底层群体。由于种族和历史传统方面的原因，他们的犹太性遭到主流社会的非议和贬斥，在经济、政治、宗教等方面面临着一系列难题。

在经济领域，埃塞俄比亚犹太人充当的是一个附庸者的角色，几乎没有任何地位和发言权。由于长期生活在落后的农业社会，许多初来乍到的埃塞俄比亚犹太人对发达的现代文明一无所知，迟迟难以融入其中。[①] 同一时期到来的苏联犹太人由于人口素质较高，经历了短期的困难之后，大多数人都解决了住房和就业问题。而埃塞俄比亚犹太人却无力应对全新的环境，因而仍由政府各部门具体负责他们的安置工作。他们从事着最底层的工作，拿着微薄的薪水来养家糊口。2002 年年底，以色列议会"收入不均调查委员会"公布的一份报告显示，埃塞俄比亚犹太社团人数在 8.5 万人左右，其中约 92% 从事低收入工作，他们与阿拉伯游牧部落贝都因人和一般不从事工作的犹太教极端正统派教徒一起构成了以色列的"穷人"阶层。作为东方犹太人，埃塞俄比亚犹太人大多空手而来，处于无功受惠的地位，多被安排在不发达地区或者大城市的边沿，在劳动力市场也处于非常不利的地位，失业率远高于西方犹太人。[②] 随着外来劳动力的不断增多，以色列劳动力市场的种族歧视现象越来越普遍。2012 年的一项调查显示，本土出生的以色列人的薪酬要明显高于来自阿拉伯国家和埃塞俄比亚的移民，而且收入差距还会随着时间的推移而不断加大。里雄莱锡安学院管理研究院（College of Management Academic Studies，Rishon Lezion）调查发现，在法律、工程和高科技等工资较高的行业中，本土出生的以色列人在工作第一年的薪酬要比外来移民高出 41%，10 年之后将高出 64%。超过半数的本土出生的以色列人和苏联移民在考大学时选择薪酬较高的热门专业学习，而选择这些专业的阿拉伯裔学生只占 29%，埃塞俄比亚裔学生仅占 27%，这也影响了他们就业后的平均工资。目前，埃塞俄比亚裔大学毕业生的平均起步月薪为 1430 美元，要比本土出生的以

---

① J. Abbink, "The Changing Identity of Ethiopian Immigrants (Falashas) in Israel," *Anthropological Quarterly*, Vol. 57, No. 4 (Oct., 1984), p. 141.

② 张倩红：《以色列史》，人民出版社，2008，第 255 页。

色列人和前苏联移民低 27%。10 年之后，他们的月薪差距会拉大到 36%。以色列社会活动家、参选工党国会议员的本－古里安大学教授尤西·约纳（Yossi Yonah）认为，以色列劳动力市场的确存在着老套的种族观念和排他现象。他指出，由于犹太民族曾经是种族歧视的牺牲品，因而在以色列劳动力市场存在的种族鸿沟现象不仅是极其恶劣的，也会影响以色列的长远发展，必须做出更多的努力来遏制这种社会鸿沟的扩大和蔓延。①

政治方面，埃塞俄比亚犹太人政治活动空间较小、政治参与能力较低、政治影响力非常有限。埃塞俄比亚犹太人普遍不懂希伯来语和英语，造成语言交流上的天然障碍，极大地影响了他们参与以色列政治事务的能力。以色列从建国伊始就以英美等西方国家为蓝本构建了西方式的政治管理体系，实行议会民主制，在这一政治体制中阿什肯纳兹犹太人占据绝对主导地位，国家政治生活的主要内容和发展方向均取决于他们的意志。从 20 世纪 80 年代开始，当成批的埃塞俄比亚犹太人涌入这个现代化国家并试图融入这种对他们来说完全陌生的体制中去，试图运用这种自己在其中毫无发言权的体制去保护自己权益的时候，所遭遇的困难可想而知。进入以色列的埃塞俄比亚犹太人通常被安置在边缘地区的定居点或者不发达的小城镇，像首都耶路撒冷和特拉维夫这些大城市很难寻觅他们的身影。政府的这种安排有着经济方面的正当考虑，但是也与埃塞俄比亚犹太人弱小的政治影响力有着莫大关系。目前在以色列国内生活的大约 12 万名埃塞俄比亚犹太人②虽然有着自己独特的诉求，但是他们天然的人口数量局限和政治素养缺失导致其很难在议会中拥有代表自己利益的席位，而影响政府政策向自我群体倾斜更是难上加难。在较长时间内，埃塞俄比亚犹太人没有自己的政党，尽管在自由党、前进党和沙斯党等主要政党中有少量的埃塞俄比亚犹太人代表。而几乎是 20 世纪 90 年代同一时期来到以色列的苏联犹太人却表现出相当的适应性，很快融入以色列社会并且有较强的政治

---

① 引自国际在线专稿：《调查显示以色列劳动力市场种族歧视现象严重》，2012 年 12 月 27 日，http：//gb. cri. cn/27824/2012/12/27/5892s3973281. htm。

② 2008 年底的统计数字，其中有 81，000 名埃塞俄比亚以色列人是出生在埃塞俄比亚的，而 38，500 人（32%）是出生在以色列。参见 http：//zh. wikipedia. org/wiki/贝塔以色列。

参与性，甚至建立了代表自己利益的政党，从夏兰斯基创立的移民党、利伯曼创立的家园党和盖达马克创立的正义党最具代表性。① 2006 年，亚伯拉罕·内古萨（Avraham Negusa）领导建立了主要代表埃塞俄比亚犹太人利益的政党"一种希望"（Atid Ehad），该党支持将仍滞留在埃塞俄比亚的犹太人接回以色列并致力于强化埃塞俄比亚犹太人社团的社会融合进程。该党参加了当年的议会选举，赢得 14005 张选票（约占总选票的0.45%），没有达到进入以色列议会所要求的 2% 选票的门槛，因而未能在议会中获得议席。之后，该党影响力进一步式微，没有参加 2009 年的议会选举。② 由于以色列实行的是比例选举制度，这在很大程度上将作为少数族群的埃塞俄比亚犹太人排除在议会之外。当他们意识到这种不公平的现象不是发生在一个个体身上，而是发生在他们整个社团身上时，对政府和社会的不满就会被激发出来，从而变得与其他社团更加格格不入，这一状况也会对以色列政治稳定形成不利影响。不过，近些年来，埃塞俄比亚犹太人移民群体的政治意识也在不断觉醒，并要求在政治上获得更加平等的地位和发言权。2010 年，以色列议会决定在 2011 年专门为埃塞俄比亚移民分配 30 个政府部门职位。要看到尽管有 782 名贝塔以色列人在政府部门任职，但这只占全部 6.1 万名公务员的 1.4%。③ 2012 年，以色列任命了该国历史上首位埃塞俄比亚裔的大使，这在反种族偏见方面具有里程碑的意义。④

宗教方面，由于与主流犹太教存在较大差别，埃塞俄比亚犹太人的犹太信仰受到质疑，宗教活动受到限制和歧视。埃塞俄比亚犹太人既不属于正统派，也不属于保守派和改革派，而是在非洲生活环境中发展出自己独特的宗教生活。他们信仰犹太教，信奉《圣经》，是严格的一神论者，所庆祝的节日（如逾越节和赎罪日）也与其他犹太人庆祝的节日很相似。遵

---

① 周承：《以色列国内苏联犹太移民政党的成因及影响》，《西亚非洲》2010 年第 8 期。

② http://en.wikipedia.org/wiki/Atid_Ekhad。

③ Ruth Eglash，"Gov't to Create New Civil Service Roles for Ethiopian Jews," *The Jerusalem Post*，Nov. 28，2010，转引自欧连维《"贝塔以色列人"研究》，外交学院 2009 级硕士学位论文，第 23 页。

④ "J'lem appoints first Ethiopian-born ambassador," *Jerusalem Post*，February 28，2012.

循传统的安息日礼仪和犹太教关于饮食的规定，并行割礼。[①] 但由于地理隔绝，所以其宗教信仰和宗教生活与生活在世界其他地区的犹太人已经有了很大区别[②]。最大的区别在于埃塞俄比亚犹太人的犹太教经典只有《圣经》[③] 而没有《塔木德》[④]，也没有塑造现代犹太教的中世纪拉比评注，有人称之为"没有犹太教经典的犹太人"。这是因为他们在圣经时代就已经定居在了这块东非高原上，与其他犹太人处于隔离状态，所以在巴比伦时期形成的经典《塔木德》就一直没有影响到他们。具体宗教习俗方面更是存在差别，同主流犹太社团相比显得比较独特，如一般犹太人的安息日是从星期五的太阳落山开始，而埃塞俄比亚犹太人则从星期五的中午就开始守安息日了；另外，这些"黑犹太人"的传统节日中也没有哈努卡节和普林节，而这两个节日在其他犹太社团中则显得比较重要。[⑤] 更糟糕的是，身处以色列的埃塞俄比亚犹太人社团没有强有力的领袖人物，其克色斯（keses）原是社团的拉比和支柱，现在受雇于以色列宗教事务部，其中许多人也负责社团的宗教仪式，但不断受到正统派拉比的羞辱。正统派以以色列的宗教权威自居，拒绝承认克色斯为合法拉比，禁止他们主持宗教仪式，还剥夺了他们主持犹太婚礼的权利，但正统派自身又未能恰当地领导初来乍到、失去了方向感的埃塞俄比亚犹太人社团。这个与过去斩断联系的社团因此留下了严重的创伤，忍受着焦虑感和孤独感。许多新移民自杀

---

① Isaac Landsman, ed., *The University Jewish Encyclopedia*, Vol. 4, p. 236.

② 埃塞俄比亚犹太人相信来世和死者复活，他们作品中有关于伊甸园里义人得到报偿和恶人受到惩罚的描述。阿兰道夫（Ullendorff）认为埃塞俄比亚犹太人的宗教是异教、犹太教及基督教信仰和礼仪的奇异混合。而约瑟夫·哈勒维（Joseph Halevy）以及其他一些研究者则对他们的犹太意识印象深刻。费特罗维奇（Faitlovitch）认为他们在种族学上属于犹太后裔，并试图说服他们改变奇风异俗，以更加接近传统犹太教。参见 *Encyclopedia Judaica*, Vol. 6, Jerusalem, Israel：Keter Publishing House Ltd., 1972, p. 1149。

③ 埃塞俄比亚犹太人使用的《圣经》主要由《摩西五经》、《约书亚书》、《士师记》和《路德记》构成，《圣经》其他章节处于次要地位，《耶利米哀歌》不属于其正典的一部分。

④ 虽然《塔木德》不是埃塞俄比亚犹太人的经典，但人们从他们记述的作品中能够发现某些与《革马拉》和《米德拉西》相一致的传统。参见 *Encyclopedia Judaica*, Vol. 6, Jerusalem, Israel：Keter Publishing House Ltd., 1972, p. 1147。

⑤ Brian Weinstein, "Ethiopian Jews in Israel：Socialization and Re‐Education," *The Journal of Negro Education*, Vol. 54, No. 2, 1985, p. 214.

了——这在埃塞俄比亚是闻所未闻的。[①] 社团成员甚至被要求改变宗教信仰中的一些传统习惯，一些所谓正统派犹太教极端分子不相信埃塞俄比亚犹太人信仰真正的犹太教，认为他们只是在祈祷和葬礼方面和真正的犹太教有相似之处，想要他们更新其"与上帝的誓约"，即经历所谓的"基俞尔（Giyur）"[②] 重新皈依犹太教。[③] 这种被强迫的改变使他们觉得有失尊严，缺乏安全感。所以在到达以色列开始了梦寐以求的生活之后，这些持有独特信仰的犹太人与他们的同胞之间在宗教问题上经常会发生矛盾和冲突。

三　社会融合、族群偏见与认同困境

1948 年 5 月，以色列建国时发表的《独立宣言》宣称："以色列国……将以先知所憧憬的自由、正义与和平作为立国基础；将保证全体公民，不分宗教信仰、种族与性别，最充分享受社会政治的平等。"[④] 这一理想固然崇高，但实现起来并非易事。对建立在异族土地上的移民国家以色列而言，在其疆域内通过共同的语言、文化、价值体系等纽带，形成统一的政治文化共同体和民族认同，即构建一个统一的国族是一项任重道远的工程。[⑤] 以色列国内生活的犹太人或者他们的先辈来自不同的国家和不同的文化背景，虽然同属犹太人，但是他们的思想观念、价值观体系、职业甚至外貌都已经存在巨大差别。因此，怎样有效地整合这些千差万别的犹太人，使得他们重新成为一个共同的犹太民族便成为历届以色列政府的一大要务。以色列自建国以来，为弥合不同族裔之间的隔阂，整合不同背景的移民群体，强化国家意识和犹太认同，政府强力推行以同化思想为基础的"熔炉主义"政策，该政策主张在平等的基础上实现犹太

① 阿伦·布雷格曼：《以色列史》，杨军译，第 218 页。
② 指非犹太人或未经正式皈依的犹太人要成为犹太社团的正式成员必须经过的皈依犹太教的一整套程序。
③ 李伯重：《黑犹太人来到以色列》，《世界知识》1989 年 9 月。
④ 徐新、凌继尧主编《犹太百科全书》，上海人民出版社，1993，第 129～130 页。
⑤ 李志芬：《主体民族主义与国族构建的悖论——以色列民族政策思想之评析》，《西亚非洲》2011 年第 7 期。

各族群之间在社会结构上的完全融合。这是一种在承认多民族文化的前提下，提倡各民族文化相互学习、相互借鉴的民族政策。其基本的价值取向是国家利益。① 本－古里安曾这样描述道："我们必须把这一堆杂七杂八的东西熔化掉，在复兴民族精神这个模子里重新加以铸造。"为缩小东西方犹太人之间的差距，政府积极采取各项政策和措施，如在生活补贴、就业、教育等方面给予前者以照顾、有意识地让不同文化背景的人混合居住，扩大并鼓励不同定居点之间的经济往来与社会、文化交往等来解决新移民带来的问题，虽有一定成效，但远未达到族群有机融合的目标，因为社会融合是一项极为复杂而漫长的工程，不是短期内能实现的。②

更为重要的是，以色列社会是一个西方文化占据主流的社会，这与来自欧洲的阿什肯纳兹犹太人在以色列社会中的强势地位密切相关。以色列社会的经济运行模式、政治架构、社交模式、价值观念、文化氛围等都带有非常浓厚的阿什肯纳兹色彩。所以，"熔炉"政策在实施的过程中，以色列社会事实上将阿什肯纳兹犹太人默认为在文化传统、社会组织、经济活动、道德伦理、宗教信仰等方面都堪称楷模的"标准族群"，其他族群都应当在各个方面向这个"标准族群"靠拢，并逐步使自己全面融入这个标准族群之中。在完成同化过程之前，主流社会对属于非"标准族群"的文化传统、母语、社会习俗等实际上采取的是不赞许甚至排斥、歧视的态度。③ 具体来说，以色列的熔炉主义以阿什肯那兹人的文化价值观念和充分体现先驱、开拓精神的"萨布拉"（Sabra）④ 认同为基础，试图对广大来自亚非世界的东方犹太人进行同化，以消除他们身上落后的流散地文化特征，使他们融入以阿什肯那兹人为代表的主流社会之中。

在埃塞俄比亚犹太人移民以色列的时代，以色列的族群更趋多元，政

---

① 周平：《民族政治学》，高等教育出版社，2003，第93页。

② 张倩红：《以色列史》，人民出版社，2008，第256页。

③ 马戎：《民族社会学——社会学的族群关系研究》，北京大学出版社，2004，第506页。

④ 指出生在以色列的犹太人。这一术语开始出现于20世纪30年代，指的是出生在委任统治地巴勒斯坦的犹太人，而1948年以色列建国后，则习惯上指任何出生在以色列国家的犹太人。文化上的"萨布拉"观念强调的作为早期创业者的老一代欧洲犹太移民及其后裔对以色列的突出贡献以及由此带来的优越感，并倾向于弱化新移民和其他族群影响。

府也认识到文化多元主义的现实及"熔炉"政策的缺陷并试图进行调整，由消除多元文化差异转变为保护和发展多元性趋势，但在族群力量极不平衡的以色列社会，族群政治权力格局呈现相对固化的倾向，实现上述转变尤为不易。在存在主体民族（族群）数量优势的情况下，缺乏专门保护少数民族（族群）个体和群体的制度和措施，就不能保证所有公民的政治权利和基本人权，而且很容易导致主体民族对少数民族（族群）的强制同化。① 按照以色列学者阿萨德·格哈内姆（As'ad Ghanem）的观点，以色列的族群政治体现出典型的阿什肯纳兹中心和非阿什肯纳兹边缘的特征，政治上的控制和霸权体制被阿什肯纳兹精英用于对付在地域上、文化上和政治上的次级群体及其精英。阿什肯纳兹犹太人所建立的"霸权种族国家"机制对于他者，即非阿什肯纳兹群体实行歧视政策，并且创造权威和社会机器来合法化种族依附关系，甚至使这种依附关系凌驾于一般民事关系之上。② 这种族群霸权体制里保存了民主程序，包括一个基本固定的民主结构和实现行为，比如选举、议会制度、自由运动以及相对开放的通信和媒体系统，但不足以阻止不民主的体制扩张并在民族国家占主导地位。这样，尽管民族融合政策的初衷在于促进民族平等以及各民族文化的交流和融合，而不要求建立统一的国民文化，但在实施过程中往往伴随着对少数族群的歧视和压制，常常以牺牲少数族裔的政治权益和文化个性为代价。因为每一个政府在制定自己的族群政策时，必须要考虑到本身的族群基础和各个族群对政府的支持程度，考虑到各族群的政治势力和经济势力。③

由于来自极端落后地区、社团规模较小、受教育水平不高、从事一些低级职业、社会地位低下、生活方式较为封闭和传统，又长期与世界其他犹太社团脱离联系，埃塞俄比亚犹太人与主流社会的接触和交流方面存在问题，处于相对边缘的地位，社会融合受到一定程度的限制。④ 尽管以色

① 王建娥：《族际政治民主化：多民族国家建设和谐社会的重要课题》，《民族研究》2006年第5期。

② As''ad Ghanem, *Ethnic Politics in Israel*, *The margins and the Ashkenazi center*, Routledge, 2010, Preface.

③ 马戎：《民族社会学——社会学的族群关系研究》，北京大学出版社，2004，第504页。

④ 李志芬：《以色列民族构建研究》，博士学位论文，西北大学，2009，第114页。

列政府在不断致力于改善埃塞俄比亚犹太人的经济与社会地位，但在以色列社会，他们始终未受到主流族群的尊重和平等对待，面临着深刻的认同困境。以色列原来居民对新来的埃塞俄比亚犹太人存有严重的排斥心理。为了维护定居点附近的原有居民的利益，许多地方官员对于混合定居点建设采取了不合作甚至是抵抗的态度，其间夹杂的是对埃塞俄比亚犹太人文化习俗、历史传统、种族特征等方面浓厚的厌恶情绪。杜伦达·奥雅奴加在1992年进行的针对埃塞俄比亚在以色列的生活状况问题的调查研究显示，在以色列其他犹太社团中广泛存在着对埃塞俄比亚犹太人的歧视和偏见，比如认为埃塞俄比亚犹太人落后、愚昧，不健康、会传染疾病，有严重的暴力和犯罪倾向。① 以色列的一些主流媒体也发表不谨慎言论，过分地宣布法拉沙人"浑身是病"，尤其是艾滋病。当然，对于埃塞俄比亚犹太人的厌恶和抵制不是特例，它反映的是西方犹太人对东方犹太人的较普遍的观点和情绪。很多西方犹太人认为，来自落后的东方社团的犹太人会成为社会进步的负担，会削减以色列的"西方化"构造而使其成为"中东特征"的国家。②

对于以色列族群之间交往意愿的调查显示，埃塞俄比亚犹太人仅仅高于以色列阿拉伯人，而且更多的人是不愿意与这群来自埃塞俄比亚的黑犹太人发生一些工作或者生活上的关系，如作为邻居、同事、老板。③ 对埃塞俄比亚犹太人的族群偏见和歧视也可以从这一族群与以色列其他族群的通婚情况看出来。2009年的一项调查表明，在过去几十年，以色列的跨族群婚姻呈现稳步增长的态势，并逐渐缩小了阿什肯纳兹犹太人与塞法迪犹太人之间的社会经济鸿沟。但是，埃塞俄比亚以色列人的婚姻状况并不符合这一总体趋势。根据以色列中央统计局的报告，大约有90%的埃塞俄比

---

① 这种观点有一定的事实依据。由于缺乏法律意识，埃塞俄比亚犹太人的犯罪率较高。在以色列军队中，埃塞俄比亚犹太人约占3%，但在军事监狱中关押的比例却高达13%。目前，以色列军队正寻求在两年内减少15%的在押埃塞俄比亚裔犹太士兵以支持埃塞俄比亚犹太社团的发展。参见 Gili Cohen, "Israeli army hopes to reduce arrest of Ethiopian soldiers by 15 percent", *Haaretz*（《国土报》）, December 5, 2013, http: //www. haaretz. com/news/diplomacy - defense/. premium - 1. 561870。

② 张倩红：《以色列史》，第255页。

③ 欧连维：《"贝塔以色列人"研究》，2009级硕士学位论文，外交学院，第26页。

亚犹太人（93％的男子和85％的妇女）选择社团内部通婚。以色列学术研究中心2008年的调查研究称，大多数以色列的受访者认为，如果他们子女当中有一个人未来要和埃塞俄比亚犹太人结婚，他们会感到不舒服。57％的受访者对未来他们的女儿嫁给埃塞俄比亚裔犹太男子完全不可接受，而39％的受访者也不赞同他们的儿子娶埃塞俄比亚裔犹太女子为妻。以色列埃塞俄比亚犹太人协会副主席阿维·马斯费恩（Avi Masfin）指出，与其他族群通婚的障碍事实上是来自双方面的，无论从以色列社会的普遍立场来看，还是从埃塞俄比亚犹太人自身立场来看，乐于接受族际婚姻仍然需要时间。埃塞俄比亚犹太社团中有相当一部分人在这一问题上是保守的，并且存在种种担忧。[1]

受以色列社会对待埃塞俄比亚犹太人态度的影响，以色列政府曾试图控制埃塞俄比亚犹太移民的生育水平以限制其人口增长，做出了遭人诟病的极不光彩的事情。2013年年初，媒体报道以色列的犹太事务局（JAFI），在过去10年中，在当事人不知情的情形下，强制让过渡营中移入以色列的埃塞俄比亚犹太人妇女注射长期的避孕针，造成近10年以色列境内的埃塞俄比亚裔犹太妇女生育率降低50％，此事公开之后引发普遍关注、争议和谴责，被认为是带有种族歧视甚至于类似种族灭绝的举动。批评者尖锐地指出，犹太人曾经是种族歧视和种族灭绝的受害者，现在又怎么可以同样的方式来对待自己的同胞？之后，以色列卫生部迫于舆论压力才下令各单位停止这一措施。[2]

应该说，主流社会对埃塞俄比亚犹太人的种种非难和指责有历史和现实方面可以解释的原因，但是，由这些非难和指责发展出来的种族歧视思想，会给埃塞俄比亚犹太人造成强烈的种族低劣感和自卑感。为了获得更好的职业机会和更多的社会认同，有些埃塞俄比亚犹太人尝试改变其种族特征。例如，许多犹太人在埃塞俄比亚生活时，按照当地基督徒的习俗在身体的不同部位做了文身，以此来改变和隐匿犹太血统。多数文身为暗黑

---

[1] Ofri Ilani, "Survey: 90% of Ethiopian Israelis Resist Interracial Marriage," Haaretz（《国土报》）, Nov. 16, 2009, see http://www.haaretz.com/print-edition/news/survey-90-of-ethiopian-israelis-resist-interracial-marriage-1.4115.

[2] 维基百科：贝塔以色列，参见 http://zh.wikipedia.org/wiki/贝塔以色列。

色，是将木炭注入皮肤所致，也有白色或彩色文身。当他们因种种因素从埃塞俄比亚回迁至以色列时，必须考虑去除这些外来象征以更好地融入以色列社会。在这种需求的影响下，医学界开始专门研究一些特定的方法来去除这种文身。①

当然，在被动适应的同时，这个古老的犹太社团也开始不断发出抗议的声浪。1996，以色列媒体曝出红色大卫盾组织（Megen David Adom）②秘密丢弃埃塞俄比亚犹太移民及其后裔所捐血液以防止乙肝、艾滋病毒的传播和感染的丑闻，据称，通过对5200名经由"所罗门行动"来到以色列的埃塞俄比亚犹太人移民的医学检测，显示有约2.3%（118名）的艾滋病病毒携带者。③ 此事引发了轩然大波，几天后，上万名埃塞俄比亚犹太人聚集在以色列总理府前示威并向警察投掷砖头、石块等，警察使用橡胶子弹、水枪、催泪瓦斯等驱散了示威人群，示威最后造成41名警察和20名示威者受伤，同时有200辆总理府雇员汽车被损毁。在公众的抗议声浪下，红色大卫盾组织的执行主席被解职，政府专门成立了调查委员会调查此事并发布了调查报告，认为未发现种族主义，但要求在政策上做出调整。2006年11月6日，在得知以色列卫生部决定继续实施批量丢弃包括埃塞俄比亚犹太人在内的高风险人群所捐血液的政策之后，埃塞俄比亚犹太人再次举行抗议活动，并试图阻断通向耶路撒冷的道路，与警察发生暴力冲突。④ 2012年1月18日，埃塞俄比亚犹太人在耶路撒冷举行了大规模游行示威活动，抗议以色列社会针对其社群的肤色歧视及其在各方面遭受到的不公平待遇，超过5000名埃塞俄比亚犹太人参加了这次示威活动。⑤

---

① Lapidoth. M，Aharonowitz G.，"Taboo Removal among Ethiopian Jews in Israel：Tradition Faces Technology，" *J. AM. ACAD. DERMA – TOL*，2004，Vol. 51，Issue 6，pp. 906 – 909.

② 以色列国家医疗急救和血液储备组织，2006年被国际红十字会成员认可为以色列国家急救协会，并成为国际红十字会和红新月会联合会成员。

③ http：//en. wikipedia. org/wiki/Ethiopian_ Jews_ in_ Israel.

④ The Associated Press，"Ethiopian – Israelis Clash with Police，Disrupt Jerusalem Traffic over Discarding of Donated Blood，" November 6，2006. See http：//web. archive. org/web/20-080620044718/http：//www. iht. com/articles/ap/2006/11/06/africa/ME_ GEN_ Israel_ Blood_ Protest. php.

⑤ 《埃塞俄比亚犹太人抗议肤色歧视》，新华网，2012年1月19日，http：//news. xinhua-net. com/gongyi/2012 – 01/19/c_ 122606391. htm.

埃塞俄比亚犹太人的这次大规模抗议活动是这一社团移居以色列以来所积累的一系列社会矛盾和不满情绪的总爆发，实质上反映了东西方犹太族群之间存在的难以弥合的裂痕。

综观以色列社会，埃塞俄比亚犹太人遇到的问题并不是个案，而是在以色列故土生活的多个犹太社团的共性问题。以色列政府所实施的融合政策具有塑造统一的国家民族认同和社会性文化的崇高理想，但在很大程度上忽视了以色列族群和文化的多样性特征。以优势族群的文化模式为样板，消除和牺牲弱势群体的文化权益的族群整合政策，客观上产生了族群分层、分裂与族群文化认同困境这一事与愿违的结果，给少数族裔造成了难以磨灭的文化和心理创伤，并在一定程度上迟滞同化的进程，最终不利于锻造一个统一的以色列民族。虽然从结果上看，东方犹太人可能文明化了、进步了，但这是以他们抛弃传统文化，并遭受了巨大的痛苦和牺牲为代价的。因为在经济方面从事着低收入、低技术的服务业和农业生产，政治方面面临着自己不熟悉的西方式民主政治体系，宗教文化心理上又同主流族群存在明显差异，面对着各种歧视，他们很难真正抛弃自己长期的传统，融入以西方文化为核心的以色列社会中去。[①] 埃塞俄比亚犹太人在移民以色列后，在以色列的国家政策和复杂族群关系的影响下，未能在国家（民族）认同和本社团认同之间实现有机的统一，相反，两者之间出现了严重的疏离。

多民族（族群）国家社会整合的目标和出发点应该是求同存异，在承认差异、尊重差异的基础上，创造一种具有更大包容性的制度空间，使各个民族（族群）都可以在不损害他族生存和利益的前提下保持和发展自己的文化和生活方式，并且在保持传统的族裔和文化认同的基础上创造一种新的、更高层次的、具有更大包容性的政治认同。[②] 这种多层次的身份认同涵盖个人对特定族群的认同、个人对民族国家的认同、特定族群对民族国家的认同，当然民族国家对个人权利和特定族群权利的认可与保护是实现上述多层次认同的基础。因此，从族群政治的角度来看，埃塞俄比亚犹

---

① 李志芬：《以色列民族构建研究》，博士学位论文，西北大学，2009，第 115 页。
② 王建娥：《族际政治民主化：多民族国家建设和谐社会的重要课题》，《民族研究》2006年第 5 期。

太人实现真正融入有赖于以色列政府调整其族群政策，真正尊重并重视少数族裔的利益诉求和文化传统，在民主的框架下实现各族群全面的政治参与。在公民民主之外，族际政治民主不失为以色列处理复杂的族群关系的有效途径，其目的是在族际社会经济关系上杜绝一优势民族（族群）对社会公共权力的垄断和对公共资源的独占，以及对弱势群体的掠夺压迫，通过制定和贯彻向少数民族（族群）弱势群体倾斜的经济和社会政策，保护处于弱势地位的少数民族（族群）的基本权利；而在族际政治关系上，则要通过各民族（族群）对政府权力的直接、间接控制和对政治决策过程的直接、间接参与，把某一特殊民族（族群）对权力的垄断转变为各民族（族群）对权力的共享，从而造成一种万众归心的政治局面，保证"多元社会"的"政治一体"。① 当然，我们也看到，受到苏联解体后大量俄罗斯移民涌入以色列，全球多元文化主义带来宗教力量复兴、女权运动发展及族群权利申张等因素的影响，以色列国家维持稳固的单一族群主体意识和文化主体意识变得越来越困难，文化认同日益模糊和碎片化，文化思潮的多元化也成为以色列社会所遭遇的主要问题，包括埃塞俄比亚犹太人在内的东方犹太人的族性文化正得到前所未有的张扬，公民权和政治参与意识也空前增强，② 以色列政府正逐步调整自己的族群政策和文化政策，在坚持国家政治法律一体和主流文化（希伯来语、犹太文化、西方世俗价值观）普遍性基础上，尽可能地给少数族群参政创造机会，不同程度地允许少数族群保留自己的文化特征，同时也有意识地淡化和模糊各个种族、族群之间的边界，鼓励族际婚姻，并以多种方式促进不同族群之间的融合，从而使得政府职能在宏观上适应并驾驭多元社会的运行机制，以此来求得以色列社会的和平、稳定与发展。

原文发表于《西亚非洲》2015 年第 1 期。

---

① 王建娥：《族际政治民主化：多民族国家建设和谐社会的重要课题》，《民族研究》2006年第 5 期。
② 张倩红、艾仁贵：《犹太文化》，人民出版社，2013，第 329～330 页，第 322～324 页。

"新历史学家"对以色列传统史学的挑战

李晔梦

（华东师范大学历史系博士研究生）

摘　要：20 世纪八九十年代，一批受西方影响的以色列历史学家通过对大量解密文献的研判与调查，率先对犹太复国主义提出种种质疑，从而引发了以色列社会对官方意识形态的反思，形成了一种新的思想文化思潮——"后犹太复国主义"，这些历史学家被称为"新历史学家"。他们的观点主要集中在对以色列国家合法性与官方历史阐释的修正，对犹太复国主义的重新解读，对以色列国家属性及其未来走向的质疑，等等，从而对官方史学进行挑战。虽然"新历史学家"拓宽了历史研究的视域，推进了学术自由，有益于推进国家的世俗化与民主化进程，但他们的批判性大于建设性，有些主张过于激进且不切实际，并且在某种程度上加剧了以色列社会的动荡性。

关键词：以色列　"新历史学家"　犹太复国主义　后犹太复国主义

20 世纪 80 年代中后期，以色列的大学校园里出现了一批知识精英，他们汲取了当代西方史学的一些新观念、新方法，对大量解密的档案文献和相关史料进行挖掘，结合以色列国家的现状和阿以长久冲突的实际情况，对犹太复国主义定格下的官方历史学进行了解构，这一群体被称为"新历史学家"（New Historians）。[①]"新历史学家"作为以色列历史学的一个新学派，不仅拓宽了学术研究的视域，而且体现了以色列社会文化的多元化发展趋向。对"新历史学家"进行分析与探讨，可以为我们研究后犹

---

① 国内学者在介绍后犹太复国主义思潮时都对"新历史学家"有所涉猎，但缺乏系统研究，关于该主题目前尚无专著、专文出现。

太复国主义思潮、① 理解当代以色列社会提供一个特别的视角。

一 "新历史学家"的出现

自 1897 年第一次世界犹太人代表大会在瑞士巴塞尔召开至今，犹太复国主义已经发展了一百多年，经历了多次的修正与融合，最终成为被多数犹太人所接受的主流意识形态，在以色列国家的建立和发展过程中发挥了不可替代的作用。然而，1948 年匆匆建立的以色列国家并没有也不可能解决所有的问题，正如 1962 年英联邦大拉比伊曼纽尔·雅各博维奇（Immanuel Jakobovits）所指出的：

> 以色列当然没有"已经解决犹太问题"……今天反犹主义的危险和以色列建国前一样巨大……犹太问题仍然没有解决，在可以预见的未来里也将仍然保持这样。犹太国家性并没有使流散世界的犹太生活"正常化"。相反，在某些方面，以色列给犹太人增加了过去从未存在过的许多新问题。②

必须承认，即便是建国的狂喜之情也未能真正掩盖以色列社会本质性的差异与分歧，如何确立国家的性质、如何认定公民的身份等问题无不困扰着这个根基未稳的国家。尤其当独立战争尘埃落定，犹太多数派如何对待以色列阿拉伯公民、如何看待巴勒斯坦阿拉伯人的存在既是民族问题、政治问题，又成了不可回避的国际问题。当时围绕这一问题形成了"拒绝

---

① 犹太复国主义（Zionism，又译为锡安主义）兴起于 19 世纪中后期的欧洲犹太社会。一些犹太精英受欧洲民族主义的影响，率先提出犹太复国思想，代表人物是西奥多·赫兹尔（Theodor Herzl）。犹太复国主义是一种民族主义文化模式与政治运动，也是犹太人把宗教思想、自身的文化传统与"以色列地"紧密联系起来的一种意识形态，目标是在巴勒斯坦重建犹太民族家园。1948 年以色列建国后，犹太复国主义一直作为官方意识形态而存在，也是工党制定内外政策的主要依据。后犹太复国主义（Post‑Zionism）是 20 世纪 80年代末期在以色列社会出现的一种新的社会文化思潮，以"新历史学家"为代表。他们围绕着以色列建国历史、犹太复国主义使命以及以色列的国家属性等方面进行审视与反思，呼吁通过修正犹太复国主义来解决以色列社会日益尖锐的族群分裂与政教冲突问题。

② Immanuel Jakobovits, *If Only My People Zionism in My Life*, B'nai B'rith Books, 1986, p. 160.

派""安抚派""融合派"等多种观点。此后,这个国家经历的每一个重要的发展节点,都会激起一轮新的思想文化论争。随着理想主义热情的消解,一个个现实问题更加凸显,犹太复国主义的神圣光环也渐渐褪去。"在她的公民眼里,这个犹太国家正在从最初创建时的完美和奋进状态,逐渐恢复到一个世俗主权国家应有的状态中去。她在残酷的国际政治中的利益博弈,以及国内政治生活中不可避免的一系列不尽如人意之处,也渐趋暴露无遗。"[1] 旷日持久的巴以冲突加剧了以色列社会的分裂,围绕着边界、安全、定居点、耶路撒冷的归属等一系列问题,犹太人内部的争执也越来越尖锐。

20 世纪 80 年代,紧张的地缘政治环境与以色列国内的各种矛盾相互交织,一些知识分子对现实的不满情绪与日俱增,期望能从根本上找到停止冲突、化解危机的途径。与此同时,来源于西方的"多元文化主义"(Multiculturalism) 浪潮也深刻影响到以色列,"美国与西欧政治文化不断增强的影响推动了以色列社会的自由趋势与民间组织的发展。对正常化——使以色列成为一个正常国家——的追求在不断增长,即与邻国实现和平相处、根据市场准则发展经济、将个人权利与自由作为最重要的价值,并成为代表境内所有公民的国家"[2]。多元文化主义对以色列建国初期以来长期实施的文化熔炉政策构成了挑战,以排斥阿拉伯人、否定流散地、压制东方犹太人等为前提的国家集体认同以及主流政治叙述开始不断遭受不同群体的质疑与反对,也正是在这样的历史背景下"新历史学家"学派应运而生。

"新历史学家"这个术语最早是由一些记者提出的,正式的引用与阐释始于本尼·莫里斯(Benny Morris)。[3] 他提出"旧史学"特指犹太复国

---

[1] David M. Gordis, *Towards a Post - Zionist Model of Jewish Life Events&Movements in Modern Judaism*, Rapheal Patai & Emanuel Goldsmith, Paragon House, 1995, p. 51.

[2] Angelika Timm, "Israeli Civil Society: Historical Development and New Challenges," in Amr Hamzawy, ed., *Civil Society in the Middle East*, Schiler, 2003, p. 87.

[3] 本尼·莫里斯,1948 年出生于以色列的艾因·哈豪瑞斯(Ein HaHoresh)基布兹,他的父亲是信奉马克思主义的英国犹太移民。他从希伯来大学毕业后考取了剑桥大学的欧洲历史博士。1967 年"六日战争"时,他入伍担当伞兵,还作为战地记者参加了以色列入侵黎巴嫩的战争。

主义官方的历史叙述，而"新史学"则是在挖掘新史料的基础上建构新的历史框架与叙事语境。1987 年莫里斯在自己的一篇随笔《新史学：以色列面对其过去》（*The New Historiography：Israel Confronts Its Past*）中第一次使用"新史学"这个词语，并对新旧史学的不同之处进行了如下界定：旧的官方史学常常歪曲或者忽略事实，不利于年轻的犹太国家；新的史学就是要揭开政府的宣传面纱，重新呈现出更真实的 1948 年巴以冲突和以色列建国时的历史场景，提醒人们应该从更理性的角度关注巴勒斯坦难民问题。①

"新历史学家"的奠基人物除了本尼·莫里斯之外，还有西姆哈·弗拉潘（Simha flapan）、艾兰·佩普（Ilan Pappé）、艾米·斯拉姆（Avi Shlaim）、汤姆·塞格夫（Tom Segev）、希勒·柯亨（Hillel Cohen）等。西姆哈·弗拉潘是新史学的先驱性人物，他自 1954 年起担任左翼犹太复国主义政党"马帕伊"（Mapai）的全国领袖以及阿拉伯事务办公室的主任，并创办了中东研究季刊《新展望》（*New Outlook*），该杂志后来成了"新历史学家"与其他学者争论的主阵地。他于 1987 年出版的《以色列的诞生：神话与现实》（*The Birth of Israel：Myths and realities*）一书是系统体现新史学的最早论著。艾兰·佩普②是"新历史学家"中最激进的学者，他强烈要求公正地描述以色列建国过程中巴勒斯坦的真实历史与阿拉伯群体的现实状况，认为以色列在战争中对阿拉伯人进行了种族清洗，甚至指出犹太复国主义比伊斯兰激进组织更危险，呼吁全世界对以色列的政治经济包括学术界进行抵制，并始终坚持应该在巴勒斯坦地区建立一个犹太人和阿拉伯人共同生存的国家的方案。③ 艾米·斯拉姆④于 1988 年出版了《跨过约

---

① 详见 Nur Masalha1，*New History，Post – Zionism and Neo – colonialism：A Critique of the Israeli' New historians'*，Edinburgh University Press，2011。

② 艾兰·佩普，以色列社会学家和历史学家。1954 年出生于海法，18 岁加入以色列国防军。退役后于 1978 年毕业于耶路撒冷希伯来大学，1984 年获牛津大学历史学博士学位。1984～2007 年任以色列海法大学政治学高级讲师，同时兼任海法埃米尔·多马巴勒斯坦和以色列研究所所长（2000～2008 年）。后因公开号召抵制以色列学术界而受到威胁，被迫辞职到英国埃克塞特大学担任历史学教授和民族政治研究中心主任。

③ 艾兰·佩普：《现代巴勒斯坦史》，王健、秦颖、罗锐译，上海人民出版社，2010，第 2 页。

④ 艾米·斯拉姆，著名英以关系教授，2006 年被选为英国科学院院士，作品大多涉及以色列和邻国关系，出版了《铁壁——以色列和阿拉伯世界》（*The Iron Wall，Israel and the Arab World*）等著作。

旦河的共谋：阿卜杜拉国王、犹太复国主义运动和巴勒斯坦分治》（*Collusion across the Jordan，King Abdullah，the Zionist Movement and the Partition of Palestine*），该书重新审视了犹太复国主义者与约旦国王阿卜杜拉之间的长期接触，以及他们在巴勒斯坦难民问题中扮演的不光彩角色。[①] 西姆哈·弗拉潘公开承认自己有亲巴勒斯坦的倾向，并长期致力于促进和解，反对冲突。"新历史学家"相似的成长经历在一定程度上影响了他们的思想，对阿拉伯语言与文化的了解是他们的共同点，基于理解之上的同情与关切成为他们树立新的历史意识的出发点，尽管这样的做法对于仍处在民族国家建构中的以色列来说无疑是有悖主流的。

"新历史学家"认为以色列官方历史学的说法过度妖魔化巴勒斯坦人以及阿拉伯世界，严重夸大了犹太民族当时的困境，并过度利用大屠杀的效应服务于犹太复国主义事业，以博取国际社会的广泛同情。他们认为官方学说混杂了过多的意识形态色彩、学术种族中心论和经验记述，缺乏基本的客观性。当然，自建国以来以色列国内反对官方叙事的观点一直存在，比如极端正统派犹太人否定犹太复国主义的政治主张，温和的马克思主义学派反对政治犹太复国主义的民族主义倾向等。但反对者的声音都比较微弱，而"新历史学家"则是第一个从根本上挑战主流意识形态、否定官方史学并产生了一定影响力的学派。

"新历史学家"的主张推动了在以色列社会中早已存在的修正犹太复国主义的倾向。此后，以其为代表的"后犹太复国主义"思潮进入了公众视野。从某种意义上讲，"新历史学家"是年轻中产阶级的代言人，他们主要集中在沿海发达地区，生活条件较为优越，并未经历过大流散、反犹主义的迫害。对他们来说，以色列国是既定的事实，他们不愿意承载祖辈们的精神重荷，更多地把集体主义作为一种为个人谋福祉的工具，更愿意接受一个与欧美模式相似的世俗、民主、自由的社会。"新历史学家"的出现与后犹太复国主义思潮的形成相互关联，互为动力。"新历史学家"深化了对官方史学所维护的主流意识形态的解构，为后犹太复国主义提供

---

① Avi Shlaim，*Collusion across the Jordan，King Abdullah，the Zionist Movement and the Partition of Palestine*，Columbia University Press，1988.

了学术论据与理论支撑。

二　"新历史学家"对官方史学的批判

"新历史学家"把质疑的矛头直接指向以色列官方史学与传统犹太复国主义的核心价值体系，围绕着以色列国家的合法性、国家属性以及官方历史阐释等方面展开了批判，并就如何形成民主国家的基础、如何建构新的国民身份认同、如何从根本上消解巴以矛盾等提出了自己的建议与主张。"新历史学家"从一出现就伴随着一系列的学术论争，并很快上升为政见纷争，引发分歧的关键点是：以色列仅仅是犹太人的安居所还是应该成为所有公民的稳定家园？以色列是否可以成为具有宗教性与民主性双重属性的国家？阿以冲突是否是一场非黑即白的冲突，持续冲突的责任是否应该单方面落在阿拉伯一方？以色列是否尽了最大努力争取和平？"新历史学家"的主要观点可梳理如下：

（一）对国家合法性与官方历史阐释的修正

"新历史学家"对犹太复国主义的质疑是基于这样的认识：犹太复国主义在道德上缺乏合法性，因此必须被消解。[①] 他们试图去证明犹太复国主义者的复国梦缺乏道义与理性的支撑，认为自己"所做的一切就是为后犹太复国主义思想和观念提供引导"[②]，根本的使命就是要解构和超越犹太复国主义。他们把目光聚焦于建国时期巴勒斯坦社区被毁灭、阿拉伯人被强行驱逐的历史事实，并用三次驱逐事件来证明自己的观点。第一次是1948年建国时引发的"大灾难"（相对于巴勒斯坦人而言），强调以色列在建国过程中暴力驱逐了联合国分治决议所划定版图之内的巴勒斯坦人，从而造成了大量的巴勒斯坦难民，仅1948年，以色列军队就驱逐了约一半的巴勒斯坦人口；留下来的"巴勒斯坦人在自己的家园内转而成为受军事

---

① Ilan Pappé, "Post Zionist Critique on Israel and the Palestinians, Part 1: The Academic Debate," *Journal of Palestine Studies*, University of California Press, 1997, p. 30.

② Ilan Pappé, "Post Zionist Critique on Israel and the Palestinians, Part 1: The Academic Debate," p. 32.

当局管制的少数民族"①。第二次是 1967 年的六日战争，以色列闪袭阿拉伯邻国，占领了约旦河西岸和加沙地带，再次导致了大量巴勒斯坦人流离失所。第三次是 1982 年以色列入侵黎巴嫩，占领了黎巴嫩 1/3 的领土，期间还发生了臭名昭著的"贝鲁特大屠杀"。本尼·莫里斯在 1988 年出版的《1947—1949 巴勒斯坦难民问题的产生》（*The Birth of the Palestinian Refugee Problem*，*1947 - 1949*）一书中指出，难民问题的产生源于犹太人的强行驱逐，而非阿拉伯人自愿离开。以色列政府在建国过程中扮演了不光彩的角色，给巴勒斯坦人带来了灾难，应当对阿以冲突负主要责任，并以此认定犹太国家的建立就是原罪（Original Sin）。② 艾米·斯拉姆则指出，1947 年 11 月，约旦国王阿卜杜拉和以色列犹太事务局的格尔达·梅尔森（Golda Meirson）达成了一项秘密协议，想方设法扼杀在约旦河西岸建立一个巴勒斯坦国家的可能，而约旦和以色列将瓜分巴勒斯坦的土地。"新历史学家"强调战争期间的驱逐大部分是通过暴力手段实施的，并认定在利达（Lida）、萨萨（Sasa）、拉姆拉（Ramla）等地都发生了屠杀事件，还伴随着抢劫和没收财产等暴行。这些事件究竟是事先预谋的还是战争造成的意外？对此，"新历史学家"内部也有分歧。本尼·莫里斯等认为这些罪行源于战争氛围，是战争带来的负面后果；但艾兰·佩普等人更倾向于认定驱逐计划是犹太复国主义领导层在战前就做出的决定。一些持极端观点的学者甚至认为以色列对巴勒斯坦人和本国的阿拉伯公民构成了一种形式上的纳粹化，认为这个国家和士兵都是"犹太纳粹"（Judeo - Nazi）。总之，"新历史学家"一致认为以色列国的建立及其战争给巴勒斯坦人造成了严重的灾难，所不同的是对于造成灾难动因有不同的解读。

建国以来，以色列官方历史学的主流话语一直是：犹太复国主义运动、1948 年的战争以及之前的委任统治时期是犹太人通过自身努力获得拯救、实现民族复兴的历史进程。犹太复国主义的历史叙述把整个犹太人的历史划分为三大时期：古代时期、流散时期和民族复兴时期。而犹

---

① 王铁铮：《后犹太复国主义评析》，《西亚非洲》2006 年第 2 期。

② Benny Morris，*The Birth of the Palestinian Refugee Problem 1947 - 1949*，Cambridge University Press，1988.

太复国主义的使命就是摒弃散居犹太人的劣根性，培育现代国民人格，塑造"新希伯来人"（New Hebrew）；以启蒙理性与现代化思想荡涤落后的巴勒斯坦地区，最终实现建成民族家园的梦想。政府利用犹太复国主义神话鼓励犹太人在贫瘠的荒漠上建造"沙漠绿洲"，用发展奇迹来激活民族热情，凝聚新的集体记忆。总之，犹太复国主义成了民族国家建构的强大动力，成了民族集体记忆的核心内涵，正如诺亚·卢卡斯所说的：

> 以色列是一个新民族。像许多亚洲的政治共同体一样，它是一个植根于以宗教为形式的古老文化遗产的新民族。像今天许多其他新民族一样，以色列是用欧洲的手术在亚洲的腹部用剖腹产的方法诞生的国家。……从根本看，以色列是由一场民族运动聚集起来的移民人口组成的，这场民族运动决定了他们移民的基本原则，也决定了他们在定居社会中融为一体的意识形态结构。以色列成为一个国家的过程，给民族意识的发展方向带来了根本性的变化。犹太复国主义为了建立一个犹太国家，精心创造了一个犹太民族的神话。国家一建立，马上就成了创造以色列人这个新民族的工具。①

然而在"新历史学家"看来，以色列官方史学的目标一直聚焦于"制造国家"而非阐述事实。他们认为历史的真相是：以色列政府为改善国内的人口状况，需要大多数生活在阿拉伯国家的犹太人离开自己的家园，移居至新的犹太国家，同时把以色列版图之内的其他非犹太人赶出去。在犹太复国主义史学的主流叙述中，对巴勒斯坦曾经的主人——巴勒斯坦人只字不提，体现了典型的"一族政治"（Ethnocracy）。他们指出：以色列政府拒绝承认1948年对巴勒斯坦难民的驱逐，主流历史学家所声称的巴勒斯坦人是受命于他们的领袖或者自愿离开，这完全是一种粉饰历史的说法。不可否认，以色列建国之后的几十年间，犹太人和巴勒斯坦人的历史书出现了截然不同的两种叙述。巴勒斯坦把以色列描述成强权主义者、灾难的制造者；以色列的主流舆论把巴勒斯坦人看作缺乏教养的敌对者，而把

---

① 诺亚·卢卡斯：《以色列现代史》，杜先菊、彭艳译，商务印书馆，1997，第402~403页。

以色列定位为"公平和正义的新生国家",是"被迫佩戴上剑的鸽子"①。"新历史学家"深切同情巴勒斯坦人的遭遇,斥责以色列政府拒绝承认错误、拒绝对难民进行赔偿的做法。他们进一步指出,很长一段时间内,主流历史学家的任务被定义为重现犹太复国的"神圣经历",展示"民族奇迹",并尽力避免把"巴勒斯坦人的遭遇视为一场人道主义灾难和民族悲剧,其叙述也大多聚焦于战争前后巴勒斯坦以外的阿拉伯世界的政治与军事动态"②。为了使民众了解建国时期的历史,"新历史学家"从不同视角否定犹太复国主义为了凝聚国民认同而塑造出来的独立战争神话。艾米·斯拉姆把后犹太复国主义与以色列主流的历史编纂学的差异,归纳为以下五个方面:

> 第一,主流观点认为英国试图阻止犹太国的建立,而"新历史学家"则表示英国试图阻止的是巴勒斯坦国的建立;

> 第二,主流观点认为是巴勒斯坦人自愿逃离家乡的,而"新历史学家"则认为难民是被赶走或被驱逐的;

> 第三,主流观点认为当时巴勒斯坦地区的权力平衡有利于阿拉伯人,而"新历史学家"则指出,以色列无论在人力还是武器方面都占有优势;

> 第四,主流观点认为,阿拉伯人有一个摧毁以色列的协作计划,而"新历史学家"则强调,阿拉伯世界是分裂的,没有统一的计划;

> 第五,主流观点认为,阿拉伯人的不妥协阻碍了和平的实现,而"新历史学家"则认为以色列对和平困境应付主要责任。③

(二) 对犹太复国主义的重新解读

建国以后半个多世纪的发展历程中,犹太复国主义也经历了分化与重组的过程,大体上可以分为三大类别:传统犹太复国主义、新犹太复国主

---

① Anita Shapira, *Land and Power*: *The Zionist Resort to Force, 1881 - 1948*), Stanford University Press, 1991.

② 杨阳:《以色列的后锡安主义思潮及其影响》,《西亚非洲》2010 年第 8 期。

③ 艾兰·佩普:《现代巴勒斯坦史》,王健、秦颖、罗锐译,第 5 页。

义（Neo - Zionism）和后犹太复国主义。新犹太复国主义是对犹太复国主义的极端化诠释，支持者主要是犹太教正统派、极端右翼民族主义者，大多来自右翼或极右翼党派，把建立神权政体作为以色列国家的最佳选择。新犹太复国主义兴起于 20 世纪 60 年代末期，其代表是"信仰者集团"（Gush Emunim）。[①] 该集团主张对巴勒斯坦和阿拉伯采取强硬措施，并狂热推动在被占领土上的定居点建设。1973 年赎罪日战争的爆发导致执政近 30 年的以色列工党倒台，右翼反对党利库德集团赢得了大选。"大以色列计划"的支持者贝京内阁与新犹太复国主义理念不谋而合，不断在被占领土上制造既成事实，极大激化了阿以矛盾，并最终导致了 1987 年 12 月的"因提法达"（Intifada）[②] 运动的产生。

新犹太复国主义兴起后，以色列社会固有的宗教与世俗、传统与现代的矛盾更加凸显，犹太人内部弥漫着挥之不去的困顿与迷茫。实质上，宗教人士代表的新犹太复国主义与"新历史学家"代表的后犹太复国主义都是对社会现实的一种回应。所不同的是，前者尊崇的是宗教维度，而后者强调的是世俗维度，这恰恰构成了他们各自的特质，也预示着以色列社会固有的集体认同的分裂。

"新历史学家"的基本理念是：犹太复国主义在 1948 年以色列国建立时已经完成了其意识形态的使命，以色列应当进入后犹太复国主义阶段。后犹太复国主义的兴起过程中，始终把对传统犹太复国主义和新犹太复国主义的批评作为定格自我的参照物。在"新历史学家"看来，虽然任何事物都有两面性，但犹太复国主义似乎更加深刻和明显地体现了事物两极的矛盾和对立。对于犹太民族来说，长达 1800 年的离散生活使犹太人饱受欺凌，没有家园、没有祖国的痛苦在一代又一代犹太人的心灵上刻下了沉重的烙印。犹太复国主义运动带领犹太人重回故地，重建国家，为犹太人赢得了一个赖以休养生息的家园。从这个意义上看，犹太复国主义毫无疑问

---

① "信仰者集团"是具有强烈原教旨主义和极端民族主义色彩的犹太右翼、极右翼集团，其精神领袖是以色列首任阿什肯那兹拉比亚伯拉罕·以撒克·库克（Abraham Isaac Kook）的小儿子兹维·耶胡达·库克拉比（Zvi Yehuda Kook）。

② Intifada，原意为"摆脱""驱逐"，1987 年后特指巴勒斯坦人反抗以色列占领的武装起义。

的是一场逃脱歧视、追求自由的民族自救运动。但是"硬币的反面"所反映的却是巴勒斯坦人的痛苦和眼泪。对于世代定居的巴勒斯坦人而言,犹太人的大批进入意味着自由的失去、家园的失去、民族权利的失去。因此,从他们的角度看,犹太复国主义运动无疑是一场剥夺其他民族权利的运动,在很大程度上是一场"殖民运动",而以色列国家在其政治设计与组织形式上也体现了"殖民国家"的特点。① "新历史学家"的这种认识构成了对犹太复国主义最根本的挑战,他们把以色列现在面临的冲突危机从根本上归结为犹太复国主义的殖民性与种族性,因此"它在道义上应受到责难,并带有先天性的弊病"②。

"新历史学家"反对新犹太复国主义对犹太教中"神选子民"和"应许之地"历史观念的极度强化,认为这一观念恰恰导致了种族优越的心理,犹太人把非犹太人视为上帝拒绝拣选的人,后者也就因此成了道德上和精神上的次等人种。"新历史学家"强调,正是在神选论的特别语境下,长期遭遇种族主义歧视与迫害的犹太民族,恰恰成了种族主义的承载者与实施者,这种"大以色列主义"跟数千年来其他民族对犹太人的排斥如出一辙。

"新历史学家"在对犹太复国主义和新犹太复国主义的批评中,甚至提出了关于大屠杀的伦理质疑,从而触动了以色列社会最敏感的神经。他们认为,二战期间当希特勒实行"最后解决"政策时,犹太复国主义没有给予欧洲犹太人以应有的关注,"伊休夫"③ 也没有投入应有的人力、物力采取积极的营救措施。灾难发生后,犹太复国主义运动的领导人充分利用了国际社会对犹太人的同情,不断强化自身的"受害者"角色以继承大屠杀的"遗产"。④ 在他们看来,以色列建国后,犹太复国主义一方面继续滥用大屠杀,使之政治化、民族化,成为集体记忆的一个

---

① 杨阳:《以色列的后锡安主义思潮及其影响》,《西亚非洲》2010 年第 8 期。
② Ilan Pappé, "The Square Circle: The Struggle for Survival of Traditional Zionism," in Ephraim Nimni, ed., *The Challenge of Post-Zionism*, Zed Books, 2003, pp. 46 - 47.
③ 伊休夫 (Yishuv),其希伯来语原意为"居住""定居",自 1882 年开始使用至今,后来引申为以色列建国居住在巴勒斯坦的犹太社团。
④ 有关以色列建国初期对大屠杀政治化利用参见 Tom Segev, *The Seventh Million: The Israelis and the Holocaust*, Hill and Wang, 1993。

符号和建构认同的一种催化剂，同时又对幸存者采取了无视的态度，使他们在遭受失亲之痛后又面临着被自己梦寐以求的民族国家所边缘化、冷漠化的苦楚。

（三）对国家属性和公民身份认同的界定

1948 年以色列国成立之时，开国总理大卫·本－古里安（David Ben－Gurion）所宣读的《独立宣言》中明确表示"以色列国将按照以色列先知所憧憬的自由、正义与平等原则作为立国基础，将保证全体公民，不分宗教、信仰、种族和性别享有最充分的社会和政治平等权，将保证宗教、信仰、语言、教育和文化的自由，将保证保护所有宗教的圣地，并将恪守联合国宪章的各项原则"①。以色列建国之时也赋予了国内近 20% 的阿拉伯人以公民权。但实际上，犹太人在以色列国内是具有绝对统治力的主体民族和特权群体，犹太文化也成为以色列国家所传承的主体文化，犹太教成了以色列事实上的国教。因此，在"新历史学家"看来，20 世纪成长起来的以色列国家最根本的特征就是"犹太人的国家"，而这一属性表明以色列已经与《独立宣言》中所宣称的自由、正义与平等原则渐行渐远，已经越来越背离"民主国家"的正常发展轨道，也是导致国内矛盾与冲突的根源性因素之一。

随着"新历史学家"与主流学者的论战逐渐从政治历史延伸进宗教文化领域，"后犹太教"（Post－Judaism）思想逐渐出现并进入公众视野，得到了一些世俗犹太人的拥护，支持者也包括巴勒斯坦裔的以色列公民、东方犹太人②以及一些不受重视的弱势群体。"后犹太教"时代是指走出犹太身份的羁绊，摆脱犹太教信仰的束缚，用"以色列人"的观念来代替传统的"犹太人"概念。在"新历史学家"看来，"以色列人"应该是一个具有开明思想、民主意识与国际认知力的国家公民，而不是一个狭隘的、封闭的、与现代世界格格不入的"犹太宗教信仰者"；以色列国家应当是一

---

① 徐新、宋立宏编译《犹太人告白世界——塑造犹太民族性格的 22 篇演讲辞》，中央编译出版社，2006，第 64 页。

② 东方犹太人移民指来自北非和中东而其祖先未曾居留德国或西班牙的海外犹太人，总数约有 150 万人。

个自由、平等、和平的西方民主国家，而不是一个愚昧、落后的东方神权国家，而眼前的现实是"犹太国家的特点十分令人反感，也不合时宜"①。"新历史学家"强调，以色列的发展方向背离了早期建立现代世俗国家的目标②，尤其是犹太教正统派的一贯主张就是把以色列改造成一个像伊朗一样的神权国家。在这片"祭祀化"的国土上，恺撒与上帝并没有清晰的界限，宗教不仅影响着国民文化的塑造，还严重干预国家政治。如果以色列依旧作为犹太国家而存在，那么国民的挫败感和割裂感就无法弥合。20世纪末在以色列流传着这样一本书——《弥赛亚的驴》（*The Messiah's Donkey*），作者施特菲·罗谢尔（Seffi Rachlevsky）在书中这样描述：在这个国家里，大多数世俗犹太人像驴子一样为虔诚的犹太教徒建设和看管着这个国家。而犹太教徒们在为弥赛亚的到来做准备，世俗犹太人的地位随时会被取代。在他看来所有宗教极端思想的追随者都可以被认定为拉宾遇刺案的嫌疑人，因为他们"密谋接管以色列并把它变成一个落后的神权国家"③。"新历史学家"强调自身的存在就是为了阻止以色列国家继续逆转到黑暗的神权时代。

在公民身份认同问题上，"新历史学家"认为犹太复国主义的核心价值观无法使少数族裔形成真正的国家认同，以色列国家的象征符号也需要做出相应的改变。事实上，以色列把象征犹太民族经历的大卫星旗作为国旗，把东欧犹太人渴望回归故土的《希望之歌》作为国歌，这的确很难想象以色列的非犹太信仰公民在这样的国旗和国歌下能产生多少民族自豪感。《回归法》欢迎散居世界各地的犹太人回归以色列，而一个1948年逃离海法的阿拉伯人却永远不能回到他们世代居住的城市。因此，以色列国家必须用博大的胸怀改变这一切。以色列的犹太人必须超越自己的宗教信

---

① Meyrav Wurmser, "Can Israel Survive Post – Zionism?" *Middle East Quarterly*, Vol. 6, No. 1 (March 1999), pp. 3 – 13.

② 在以色列建国之前，围绕着国家性质问题展开了激烈的争论，犹太复国主义运动的大部分流派主张未来的犹太国应以世俗国家的面貌出现。以色列的《独立宣言》也明确指出：以色列公民不分宗教信仰，都可享受社会和政治平等，以色列是一个世俗国家而非神权国家。以色列政府也没有从法律上明确规定犹太教为国教。详见张倩红《以色列史》，人民出版社，2008，第258页。

③ Meyrav Wurmser, "Can Israel Survive Post – Zionism?" pp. 3 – 13.

仰和犹太认同，摒弃狭隘的民族主义和种族优越论，形成一种更加现代化的新的身份与价值认同，建设一种既保留犹太教的感召力，又能适应世俗化潮流的政治文化，从根本上缓解世俗与宗教的矛盾，这个国家才会获得新生与活力。在谈到以色列国家未来的走向时，"新历史学家"强调，以色列当前面临的问题不仅是国家认同，也包括宗教和文化的身份认同，主流意识形态维系是一个事实上的宗教国家，而作为一个宗教国家，在处理现代国家建构、阿以冲突以及国内民族关系时，无疑会陷入一个死循环。以色列的发展方向必须从单一民族的宗教国家，走向多元化的世俗国家；必须建立后现代的公民社会与现代化制度体系，只有这样才能真正实现自由民主的政治理想。

新历史学家的核心思想

	"新历史学家"		"新历史学家"
成员概念	公民	时间认同	当下与很近的未来
身份认同	以色列人	文化取向	普遍主义
价值认同	个人主义	政治文化	实用主义
空间认同	以色列国	政治表现	有限（边界）运动

注：有限（边界）运动（Yesh-Gvul）是1982年黎巴嫩战争期间由以色列退伍军人发起的和平运动，反对以色列扩张领土，他们的口号是："我们不再枪杀、不再哭泣、不在被占领土上服役！"（We don't shoot, we don't cry, and we don't serve in the occupied territories!）

资料来源：Uri Ram, "Postnationalist Pasts: The Case of Israel," *Social Science History*, Vol. 22, No. 4, Special Issue: Memory and the Nation (Winter 1998), p. 527。

此外，"新历史学家"还就美以关系提出了建议，认为现存的美以特殊关系"绑架"了以色列，以色列不得不在美国的中东战略与反恐需要之下谋划自己的内政与外交，从而在很大程度上损害了以色列作为中东地区唯一民主独立国家的形象。未来的以色列必须建立与美国的新型关系，重新评判构成中东地区稳定与发展、动荡与破坏局面的诸多因素，重新营造一种能够给犹太人、巴勒斯坦人带来共同福祉的地缘政治。

三 "新历史学家"对以色列社会的影响

"新历史学家"及其代表的后犹太复国主义观点一出现就引起了轩然

大波。以色列传统历史学家勃然大怒,指控"新历史学家"肆意编造历史,丑化犹太复国主义。在大学校园、学术界乃至整个社会引发了一场持续的大论战。支持者与反对者在媒体报刊上"激烈战斗"。英国伦敦大学国王学院的犹太裔教授埃弗拉伊姆·卡什(Efraim Karsh)在《中东季刊》上撰文称"新历史学家"通过严谨且系统地扭曲档案证据来编造以色列的历史,目的是制造自己的形象。约阿夫·盖尔博(Yoav Gelber)认为后犹太复国主义的追随者并未真正了解这个犹太国家的历史和阿以冲突的根源,其观念只是一时流行,最终必将走向消亡。① 更有学者认为"新历史学家"是为了迎合逐渐复苏的反犹太主义,想最终成为以色列国家的瓦解者、以色列社会的掘墓人。

然而,支持者认为"新历史学家"在以色列国内掀起了一场前所未有的"史学革命",他们没有盲目地迎合主流官方史学,给沉闷的以色列社会带来了一股清新的空气,是以色列学术自新与国家进步的希望,同时也给以色列的学术界带来了巨大的警示:应当更加冷静和理性地看待犹太复国主义,更加公正地评价和阐述以色列的历史。爱德华·赛义德(Edward Said)在《新历史,旧思想》("*New History*,*Old ideas*")一文中赞赏了"新历史学家"严谨的调查研究和破除旧习的勇气,同时批评巴勒斯坦和阿拉伯历史学家未能重视后犹太复国主义的研究方法,也呼吁巴勒斯坦和阿拉伯史学家应当更深入地探索类似的研究,即对自身神话和国家理念的批评性研究。佩里·安德森(Perry Anderson)则表示"新历史学家"及其引发的后犹太复国主义思潮成了颇受欢迎的学术新进展,同时肯定了"新历史学家"对传统的质疑和对权威的不妥协。② 然而,无论是赛义德还是安德森都指出"新历史学家"勇于提出质疑,研究问题,但面对现实问题时不擅长做出具有建设性的结论。

"新历史学家"的某些主张已经跨出大学校园蔓延到以色列社会,并产生了潜移默化的影响力。越来越多的文学、艺术、影视作品百花齐放,不再局限于千篇一律的民族宗教题材,舆论与社会媒体也竞相报道

---

① Yoav Gelber, *Nation and History*:*Israeli Historiography between Zionism and Post - Zionism*, Vallentine Mitchell, 2011.

② Perry Anderson, "Scurrying towards the Lethem," *New Left Review*, Vol. 25, No. 10, 2000.

持不同意见者的观点，反映了以色列社会正在向更现代、更开放的方向发展。在以色列政界，"新历史学家"的一些建议与主张也获得了认同。拉宾政府时期的教育部副部长米莎·戈德曼（Micha Goldman）就曾建议更换以色列的国歌和国旗，淡化以色列国家的民族主义标识。甚至一些军事精英也受到影响，以色列陆军预备役少将、在特拉维夫贾法战略研究中心工作的斯洛莫·盖瑞特（Shlomo Gazit）曾把以色列士兵头上所戴的象征宗教身份的小圆帽与二战中纳粹士兵所佩戴的骷髅标记相提并论，认为这种公开的认同标识除了纳粹德国与以色列外，在其他国家的军队中极为少见。[①] 虽然他后来迫于宗教犹太复国主义者的压力公开道歉，但这件事情暗含的意蕴耐人寻味。"新历史学家"所属的后犹太复国主义阵营与以色列国内的和平主义运动相互推动，给以色列历届政府造成了不得不面对的压力，迫使领导人采取一定的措施软化矛盾。2003 年 12 月，当中东和平路线图计划停滞不前、巴以暴力局势恶化之时，巴勒斯坦和以色列的一批民间人士发出了《日内瓦倡议》，以方的发起人是"奥斯陆协议的设计师"、副外长约西·贝林（Yossi Beilin），一些被贴上"新历史学家"标签的专家学者参与了该倡议书的起草。

20 世纪末的十多年时间是"新历史学家"所引发的后犹太复国主义思潮的黄金时期，跨入新的千年以后，舆论导向出现了一些明显的变化。2000 年 7 月，美国、巴勒斯坦和以色列三国领导人在戴维营历经了 15 天的艰难谈判，最终一无所获，导致了巴以和谈的严重破裂。同年 9 月，鹰派人物阿里埃勒·沙龙（Ariel Sharon）强行进入伊斯兰圣地阿克萨清真寺，导致了新一轮旷日持久的巴以流血冲突。2001 年 3 月，沙龙当选以色列总理，随即对巴勒斯坦采取了一系列强硬措施，巴勒斯坦激进组织也针对以色列实施了多起恐怖活动作为报复，极大影响了以色列社会的稳定。至此巴以矛盾再次尖锐，宗教极端主义者和新犹太复国主义重新占据市场，鼓吹以牙还牙、严厉制裁巴勒斯坦的思想得到了民众极大的支持。同年，时任教育部长利莫尔·利夫纳特（Limor Livnat）决定取缔教育系统中

---

① Meyrav Wurmser, "Can Israel Survive Post – Zionism?" pp. 3 – 13.

有受后犹太复国主义影响之嫌的所有教科书，以色列议会联盟领导人也呼吁将后犹太复国主义学者赶出大学。① 以色列社会中的和平主义者、后犹太复国主义者、力主以"土地换和平"的温和人士遭受了极大的挫折，"新历史学家"也饱受官方的排斥与同行的非议。但时至今日，他们所提出的问题依然是以色列社会最棘手、最敏感的问题。2014 年 5 月 1 日，以色列总理内塔尼亚胡表示要将"以色列是犹太人的民族国家"这一说法写入宪法。6 月，以色列 3 名犹太青年遭到巴勒斯坦极端组织哈马斯绑架并杀害，巴以冲突再度升级。8 月，以色列对巴勒斯坦发动"防务之刃"军事行动，巴以冲突持续激化，也坚定了内塔尼亚胡强化以色列"犹太属性"的决心。11 月 23 日，内塔尼亚胡提出的"犹太国家"法案获得内阁批准，该法案要求将以色列的定义从"犹太民主国家"改为"犹太民族国家"，还包括以犹太律法为立法基础、取消阿拉伯语的官方地位等内容，该法案的出现使有关以色列国家属性的争论又一次甚嚣尘上，引起了以色列少数族裔及和平人士的极大不满。

本文认为，以"新历史学家"为代表的社会精英用多元文化主义作为武器，提出了一系列批判性的观点。从实质上看，作为对传统犹太复国主义的一种异质性表达，"新历史学家"的本意不是要推翻先辈们历尽艰辛建立起来的犹太国度，不是为了开始新的历史，"不是为了创造一个新的不受任何意识形态倾向影响的历史编纂，而是为了寻求在其中注入反面的叙述，最终目的是为了以色列的重建而不是毁灭"②。"新历史学家""迫使传统犹太复国主义者变更或更加清楚地重新界定他们对以色列人和犹太复国主义者的理念，同时对以色列政治制度的地位及其特征做出新的评价"③，这也是对以色列当时日益恶化的地缘政治环境和国民身份认同所做出的积极回应。他们打破了以色列学术界的许多禁忌，培养了一批学术怀疑者与不同政见者。"新历史学家"致力于梳理巴以冲突的根源与责任，重述巴勒斯坦历史，关注阿拉伯人的生存状况，质疑以色列建国的合法

---

① 艾兰·佩普：《现代巴勒斯坦史》，王健、秦颖、罗锐译，第 248 页。

② Meyrav Wurmser, "Can Israel Survive Post – Zionism?" pp. 3 – 13 , 详见 Efraim Karsh, "Benny Morris and the Cult of Error," pp. 15 – 28。

③ 王铁铮：《后犹太复国主义评析》，《西亚非洲》2006 年第 2 期。

性。他们希望以色列能够正视历史，以一种更加务实、诚恳的态度解决巴以和阿以冲突，他们所表现出来的人道主义与和平主义情怀获得了广泛的好评，也在一定程度了慰藉了以色列阿拉伯人的精神世界，对于化解冲突、软化矛盾起到了积极的作用，也有助于增强以色列阿拉伯公民的国家归属感。"新历史学家"对和平运动的执着，使世人看到了巴以和解、中东和平的一线希望，同时也反映了以色列社会部分精英急于摆脱"犹太特殊论"的羁绊，渴望以色列成为正常公民国家的良好愿景。作为以色列社会中的一个少数群体，"新历史学家"及其倡导的后犹太复国主义，尚不具备与主流社会相抗衡的经济与政治实力，也没有对"主导文化"（Dominant Culture）构成现实的威胁，但确实加大了社会的开放程度，推进了政治民主化进程，因此也成为以色列民族国家建构过程中一道抹不去的风景。

但不能否认的是，"新历史学家"低估了民族国家建构的复杂性以及以色列社会的特殊性，对犹太复国主义核心理念的否定注定其无法获得多数民众的支持；"新历史学家"过多地致力于批评与质疑，缺乏必要的理论建构与现实措施，致使其一直没有形成完整的思想体系；他们对多元文化主义的推崇增加了以色列社会的不稳定因素，一定程度弱化了公民的国家认同，加剧了族群分裂，也对少数年轻人产生了负面影响。例如1988年海法大学的文学硕士泰迪·卡茨（Teddy Katz）在其硕士论文中采用口述史的方式编造国防军第三旅在1948年战争中屠杀阿拉伯村民的罪行，引起了该旅老兵的控告，成为轰动一时的事件。[①] 不仅如此，一些"新历史学家"为了表达自己的诉求，对一些重大历史问题的评判往往因矫枉过正而走向极端。汤姆·塞格夫（Tom Sege）就在自己的作品中声称，犹太复国主义利用大屠杀来推进自己的政治目标，他们与纳粹主义存在某种联系，甚至在事先知晓纳粹将在欧洲清洗犹太人，但并没有保护自己的欧洲犹太同胞，目的是借此博取国际社会的同情，为建立犹太国创造有利条件。他

---

① 这名学生在被起诉后，先是撤回了研究报告并承认伪造，又于次日否认了前日的决定，引发了以色列学术界和法律界的极大争论，详情参见艾兰·佩普《现代巴勒斯坦史》，王健等译，第248页。

们期望被驱逐的犹太人更多流亡至巴勒斯坦，从而推进"伊休夫"的建设。[1] 这显然是与史实不相符的。

原文发表于《史学理论研究》2015 年第 2 期。

① Tom Segev, *The Seventh Million: The Israelis and the Holocaust*, Hill and Wang, 1993.

附录　河南大学以色列研究中心已出书目

1. 张倩红：《犹太人·犹太精神》，中国文联出版社，1999。

2. 张倩红：《以色列经济振兴之路》，河南大学出版社，2000。

3. 张倩红：《犹太人》，三秦出版社，2003。

4. 张倩红：《困顿与再生——犹太文化的现代化》，江苏人民出版社，2003。

5. 张倩红：《以色列史》，人民出版社，2008；2014 年修订本。

6. 张倩红、李景文、张礼刚主编《古代开封犹太人：中文文献辑要与研究》，人民出版社，2011。

7. 张倩红、张礼刚、刘百陆：《犹太教史》，华夏文化出版社，2011。

8. 张礼刚、胡浩主编《犹太历史文化散论》，华夏文化出版社，2012。

9. 张倩红、艾仁贵：《犹太文化》，人民出版社，2013。

10. 沙洛姆·所罗门·瓦尔德：《中国和犹太民族：新时代中的古文明（战略报告）》，张倩红、臧德清译，大象出版社，2014。

11. 西蒙·蒙蒂菲奥里：《耶路撒冷三千年》，张倩红、马丹静译，民主与建设出版社，2014。

12. 张倩红、胡浩、艾仁贵：《犹太史研究新维度》，人民出版社，2015。

13. 张倩红主编《以色列蓝皮书：以色列发展报告（2015）》，社会科学文献出版社，2015。

14. 张倩红主编《以色列蓝皮书：以色列发展报告（2016）》，社会科学文献出版社，2016。

15. 张倩红、张少华：《犹太人千年史》，北京大学出版社，2016。

16. 张倩红、艾仁贵：《犹太史研究入门》，北京大学出版社，2017。

17. 张倩红主编《以色列蓝皮书：以色列发展报告（2017）》，社会科学文献出版社，2017。

18. 张礼刚主编《杰瑞德博士纪念文集》，社会科学文献出版社，2018。

图书在版编目（CIP）数据

杰瑞德博士纪念文集／张礼刚主编 . -- 北京：社
会科学文献出版社，2018.7
（河南大学以色列研究中心文丛）
ISBN 978 - 7 - 5201 - 3027 - 1

Ⅰ.①杰… Ⅱ.①张… Ⅲ.①杰瑞德 - 纪念文集
Ⅳ.①K835.615.81

中国版本图书馆 CIP 数据核字（2018）第 146883 号

河南大学以色列研究中心文丛·第一辑
杰瑞德博士纪念文集

主　　编／张礼刚
副 主 编／卢　镇　胡　浩

出 版 人／谢寿光
项目统筹／郭白歌
责任编辑／郭白歌

出　　版／社会科学文献出版社·人文分社　（010）59367215
　　　　　地址：北京市北三环中路甲 29 号院华龙大厦　邮编：100029
　　　　　网址：www.ssap.com.cn
发　　行／市场营销中心（010）59367081　59367018
印　　装／三河市尚艺印装有限公司

规　　格／开　本：787mm×1092mm　1/16
　　　　　印　张：25.25　插　页：0.5　字　数：391 千字
版　　次／2018 年 7 月第 1 版　2018 年 7 月第 1 次印刷
书　　号／ISBN 978 - 7 - 5201 - 3027 - 1
定　　价／148.00 元